◎公共关系书系◎

CONTEMPORARY PUBLIC RELATIONS

当代公共关系学

【第二版】

汪秀英◎主　编
刘建梅　涂建民◎副主编

首都经济贸易大学出版社
Capital University of Economics and Business Press
·北　京·

图书在版编目(CIP)数据

当代公共关系学/汪秀英主编. --2 版. --北京:首都经济贸易大学出版社,2019.8

(公共关系书系)

ISBN 978-7-5638-2949-1

Ⅰ.①现… Ⅱ.①汪… Ⅲ.①公共关系学 Ⅳ.①C912.31

中国版本图书馆 CIP 数据核字(2019)第 106486 号

当代公共关系学(第二版)

DANGDAI GONGGONG GUANXIXUE

汪秀英 主编 刘建梅 涂建民 副主编

责任编辑 彭伽佳

封面设计 砚祥志远·激光照排 TEL: 010-65976003

出版发行 首都经济贸易大学出版社

地 址 北京市朝阳区红庙(邮编 100026)

电 话 (010)65976483 65065761 65071505(传真)

网 址 http://www.sjmcb.com

E-mail publish@cueb.edu.cn

经 销 全国新华书店

照 排 北京砚祥志远激光照排技术有限公司

印 刷 北京市泰锐印刷有限责任公司

开 本 710 毫米×1000 毫米 1/16

字 数 604 千字

印 张 26.75

版 次 2008 年 8 月第 1 版 **2019 年 8 月第 2 版**

2019 年 8 月总第 4 次印刷

书 号 ISBN 978-7-5638-2949-1/C·152

定 价 48.00 元

再版说明

一晃就是十年。十年前当我写完《当代公共关系学》这本教材时，正值退休前夕。做了一辈子学问，研究了二十多年的公共关系学，认定应该画上一个句号了。因为在中央广播电视大学担任了十年的《公共关系学》主讲教师，中央电视台及各地方电视台有我五、六年《公共关系学》课程的播放；作为北京市总工会职工素质教育的一名主讲人，又在北京电视台做了四年多《企业运营与发展》的课程。在研究公共关系学与企业运营方面，该做的事情、能做的事情都做了，我的使命应该完成了，后续的事情应该由年轻人去做了。

然而，退休之后我在教学工作岗位上一刻也没有停歇，也许我太喜欢公共关系学了，一直没能把它放下，《公共关系学》仍是我讲授的主要课程之一。在对公共关系学的思考与研究中，一直感觉就像是在浩瀚的海洋中，你可以去无尽的遐想、畅快的遨游、不停的抒发！遐想时主要会思考如何能使公共关系手段对社会、对组织发挥更大的功效；遨游中主要是寻找解决现实中公共关系问题的更好办法；停不下来的还有将前续的思考付梓成书，将有价值的思路交予社会、交予我的学生。由此，我对公共关系学的研究一直延续下来，可能还会延续下去。

希望这种延续能解决以下问题：

1. 社会上有一些对公共关系学不正确的理解，希望能通过自己的努力形成正确的认识；

2. 社会组织中有些错误地使用公共关系手段的行为，希望能通过剖析与指导其运营发挥公共关系的正能量。

3. 给公共关系学和公共关系手段一个正确的标签，并使其表里如一、内外相成。

我们要知道，未来的公共关系学只会以更大的挑战让我们的创意充满想象，让我们企业的运营与公共关系之间增加黏性，让我们整个社会充满人间正道的公共关系氛围。希望像我一样喜欢公共关系学的人能学以致用，使公共关系学成为自己生命中的伴侣。人生的伴侣是两个主体,思想的伴侣才真正能做到终其所能、知行合一!

鉴于此,我又铺纸提笔开启了修订此书的工作,尽力使其跟上时代发展的脚步,形成完备而有价值的体系,具有指导实践操作的思想与能力。由此,无论是今天还是以后,我都不会再说与公共关系学分别了!不能分别,永远相伴,穷其一生,追求公共关系学的理论价值与实用价值。

需要特别说明的是,本次修订我特地对书中相关内容制作了十四讲音频课,有需要的读者可以通过扫描书中的二维码收听!此次修订加入了几位合作者,副主编刘建梅和涂建民两位老师参与了本书第十章、第十一章、第十二章、第十三章的修订工作,南昌职业大学的谢娟、张会老师参与了本书第六章的修订。刘建梅老师还为本书制作了精美的课件,用书教师可以向出版社索要。

汪秀英

2018 年 8 月 12 日星期日

于风格与林苑

前言

公共关系学是一门建立在哲学理论、管理理论、传播理论、新闻理论、营销理论、策划理论、控制理论等多门学科基础上的综合性应用学科，它广泛应用于各种类型的社会组织之中。从联合国机构到各国政府，从党政组织到民间团体，从军队到地方，从文、体、教、卫到农、工、商、服，无不需要公共关系思想的指导和公共关系运用手段的支撑。公共关系在现实中的普及状况与应用价值已经达到了无孔不入、无所不包的程度。这就是公共关系学乃至公共关系实践之所以会形成巨大的吸引力的关键所在。

中国公共关系从引进、吸收、借鉴、消化，到研究、探索并走上创新发展之路，其间经历了28年的历史。令人兴奋的是，在这28年的历史中，我们看到了一个从盲目追求，到热潮迭起，再到稳步提高的过程。这是一个新生事物走向成熟的过程，是推动中国公共关系向更高水准迈进的过程。如今，中国的公共关系正处在一个创新发展和稳步提高的过程之中。

现如今，中国的公共关系教育工作者在系统地培养着未来的公关人才，表现为人才培养的多层次性，如从大专层面到本科层面，再到研究生、博士生层面：中国的公共关系研究者在不断地思考着中国公共关系的理论体系与深层结构，并不断地推出具有很强思想性的公关理论与著作，用于教学研究，用于指导实践：中国的公共关系实践操作者在不断地运行着公关理论，为自己的组织塑造着良好的形象，解决着现实中出现的各种问题与危机。

本书即是在教学累积、理论创新和对实践指导的基础之上形成的成果。本书的作者秉承以往的写作风格，既着眼于理论深度的挖掘，形成严谨的逻辑结构，又注重对现实公共关系问题的探索，提出务实性的解决方案。对于读者而言，本书的突出特点体现在以下几方面：

1. 构筑系统的公共关系理论，使其结构更加完整与完备。本书从公共关系的历史与现状、公共关系的观念与理念、公共关系的日常工作与专项活动、公共关系的主体结构与客体结构、公共关系的各项传统传播工作到网络传播工作，对公共关系从业者的考核标准与对公共关系组织形象的塑造方略等方面进行了全方位、多视角、多层面的研究，力争做到少一些缺憾、多一些感悟。

2. 强化公共关系四大要素的基本内涵，尤其是将比较有争议性的"管理职能"作为一大要素，进行了观点上与运用上的描述、说明，旨在使公共关系四大要素更加系统，使管理职能的功效与价值更加显现。

3. 对公共关系观念与理念之间的逻辑关系、形成路径与实践运用上的要求进行了界定，强调了二者之间的联系与区别，旨在指导企业与组织在使用上明确观念与理念各自的功效，保证使用的正确性与有效性。

4. 对公共关系人员的角色定位、公共关系的策划方法、公共关系危机管理的基本模型、公共关系的活动规律、企业社会责任的约束手段、企业品牌的市场定位、网络公关的舆论管理等各项内容进行了创新性的思考，形成了更新、更系统的理论内涵，以启迪公共关系学习者的智慧，创造更有价值的理论与实践成果。

5. 从理论和实践并重的角度对公共关系的每一个问题、每一个环节进行思考，既强调理论的深入浅出、各项理论的内在逻辑以及外在表现，又强调实践的应用价值，站在一个操作者的角度，力争能使读者学以致用。

本书适用于高等院校各个专业开设公共关系学课程的教学用书，同时适于企业家、管理者、职业经理以及热心公共关系事业，希望在公共关系领域有所建树和有所成就的各界朋友阅读。相信此书会给广大的读者以裨益。

书中如有不妥之处，敬请谏诤，以使其日臻完善。

汪秀英
2008 年 6 月 20 日

CONTEMPORARY PUBLIC RELATIONS

目 录

微课目录

CONTEMPORARY PUBLIC RELATIONS

第一章 公共关系概述

学习要点

公共关系与公共关系学是两个既有区别又有联系的概念。当人们提及公共关系的时候，更多地将其理解为公共关系的实践运行工作，而公共关系学是在公共关系实践基础上的理论总结与科学体系的建立。

第一节　公共关系概念的基本含义

截至目前，“公共关系”一词在社会公众的心目中尚未形成统一的认识，人们常常把它同人际关系、社会关系等一些熟悉的词汇混为一谈，我们将这种认识称为对公共关系的一般理解。然而，对人际关系与社会关系的理解与对公共关系的理解是截然不同的，我们必须从科学的角度去解释公共关系，从而形成对公共关系的准确把握。前者是对公共关系的一般性理解，表现得直白、通俗；后者是对公共关系的科学理解，表现出一定的思想深度及其本身所具有的科学性。

一、对公共关系的一般理解

在中国的社会环境中，人们对公共关系早已十分熟悉，但是当被问及该如何解释公共关系的基本概念时，人们会从社会的各个层面、各个角度来诠释。例如：有些人将公共关系理解为人际关系，因为公共关系的运行更多地表现为人际交往；有些人将公共关系理解为广告，即理解为不付费用的广告——新闻传播，因为公共关系需要以新闻为手段进行媒介传播，且为了追求良好的公共关系形象，需要进行正向的媒介传播；有些人将公共关系理解为宣传，因为宣传与传播具有同等的对内、对外的运动形态，社会组织对内、对外的形象推广（宣传），都是通过传播实现的，况且在中国的历史发展中，“宣传”一词有着特定的教育含义。当然，也有人将公共关系理解为拉关系，因为拉关系在中国乃至世界历史中，伴随着人际关系的发展而形成了巨大的影响力，似乎只有拉关系才能保障人与人之间距离的缩短和关系的加强，因此，“拉关系”的说法一直延续至今。

人际关系包含家庭成员、组织成员、社会成员间的各种人与人之间的关系，但组织与组织之间的关系不在人际关系的范围内。这说明，公共关系不是人际关系，但是公共关系在运行中不能与人际关系的运行相分离，公共关系可以采取人际关系的方法和手段来解决自身的问题。

公共关系与广告从传播的路径依赖上都需要媒体的支持，但广告是一种自我评价与传播，带有主观色彩，而公共关系是他人的评价与传播，带有客观色彩。广告是一种付费的传播，公共关系新闻传播就传播本身而言无须付费，但深厚的公共关系功力需要社会组织的长期积累和不断投入，包括人力、物力与财力的投入。

公共关系与宣传都选择以传播作为扩散自己思想与方针、政策的手段，但宣传是一种单向的灌输，带有强制性的色彩，建立的基础是公众被动地接纳；而公共关系是一种双向的信息沟通，社会组织开展的公共关系活动以及由此引导的传播是建立在对公众进行了充分了解的基础上的，带有自觉自愿的色彩，因此，公共关系建立的基础是公众自觉自愿地接纳，所进行的传播是一种双向的信息沟通。

公共关系与拉关系的落脚点都是关系，但公共关系是一种公开的关系，所遵循的是制定制度、公开运行、双向传播和一视同仁四项原则，这是公共关系活动所遵守的普遍原则，由于这四项原则的科学性与严谨性，我们认定公共关系属于科学的范畴；拉关系是一种非公开的关系，它不可能有制度指导，不可能公开地运行，不可能进行双向传播，亦不可能一视同仁地对待所有的目标公众，因此，我们认定拉关系属于庸俗关系的范畴。

通过以上分析可以看出，公共关系不是人际关系，不是广告，不是宣传，更不是拉关系。公共关系是一种独立而科学的运作形态，是被社会公众广泛认可的一种好感，是各类组织普遍追求的理想形象。

【资料1－1】 如何理解公共关系①

北欧航空公司丹麦分公司的公关部经理在一次对员工进行公共关系培训时被问及什么是公共关系？因为就英语 Public Relations 在对应的当地语言中很难用一个词将其描述出来，所以公关部经理不得不用比喻的方式来帮助员工进行理解。他说，公共关系就像是一位小伙子追求一位小姐，如果小伙子把自己打扮得西装革履，表现出不凡的气质，并甜言蜜语地将爱意传达给小姐，这不是公共关系，而是做广告；如果小伙子向小姐传达自己的信息，并说明自己的与众不同以及能力和才气，这也不是公共关系，而是推销；只有小伙子默默无闻地将自己的工作做得非常出色，并得到大家的认同和好感，而后由他人将这种信息传达给这位小姐，使得这位小伙子最终得到这位小姐的芳心，这才是真正的公共关系。

① 根据口传故事整理与撰写。

二、对公共关系的科学理解

（一）"公共关系"一词的来源

"公共关系"一词来自英语"Public Relations"，简称"PR"。由于它由两个英文词汇组成，所以包含两层含义，一层含义是"Public"，另一层是"Relations"。而"Public"又以两种词性表现出来，一种是形容词，意为公众的、公共的、公立的、公众事务的，它与"private"（私人的）相对应，表明它是非私人的、非秘密性的；另一种是名词，意为公众、大众，表明它不是个体，而是集团、群体。"Relations"则为名词，意为关系、交往等。一般来说，简单的关系是以个体与个体的形式联系在一起并进行直接交往的，这种关系我们称为人际关系。而"Relations"，由于它以特定的形式出现，其内涵更丰富，意义更深远。首先，这种关系被复数所限定，表明它只能是在复杂的交往中体现出来的多种关系。这种关系可能是直接关系，也可能是间接关系；可能是单向关系，也可能是双向乃至多向关系。其次，这种关系被定语"Public"所限定，表明它只能是社会组织在复杂的社会交往中与其他各类公众及公众群体之间所建立起来的非个体、非秘密、非私人的关系，这种关系具有公众性、公开性、群体性、社会性等特点。

综合对两个英语词汇内涵和特点的分析，作者认为将"Public Relations"译为"公众关系"更为确切。

（二）公众关系的理论含义

公众关系是站在一个固定的角度——社会组织一方来分析其所面临的各种关系的。不同的社会组织，由于其业务特点、工作对象不同，会面对不同的公众对象，从而形成不同的公众关系。同一个社会组织，由于不同时期的工作重点不同，也会面对不同的公众，从而形成不同的公众关系。即使同一社会组织在同一历史时期，由于其工作的多向性和多样性，也必然要面对不同的公众对象，进而形成多种表现形态的公众关系。组织与公众的这种关系说明组织所面临的工作对象是群体，而非个体或散体。个体与散体参与公共的各项活动或各项事业，其事业的表现形态是公共的，而非公众的，如"公共汽车""公共交通""公共电话""公共卫生"等。这说明"公众关系"并不具有"公共"性，它不可能像"公共电话""公共汽车""公共图书馆""公共浴室""公共交通""公共卫生"那样具有普遍意义，它所针对的群体有着特性与个性的要求。因此,我们希望初学者能将“公共的”与“公众的”关系很好地区别开来,以便正确地理解公众关系的基本含义。但在中国公众关系发展中,“公共关系”一词已约定俗成并广为流传,本书也只能延续这种叫法,以便被更多的读者所接受。

(三)公共关系的实践表现

关于对公共关系概念的理解,还可以从不同的角度去分析,使其表现出不同的形式。

1. 公共关系状态。从静态的角度分析,公共关系表现为一种状态(state of public relations),这是一种客观存在的形态,任何企业,任何社会组织,无论是否认识到公共关系存在的客观性,无论是否理解公共关系的基本含义,无论是否能以公共关系观念来支配自己的行为,都有公共关系状态的存在,具体表现为原始的公共关系状态(natural public relations)和良好的公共关系状态(good public relations)。

原始的公共关系状态是社会组织不加任何修饰(即不开展任何公共关系活动)的公共关系状态,如同人的年龄、性别、身高、体重的表现形态一样,它以一种自然的运作(如企业生产、经营工作的自然运作,其他社会组织各自工作的自然运作等)内涵来表现,这种状态具有单纯性、自然性、客观性等特点。良好的公共关系状态是社会组织通过各项公共关系活动的开展,改变原始的公共关系状态所要实现的目标状态,它就像人们喜欢穿上美丽、合体的衣服,对自身做一番修饰之后的表现形态一样,以一种主观的努力(如开展各项公关活动,参与有益于社会的工作等)来传递自身的信誉,树立良好的形象,这种状态具有主观性、复杂性、多样性等特点。

2. 公共关系活动。从动态的角度分析,公共关系又表现为一种活动,这种活动是主观见诸客观的社会实践。当一个社会组织自觉地采取各种公共关系手段去改善原有的公共关系状态时,就是在从事着公共关系活动。社会组织的公共关系活动是这个组织长期进行社会交往、沟通信息、广结善缘、树立自身良好形象的过程,它表现为日常公共关系活动和专项公共关系活动两大类。

日常公共关系活动是指大量的例行性业务工作和临时性琐碎工作,它依赖于组织中全体工作人员的共同努力来完成,所遵循的是组织的规则与制度;专项公共关系活动是指通过选择由头、确定主题、确定目标,由公共关系管理者或公共关系专家具体策划,由公共关系工作者运用各种公共关系技术进行实际操作的重大公共关系活动。任何一项公共关系活动都具有目标性、主观性和技巧性等特点,它是社会组织追求良好公共关系状态不可缺少的工作。

我们用图 1 - 1 将公共关系状态与公共关系活动之间的关系表现出来。

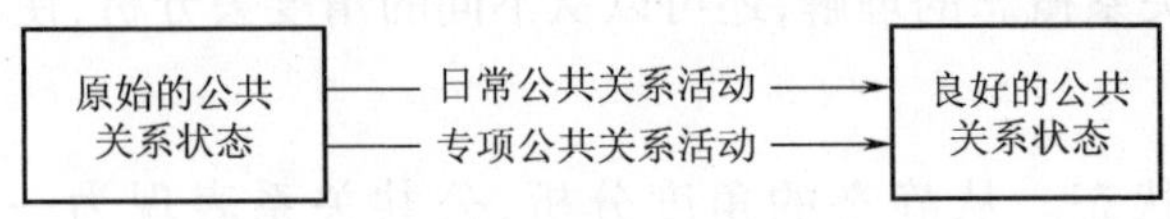

图 1 - 1 公共关系状态与公共关系活动之间的关系

三、公共关系的定义

(一)公共关系定义的各种表述

公共关系学是一门新兴的、综合性的应用科学,理论上涉及不同的学科范畴,实践中被各类企事业单位广泛地应用,因此,在确定公共关系的定义时,便出现了各种各样的表述。

1. 从信息传播的角度定义公共关系。英国公共关系专家弗兰克·杰弗金斯(Frank Jefkins)给公共关系下的定义是:“公共关系就是一个组织为了达到与它的公众之间相互了解的确定目标,而有计划地采用一切向内和向外的传播沟通方式的总和。”①

1981 年出版的《不列颠百科全书》将公共关系定义为:“公共关系旨在传递有关个人、公司、政府机构或其他组织的信息,并改善公众对于其态度的种种政策或行动。”

《公共关系学导论》一书的作者居延安认为:“公共关系是一个社会组织用传播手段使自己与公众相互了解和相互适应的一种活动或职能。”②

2. 从管理职能的角度定义公共关系。国际公共关系协会提出了这样一个定义:“公共关系是一项经营管理的功能,属于一种经常性和计划性的工作,不论公私

① 弗兰克·杰弗金斯:《实用公共关系学》,徐百益编译,上海翻译出版公司 1988 年版。
② 居延安:《公共关系学导论》,上海人民出版社 1987 年版。

机构或组织,均通过它来保持与其相关的公众之了解、同情和支持,亦即审度公众的意见,使本机构的政策与措施尽量与之配合,再有计划地运用大量资料,争取建设性的合作,而获得共同利益。”

美国公共关系研究与教育基金会前主席、已故的雷克斯·F. 哈罗博士收集了从20世纪初期到1976年之间有关公共关系的定义,确定了每个定义的主要因素,并对其核心内容进行了分类,试图说明公共关系的基本内涵。他在研究了472个定义之后,提出了一个既包括概念性要素又包括可操作性要素在内的定义:“公共关系是一种特殊的管理功能,它帮助一个组织与其公众之间建立和保持相互沟通、了解、接受与合作的渠道;参与问题和纠纷的处理,将公众的意见传达给管理部门并作出反应;明确与加强为公众利益服务的管理责任;它还作为监视预警系统,帮助管理部门预先做好应变准备,与社会动向保持一致并有效地加以利用。它用调查研究和正确并合乎道德的沟通技术作为其重要手段。简单的说法如协调关系、提高素质、塑造形象等。”

美国著名的公共关系研究权威卡特李普和森特等在《有效公共关系》中对公共关系的定义是:“公共关系是一种管理职能,它确定、建立和维持一个组织与决定其成败的各类公众之间的互利关系。”①

3. 从其他角度定义公共关系。在公共关系定义的众多表述中,还有从公共关系活动角度的定义。如美国普林斯顿大家蔡尔滋教授认为:“公共关系是我们所从事的各种活动、所发生的各种关系的统称——这些活动与关系都是公众性的,并且都有其社会意义。”

王乐夫、廖为建等人在《公共关系学》一书中的定义为:“公共关系是一种内求团结完善、外求和谐发展的经营管理艺术,即一个社会组织在自身完善的基础上,运用各种信息沟通传播的手段,协调和改善自身的人事环境和舆论气氛,使本组织机构的各项政策、活动和产品符合相关公众的需求,争取公众对自己的理解、信任、好感与合作,在双方互利中共同发展。”②

此外,还有从关系、活动与职能的角度对公共关系进行定义的,《韦伯斯特20世纪新词典》(1976年版)对公共关系的定义是:“通过宣传与一般公众建立的关

① 斯科特·卡特李普、阿伦·森特、格伦·布鲁姆:《有效公共关系》,中国财政经济出版社1988年版。
② 王乐夫、廖为建、郭巍青等:《公共关系学》,辽宁出版社1986年版。

系，使公司、组织或军事机构向公众报告他的活动、政策等情况，企图建立有利的公众舆论的职能。”①

美国公共关系学会（PRSA）的“官方公共关系陈述”为：“公共关系通过在团体和机构中提供相互理解，帮助我们这个复杂、多元的社会去更有效地作出决定和发挥作用。它的服务使得私营的和公共的政策臻于和谐。”②

明安香在《塑造形象的艺术——公共关系学概论》一书中写道：“所谓公共关系，就是一个企业或组织，为了增进内部及社会公众的信任与支持，为自身事业发展创造最佳的社会环境，在分析和处理自身面临的内部、外部各项关系时，采取的一系列政策与行动。”

我国台湾学者祝振华在其著作中指出：“五伦以外的人类关系，谓之公共关系。”

一些学者还从公共关系技术、运行、管理、咨询等各个方面表述公共关系③：①实施一项有计划的而且是持之以恒的方案，作为一个组织进行管理的组成部分；②处理组织与其各类公众的相等关系；③分析政策、程序和行动对公众的影响；④调整那些被发现与公众利益和组织生存有冲突的政策、程序和行动；⑤在确定组织及其公众互惠互利的新政策、新程序和新行动上向管理层提供咨询；⑥在组织的内部和外部激发意识、意见、态度和行为的具体变革；⑦在组织与其各类公众之间形成新的相互关系，并且维护这种相互关系。

以上这些定义从不同的角度反映了公共关系的各个侧面，说明了公共关系的基本特征，表现出了公共关系的综合性、实用性、技术性、边缘性等。

（二）本书关于公共关系的定义

我们希望对公共关系的定义有一个完整的描述，以挖掘公共关系的深层价值。

1. 定义表达。公共关系是一个社会组织与其社会公众之间建立的全部关系的总和，它发挥着管理职能，开展着传播活动。社会组织通过有效的管理，旨在谋求组织内部的凝聚力与组织对外部公众的吸引力；通过双向的信息沟通，旨在争取社

---

① Webster's New Twentieth Century Dictionary of the English Language, unabridged, 2nd ed. Will Collins and World Publishing Co., Inc, 1976, p. 1456.

② Formally adopted by PRSA Assembly, November 6, 1982.

③ Scott M. Cutlip, Allen H. Center, Glen M. Broom. Effective Public Relatings. 8th ed. Prentice Hall, Inc.

会公众的谅解、支持与爱戴,谋求组织与公众双方的利益实现。

2. 定义特征。从综合的角度对这一定义进行分析,可以从中挖掘出公共关系定义的基本特征:

(1)公共关系的定义明确了公共关系的四大要素,即公共关系的主体——各种类型的社会组织;公共关系的客体——与特定组织或企业发生各种往来关系的社会公众;开展公共关系活动的手段与方法——管理职能的发挥和传播活动的开展。

(2)公共关系的定义明确了公共关系工作的基本内涵,即在组织内部实施有效的管理;按照公众的意愿有计划地开展各项公共关系活动;根据双向平衡的基本要求,引导社会公众对组织的各项工作予以接纳和认同,争取社会公众的支持和爱戴。

(3)公共关系的定义体现了公共关系工作的基本特征,即管理的科学性与沟通的双向性。这里的管理是社会组织对其社会公众所实施的管理,即根据公众的需求按照科学的程序对社会公众实施的协调、沟通、教育与引导等工作;这里的沟通是社会组织与其社会公众所进行的双向沟通,以求相互了解、相互信任和互相接纳。

(4)公共关系的定义体现了社会组织与相关联的社会公众之间的关系;追求的目标是扩大社会组织的信誉度,树立良好的形象;坚持的原则是实事求是,以便社会组织能够为其自身事业的成功奠定基础。

3. 定义简化。我们认为上述定义较为完善,它所表述的内涵实质上就是:传播信息、协调关系、树立形象、谋求发展。

(1)传播信息主要是将组织的信息传递给公众(内外),并将公众的信息反馈给组织,进行双向的信息沟通。

(2)协调关系是通过信息沟通而达成的结果。组织与公众之间的各种关系均需要协调,以保证互相理解、互相支持。

(3)树立形象是在建立组织信誉的基础上树立良好的组织形象,目的在于赢得公众的信任与支持。

(4)谋求发展是公共关系运行的目标。组织通过一系列公共关系活动与主张,形成了良好的口碑与形象,必然会推动组织的不断进步与发展。

【资料1-2】 公共关系沟通、传播的功效[①]

美国著名管理学者柯林斯在《基业长青》一书中指出，每一家能成就百年基业的卓越企业，无一不是沟通上的高手。在一个敞开式的商业社会，任何一家企业的成长都不可能期望沿着单一的直线型的轨道发展，每一家企业所面对的商业环境都不再只由客户、供应商、销售商等单一产业链上的合作伙伴构成，还必须与产业链之外的政府、媒体、竞争对手、银行等相关团体打交道，并将企业的良性信息传达给他们，同时也接受社会公众回馈的意见。只有这样，企业才能在良好的市场环境中得到支持与发展。

第二节 公共关系的构成要素

事物的构成要素是指构成这一事物的必要因素。公共关系在其自身的运作过程中是由四大要素构成的，它们分别是：社会组织——公共关系的活动主体；社会公众——公共关系的活动客体；管理职能——组织对其内部公众实施的沟通与教育工作，以及对其外部公众的协调与引导工作；信息传播——组织与其公众之间的双向信息沟通。这四大要素互相依存、互相制约，构成了公共关系的基本问题。

一、公共关系的主体——社会组织

社会组织（可简称组织）是指各种类型的社会群体，包括政治组织、经济组织（企业）、文化组织、军事组织、宗教组织等。这些组织都是公共关系活动的主体。社会组织在自身的运行中，为树立良好的形象而直接进行着公共关系操作工作，主要有日常公共关系工作和专项公共关系活动。

社会组织要想在市场经济大潮中立于不败之地，必须树立正确的公共关系观念，培养德才兼备的公共关系人员队伍，并根据组织目标的需要，踏踏实实地开展各项公共关系活动，使组织的全体员工共同为实现组织的目标而奋斗，使社会公众真正地热爱组织、接纳组织并支持组织的发展。

任何类型的社会组织都是社会的细胞，尤其是经济组织——企业，它不仅为社

---

① 根据globrand（全球品牌网）林景新的文章《在沟通中创造价值》提供的信息改写。

会提供物质财富,还必须履行自己所承担的各种社会责任。在对社会公众负责和有利于社会发展的前提下,谋求企业经济利益,从而保证企业社会性和经济性的统一,是公共关系最根本的要求。

组织社会责任的承担与实现依赖于各项公共关系工作的开展,要争取社会公众的了解、支持与爱戴,把组织的行为置于公众的监督之下,并以此为契机,为社会公众提供满意的产品和优良的服务,树立组织良好的形象。只有这样,才能创造一个有利于组织发展的社会环境,这是公共关系所要追求的目标。

二、公共关系的客体——社会公众

社会公众(简称公众)是社会组织开展各项公共关系工作的活动对象。这里,作为公共关系活动客体的社会公众是指:任何因面临某个共同问题而形成的,有着某种共同利益,并为某一特定组织的工作产生互动效应的社会群体。

由于社会组织的类型不同,社会组织所面临的社会公众的表现形态也各不相同。政治组织(指各级政府)所面临的社会公众主要有其他各级政府、政府官员及各种类型的公民等;军事组织所面临的社会公众主要有军官与士兵、官兵家属、部队所在地的社区居民,以及与部队有紧密联系的各类社会群体;文化组织(如各类学校)所面临的社会公众主要有教师、学生、学生家长,还有上级主管单位、各类合作单位与关系单位等;新闻组织所面临的社会公众主要有作者、读者及受影响的公众等;经济组织所面临的社会公众主要有顾客、供应商、经销商等。我们将在本书第六章中论述社会公众的细分问题。

社会组织对公众开展公共关系活动,是希望公众对社会组织的各项工作给予认同与接纳,并对社会组织产生好感。任何诉求对象不清晰的公共关系活动,都不会给组织带来良好的结果。因此,社会组织在开展公共关系活动之前,必须清楚地认识到哪些公众是我们的活动对象,并保证社会组织与公众处于平等的地位。这是一种双向平衡,是保证公共关系活动顺利开展的基础,是保证公共关系目标实现的条件。

三、公共关系的方法与手段——管理职能和信息传播

(一)管理职能的发挥

公共关系工作在组织中发挥着重要的管理职能。这里有两层含义,一是指特

定组织对其内部公众实施的科学的管理方法和手段,以求其内部的团结、合作,创造一个和谐的内部关系环境,共同为实现组织的目标而奋斗;二是指特定组织对其外部公众实施的科学的教育、引导、协调与沟通工作,争取公众对组织的接纳与认同,以树立良好的组织形象。

管理职能的发挥在公共关系活动中是不可或缺的重要因素,公共关系各项活动的开展都包含着管理的因素,社会组织与社会公众的沟通工作也都应用着管理的手段和方法。没有管理工作,公共关系的作用就很难发挥,公共关系的特定目标也很难实现。

【资料1-3】 关于管理要素的解释

管理一词有三层含义:①负责某项工作,使之顺利进行;②保管和料理;③照管并约束。人们更多地是按第三种含义来理解“管理”一词,因而人们认定,公共关系管理职能不应作为一个独立要素存在。这里,我们按照第一种含义来理解,将公共关系管理职能界定为保证公共关系工作顺利进行的方法,因而,它可以成为一个独立的要素,并且在公共关系运作中不可或缺。

(二)信息传播活动的开展

管理职能的发挥可以通过双向的信息交流实现。这种双向的信息交流是一方发出信息,向对方进行传播,另一方接到信息后,对这一信息产生一种能动的反应,并将这种反应的内容反馈到发出信息的一方。一次双向的信息交流就是一次沟通,不断的双向信息交流就形成了不断的沟通。组织传播活动的开展主要有内部信息传播和外部信息传播两条主线。

组织内部的双向信息交流包括:①上源下向流,即由决策层到管理层再到操作层的传播;②下源上向流,即由下至上对原发出信息的一种反馈;③平行信息流,这是促使内部各部门及各类工作人员彼此之间增进了解而进行的沟通,以保证彼此的理解和工作的顺畅;④立体交叉信息流,这是促使内部各层、各类工作人员为增进友谊、建立友好往来关系而进行的沟通,以保证组织内部提高透明度,增强团结协作意识,创造一种和谐美好的内部关系环境。

组织外部的双向的信息交流包括:①内源外向流,是指组织向外部公众发出信息,以使外部公众更多地了解组织;②外源内向流,这是组织对外部公众的意见与建议、市场的态势等信息进行的全面调查与了解,并对之进行分析和研究,以发现问题,修正公共关系方案,或从中掌握社会公众对组织活动和组织自身的反映,以了解组织在外界公众心目中的实际形象,其目的在于调整组织的经营活动,适应环境的变化,满足外部公众提出的各种要求。

在这里,管理职能的发挥和信息传播活动的开展都是保证组织动脉系统畅通无阻的有效方法,二者互相联系、融为一体,形成了一个完善自身形象、追求理想目标实现的动态过程。这个动态过程促进着组织的发展,并在社会组织与社会公众之间架起了一座相互联系的桥梁。

公共关系四大要素之间的关系如图 1 -3 所示。

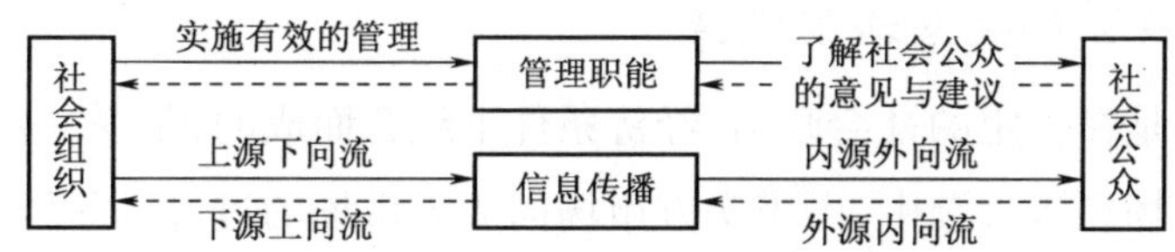

图 1 -3 公共关系四大要素关系示意图

第三节 公共关系学的研究范畴

要界定公共关系学的研究范畴,首先应明确公共关系学的研究对象并解决其学科的归属问题。

第一讲 如何理解公共关系学

一、公共关系学的研究对象

公共关系学是研究组织与其公众之间如何建立、保持和发展关系的一门科学,目的在于使组织在社会公众所处的环境中形成良好的口碑与形象,以保证公众对组织的接纳。组织与公众之间的关系以公共关系活动作为联结的纽带,反映了极其广泛而深刻的内涵。

（一）反映组织与公众之间的关系

在公共关系活动中,活动的主体是组织,活动的客体是公众。组织通过了解、满足公众的需求来把握自己的命运,寻求自身的发展。公共关系活动就是这种主观见诸客观的社会实践。通过这种社会实践,组织可以拥有良好的内部公共关系和外部公共关系环境,可以拥有良好的职工关系、股东关系、顾客关系、媒介关系、社区关系等,可以拥有良好的形象、更大的市场和光明的前途。

（二）反映公共关系活动规律

公共关系是在一定的社会政治、经济条件下组合而成的,是受一定的客观规律制约的。在市场经济大潮中,由于卖方市场向买方市场的过渡,以及买方市场的逐步形成,公众越来越拥有影响和制约组织或企业发展的权利,它要求组织或企业必须履行满足公众需求的义务,自觉地接受公众的监督,这就是公共关系活动规律。

在现实的公共关系运行中,公共关系运行规律主要表现为公众导向规律、运行系统规律、管理规范规律、行为约束规律和舆论监督规律。

1. 公众导向规律。公众导向规律要求组织或企业做任何事情都要以公众的需求作为出发点,以满足公众的需求作为归宿点。只有以公众需求为中心来开展组织的各项工作,才能赢得公众的信赖,树立良好的组织形象。公众导向规律是现代公共关系观念的核心内容,是在现代公共关系观念指导下形成的规律。

2. 运行系统规律。运行系统规律是指组织在实施各项公共关系活动中要遵循系统的原则,按照科学的公共关系运行程序,了解公众需求,制定科学规划,实施双向沟通,保证公关效果,使公共关系工作有始、有终、有序,有承诺、有兑现,从而形成一个完备的运行系统。

3. 管理规范规律。管理规范规律是指组织在公共关系工作中,在与公众关系的维系中,要遵守科学的管理规程,以组织或企业文化为核心,以各项规章制度为依据来实施对组织或企业内部公众的协调与沟通工作,以赢得社会公众的认可、接纳与支持。

4. 行为约束规律。行为约束规律是指组织在各项工作中,按照公众的要求来约束自身的行为,使组织在社会环境中表现出整体行为的一致性和个体行为的规范性。组织整体行为与个体行为的好与坏均以公众的评价为标准,以公众满意为目标。

5. 舆论监督规律。舆论监督规律是指组织在经济工作中自觉地接受公众的监督,以公众舆论的好与坏作为评判企业各项工作好与坏的标准。通过公共关系调查来掌握公众的舆论,通过公众对企业的态度与意见来修正自己的行为,通过信誉度的高低来衡量自己的业绩。

公共关系五大规律构成了一个围绕公共关系运行的五星(见图 1 - 4),每一个规律都有其自身的功效,各个规律共同约束着组织的公关行为,从而保证组织的公共关系工作在既定的轨道中运行。

图 1 - 4 公共关系活动五大规律

以上公共关系活动规律是从不同角度来体现公共关系的核心内容的,这一核心内容就是满足公众利益,旨在保证组织的各项工作的服从公众的要求,实现公众的价值。

(三)反映公共关系活动手段

如前所述,公共关系活动手段是管理职能的发挥和信息传播活动的开展,它们是联结公共关系活动主体与客体的桥梁和纽带。公共关系活动过程就是管理和传播信息的过程,包括协调、沟通、教育、引导等各项功能。社会组织通过有效的管理和双向的信息沟通来建立、维系和发展与其环境之间的关系,以形成良好的社会关系网络，赢得公众的信赖和支持。

通过以上分析，我们可以将公共关系学的研究对象概括为：以公众利益的满足为中心而建立起来的组织与公众之间的关系，组织从事公共关系活动的各种规律以及组织利用管理工作和传播手段谋求组织自身发展的各种策略。

作为一门科学，公共关系学必须包括对所有公共关系现象和公共关系规律的探索。首先，它必须具有目的性，即以满足公众利益为公共关系活动的目的；其次，它必须具有社会性，公共关系活动本身就是一项富有社会性的社会实践活动；再次，它必须具有规律性，即研究公共关系活动规律，并依据这些规律来指导组织或企业的行为；最后，它必须具有策略性，即必须利用管理工作和传播工作来实现公共关系活动目标，从心理的角度研究公众，从技术的角度把握活动，并以此建立起组织的良好公共关系环境。

【资料1-4】 跨国公司对公共关系工作的重视

可口可乐、联合利华等跨国巨头在进入中国市场时都十分重视公共关系的运用，它们通过捐助希望小学、绿化环境、支持体育事业等一系列公共关系活动，赢得了中国政府、媒体、公众的好感。这种做法既将企业的良性信息传达给了中国的社会公众，同时也为企业本身创造了良好的发展氛围与和谐的公共关系环境。

二、公共关系学的学科归属

关于公共关系学的学科归属，目前主要有三种观点：一是归属于经营管理的范畴；二是归属于市场营销的范畴；三是归属于信息传播的范畴。这期间也有人提出公共关系学应归属于关系学的范畴。下面，我们对这四种观点分别进行分析。

（一）公共关系与经营管理的关系

诚然，公共关系活动在组织中发挥了重要的管理职能，但并不能由此将它限定在经营管理的范畴，更不能说它是一门管理学。

首先，从性质的角度分析，现实的经营管理活动是企业的经济活动，而公共关系活动则是组织或企业的社会活动。

其次，从工作对象的角度分析，组织或企业的经营管理工作对象是组织或企业一切可控制的因素，包括人、财、物各要素，产、供、销各环节等，而公共关系的工作对象仅仅是人。这里的人，既有可控制的一面，又有不可控制的一面。对于组织或企业内部公众来说，其可控制的一面大于不可控制的一面，组织内部有各种规章制度在约束着内部公众；而对于组织或企业外部公众来说，则是不可控制的一面大于可控制的一面，组织对其外部公众只能采取协调、沟通、教育、引导的手段来开展工作。

最后，从范畴的角度分析，组织或企业的经营管理工作仅仅限制在组织或企业内部，而公共关系工作既包括组织或企业内部的工作，又包括组织或企业外部的工作，它在组织或企业的内部与外部、自身与社会之间承担着沟通信息、协调关系、广结善缘、谋求发展的责任。

（二）公共关系与市场营销的关系

公共关系与市场营销有着共同的活动对象——顾客，但顾客只是公共关系活动对象中的一个重要部分，而不是全部。公共关系的活动对象除了顾客公众之外，还包括职工公众、股东公众、媒介公众、政府公众、社区公众、社团公众、经营者公众、竞争者公众、名流公众、国际公众等。同样，作为一种管理职能，最终都要影响和决定一个组织或企业的成功与失败，市场营销的主要作用是要带来一个组织或企业与其特定的公众——消费者或用户之间的物质交换；而公共关系的主要作用是要带来一个组织或企业与公众之间，通过信息交流实现精神和利益上的满足。市场营销认定人们的需求并提供产品，通过一次性交易过程来满足这种需求；公共关系认定组织或企业与公众双方的要求并传递信息，通过多种形式来实现公众对组织或企业的信任和接纳。从市场营销的角度来分析，公共关系活动可以成为组织或企业促进产品销售的一个重要手段，但产品促销只是公共关系活动的目的，而不是长远目标，公共关系活动的长远目标是在扎扎实实做好基础工作的前提下，建立良好的组织信誉，树立良好的组织形象。需要指出的是，在非营利性组织中，市场营销活动和公共关系活动确有相似之处，但也不能完全等同，它们的区别在于市场营销具有功利性，而公共关系具有誉利性。

（三）公共关系与信息传播的关系

公共关系活动中的信息沟通需要以各种传播媒介为手段，即组织或企业运用各种信息沟通、传播手段来使自己与其内外部环境之间保持经常的往来关系，在动态中求得平衡发展。这说明传播学在公共关系学中的运用是极为广泛的。但是传播学对公共关系学的研究仅侧重于方法论方面，侧重于研究公共关系如何有效地运用各种传播媒介，达成组织或企业与其公众之间的相互沟通。公共关系活动除了运用传播媒介外，还可以运用无媒介的人际传播、小组传播等方法。公共关系活动中的方法与技巧是实现公共关系目标的手段，但并不是公共关系活动过程的全部内容。公共关系活动的主要内容是做好各项基础性工作，利用传播媒介进行有效沟通，为组织或企业自身的发展开辟道路并提供决策依据。

（四）公共关系与关系学的关系

关于公共关系学是否应属于关系学范畴的问题仍需探讨。第一，关系学是否属于一门科学至今还难以把握，因为这里的关系是一个抽象的概念，它是从所有社会关系中抽象出来的，并无确切的含义和内容；第二，即使我们承认关系学作为一门学科而成立，则它的研究对象与研究范畴也难以界定，因为它没有一个确定的含义；第三，人们在日常生活中提到的关系学，仅仅是指人际关系及人们认定的为人处世的方式，而人际关系又不能等同于公共关系；第四，特殊条件下的关系学，有时常常和庸俗关系相联系，如说某些人会来事儿，关系学学得好，这是在说一个人的性格与为人处世的方式。因此，就关系学而言，目前其意义贬褒不一，难以界定。基于以上原因，不能将公共关系学划入关系学的范畴。

【资料1-5】 两位专家的对话

两位专家，一位是管理学专家（简称M），一位是社会学专家（简称S）。一次，他们在一起喝茶，探讨起了公共关系的学科归属问题。M先进入话题，而后S接起了话题，现有了以下的对话内容：

M：我研究公共关系学20多年了，一直认为公共关系学的归属问题是个大问题。

S：我也是这样认为的，但是现在公共关系领域对这个问题一直没有明确的被公认的正确答案。

M：是呀，我的观点是，不管有没有公认的正确答案，我们自己都要有明确的思路。

S：那你的思路是什么呢？

M：我认为，公共关系学应该属于管理学科的范畴，原因之一是公共关系学实施着管理职能，原因之二是公共关系学隶属于一个社会组织，一个社会组织对公众所实施的梳理与传播工作就是管理工作。

S：我不这么认为，我的观点是，公共关系学终归是研究关系的，社会上任何关系的处理都涉及人和人的行为，因此，关于人的关系的学科应属于社会关系范畴，公共关系学也不例外，它应属于社会学研究的范畴。

M：理论上我不驳斥你的观点，但公共关系工作在一个社会组织中就是在管理的范围内实施的，这一事实是不可改变的。

S：但不能因为它是在管理的范围内实施，就把它归类到管理学科范畴。分析一个学科的归属，我们要着眼于大的方向，公共关系学大的方向就是研究社会关系，公共关系属于社会关系的范畴，因此，它就是社会学学科领域的分支。

两个人各执一词，谁说的都有道理，谁都不能说服对方，这个问题该怎样解决呢？

三、公共关系学是一门独立的科学

我们只能认定，公共关系学与管理学、营销学、传播学、新闻学以及各类相关科学关系密切，互相渗透，但不能以此认定公共关系学就是某门具体学科的分支。公共关系学同管理学都在发挥着管理功能；公共关系学与市场营销学都要赢得顾客的信任；公共关系学与传播学都需要应用传播的理论与方法，并进行实际的信息传播活动；公共关系学与新闻学有着共同的写作要求，但它们并不完全等同。不可否认的是，管理学、市场营销学、传播学、新闻学都是公共关系学的基础理论，此外，公共关系学的基础理论还包括社会心理学、政治经济学、组织行为学、管理学、舆论监督学、广告学、企业文化学、人际关系学、消费者行为学等学科的有关理论。公共关系学与其他相关科学的关系如图 1－5 所示。

公共关系学是在以上各相关科学的基础之上发展起来的一门独立的综合性应用科学，它的基础理论部分大而分散，核心理论部分小而集中。研究公共关系学就是在全面掌握各门基础理论科学的基础上，更深入地探讨公共关系学的核心理论部分，以期完善公共关系体系，指导公共关系实践，扩大公共关系影响。

四、公共关系学的研究范畴

作为一门学科，公共关系学的科学体系应该包括公共关系学的产生和发展、公共关系学的形成过程、公共关系学的基本原理以及运用各种技巧开展公共关系活动的手段和方法。这一系列内容是互相联系、互相制约的整体，构成了公共关系学的研究范畴。

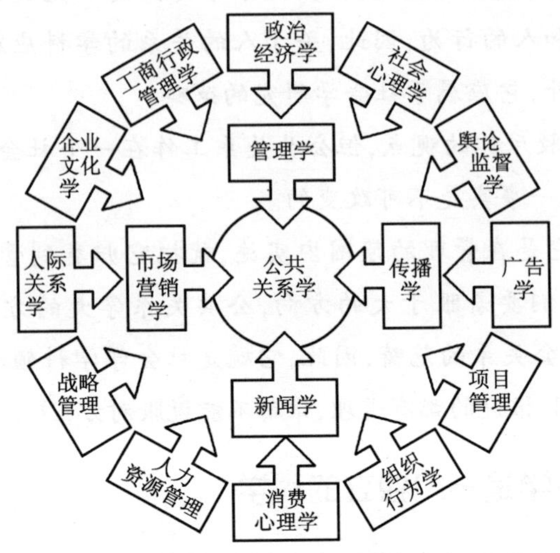

图 1-5　公共关系学与其他相关科学之间的关系示意图

从学科的共性角度来分析，任何一门学科都有它产生和发展的过程，研究一门学科的发展历史，可以为这门学科的理论研究奠定坚实的基础，从而使人们看清楚，任何一门学科的产生与发展都与滋生它的土壤和环境密不可分。而对学科本身的理论研究，又可以为这门学科在指导社会实践中发挥重要的作用提供理论依据，并明确战略目标。公共关系学当然也不例外。

从一门具体学科的个性角度来分析，公共关系学是现代社会发展的产物。在现代社会组织的运作中，任何一个组织都不能缺少公共关系手段为之提供服务。在所有能够为社会组织提供服务的科学中，公共关系学的实用性之大、涉及问题之广、创新性之强是其他同类学科所无法比拟的。它可以内求团结、外求发展，可以沟通信息、广结善缘，可以使社会组织在满足公众利益的同时也满足自身发展的需要。这一切都要在公共关系理论的指导下，通过运用各种公共关系技巧、开展各项公共关系活动实现。

公共关系理论是公共关系学的核心，但它只有在和公共关系应用结合起来时，才能发挥巨大的能量。公共关系理论对公共关系的应用起着巨大的指导作用，公共关系在社会实践中得以应用，又为公共关系理论的丰富、发展、深化和完善提供了更新、更好和更全面的素材，并对公共关系理论的正确与否进行检验。

综合以上的分析，我们可以将公共关系学的研究范围界定为：公共关系的历史、公共关系的理论和公共关系的应用。

公共关系的历史应该包括公共关系作为一种社会活动的实践历史、公共关系作为一种思想的演变历史和公共关系作为一门学科的发展历史。公共关系的学科史只是近代的事情，但作为公共关系的实践活动，却可以追溯到远古。公共关系思想有着它从不正确到正确、从不完善到完善的发展过程。

公共关系理论应该包括基础理论和核心理论。作为公共关系的基础理论，尽管不是公共关系学本身，但它们为公共关系学的发展和应用奠定了基础，公共关系学必须对其加以研究，公共关系工作者也必须认真掌握，以便更深入地学习和掌握公共关系理论。在基础理论已经建立起来的条件下，公共关系学应该重点研究其核心理论部分，使其公共关系学科的独立性和完善性。

公共关系应用应该包括公共关系的实务部分和技巧部分，以此来指导公共关系操作者的实际运用，以使其公共关系活动达到更高的水准，产生更好的效果。公共关系的应用可以为公共关系的实践者提供一种思维方式、行为准则和例证分析。由于组织或企业的类型不同、生产经营的性质不同，它们在开展公共关系活动中所采取的具体手段和方法也有很大差异。组织或企业公共关系的应用，就是根据组织或企业的性质来确定公共关系活动目标，制定公共关系程序，运用各种行之有效的公共关系技巧和方法，为实现组织或企业的公共关系目标服务，这便是公共关系应用部分的重要内容。

本章思考题

1. 如何理解公共关系概念的基本含义和公共关系的构成要素？
2. 公共关系学的研究范畴是什么？
3. 试述公共关系学与管理学、市场营销学、传播学的区别与联系。

第二讲　公关运行中的“道”与“术”

CONTEMPORARY PUBLIC RELATIONS

第二章 公共关系的历史与现状

学习要点

研究公共关系的历史及其发展状况，可以使我们了解公共关系的产生背景和条件，透视公共关系在社会发展中的地位和作用，明晰公共关系在不同历史时期的特征与目的，以使公共关系理论的社会价值得以充分地挖掘和更好地运用。

第三讲 公共关系的历史演进

第一节　公共关系产生的基本条件

作为公共关系的最初发展形式——群体与群体之间的分工、联系与交往，在形成之初受到了一定社会条件的影响和制约。从历史的角度来看，公共关系作为一种活动，其产生受制于三个基本条件。

一、商品经济的繁荣是公共关系产生的经济基础

商品经济是一个历史范畴，它是在社会分工和生产资料归不同所有者所有的经济条件下产生并发展起来的。社会分工，使生产者彼此都为他人、为社会而进行生产；生产资料归不同所有者所有，又使生产者只能通过产品的相互交换得到自己需要但由他人生产的产品。这就是说，在商品经济社会，各个生产者的生产目的都是为了交换，而不是为了满足个人的需要。生产者之间以各自的产品来交换，以实现社会分工中各个不同所有者之间的经济联系，使各个商品生产者的生产耗费得到补偿，生产需要得到满足。因此，对于商品生产者来说，具有决定意义的要求是：商品的自由流通、自由竞争和等价交换。商品经济的这种要求在封建社会末期瓦解了“自给自足”的封建经济，破坏了“闭关锁国”的封建势力，打破了一家一族、一村一乡的宗教血缘关系，扩大了不同部门、不同地区乃至不同国家之间的经济往来。马克思、恩格斯把资本主义商品经济的发展、把商品的低廉价格形象地比喻为“摧毁”阻碍市场扩大的各种壁垒的“重炮”。这一“重炮”击毁了“鸡犬之声相闻，民至老死不相往来”的自然经济，形成了错综复杂的商品经济关系。

随着自然经济的瓦解以及商品经济和生产社会化的发展，产生了企业、部门、地区和国家之间进行经济交往的客观要求。这种经济联系的建立为公共关系作为一种社会现象、作为一类社会活动的开展提供了巨大的空间，使公共关系的产生具备了经济基础。它适应了社会生产力的发展要求，具有推动社会进步的性质。在简单商品交换的条件下，这种公共关系现象和公共关系活动表现出了偶然性和不连续性等特点，因为简单商品生产条件下的商品交换本身就是不连续、不系统的。在简单商品流通条件下，这种公共关系现象和公共关系活动表现为商品供给者与商品需求者之间的交换关系。当时这种关系具有简单性与直接性，因为简单商品

经济的表现形式是直接的物物交换。

随着商品经济的发展，扩大的商品流通和一般价值形态的出现，乃至货币价值形态的产生，使商品经济作为一种社会活动根植于社会的各个角落，作为一种经济形态而出现在人类历史的舞台，使公共关系现象和公共关系活动的社会性日益凸显，复杂性逐渐加强，综合性不断扩展，从而生成了一种全新的社会经济关系。

商品经济的发展，生产力的进步，促进了社会化大生产的普及和提高。商品经济以市场为轴心，形成了极为广泛的社会分工与协作。商品生产者的一切原材料和机器设备必须从市场购进，生产出来的一切产品必须在市场上销售；商品经营者的一切经济活动更是与市场息息相关，一个企业能否取得成功，能否得到社会的承认，关键在于它的产品在市场上是否得到消费者或用户的欢迎。为此，商品生产者与经营者时时都在观察着市场，观察着经济发展的新动向，渴望与社会各界加强往来，广结善缘，赢得广大公众的支持。这说明，公共关系与商品经济存在天然的联系。在人类社会的发展中，商品经济越发达，市场竞争越激烈，公共关系活动也就越重要。

商品经济的存在和发展是公共关系产生和发展的最基础性条件，也是公共关系产生的经济条件。我们把这一条件称为公共关系产生的土壤。其他条件的出现都是在商品经济这一基础条件上的延伸和派生。

二、民主政治的发展是公共关系产生的政治前提

民主政治的发展经历了一个由形成、扩大到不断完善的过程。

远古时期产生了人类活动，并逐渐形成了部落、部族、国家，随之滋生了民主政治的条件，表现为各部落、部族内部各成员的平等分配关系，部落首领之间为争夺自己部落的势力范围而暂时出现的和平分割地盘的现象。平均分配关系照顾到了群体的利益，从而保证了每个部落成员的基本生存；和平分割地盘的现象使得部落与部落之间的矛盾能够暂时得以缓解，使双方间的关系表现出了短暂的友好态势并得到了暂时的维持。这时我们感觉到部落内部以及部落之间的关系有了一些公共关系的味道。然而，这里的平均分配并不表现为部落首领与其内部成员之间的平等关系，他们之间存在着极度的不平等；这里的部落与部落之间的友好关系也不可能得到长期的维持，瓜分势力范围的重要手段仍然是战争。因此，在这里我们寻找到的只能是民主政治的萌芽和公共关系活动的暂时性和不连续性。

封建社会的政治生活是以专制为特征的,封建君主是所谓的真命天子,拥有至高无上的权威。中国自秦始皇以来,皇帝自称可以为所欲为;普通民众不过是供皇帝及封建官僚们驱役的“牛马”。官僚与民众之间是绝对的统治与服从的关系。从本质上说,封建社会阶层分明,封建官府对普通民众一方面使用高压手段,使民众不得不忍受与服从,另一方面采用愚民政策,使民众不知道为什么要忍受与服从,只知道这是天命,天命不可违。这种虚伪的政治民主束缚了公共关系思想的形成和公共关系活动的开展,仅有的一点儿公共关系迹象也只能维持在士大夫之间。

资本主义以资产阶级民主政治代替封建专制。民主政治与专制政治最大的区别就在于,它消除了以高压手段来维持自己政治地位的方式,并以种种方式来取得民众的信任与支持。民主政治从形式上表现为以下三个方面:

首先,民众要有一定的权利,政府和国家的领导人是由民众选举产生的;官员们要在政治上取得一定的地位,前提条件是他们必须在民众中拥有一定的声望,同民众及社会各界人士保持亲善、友好的关系。

其次,政府要重视民众的意见,政府的首要工作是了解民情民意,并把民情民意作为决策的重要依据。不重视民众意见的政府是不受欢迎的政府,必然会被民众意见的汪洋大海所吞噬。

最后,政府要让民众了解政府的施政纲领和各项方针、政策,普及对民众的政治教育,并争取得到民众的认可与支持。当然,让民众了解的前提是,政府方针政策的制定必须建立在对民众充分调查、征求意见,并有利于民众利益的基础之上。

以上三个方面对于一个国家、一个政府适用,对于一个企业、一个组织也适用。按照这样的思路施政于一个国家、一个政府,乃至一个社会组织,必然会促进其和谐公共关系环境的建设与自身事业的发展。

社会主义民主是人类历史上一种相对完善的民主,它继承和延续了民主政治的全部,并在更加扩大化的基础上将民众的真正利益放在了首位,如“群众利益无小事”,“创造社会主义和谐社会”“不断增强人民的获得感、幸福感、安全感,不断推动全体人民共同富裕”的思想,集中体现了以人民为中心的发展理念,凸显了社会主义民主政治的价值与内涵,它将带来的是社会主义经济的更大进步和社会环境的更加完备。

民主政治的发展是公共关系产生的种子。公共关系需要播种,有播种才会有收获。

三、科学技术的进步是公共关系得以形成的重要手段

在落后的农业社会里,小农观念禁锢着人们的头脑,生产规模的狭小使人们普遍处于闭塞的生产与生活状态之中。落后的交通工具和信息传播手段使人们不可能有广泛的交往,亦不可能出现公共关系活动。

工业社会的发展及社会分工的出现使人们跳出了小生产的圈子,接触到了庞杂的社会,使人们以更大规模、在更大范围内交往成为可能。在社会环境中,人们不再以独立的个体存在于社会之中,而要依附于群体,成为群体中的一员,从而使人们形成了广泛的社会联系。人与人之间社会联系的增加,沟通的加强,客观上推动了社会的进步,促进了交通工具和传播技术的发展,这为公共关系的产生和发展提供了重要的手段。例如,汽车、火车时代远比马车时代交通要发达、速度要快,飞机时代要比火车时代更加进步,而利用大众传播媒介传递信息更远比利用交通工具传递信息要快得多。大众传播媒介的快速发展使公共关系的运行成为必然,因为大众传播媒介的广泛运用,使社会组织对社会公众的信息传递成为一种现实。

在信息时代,社会关系是各种信息的重要来源。随着科学技术的进步和新科技革命的发展,微电子技术得以广泛应用,信息传播媒介不断更新和完善,网络技术的普及与提高更使信息传递达到了无孔不入和无所不包的程度,表现为立体交叉、多角度展示以及多视角观察的基本形态。这一切使运用这种技术的社会组织能更准确、更迅速地与各类公众建立联系,沟通信息,形成有效的信息流通与反馈网络,使组织在瞬息万变的社会环境与市场环境中加快反应速度,提高调整能力,由此促进了公共关系的发展与完善。

第二节 公共关系的发展阶段

公共关系几乎在每一个现代文明社会的历史画卷之中都留下了发端的痕迹,有人说公共关系产生于美国,也有人说公共关系产生于英国……更多的中国学者从中国的历史发展中寻找到了许多公共关系的迹象。如果我们欲对世界公共关系的发展历史进行研究,会像我们去研究人类发展的历史、世界进步的历史那样系统庞大、内容复杂。为此,我们只能去寻求公共关系发展的主线,而不可能涵盖全面。

根据公共关系的发展历史及活动迹象，可将公共关系的发展历史划分为不同的发展阶段。

一、早期公共关系

19 世纪中叶以前，伴随着公共关系产生条件的形成，出现了一些具有传播性质的公共关系迹象，从而使公共关系活动得到了一定的表现。

在漫长的古代社会，人们从事着各种各样的活动，如农民种田、挑水、劈柴，人们的各种活动技能都是通过传授学会的。考古学家曾在伊拉克发现了公元前1800年的一份农场公告，它的内容是告诉农民如何种地，如何灌溉，如何对付田鼠，怎样收获，等等。这是一种古老的信息传播形式，很像现代社会某些农业科技组织公共关系部门的广告。

在古印第安的历史著作中，关于国王特使的记载表明，国王特使的职能是保持国王与公众的联系，鼓动公众支持国王，制造有利于政府的舆论，并且还负有刺探情报的责任。

亚里士多德在他的经典著作《修辞学》一书中详细地阐述了修辞的艺术，即如何运用语言来影响听众的思想和行为。古希腊人认为，一个人的修辞能力是其参与政治过程的基本条件之一，因为政治家要驾驭公众，而不是与公众格格不入，他们之间联系的桥梁便是修辞，修辞的艺术会使政治家与公众的沟通更顺畅，更能赢得公众的好感与信服。没有修辞的政治家和没有四肢身躯的动物一样不可思议。①

西方基督教的流传很大程度上也依靠的是公共关系活动。公元 1 世纪，使徒保罗和彼得通过布道演讲、发放各类函件、策划事件等来宣传基督教义。耶稣死后 40 年，在《新约》四部福音中，主要并非提供关于耶稣的生平史料，而是宣传对基督教的信仰。这可以说是一种基督教徒用以宣传教义的公共关系手段。

在古希腊人所居住的环境中，人们特别注重沟通技巧。在沟通中，一些最优秀的演讲家被选为领导，有时一些有抱负的政治家还会招募言辞水平高者来帮助他们进行口头上的战争，以维护自己的政治地位。

古罗马人，特别是尤利乌斯·恺撒(Juliusn Caesar)更是精于说服技巧。当面对即将来临的战争时，恺撒通过发行种类齐全的出版物和举办演讲等舞台活动来

① 居延安：《公共关系导论》，上海人民出版社 1987 年版。

寻求民众的支持。这一传播技巧后来在第一次世界大战前被美国政府所采用，主要的目的是激发美国人的爱国情感，支持美国在战争中所扮演的角色。①

【资料2-1】 公共关系最早的理论与著作②

古希腊著名学者亚里士多德在其经典著作《修辞学》一书中就怎样运用语言来影响听众的思想与行为进行了精辟的阐述。该书被称为最早探讨"公共关系理论"的专著。

古罗马的恺撒创办发行了世界上最早的日报——《每日记闻》，他还专门写了一本记载其功绩的纪实性著作——《高卢战记》，这本书曾被西方一些著名的公共关系专家称为"第一流的公共关系著作"。

天主教会也为公共关系的诞生做出了贡献。16世纪，在罗马教皇格列高利(Gregory)的领导下，教会建立了一个传道学院来"帮助传播信仰"。当时英文中的"宣传"(propaganda)一词并没有负面的含义，教会的宣传只是单纯地告诉公众信仰天主教的好处。这为后来的组织和媒介从客观的角度进行传播提供了思路。③

英国公共关系起源于许多世纪以前，当时的英国国王认为，大法官应该成为"国王意识的保护者"，并且意识到应与教会、商人和手工业者三种人加强联系，注意调整这些人与政府之间的关系。17世纪，英国天主教成立了传道总会，"宣传"一词便应运而生。

美国公共关系起源于封建贵族与资产阶级争夺政权的大革命时期。此后，在美国几次大的斗争中，其领导者都为争取公众的支持付出了很大的代价，包括以汉密尔顿为首的资产阶级与杰斐逊领导的工农集团的利益冲突，以杰克逊为代表的边疆农民与以尼古拉斯·彼得为代表的金融集团之间的斗争，以及著名的南北战争等。

在漫长的历史进程中，公共关系的萌芽已经出现，手段上表现为简单的信息传播，目的在于争取舆论的支持，而实质上是为了巩固统治地位。不过，这一切迹象都是在无意识的公共关系状态下产生的。在这一历史时期，人们在不自觉地从事着各种具有公共关系性质的活动，但这些类似于公共关系的活动一般都局限于很

① Fraser P. Seitel: The Practice of Public Relations, 8th Edition, Prentice-Hall, Inc.

② 弗雷泽·西泰尔:《公共关系实务》，机械工业出版社2004年版，第21页。

③ Scott M. Cutlip, Allen H. Center, Glen M. Broom. Effective Public Relations. 8th ed. Prentice Hall, Inc.

小的范围内，同时也不具有连续性。在这里，我们把早期的公共关系时期称为无意识的公共关系活动时期或者叫作不自觉的公共关系活动时期。

二、中期公共关系

这里，我们仅从主线而非历史全貌研究公共关系中期的历史现象。

19 世纪中叶以后，以农业为主导的美国经济正处于向工业经济转型的起步阶段，集团利益比较简单，人民生活自给自足，而且相对独立，当时更多的人生活在农场里。正是在这一为资本主义工业经济的发展提供准备的阶段，客观上形成了对公共关系的需求。这种需求主要表现为对外传播事业的兴起，即一些利益集团需要通过传播形成一定的影响力，从而迫切要求有为之服务的手段，报刊宣传活动便应运而生。

在美国公共关系发展史上，早期的政治权利对公共关系的使用是值得一提的。美国独立战争时期出现了一批为独立而工作的公关先行者，塞缪尔·亚当斯(Samuel Adams)就是其中的一员。亚当斯组织了通讯委员会，以其作为革命时期的联合新闻社，负责在殖民地中散布反英信息；通过组织和策划各种活动激起人们的革命热情，如波士顿倾茶事件的大力度且深入地传播，不仅令人印象深刻，而且调动了民众参加革命的积极性。托马斯·潘恩(Thomas Paine)是另一位有代表性的人物，他撰写并定期出版小册子和散文，劝导殖民地人民团结在一起为独立而战，使更多的读者受到鼓舞，并参与到大革命的队伍之中。

19 世纪 30 年代，在美国由《纽约太阳报》领头，掀起了一场便士报运动。由于便士报售价低廉，吸引了大批读者，同时也为急于扩大自身影响的企业提供了可乘之机。它们编制神话，制造新闻，目的在于引起公众的注意，从而使公共关系从过去的模糊状态走出来，进入了一个新的清晰状态的过程之中，并形成了新闻机构的公共关系、政治活动中的公共关系和商业实践中的公共关系三个主要分支。

(一)新闻机构的公共关系

由于新闻代理业务的发展受到了相关需求者的重视，由此转化为通过新闻传播的手段解决公共关系问题，以达到影响公众的目的。当时以新闻传播为手段的机构主要是政治机构和演出团体。

新闻机构的公共关系代表人物主要有两位，一位是为政府做宣传工作的阿莫斯·肯德尔(Amos Kendall),另一位是为演出团体做传播工作的费尼亚斯·泰勒·巴纳姆(Phineas Taylor Barnum)。

【资料2-2】 肯德尔的公关工作

肯德尔早年是作家兼编辑,他1829年到安德鲁·杰克逊(Andrew Jackson)政府任职,负责所有白宫的公关活动,如为总统撰写演讲稿、国情报告等,并从事将各种信息转化为新闻稿及民意调查等工作。肯德尔为维护总统的利益曾创建了政府自己的报纸《环球时报》(*The Globe*),并转载其他各类报纸的文章,里面许多文章均是肯德尔所写,在其他报纸上发表后再由环球时报转载,以此强调杰克逊总统在国内受欢迎的程度。①

肯德尔所从事的工作是对外传播性质的工作,也是一种塑造形象的工作,属于政府公关活动,但问题是肯德尔所从事的对外传播的内容有很多不实之处,所表现出的政府形象含有虚伪的成分。

巴纳姆的生活年代(1810~1891年)是公共关系的重要演变时期。巴纳姆早期的职业是为马戏演出事业作宣传推广。由于和戏剧打交道的原因,巴纳姆本人也掌握了一些表演技能,这为他以后的宣传工作奠定了很好的基础。巴纳姆能够娴熟地运用书面和口头公关技巧来为自己所要推销的事业和事务做传播性工作,这些技巧不仅帮助他创造了良好的销售业绩,还成就了他"著名宣传大师"的"雅号"。巴纳姆的另一突出之处在于他的传播意识,他能够通过一些不合常理的组合方法引起媒介对事件的关注。巴纳姆的信条是"凡宣传皆好事",因而,他不顾及公众的利益,自觉地、有意识地去编织一些不符合实际的故事,目的在于扩大自身的影响,满足既得利益。

【资料2-3】 巴纳姆编制的神话故事②

有一个黑人女奴海斯曾在100年前养育过美国第一任总统乔治·华盛顿。巴纳姆通过便士报将这一信息传播出去,立即引起了民众的极大关注和强烈反响。巴纳姆顺势以不同的笔名向媒体寄去"读者来信",人为地引起一场轰动性的大讨论。有的"信"说,巴纳姆的故事是个"骗局";有的"信"说,巴纳姆发现了海斯,是

① 根据Fred F. Endres:Public Relations in the Jackson White House. *Public Relations Review* 1,No.3(Fall 1976):P5~12的资料改写。

② Leon Wolff: For a Concise Account, Lockout. New York:Harper and Row, 1965.

对历史的一大“贡献”。巴纳姆说，只要报纸没把他的名字拼错，随便怎么说都无妨。在此后的一段时间里，巴纳姆将海斯关入房内，并以 5 美元/张的价格销售门票，以吸引愿意一睹海斯风采的人前来参观。海斯死后，医生对她的尸体作了解剖，结果表明，海斯的年龄不过 80 岁左右。对此，巴纳姆“深感震惊”，声称自己是最大的“上当受骗者”。作为这场骗局的策划者，巴纳姆达到了最终的目的：一方面，他从愿意一睹海斯风采的纽约人那里获得了 1 500 美元的收入；另一方面，他的知名度由此得到了迅速提升。

肯德尔和巴纳姆的共同特点是：以愚弄公众为手段，以扩大影响为目的。这说明在当时的历史条件下，所有的传播活动都带有不真实的色彩。

（二）政治活动中的公共关系

16 世纪 80 年代到 19 世纪 90 年代，由于印刷技术的改进、便宜纸张的充足供应和公众读写能力的增强，政党们大量地利用报纸从事有利于自己的宣传工作，使报纸传播产生了极高的普及性和良好的宣传效应。这在当时已经成为公共关系传播的一条主线或主战场。当时的政治家们利用这一阵地，大张旗鼓地为自己的政治主张摇旗呐喊。约翰·贝克勒（John Beckley）就是当时最有代表性的人物之一。贝克勒以政治活动为中心，以“文化与新闻”相结合为特征，以维护政党的统治地位为目的，充当托马斯·杰斐逊政党的主要耳目（掌握情报）与喉舌（对外宣传）。

政党总是希望吸引更多民众对本党施政纲领的认同并积极加入，其目的在于争取本党的统治地位或权力的稳定。为此，美国两党派对民众乃至对移民的争夺成为当时竞争的焦点。1896 年，轰轰烈烈的布赖恩—麦金利运动标志着公共关系宣传在政治运动中首次发挥作用。两个政党（共和党与民主党）都在芝加哥成立了竞选运动总部，发放各种小册子、广告画、新闻稿及宣传品，其中，民主党候选人威廉·杰宁斯·布赖恩还使用火车作为竞选的宣传工具，以吸引更多民众对自己的支持。

到了 1900 年，各级（全国、州、市等）各个政党新闻处的管理者们都承担起了体现政治从业人员角色的绝大多数功能。随着 20 世纪 20 年代收音机和 30 年代空中旅行的引入，大众传播在美国政治生活中不可避免地扮演了中心角色。[①]

---

① Scott M. Cutlip, Allen H. Center, Glen M. Broom: Effective Public Relations. 8th ed. Prentice Hall, Inc.

(三)商业实践中的公共关系

19 世纪后 20 年,大批量生产的出现也造就了大众传媒。为了推动商业利益的实现,广告代理人应运而生,新闻代理人的使用频率也越来越高。从 1875 年到 1900 年的 25 年间,美国人口翻了一番,更多的人挤进了城市,加入工厂的各项专业分工活动之中,加之大众传媒的发展,更造就了大批量生产和机器为王的时代,从而为强大的工业机器发展奠定了基础。

20 世纪初,强大垄断势力集团的出现使财富和权力不断集中。资本家为了商业利益而横行霸道、巧取豪夺。高盛公司(Goldman Sachs)注意到,"大规模的商业和工业在国家生活中占据了主导地位,把农业挤到了一边。大商业的信条是:公众对公司的运作知道得越少,公司的效率和利润就会越高,其社会作用就会越大"①。那些操纵美国工业的人士似乎更关心如何获取利润而非如何改善其他民众的生活。像威廉·万德比特(William Vanderbilt)这样的铁路拥有者,J. P. 摩根(J. P. Morgan)这样的银行家,约翰·D. 洛克菲勒(John D. Rockefeller)这样的石油大王,以及亨利·克莱·弗里克(Henry Clay Frick)这样的铁路大亨,手中都掌握着巨额财富。当万德比特被问及如何看待公众对于他关闭纽约市铁路中央线的反应时,他的回答是"让公众见鬼去吧"。这一著名的回答(也许是捏造)代表了当时这些工业巨头们内心的真实想法。

在宾夕法尼亚州的卡内基—弗里克钢铁公司,资本家对工人们敲骨吸髓、残酷剥削,引起了工人们的强烈不满,工人们采取罢工的形式抗击资本家的剥削,然终因势力弱小而被镇压。工人们却没有就此罢休,由此形成了雇主与雇员之间的无休止的争斗。② 卡内基—弗里克钢铁公司工人的罢工标志着技术控制向管理控制的过渡。"许多大公司逐步认识到寻求公众支持的重要性,这使得公共关系专家向各类组织提供服务成为可能。"③

1886 年,乔治·威斯汀豪斯组建了新电器股份有限公司。1889 年,乔治·威斯汀豪斯在他的公司内成立了公共关系部。这是在美国成立的第一家公共关系部门。1897 年,"公共关系"一词在铁路出版物和铁路大亨的演讲中出现的频率越来

---

① Eric F. Goldman: Two-way Street. Boston: Bellman Publishing Co., 1948. A sketchy potboiler.

② Merle Curti: The Growth of American thought, 3rd ed. New York: Harper and Row, 1964, 634.

③ Scott M. Cutlip, Allen H. Center, Glen M. Broom: Effective Public Relations. 8th ed. Prentice Hall, Inc.

越高。1909 年,在《铁路时代报》的一篇题为“诚聘:外交使团”的社论中,对建立“更好的公共关系”进行了阐述。同时,一些有识之士也在思考如何正确地开展公共关系活动,这为公共关系从自觉时期进入到科学时期架起了一座桥梁。[①]

三、现代公共关系

现代公共关系源于公共关系科学的萌芽、产生与发展,始于19 世纪末20 世纪初。这时,美国的商品经济得到了高度发展,资本主义从自由竞争走向了垄断。金融资本、垄断寡头的出现使社会财富日益集中在少数大财团手里。它们不顾及公众的利益,为了获得更多的剩余价值,肆无忌惮地搜刮民脂民膏,引起了社会公众的极大愤怒。一些新闻记者利用大众传播媒介提供的舞台,把焦点对准企业的缺陷,严厉谴责大财团们不顾及公众利益的卑劣行径,从而在美国新闻界掀起了一场声势浩大的“揭丑运动”(也称“扒粪运动”)。

面对由精明的、有准备的新闻官员们在报纸上发起的攻击,企业家们最初采取沉默的态度。然而,他们受不了舆论的谴责,受不了整天生活在被社会公众责骂的痛苦之中。为了防御公众的攻击,他们本能地去求助于宣传工作者和律师,此举推动了美国公共关系实务界的形成和发展。

在美国公共关系咨询公司的兴起中,影响比较大的是创建于1904 年的美国第三家公共关系公司——帕克和李公司。

【资料2-4】 对美国最早公关公司的介绍[②]

美国第一家宣传企业——宣传事业所(或叫宣传局),是由乔治·米凯利斯(George Michaelis)、赫伯特·斯莫尔(Herbert Small)和托马斯·马文(Thomas Marvin)于1900 年在波士顿创办的。

美国第二家宣传企业——公共关系事务公司,是由威廉·沃尔夫·史密斯(William Wolf Smith)在辞去了《纽约太阳报》和《辛辛那提问询报》的记者工作后,于1902 年在华盛顿创办的。

帕克和李公司是美国的第三家公共关系机构,它是在1904 年于美国总统竞选

① Sherman Morse: An Awakening on Wall Street. American Magazine,1906-09:460.

② 斯科特·卡特李普,艾伦·森特,格伦·布鲁姆:《公共关系教程》,华夏出版社2001 年版,第92~94 页。

后在纽约成立的。该机构经营了四年,由于乔治·帕克仍要坚持19世纪中叶不顾公众利益的做法,艾维·李不得不与他分道扬镳。

第一次世界大战时期,公共关系宣传活动点燃了美国民众的爱国热情,从为战争推销公债,到征募士兵,再到为福利而捐款,无不体现了公共关系宣传工作的重要性。

战争结束后,从战争中学到的公共关系宣传手段被用于经济领域、政治领域乃至社会慈善事业之中。在经济领域,公共关系表现为为企业开展市场营销工作提供支持;在政治领域,公共关系成为政治斗争的手段;在社会慈善事业方面,公共关系成为筹资的重要手段。

大萧条时代和第二次世界大战(以下简称二战)期间,发生了诸多影响深远的事件,推进了公共关系实践活动的开展。二战结束后,由于公共关系对组织生存和发展的贡献,公共关系得到了广泛的运用,从事公共关系工作的人员数量大幅度上升,继而产生了众多的专业协会,公共关系教育开始发轫,电视作为强大的传播媒介开始崛起。这期间,一批从事公共关系活动的人员不断推出有代表性的思想并开展相应的公关活动,成为公共关系历史上一个重要的时期。

第三节 公共关系代表人物

在美国公共关系的发展中,涌现出了一批有代表性的人物,是他们把科学的公共关系思想带给了人类社会,促进了公共关系科学的产生,形成了公共关系学的学科体系。

早期的公共关系代表人物应从肯德尔和巴纳姆算起,尤其是巴纳姆,他将信息传播的功效发挥到了相对理想的状态,由此形成了对公共关系的贡献。但由于巴纳姆的思想中带有愚弄公众的成分,其主导思想是背离公关科学的,其开展活动的时期在公共关系历史中被称为不光彩的时期,对科学公共关系的产生没有直接的指导性。因此,我们只能将公共关系的代表人物移至艾维·李。

一、艾维·李

由于大企业的行径引起公众不满而被媒介曝光的“揭丑运动”,一些企业不得不聘用以前的记者,以新闻业务代理的方式为自己“涂脂抹粉”,以应对新闻界的攻击。艾维·李就是在这场运动中接受企业委托帮助摆脱危机的一位新闻记者。

艾维·李(Ivy Lee)全名为艾维·莱德贝特·李(Ivy Ledbetter Lee),出生于乔治亚州的一个牧师家庭,毕业于普林斯顿大学,早期受雇于美国报业大王赫斯特的《纽约日报》,后在《纽约时报》和《纽约世界报》当记者。他正式涉足宣传工作是在1903年,即他与帕克成立宣传公司时期。

艾维·李是一位在企业界很有影响的新闻记者。他在工作中发现,为一个需要制造舆论的私人企业服务可以得到更多的报酬,于是,他辞去了从事五年之久、报酬低微的记者工作,专门从事公共关系宣传活动。以后他曾为纽约市长组织过宣传活动,为总统竞选在新闻机构中担任过重要角色。

艾维·李的思想在他发表的著名的《共同原则宣言》(*Declaration of Principles*)中体现出来。

【资料2-5】 艾维·李的《共同原则宣言》①

这里不是机密的新闻机构,我们的所有工作都是公开的,我们的目的在于提供新闻。这里不是一家广告代理机构,如果你们认为我们的工作应该配合你们的公司来做,那是不可能的。我们的工作应该是实事求是的。我们会迅速提供某一个主题的进一步细节,并且任何一个编辑在核实基于事实的声明时,都能愉快地得到协助……总而言之,我们的原则是公开和坦诚地代表公司和公众两个方面,为媒体和美国公众更加快捷、准确地提供那些有价值以及与其利益相关的信息。

艾维·李认为:他的工作是公开进行的,是具体的,即公开而坦率地代表企业和公众事务机构,向新闻界和美国的公众提供公众需要了解的、有关公众利益和价值的准确资料。这表明,他的工作不但是公开的,而且是实事求是的,即说真话。人们在评价这一宣言时说:“它是公共关系进入第二阶段的里程碑。公共关系不再为持传统思想的企业家们所轻视,也不再为新闻界的顽固人士们所愚弄。”《共同原则宣言》为科学公共关系的建立和发展奠定了强有力的基础。

艾维·李是将公共关系引入职业轨道的第一人,同时,他的《共同原则宣言》为公共关系科学的产生奠定了理论基础。因此,艾维·李被后人称为“公共关系

---

① Scott M. Cutlip, Allen H. Center, Glen M. Broom: Effective Public Relations. Sherman Morse. An Awakening on Wall Street. American Magazine, 1906-09:460.

之父”。

二、爱德华·伯奈斯

使公共关系由一种活动、一种社会现象变为一门科学的杰出人物是爱德华·伯奈斯(Edward Bernays)(1891～1995)。伯奈斯1891年11月出生于奥地利维也纳,刚满一岁时随全家移居美国。第一次世界大战前,伯奈斯是一位新闻记者,从事过新闻代理工作。第一次世界大战时期,他参加了格尔的公众情报委员会。战争结束后,他预见到被他称为“公众支持发动机”(也称为“公众一致工程学”)的公共关系行业可以成为他的终身职业,由此他开始了对公共关系的思考和职业生涯的设计。

1923年,伯奈斯在他的代表作《公众舆论之凝结》(又叫《公众舆论的形成》或《舆论的结晶》)一书中引用了“公共关系”一词,这也是公共关系进入学科领域的第一部著作。同年,他在纽约大学首先开设了“公共关系学”课程,为公共关系事业的发展揭开了新的篇章。理论著作的出版和学科体系的建立成为公共关系作为一门学科产生的标志。1928年,伯奈斯完成了他的《舆论》一书;1952年,他又撰写了一本教科书——《公众关系学》。伯奈斯把公共关系的基本理论和基本方法结合起来,形成了一个较完整的科学体系。

伯奈斯于1922年与多利斯·E.弗雷奇曼结婚,夫妻二人共同经营爱德华·伯奈斯公共关系咨询公司,直到1962年正式从实践的第一线退休为止。此后至20世纪90年代,伯奈斯又在公共关系领域持续地作为作者、演讲者、倡导者和批评家发挥着重要的指导与引导作用。《生活》杂志在1990年的一期专刊里将伯奈斯列为“20世纪100位最重要的美国人”。他1995年3月9日逝世,享年103岁。

伯奈斯公共关系思想的一个重要组成部分是“投公众所好”。他认为,了解公众的喜好,掌握公众对组织的期待与要求,确定公众的价值观念,应该是公共关系的基础工作。由于伯奈斯将公共关系引上了科学的轨道,建立了相对比较完备的公共关系科学体系,被世人誉为“公共关系泰斗”。

三、斯科特·卡特李普

1952年,现代公共关系教育之父斯科特·卡特李普(Scott Cutlip)出版了权威性著作——《有效公共关系》①，提出了“双向平衡”理论和公共关系四步工作方法等。

卡特李普认为，公共关系是一种管理职能，它用以认定、建立和维持某个组织与各类公众之间的互利关系，而各类公众则是决定这一组织事业成败的关键。要实现这种互利关系，必须做到：一方面向公众传播和解释组织的想法和信息；另一方面又要把公众的想法和信息向组织进行传播和解释，目的是使组织和公众形成一种和谐的关系。这是一种双向平衡的公共关系模式，它符合现代社会通过谈判、协调、合作，追求双赢、和谐、可持续发展的理念。

公共关系四步工作法主要包括：界定公共关系问题，制订计划与确定方案，采取行动和传播，评估项目。公共关系四步工作法的出台使公共关系运行有了系统的思路，使公共关系工作走上了系统化、科学化和完备化的轨道。

四、詹姆斯·格鲁尼格

詹姆斯·格鲁尼格（James Grunig）是美国马里兰大学新闻学院的资深教授，从事公共关系教学已有30多年。由他主持的马里兰大学公共关系专业在1996年《美国新闻与世界报道》所作的调查中，名列全美院校公共关系专业排行榜榜首。格鲁尼格教授曾获多项美国公关教育和研究奖，并且他也是美国公关协会一年一度颁发的“杰出公关教育奖”得主之一，是当今美国公关学术界的代表人物。

詹姆斯·格鲁尼格教授的主要著作有：《公共关系管理》（合著）、《公共关系技巧》（合著）、《卓越公共关系与传播管理经理指南》（合著）、《卓越公共关系与传播管理》（主编）。此外，他还发表了研究论文、文章和报告150多篇。他曾因从事卓越公共关系研究获美国公共关系学会颁发的探索者奖，因从事美国公共关系协会基金会资助的行为科学研究获杰克逊—瓦格纳奖。他是国际商业传播者协会研究基金会资助的卓越公共关系与传播管理研究项目的主持人。

公关界比较公认的格鲁尼格教授的研究成果，按时间顺序主要有：公众的情境理论、公共关系的实践模式、卓越公共关系的特征、关系测定与信誉管理。卓越公

---

① 《有效公共关系》这本书至1994年，已经再版了7次，2000年第8次再版，同时第8版也是在中国影响最大的一版。最新的版本是由明安香老师翻译的，书名叫《公共关系教程》，明安香老师将其书名译为《公共关系教程》，可能是考虑到它更适合中国的公关环境。这本书被美国乃至世界公共关系爱好者奉为“公关圣经”。

共关系与传播管理的研究是格鲁尼格教授公关学术研究生涯中耗时最长同时也是影响最大的一个研究项目。它的时间跨度长达15年(始于1986年),预算达40万美元。其研究成果集中在格鲁尼格与他的同事编撰的三本著作中,即《卓越公共关系与传播管理》(1992)、《卓越公共关系与传播管理经理指南》(1995)和《卓越公共关系与有效的组织:三个国家的传播管理研究》(2002)。国际商业传播者协会(IABC)研究基金会作为这一研究项目的资助方,其初衷是力图寻求两个问题的答案:一是,一个卓越的传播部门具备哪些特征;二是,卓越的传播管理和公共关系如何能更好地促进一个组织有效工作,它对组织的贡献有多少经济价值。5年后,在这一研究项目的终极版成果《卓越公共关系与有效的组织:三个国家的传播管理研究》一书中,格鲁尼格教授和他的课题组成员探讨和回答了以下更广泛的问题:

- 如何确定和展现公共关系的价值?
- 公共关系的价值及它如何影响组织的信誉?
- 战略性的传播实践是如何运作的?
- 如何衡量和评估公共关系活动的效果?
- 传播活动是否应该得以整合?
- 公关行业内女性人员占多数的新现象对卓越传播有何影响?

五、布赖德·海恩斯·沃思

布赖德·海恩斯·沃思(Brad Hands Worth)①是美国总统尼克松的高级助理、美国杨伯翰大学教授。在白宫工作期间,他目睹了水门事件的前前后后,深有感触。1985年,海恩斯·沃思和当时正在攻读硕士学位的马克斯·门格(Max Meng)查阅了大量关于"问题管理"的文献,并对当年《财富》月刊"500家美国最大的工业公司"排行榜中的前50家公司进行了实地调查。

经过三年的调查研究,海恩斯·沃思于1988年在《公众关系评论》上发表了他的发现及他对"问题管理"所下的定义,从而为这门新兴的公共关系分支学科搭建了一个共同框架:一是确认和影响;二是计划与行动,三是持续性评估。

海恩斯·沃思将问题管理定义为"一种行动型的管理职能,它谋求确认那些可能影响某组织的潜在或萌芽的各种问题(立法的、规章制度的、政治的或社会的),

① 于里:《国际公众关系原理与实务》,工商出版社1996年版,第156~164页。

然后动员并协调组织的一切资源,从战略的高度来影响问题的发展”。问题管理的根本目的是促成有益于组织的公共政策的形成和实施。①

第四节 中国公共关系的发展

中国是四大文明古国之一,尽管中国的公共关系始于改革开放,但在漫长的历史长河中,随处可见公共关系的思想与活动。

一、古代公共关系思想

炎黄联盟,华夏肇始,开启了漫长的中国历史,也开始了部落与部落之间的交往、交流,人与人之间的接触。

(一)我国古代公共关系思想的萌芽

孔子是我国春秋晚期杰出的思想家,孔子重视人,重视人与人之间关系的思想已经孕育了公共关系思想的萌芽。“厩焚,子退朝,曰‘伤人乎’? 不问马。”②孔子从重视人的立场出发,大力提倡“仁”,“克己复礼为仁”;克制自己,使自己的一言一行都符合周礼,但并不是全面地照搬照抄,而是赋予了新意,《论语》中说:“人而不仁如礼何,人而不仁如乐何?”③仁是最高的准则,离开了“仁”这个思想,礼、乐就成了空虚的形式。孔子这里所说的“仁”就是“爱人”,从而提出了“己欲立而立人,己欲达而达人”④“己所不欲,勿施于人”⑤的“忠恕之道”。孔子常以仁、知并提,即“爱人、知人”,知人——认识人们之间的伦理关系,有利于仁。孔子提倡“仁”的目的是要把周礼由外而内的约束转变为人们内心的自觉要求;他提出的“忠恕之道”不排斥“小民”、“贱民”,他主张“为政以德”,“庶、富、教”,“足食、足兵”而“博施”于民而“能济众”等,就当时的历史条件来说,有着一定的积极意义。

孔子的儒家学说经过汉代的“独尊儒术”后,成为两千多年来中国封建文化和

① 参见《论语·八佾》。
② 于里:《国际公共关系原理与实务》,工商出版社 1996 年版,第 156~164 页。
③ 参见《论语·八佾》。
④ 参见《论语·雍也》。
⑤ 参见《论语·颜渊》。

封建道德的正统与规范，对后世影响甚大，也为我们研究中国公共关系思想提供了宝贵的内容。

墨子是战国时期的思想家，墨家学派的创始人。墨子针对当时社会的弊病，提出了“尚贤”“尚同”“兼爱”“非攻”“节用”等主张。其中，“兼爱”是墨子思想的核心。“兼”是与“别”相对而言的，“兼爱”就是提倡无差别的爱。墨子认为，当时社会的一切祸根，如“大国之攻小国”，“大家之乱小家”，“强之劫弱，众之暴寡，诈之谋愚，贵之敖贱”，“为人君者之不惠业，臣者之不忠也，父者之不慈者，子者之不孝者”，“今之贱人，执其兵刃毒药水火以交相亏贼”，都是由“别”引起的。因此，他主张“兼以易别”。他说：“视父兄与君若其身，谁贼？”“视人(之)家若其家，谁乱？”“视人(之)国若其国，谁攻？”①“故天下兼相爱则制，交相恶则乱。”从而提出了“非攻”以反对当时连绵不断的战争，提出了“节用”以反对“亏夺民衣食之财”去求“目之所美，耳之所乐，口之所甘，身体之所安”。墨子认为，“仁者必务求兴天下之利，除天下之害……利人乎即为，不利人乎即止”。尽管墨子的“兼爱”有神使鬼差之意，即按“天”的意志办事，但他主张选择一批能够“兼爱”的贤人帮助治理国家，以求天下大治。

孟子是战国时期的思想家。孟子在他的“仁政”学说中提出了人性本“善”，指出封建社会统治者应为人民“施仁政”、“行王道”，使统治者与民同乐、同好、同恶，以解救人民与“倒悬”。于是，他提出了恢复井田制度，分给农民以五亩之宅、百亩之田，划分土地为井田，叫农民去耕种，以安庶民的基本生活。孟子十分注意民心的向背，他说：“得道者多助，失道者寡助。寡助之至，亲戚畔之；多助之至，天下顺致。以天下之所顺，攻亲戚之所畔，故君子有不战，战必胜矣。”②孟子这种重视民权和民意的思想，在封建社会确实具有进步的意义。

不可否认的是，无论是孔子、墨子、孟子，以及后世所有的思想家、政治家、教育家，他们的公共关系思想都具有历史和时代的局限性，即他们的思想都是为统治阶级服务的。孔子的思想表现出了他“相信天命”的唯心主义，墨子的思想表现出了他在认识论上的经验主义，孟子的思想则体现了他主观唯心主义的哲学体系。但这些思想对中华民族文化的形成无疑发挥了不可低估的历史作用，同时对我们考

① 参见《墨子·兼相爱》。

② 参见《孟子·公孙丑篇下》。

证公共关系思想的发展史提供了不可或缺的历史素材。

继孔、墨、孟之后，我国历代思想家在其思想体系中都蕴含了一定的公共关系思想，如荀子的“人定胜天”，肯定了人的力量；董仲舒的“性三品说”，表示要争取“中品”阶层的支持的思想；王安石的变法提出了治国的主张；等等。

（二）我国古代公共关系活动的表现

刘邦是西汉的开国皇帝，由于接楚怀王至彭城有功而被封为武安候，并以“宽大长者”的名声受到楚怀王的信任。秦朝灭亡后，他宣布废除秦朝苛法，得到了秦民的拥护。当时被封为西楚霸王的项羽灭秦有功，离开关中，衣锦荣归，建都彭城。此后，从公元前 206 年到公元前 202 年年初，项羽、刘邦为了争夺天下打了 4 年仗，史称“楚汉之争”。在战争中，楚军军纪不好，“所过无不残破”，因而“天下多怨，百姓不亲附”。项羽既不会用人，也不听取部属的意见，致使韩信、陈平、英布等杰出人才纷纷离去，转而投向刘邦。连对他最忠诚的范增，也因项羽生性多疑中了刘邦的反间计，最后被迫告退。这样，项羽尽管力能扛鼎，勇气过人，但终成为孤家寡人，在四面楚歌声中演出了一曲“霸王别姬”“自刎乌江”的历史悲剧。在楚汉之争的几年中，人心向背起到了决定性的作用。刘邦善于用人，有巩固的后方根据地并运用了正确的战略战术，时至今日仍被后人称颂。刘邦称帝后，在民族关系上采用了和亲的政策。公元前 200 年，刘邦曾讨伐匈奴，结果被围困于白登。他认识到当时的军力还不足以对付匈奴，于是改用“和亲政策”，把汉宗室女儿嫁给匈奴单于，每年还送去大量的丝绸、粮食。和亲政策缓和了民族矛盾，为社会生产的恢复和发展创造了必要的安定条件。

诸葛亮在中国人心中有着极大的影响力，千百年来，人民群众津津乐道于诸葛孔明神机妙算的故事。诗人文豪吟咏着“出师未捷身先死，长使英雄泪满襟”，殊不知诸葛亮所运用的都是公共关系的技巧。公元 207 年（汉建安十二年），刘备“三顾茅庐”请诸葛，诸葛亮从此开始了戎马生涯。公元 208 年，诸葛亮、刘备联合孙权，深谋远虑，避实就虚，掌握时机，在赤壁大破曹军，奠定了魏、蜀、吴鼎立三分的局面。刘备死后刘禅即位，国事无论大小均由诸葛亮定夺。诸葛亮派使者至东吴，恢复了两国联盟，并大力加强对内部的整顿，使蜀国的国力得到了一定程度的恢复。此后，诸葛亮亲自率部平定南中诸郡，“七擒七纵”西南夷首领孟获，争取了西南少数民族对蜀汉政权的支持。这既排除了后顾之忧，又充实了军需物资，为北伐曹魏做了充分的准备。诸葛亮执政期间励精图治，赏罚分明，制定了汉科（律），做到了“尽忠益时者虽仇必赏，犯法怠慢者虽亲必罚”。诸葛亮注重人文环境对自身的影响，力求得到公众的好感，在改善民族关系上走出了一条独特之路。诸葛亮注重国家内部的安定团结，制定了一系列安邦治国的良策，使蜀汉“田畴辟，仓廪实，器械利，蓄积饶”。诸葛亮任人唯贤，知人善任，选用了一大批忠于蜀汉政权的文臣武将，这是蜀国具有凝聚力的一大法宝。

明代著名的航海家和外交家郑和七下西洋，每次除携带足够的应用物资外，还携带大量的金银、丝织品、瓷器和铜铁等。郑和以明王朝使者的身份向各地国王、酋长等赠送珍贵礼品，宣读皇帝诏书，表示明王朝愿意和各国通好的诚意，并在双方的协议下进行平等的贸易往来。郑和杰出的外交活动赢得了所到各国的欢迎，建立了明王朝与这些国家的友好关系。

通过分析我们发现，在我国历史上，无论是民族之间的联姻还是贸易往来，抑或是各国友好关系的建立，都蕴含了深刻的公共关系思想。这说明，我国漫长的历史已经孕育了公共关系思想的萌芽，出现了一些公共关系活动，并使之成为中国古代文化的重要组成部分。

二、近现代公共关系时期

中国近代史上，众多风云人物在自己光辉的一生中从事着各种各样的具有公共关系思想的活动。这些人物在当时的历史条件下已经认识到了“内求团结，外求发展”，以及建立信誉、树立形象的重要性。

“五四运动”揭开了中国历史的新篇章，此后涌现出了大批从事传播活动的人物。孙中山为解救中国之危难，提出了“驱除鞑虏，恢复中华，创立合众政府”的主张，明确了民族独立和国富民强是中国的必由之路。在救国救民的道路上，他毅然采取了“联俄、联共、扶助农工”三大政策，以求中华民族自身的强大。

李大钊忧国忧民，勤奋好学，利用各种形式传播新思想，提出新主张。《新青年》的创刊掀起了一场新文化运动；《晨钟报》的创办开辟了革命民主主义思想的真谛。在北大图书馆工作期间，他为传播马克思主义，组织各种形式的研究会，参加各种形式的活动，并利用各种传播媒介发表自己的见解和主张，宣传马克思主义，开创了中国新民主主义思想传播的先河。

中国共产党的伟大领袖毛泽东坚信人民群众是历史的创造者，依靠人民群众进行社会主义建设，坚持“独立自主、自力更生”的原则发展民族经济，坚持和平共处五项原则进行国际交往，这一切均内含着公共关系的思想。

在中国近现代历史上，尽管人们从来没有听到过“公共关系”一词，尽管人们从来没有自觉、有意识地从事过公共关系活动，但大量的史实证明，公共关系思想已经支配了人们的思想和行为，公共关系手段与方法已经被人们所运用。

第五节　公共关系的发展趋势

现代公共关系在全球的普及和发展是社会进步的重要标志，也是公共关系得以完善的必然趋势。中国拥有世界五分之一的人口，在世界的政治、经济领域中发挥着举足轻重的作用。中国的公共关系发展水平对世界公共关系的发展具有巨大的支持和推动作用。

一、公共关系在中国的传播与发展

在中国历史上，公共关系思想和公共关系实践活动都有着十分丰富的内涵和表现。从孔子到毛泽东，从刘邦善于用人到孙中山“联俄、联共、扶助农工”的三大政策，悠悠数千载，无不浸透着公共关系思想的内涵。但中国真正进入现代公共关系时期，还是始于改革开放。

（一）改革开放为公共关系的引入和发展提供了巨大的空间

十一届三中全会以后，中国经济进入了社会主义现代化建设的新时期——改革开放时期。改革，就是要清除一切不利于经济发展的陈腐观念和束缚社会进步的机制障碍；开放，就是要掌握世界先进的科学技术并跟上时代发展的脚步。这是解放生产力，建立新体制，推动社会进步的开端。

改革开放要求中国的经济发展向世界先进水平看齐，因此，一切有利于中国经济进步的事物都将不可阻挡地被中国的经济发展所接纳。20 世纪 80 年代初公共关系传入中国，在当时为企业发挥了信息传播、协调关系、树立形象的功能，确实使引进者受益匪浅。从当时的普及程度来看，尽管能够运用和掌握公共关系手段的社会组织只是凤毛麟角，但它给企业带来的巨大社会效益和经济效益使旁观者垂涎。

（二）市场经济的发展为公共关系的普及创造了良好的环境

商品经济的进步是公共关系发展的必要条件。商品经济的发展从硬性手段上促进了生产力的进步和社会意识形态的变迁；公共关系的发展从软性手段上为生产力的进步和社会意识形态的完善发挥了前期引导和后期整理与推动作用。世界上任何一种先进的经济制度，若没有公共关系手段与之配合，其先进性必定会大打折扣。

1992 年，党的十四大确定了建立社会主义市场经济体制，这为公共关系的普及开辟了第二个春天的同时，也对公共关系为经济建设服务、为社会主义市场经济服务提出了新的挑战。

挑战来自环境，社会主义市场经济是法制经济、道德经济，因此，客观上要求企业在市场竞争中严于律己、规范行为、约束自我并创造效益。法制的手段对企业的行为产生强大的制约力，但这是一种后序强制。如果一个企业到了受法律制裁的地步，它的经济生命也终将完结。公共关系的手段对企业的行为形成一种无形的约束，这是一种前序约束，是一种自觉的行为。如果一个企业或一个组织能够在自身的运作中时时运用公共关系观念来指导行为，处处按照公共关系的规律疏理事务，它的经济生命将永无止境，企业也会得以完善、壮大和发展。这里，市场经济的发展对公共关系功能的发挥寄予了厚望，从而要求公共关系必须完备、严谨。

应战来自自身，公共关系的基本职能是为经济建设服务，是为组织发展服务，完善的公共关系理论体系和对公共关系实践的指导是能承担此重任的。

企业作为市场竞争的主体，必须适应市场经济的要求，并与市场经济相衔接，按照公共关系的规则和要求来管理和改造自身。只有这样，才能形成强大的竞争优势，并实现其公共关系目标。

（三）公共关系的发展使其理论和实践都在不断完善

已故前中国公共关系协会副主席、学术委员会主任翟向东同志在总结“十五年来公共关系在我国的发展”中指出：“中国公共关系兴起至今，可以用‘传播、兴起、鉴别、创新’来简单地概括,并可以以此划分为各有侧重的不同时期。”[①]这是对我国公共关系从引进、发展到提高的一个精辟的总结。

1. 传播阶段。在公共关系的传播阶段,人们的公共关系思想并不是十分的清晰,或多或少带有一些崇外成分,一些理论的形成和实践中的操作还表现为照搬照抄和对一些现象的总结上。

【资料2-6】 传播阶段的公共关系大事记

1980年,《广东省经济特区条例》颁布,设立了深圳、珠海、汕头三个经济特区。

1981年,深圳、珠海的三资企业中有些宾馆、饭店按照海外、国外的管理模式,设立了公共关系部,引进了公共关系职能,从而使这些企业以不同于国内同行的全新状态出现在了社会公众面前。殊不知,是公共关系给这些企业插上了神奇的翅膀。

1984年,广州白云山制药厂首开中国国有企业公共关系之先河,率先成立了公共关系部。由此,公共关系作为一种现象引起了人们的高度重视。

1985年,当中国某高校的一位研究生拿到从美国寄来的一本《有效公共关系》(1985年最新版本)原版著作时,如获至宝,预感到这是一本令人耳目一新的著作,下决心用汉语把它奉献给中国的读者。美国的“公关圣经”向中国的公共关系爱好者们传播了世界上最新也是最完备的公关理论。同年,美国最大的国际性公共关系公司之一——伟达(希尔—诺顿)公司在北京设立了办事处。继之,世界上最大的公共关系公司之一——博雅公司与新华社下属中国新闻发展公司签订协议,成立中国环球公共关系公司,共同为在中国境内从事贸易的外国机构提供公共关系服务。这些机构的成立把公共关系的实践操作带进了中国,并通过它们的工作模式传播公共关系信息。

1986年,中国国内第一个公共关系民间团体——广东地区公共关系俱乐部成立。

1986年11月6日,中国第一家公共关系协会——上海公共关系协会成立。

2. 兴起阶段。从1987年开始,随着我国经济体制改革的深入,中国从南至北的公共关系实践操作和从北至南的公共关系理论研究在华夏大地交融、汇合,形成了一股强劲的“公关潮”。公共关系理论书籍相继问世,公共关系培训工作遍地开

① 翟向东主编:《中国公共关系教程》,中国商业出版社1994年版。

花，在短短的几年里，中国公共关系爱好者接受过培训的就达几万人次。同时，一些大专院校、中等职业学校相继开设了公共关系课程，有些院校和职业学校还在筹划着开办公共关系专业。

这期间，公共关系在企业中也发挥了令人瞩目的作用。全国热水器行业的危机借助公共关系的手段得以解决；中国企业一些后来成为名牌的产品，借助于公共关系的手段扩大影响，从而为产品树立形象、打造品牌发挥了巨大的推动作用。

【资料2-7】 兴起阶段的公共关系大事记

1987年6月22日，中国公共关系协会在北京成立，标志着中国公共关系进入了一个新的发展时期。

1989年3月，为纪念著名社会学家、教育家潘光旦100周年诞辰，北京大学和香港中文大学在北京联合主办“公共关系学研修班”，来自全国的150多名公共关系学者参加了学习。

1989年3月24日，中央电视台第一套节目《文化生活》专栏播出了《公共关系浅说》专题片。

1989年5月，时任中共中央政治局常委的李瑞环同志在全国经济联合工作会议上就公共关系发表重要讲话。

1989年，《公共关系导报》(青岛)、《公共关系》杂志(西安)、《北京公关报》等报刊先后创刊。

1989年10月22日，广东电视台开播电视连续剧《公关小姐》。

1989年11月13日，北京公关学会、《北京公关报》接受北京市政府协调办公室委托，开展亚运会公众心理调查活动，这是我国公关界首次承担政府部门交办的大型公关调查任务。

1989年12月15日至20日，由深圳大学、杭州大学、兰州大学、中山大学、复旦大学发起，深圳大学大众传播系主办的全国高等院校公关教学研讨会在深圳举行。

随着公共关系知识的传播，公共关系在我国的发展呈现出良好势头，但公共关系理论研究尚不成系统，公共关系实践活动尚处于较低层面，还存在不能正确理解公共关系的基本内涵，从而曲解公共关系本质的现象和一些庸俗性的公共关系活动。这些问题如果不能很好地解决，中国的公共关系事业就很难健康地发展。

3. 规范阶段。1990年以后，公共关系的热度有所减缓，具体表现为：公关培训与公关专业教育招生困难，有些公关组织机构难以维持生计。更多人对公共关系的前途忧虑，建议选择其他途径替代公共关系。

我们在认真分析这一历史现象后不难发现，中国社会公共关系的这种表现不是公共关系本身的降温，更不是公共关系价值的递减，而是研究者对公共关系的认识有不正确的成分，对公共关系的理论研究尚不系统、不完善，公共关系的实践者没有正确地把握公共关系的本质，从而推出了一些不符合公共关系基本内涵和基本规则的活动。因此，推出系统的公共关系理论，研究公共关系活动规律，规范公共关系行为，鉴别公共关系的真伪乃是当务之急。

【资料2-8】 规范阶段的公共关系大事记

1990年7月，中国公共关系协会在河北新城召开全国第一届公共关系理论研讨会，围绕“公共关系与社会发展”问题进行了热烈的讨论，鲜明地提出要研究中国的公共关系。

1991年1月，由深圳大学发起，中国公关协会、国际公关协会深圳分会、深圳大学大众传播系、《公共关系》杂志、《公共关系导报》、《公共关系报》、《北京公关报》联合举办了“中国十大杰出企业公关评优活动”。

1991年上半年，由北京市公关协会和中央电视台联合举办的《企业实用公共关系》电视讲座与观众见面。

1991年4月26日，中国国际公关协会在北京成立。

1991年11月，第二届全国公共关系理论研讨会在上海举行，会议就“公共关系与改革开放”的主题进行了广泛交流。

1992年4月30日至5月5日，现任杨伯翰大学教授、美国著名公关专家、曾任尼克松总统高级助理的海恩思·沃斯博士访问北京，同中国国际公关协会会长柴泽民和中国公关协会会长安岗分别进行了会谈，同时与北京的公关专家、学者也进行了交流。此次，海恩思·沃斯博士被中国公关协会授予协会名誉会员。

1992年12月，第三届全国公共关系理论研讨会在福州举行，研讨会的主题是“公共关系与经济建设”。

1993年，中央广播电视大学开设公共关系学课程。

1994年以后，公共关系理论与CIS理论相融合，在公共关系实践中发挥了重要作用，更多的企业看到良好企业形象对企业可持续发展的重要性，纷纷导入CIS，建立企业形象战略系统，从而使公共关系走上了一条全面为企业实践服务并推动企业更好、更快发展的轨道。

通过对公共关系理论的研究和公共关系活动的总结，人们对公共关系现象有了深层次的理解和认识。一些有识之士可以对公共关系现象的真伪做出判断和鉴别，这也使伪公关、假公关的市场越来越狭小，使公共关系的外行们不得不主动地“告别”公关。

4. 发展阶段。从1994年开始，中国公共关系历经十几年的风风雨雨，走上了一条相对稳定、规范、系统和创新的道路。

【资料2-9】 发展阶段的公共关系大事记

1995年9月17日，中国第一个公共关系日。

1997年举办了以庆祝香港回归为主题的系列公关活动，《名牌》杂志社组织策划了高举爱国主义旗帜的中国政府对香港恢复行使主权倒计时活动，凤凰卫视等电视台对香港回归进行了全程直播和前期宣传，使香港回归成为世界瞩目的热点。

2001年7月，中国成功申办2008年奥运会。在申办奥运会期间，奥申委主动加强与国际媒体的联系，开展了丰富多样的外宣工作，向世界展示北京和中国的风采，赢得了国际舆论的广泛支持。

2001年，伏明霞在与可口可乐公司的签约广告仪式上误穿了一条用英文写满脏话的裤子，引起了社会各界的强烈反响。

2002年，姚明以状元秀身份成功登陆NBA系列公关活动，在国内外引起了巨大的轰动。

2005年，湖南卫视举办的第二届“超级女声”活动，为期半年，在国内外引起了强烈的反响，备受关注。

2005年11月13日，中石油吉林石化公司爆炸导致松花江污染，黑龙江省政府获悉后立即采取一系列果断措施应对此次突发危机事件，有效制止了事态的进一步扩大，此事吸引了全国媒体的关注。

2006年5月12日，中国公关教育20年成果表彰大会暨中国首届优秀公关案例大赛在人民大会堂举行。

2007年10月25~26日，“新媒体与公共关系创新高层论坛”在华中科技大学召开。

2008年4月1日，“中国公关策划与品牌创新高峰论坛”在中国政协礼堂举行。

在公共关系的发展阶段，公共关系的发展主要表现为：

第一,公关教育走上了多层次化的轨道。在前几年普及公关教育、职业公关教育和专业公关教育不同发展阶段的基础上,公关教育进入到高层次教育领域。1994 年,教育部(原国家教委)正式批准中山大学行政管理专业和首都经济贸易大学企业管理专业分别招收公共关系方向硕士研究生,从而使中国的公关教育走上了多层次、正规化教育的阶段。

第二,公关实践操作走上了系统化轨道。前几年公关策划只停留在公关咨询阶段,自 1994 年开始,部分全国知名专家在公关策划领域开始了大胆的尝试,形成了公关策划团体,并对企业运作过程中的项目、内容进行全方位的梳理、创新和论证,创造了公关策划乃至企业 CIS 导入的全新模式。

第三,与经营和法律联姻,开展高层面的公关活动。企业的公关策划思想是在企业的经营活动中得以实施的,而在企业的经营活动中又存在诸多的法律问题,因此,好的公关策划必须在企业经营中得到体现,并能在法律的保护下运作。

第四,国家形象上升到了一个新的高度。从 2008 年北京奥运会起,中国全面进入到国家公关时代,第 29 届奥运会系统展示了中国大国气魄的国家公关形象。2010 年上海世博会展示了"中国之光"与"世界智慧"相互融合。此后,从商务部"中国制造"形象片的推广,到中国国家形象宣传片成功登陆美国时代广场,再到国家"大外宣"战略的出台,国家公关在中国对外形象的塑造上成效显著。

中国公共关系的发展有着良好的机遇,当然也面临着严峻的挑战。中国公共关系事业的进程尽管从传播、兴起、规范与鉴别,到系统与创新,已经走过了近 40 年的历史,但我们仍要不断地研究公共关系理论,不断地完善公共关系操作,因为市场经济在不断地发展,公共关系也必定要不断地进步。

二、国际公共关系发展趋势

(一)国际公共关系现象

国际公共关系是伴随着国际政治与经济交往的进程而逐渐发展起来的。国际公共关系活动的开展是在国际领域进行的,它要求活动主体必须具备全球意识,适应国际经济发展的需要,充分利用国际上关注的主题,以体现活动者的战略思想和远大抱负。

国际公共关系活动的开展还必须遵守国际惯例。1961 年,国际公关协会颁布了《国际公共关系协会行业准则》。1965 年,国际公关协会在雅典又通过了《国际公共关系道德准则》。这些文件对从事国际公共关系工作的职业人员在行为上提出了一些原则性的要求,这是从事国际公关活动的主体及其工作人员必须掌握的内容。

开展国际公共关系活动,要本着不卑不亢的原则,还必须重视本民族的特点和本国的利益。视遵守国际公约与遵守地方法律同等重要,视适应国际环境与体现地方特色同等重要。只要两者不发生冲突,应尽可能展示中国人的风采。

(二)国际公共关系发展趋势

从某种意义上说,中国公共关系的发展一开始就是国际公共关系发展的重要组成部分。由于改革开放,作为现代西方先进管理科学一部分的公共关系学被引入中国;由于与国际市场接轨,使中国的公共关系活动在国际领域中占有一席之地;由于对国外先进公共关系思想的引进与研究,使得中国学者对公共关系发展历史的研究和公共关系理论的探索更具有全球视野。

近年来,国际公共关系的发展又有了新的突破,突出表现在以下几个方面:

1. 环境公共关系越来越引起人们的高度重视。其表现形式是,国际公共关系活动的主体越来越多地站在社会公众的角度呼吁社会要保护人类的生态环境,提高公众的健康水平,从而要求各类企业必须将投资战略调整到有利于环境发展、有利于人类健康的轨道上。

2. 危机公关与问题管理已推向社会。现代社会组织为适应环境变化的需要,必须掌握有效地处理危机的方法,最大限度地减少危机给人类、社会和企业带来的损失。问题管理可以保证组织根据环境发展的需要,就正常工作中可能发生的问题及早进行预测与分析,并主动适应环境、采取行动,以保证组织的各项工作顺畅地进行。问题管理是组织对社会环境变化的一种积极主动的反应。

3. 金融公共关系的发展日益成为公共关系的重要内容。如果一个组织有着良好的融资能力,它就会在市场竞争中争取到主动。因此,企业必须学会资本运作,并吸引更多投资者对企业发展的关注。国际金融资本与产业资本的融合常常在运作过程中出现偏差,而如果一个组织或一个企业能充分发挥金融公共关系的作用,形成良好的融资环境,就可以减少资本运作中的偏差,巩固和发展企业实力。

研究国际公共关系,开展国际公共关系活动,有利于我们更多地了解国际公共关系环境、更深入地开展国际公共关系交流。

本章思考题

1. 如何理解公共关系产生的基本条件。

2. 试述艾维·李、爱德华·伯奈斯、斯科特·卡特李普以及詹姆斯·格鲁尼格、海恩斯·沃思等人对公共关系发展的贡献。

3. 试述国际公共关系的发展趋势。

CONTEMPORARY PUBLIC RELATIONS

第三章 公共关系观念

学习要点

一个组织有没有公共关系观念，是导致组织的运行能否长盛久兴的最关键条件。拥有公共关系观念的组织能够创造良好的社会关系环境，进而为事业的发展奠定良好的基础；反之，则有可能破坏组织的公共关系环境，甚至惨遭淘汰。

【案例3-1】 没有公共关系观念的企业

安然公司是美国最大的电力和天然气销售和交易商。但是,这个曾在全美乃至全球能源商品交易市场上举足轻重的龙头公司几乎是在一夜之间突然垮台了。①

安达信在全球五大会计师事务所中曾经排名第一,在企业咨询界也占据着举足轻重的地位,但在安然事件的牵连下也不幸落马。就在人们还没有从安然公司破产事件中醒过神来的时候,美国零售巨头之一的凯玛特公司也宣布破产。②

无独有偶,中国南京冠生园月饼"陈馅新做"事件不仅导致南京冠生园破产,而且与南京冠生园没有产权关系的上海冠生园集团也受到牵连,月饼销量下降了50%。山东秦池酒厂在自己不具备生产能力的条件下进行了大张旗鼓的宣传,致使后劲不支,不得不退出市场。③

有一个人所共知的故事,其间的道理常常引发人们的思考。故事讲的是"如果把一只青蛙扔进沸水中,青蛙会马上跳出来。但是如果把一只青蛙放入凉水中逐渐加热,青蛙会在不知不觉中失去跳出的能力,直至被热水烫死。"这就是事物在没有防范时所出现的"蛙跳原理"。在组织和企业中也存在这样一种现象,一个组织或企业如果没有公共关系观念,任凭一些小问题日积月累,会逐步失去解决问题的能力,并失去控制机制。

第一节 对公共关系观念与理念的理解

一、公共关系观念的基本含义

观念是一种思想,公共关系观念是在总结现代经营管理和行政管理经验的基础上生成的一种用以指导社会组织自身行为以及处理组织、目标公众与社会各方之间关系的一整套具有哲学意义的指导思想。

一个组织、一个企业自身是一个有机体,为了保证组织有机体各项工作的正常

① http://wiki. mbalib. com/wiki."安然瞬间衰落"。
② http://www. china. com. cn/zhuanti."安达信危机"。
③ http://finance. qq. com."南京冠生园陈馅月饼事件",2005年06月23日。

运行，组织的各项工作必须按照整体一致的原则有序地进行，这种有序表现为组织在开展各项工作时一定要遵循一定的哲学思想。

公共关系观念必须通过组织的各项方针、政策以及各项日常工作得以贯彻落实，因此，它影响着组织方针、政策的界定和颁布，影响着组织日常各项管理工作的运行和所有员工的行为，并由此决定着组织理念系统的建立。

二、观念与理念的区别

观念与理念属于不同范畴、不同层面的思想，观念在一个组织中属于战略层面的范畴，理念属于文化层面的范畴，二者之间有着严格的区别。从字面上理解，观是统领，理是理性。观念是思想、意识，是客观事物在人的头脑中留下的被概括了的形象；理念是道理、事理，是主观思想对客观事物的指导与约束。

公共关系观念是指导一个组织或企业公共关系活动的思想和哲学，即组织在公共关系活动中协调组织、目标公众和社会三者利益方面所持有的态度、思想和意识，是指导组织公共关系运作的大政方针。

公共关系理念是指导组织公共关系运作过程中具体行为的依据，是公共关系运作中的知识和文化。

观念的英文为 concept，idea，有"概念、思想"等意思。理念的英文为 mind，有"头脑、智力、知识、心、精神"等意思。观念与理念的实践解释是，观念统领着公共关系运作的总体思想。在一定的历史阶段，由于有着特定的公共关系环境，公共关系思想观念只有一个。例如，在巴纳姆时期，组织的公共关系观念表现为愚弄公众，即便有些组织机构不以这一观念来指导自身的行为，但在当时的历史条件下也是难以独善其身的。环境造就了组织观念，并指导着组织的整体运作。这说明观念的产生是一个由外而内的过程。而理念则不同，理念是一个完全个性化的思想，在一定的历史阶段，在特定的公共关系环境中，公共关系理念可能会有多种表现形式，如不同社会组织一定会有不同的公共关系理念，如表现为不同的方针、使命、价值观、事业领域、行为准则、工作作风等，由此形成了特定组织公共关系运行中的理念系统。这说明理念的产生是一个由内而外的过程。随着组织内部与外部公共关系环境的变化，一个组织可能会调整自己的公共关系理念，如转变运作方针，确定新的事业领域和价值观等，但这种变化只是一个组织文化系统在公共关系运行中的调整，是组织或企业文化中行为文化的转变。

三、观念与理念的联系

公共关系观念在同一时期对各类社会组织的影响是一致的,而公关关系理念的表现则是个性化的;公共关系观念是由外而内的,公共关系理念是由内而外的,公关关系观念是由史而今的,公共关系理念是由今而往的。公共关系观念是组织公共关系活动的方向,它确定着组织公共关系活动的大政方针,是组织公共关系理念的大纲。如在愚弄公众的环境中,很难产生公众利益至上的价值观和一切工作以公众为中心的行为准则;而在单向灌输阶段,则很难产生以了解公众信息为先导的运作方针,以自我为中心的对外传播是这一时期公共关系活动的主要表现。这说明,公共关系观念对公共关系理念有着巨大的指导意义。而公共关系理念是组织在特定公共关系观念影响下所制定的方针政策和行为准则,它使组织的公共关系运作更加系统化、制度化。这说明公共关系理念与公共关系观念在一定的历史时期,在思想内涵的表达上具有一致性,有什么样的思想观念指导,就会产生什么样的理念,比如,在公众导向观念阶段必然会产生以公众为中心的理念系统。

第四讲　公共关系观念

第二节　公共关系观念的演进

自人类社会进入自觉地、有意识地利用公共关系的时期以后,公共关系观念便开始萌生与形成,并伴随着公共关系事业的发展而不断变化、不断成熟、不断完善,同时也不断孕育着新的内容。

一、公共关系观念的产生

在人类历史长河中,大量的公共关系活动随处可见,然而,真正有意识的公共关系思想的崛起还是在美国,是在美国经济高度发展的过程中逐渐形成的。

(一)经济危机的打击使组织萌发了公共关系观念

1929年经济大危机之前,美国的企业家们不顾一切地追求利润达到了疯狂的程度。正如马克思指出的:“他(指工人——著者)只要还有一块肉、一根筋、一滴血可供榨取,吸血鬼(指资本家——著者)就决不罢休。”①因此,企业的全部活动,企业家们的全部目标,完全集中在了“利润”二字上。这样的经济活动会制造出诸多的经济矛盾和社会矛盾,进而导致严重的经济危机。美国大部分企业在1929~1933年的经济大萧条中遭受重创,而少数受到社会公众支持的企业则幸免于难。这些免于倒闭的企业与大批破产的企业相比,大多数都是那些经济实力较弱、抗风险能力不强的中小企业,由于它们拥有较新的公共关系观念,在经营中更多地考虑社会公众的利益,并通过持续性的公共关系活动让社会公众了解自己,博得了广大社会公众的支持,这也使得一些明智的企业家认识到了赢得公众信赖的重要性。

企业要想在市场中得到稳定和发展,就要赢得社会公众的信赖与支持。单纯地追求利润,势必要侵犯社会公众的利益。违反社会公众利益的行为,势必要受到社会公众的谴责。经济危机的后果告诉人们,企业作为社会机体的一部分,如果长期地违背公众的意愿,受到侵害的社会机体必然要发泄不满或起来反抗,继而威胁到企业的生存。从维护社会经济秩序的角度出发,企业在追求利润的同时,必须注意到公众利益和社会效益的实现,以求得社会的平衡与稳定,或者通过公众利益和社会效益的实现赢得良好的社会信誉,进而赢得社会公众的信赖与支持。这是公共关系的要求,是公共关系思想的贯彻落实。资本主义社会乃至资本主义企业之所以能够发展,根本原因就是他们找到了支撑其有机体稳定与发展的平衡架构。一方面,这个架构以被马克思称为剩余价值的规律和目标作为支撑点,另一方面,由于资本主义基本矛盾的天然缺陷,只有通过延伸出来的公共关系这条腿,才能保证剩余价值目标的实现。因此,公共关系观念的出现以及在此指导下的公共关系行为解决了资本主义的基本矛盾,推动了社会的进步和企业的发展。

(二)公众意识的觉醒激发了组织公共关系观念的形成

随着资本主义的发展,工会运动日益壮大,工人们越来越意识到要想改变自己

① 马克思:《资本论》第一卷(上),人民出版社1975年版,第334~335页。

的社会地位,必须通过自身的斗争,而资本家乃至资本主义企业这时开始意识到,工人在企业中有着重要的地位和不可估量的作用,要保证企业的稳定发展,必须注意协调企业内部的劳资关系和企业外部的各类关系。

席卷西方的证券民主化运动使许多企业不再为少数寡头所独占,他们必须向社会公众征得资本。同时,中产阶级队伍的日益壮大也使得能够投资有价证券和握有企业股权的人数迅速扩大。日益膨胀的股东队伍和变幻莫测的股票市场日益成为左右企业命运的重要因素,甚至有些企业的资本全部来自大众投资,从而成为大众公司,这说明企业的生存与发展必须依赖于公众的关心与支持。

随着消费意识的觉醒,一个庞大的消费者公众队伍对企业形成了强大的市场压力。卖方市场转变为买方市场,使得消费者成为市场的主导者,进而成为企业发展的主宰者。谁能赢得消费者,谁就能占领市场,谁就能获得企业发展的源泉。因此,消费者已经成为企业苦苦追求并努力赢得好感的主要对象。

大众传播事业的发展,使社会舆论对企业的影响力上升到了空前的高度。良好的社会舆论,能给企业树立一个良好的形象,有时甚至能出人意料地给企业带来巨大的发展空间和经济利益。大众媒介的监视和社会舆论的监督迫使企业和组织都必须谨慎地对待社会舆论,千方百计地与新闻媒介建立起良性的沟通关系。

总而言之,企业家们必须接受公共关系观念,将追求利润和满足社会公众的需求很好地结合起来,按照公众的要求开展各项经营管理工作,顺应公众意愿,赢得公众的好感、信赖与支持。

(三)科学技术的进步和专业分工的形成迫使企业加强公共关系观念

随着工业革命的发展,产品的技术程度越来越高,工艺流程日益复杂,新技术、新设备层出不穷。技术的发展已经到了个别企业难以独立完成某件产品的生产和某项成果的研制,而要突破个别企业的功能限制,进一步提高工作效率,只有将复杂的操作分解为不同的简单操作步骤,将复杂的工艺分解为专门化的工艺,将高度复杂产品的生产分解成专业化的零部件生产,使原有企业的职能不断分化,进而使自成体系的全能工厂分解成相互依赖、相互协作的专业化企业。这种分解导致生产社会化程度的提高,企业之间专业分工和协作关系加强,同时,分工从地区走向全国,从全国走向世界,范围不断扩大,联系不断加强。迄今为止,发达国家的专业化工厂已占其全部工厂总数的80%。越来越多企业的产品并非由某一工厂独立制造,而是由更多协作企业联合完成。各企业、各工厂之间的横向联系日益紧密,也日益重要。任何企业,如果没有良好的横向联合,没有自己信得过的协作与经营伙伴,就难以在市场上取得更大的成功。正如一位西方管理学者指出的那样,企业那种不求于人的传统信念发生改变乃是20世纪企业经营中最有意义的变革。在公共关系思想的影响下,企业越来越意识到应该开展广泛的联系与协作,尽量减少企业之间的摩擦,在互惠互利的基础上建立友好的协作关系。

随着社会化大生产和专业分工的不断发展,公共关系观念已经深深地扎根于企业的现代经营管理活动之中。

法国一位经济学家在20世纪60年代曾经指出,人类关系的新观念逐渐改变了企业家的态度和企业的行为,企业开始离开封闭的“象牙之塔”,而走进宽敞、明亮并向社会和公众敞开的“玻璃之屋”,从而建设现代化的开明企业。受其思想的影响,法国当时成立的一个公共关系从业人员工会就取名为“玻璃之屋”。它说明公共关系是一种开明的现代经营管理观念,是对传统经营观念的重大突破。

二、公共关系规律的形成

社会发展既是一个自然过程,也是一个历史过程。作为自然过程,它不断通过新陈代谢的方式,使社会从低级阶段向高级阶段发展;作为历史过程,它夹杂着社会因素和人的因素,可以使某一现象得到改变,使某一生命得到延续或终止。1929年的经济危机以后,公共关系成为支撑资本主义企业的一条腿,并同资本主义追求利润的另一条腿保持平衡,使资本主义经济避免了全面崩溃的厄运。在此,人们逐渐意识到,社会的发展已经不允许任何一个企业、任何一个组织长期地违背公众的利益和要求而存在。要保证自己的长期利益和稳定发展,就必须将公众的利益放在首位。因此,虽然资本主义企业私有制的根本性质没有改变,资本家贪得求利的本性没有改变,但企业在公众利益得到满足的基础上获利,在求得社会公众和合作伙伴支持的基础上发展,已经成为不以人们意志为转移的客观规律,公共关系的活动规律亦由此形成。

公共关系活动规律表现为公众利益至上规律、双向平衡规律、行为约束规律、管理规范规律和舆论监督规律,这五大公共关系活动规律是企业和组织开展公共关系活动时所必须遵守的规律,也是界定企业和组织行为的依据。

(一)公众利益至上规律

公众利益至上规律要求社会组织在制定方针政策时,在传承组织文化时,在做各项工作时,均要将公众利益放在首位,真正站在公众的角度思考与解决问题,当企业利益与公众利益相违背或相矛盾时,先满足公众利益,而后再进行分析、核算与总结。在这方面,日本企业的做法值得我们学习。

【案例3-2】 日本一个中型商场的"35次紧急电话"①

一位美国女记者到日本度假,并到某商场选购了一套音响准备送给她住在东京的婆婆。在挑选完毕之后,营业员按照这个已经挑好的音响品牌到仓库取出货品并交给这位美国顾客。美国女记者回到宾馆之后,打开产品包装一看,立即"花容失色"——买来的音响是一个空心货样,只能摆着看看而已。对这种明显的欺诈行为,女记者迅速撰写了《微笑背后隐藏的杀机》一文,并准备在第二天发送报社。然而,第二天早上她刚出门,这个商场的经理及营业员却出现在她的面前,送上一台真正的音响,并附送一张经典唱片,还有一份书面的关于此事的备忘录。在这个备忘录里,记录了商场追踪这位女顾客的全部过程:营业员发现失误──→电告各门口保安"堵截"此顾客未果──→上报经理──→从顾客遗漏的一张快递单据查出其父母的美国电话──→再由此查出其在日本婆家的电话──→再查出其在本地所居住的宾馆。在这一过程中,商场共打了35个电话,因此才出现了商场经理领其员工"送货上门"这一幕。

在案例3-2中,日本商场在处理这一失误事件的过程中始终围绕着一个宗旨,那就是顾客至上。如果没有这一宗旨,没有35次紧急电话跟踪,美国女记者的文章就要见诸报端,而一旦有了大众传媒的介入,其后果是不堪设想的。即使企业最后能够保证问题得到解决,但已经形成的负面影响也会给企业公共关系工作增添巨大的难度。由于该日本商场始终按照顾客至上的宗旨约束自己,从而使问题得到了完满的解决。

(二)双向平衡规律

双向平衡规律是指组织在开展公共关系活动时,在组织与公众进行信息沟通时不要倾向或倾斜于组织一方,而要保持一种平衡的态势。双向平衡规律在工作

---

① 孟晴潇:"诚信故事——35次紧急电话",《时间在线》,第3期。

中主要表现在:调查研究要以公众的真实感受为依据;制定政策、策略和开展各项工作要以实际调查所掌握的资料为准;做出各种决策之前要广泛征求利益相关者的意见;开展公共关系活动之后要了解公众的感受和看法。

【案例 3 -3】 伟达公关公司的双向平衡哲学①

约翰·希尔是伟达公司的奠基人之一,他在自己的传记中这样写道:公共关系应该是组织"管理层的监听哨卡","既帮助公司管理层了解员工、邻伴及他人的问题和观点,又帮助这些群体理解公司管理层的问题和观点",两方面同等重要。这说明约翰·希尔所采取的公共关系活动原则就是双向平衡。

运用双向平衡模式的关键是要建立组织的公共关系数据库,公关人员通过建立数据库,搜寻、跟踪日益复杂的公众信息,以利于组织有效地开展公共关系工作。

(三)管理规范规律

管理规范规律是指一个组织在发挥对各类社会公众的管理职能过程中,要形成符合企业文化的管理理念,制定科学的管理制度与管理程序,运用正确且符合公众利益要求的管理手段。在这里,管理理念系统的内容要有内在的逻辑性,显示出企业的历史价值与精神风貌,并能够有步骤地对外传播;企业的管理制度与管理程序要规范,符合管理科学的要求,程序清晰并能真正指导组织的管理运行;在实施管理程序的过程中,始终能贯彻"公众至上"理念,并形成上下同欲、行为一致的表现形态。

管理规范规律是一种超强的行为规律,它以组织的大政方针为指导,全面约束组织的公关运行与公关展示。因此,它是组织行为约束规律的纲领,是组织舆论监督规律的保障。

(四)行为约束规律

行为约束规律是指组织或企业的所有工作人员在自己的工作中均要对自己的行为进行约束,按照公共关系的要求将自己的行为调整到符合公众要求的状态。首先,它要求从事组织的管理工作约束自己的行为,因为管理者是员工的榜样,管理者能够以身作则,被管理者的工作就会很顺畅地进行。其次,它要求从事对外信息交流工作的各部门工作人员约束自己的行为。这些部门主要包括公共关系部、

① 郭惠民:"公共关系学若干问题的国际对话"(续),《国际关系学院学报》,2000 年第 4 期。

策划部、经营部、信息部、广告部等,它们主要负责公关活动的开展,相关部门工作人员的主要工作职能就是与重要的社会公众打交道,他们的行为规范不规范,直接影响到媒介公众、金融机构、政府要员等对组织的认识。再次,它要求全体员工约束自己的行为,公共关系中所要求的全员公关,就是要求组织的每一位工作者都要融入组织的文化氛围之中,每一位员工都能形成对外展示形象的亮点。每一位员工的素质都能得到提升,每一位员工都能将组织的各项方针政策贯彻到位,这个组织的整体形象自然会向更高的目标前行。

(五)舆论监督规律

在公共关系已经得到各类组织和企业广泛认同的当今社会,组织的任何事情几乎都处在社会公众舆论的监督之中。舆论监督规律就是要求组织重视社会公众对自己的评价,通过网络与各种媒体建立信息渠道或多种信息流入途径,吸纳公众的意见与建议,让公众的声音能够顺畅地流入组织的信息库中。接受舆论监督可通过以下两种方式实施:一是搜集已经存在的市场信息;二是通过建立信息渠道,吸引公众参与到信息的讨论之中,并从中获取信息。前一种方式所获得的信息一般是比较公正、准确的,因为信息的发出者不知道信息的去向和接收者是谁,因此,不会有意识地去整理信息内容或信息的思路与表达;而在后一种方式中,由于信息发出者知道信息的接收者是谁,也知道信息接收的目的,因此可能会对信息的内容进行整理,从而附加人为的可知因素,这样就很难保证信息的内容百分之百的客观,但并不会由此影响到信息的价值和可利用性。

不管组织或企业愿不愿意接受舆论监督,舆论的监督都是客观存在的。如果组织愿意接受舆论监督,并吸纳公众意见与建议,则会使组织的各项工作符合公众的要求,进而使公众愿意接纳组织;如果组织不愿意接受舆论的监督,并采取抵触的态度,舆论对其照样会监督,只不过可能会产生更多负面的影响。

三、公共关系观念的演变

公共关系观念是随着客观环境的变化而不断变化和发展的,尤其是经济环境的变化制约着公共关系观念的演变,从而使公共关系观念在发展过程中形成了不同的阶段。

(一)愚弄公众观念的时期

19世纪中叶以后,西方社会的公共关系发展开始了自觉活动的时期。这时,经济的发展迫切要求有为之服务的各种方法,“便士报运动”在这种情况下应运而生。这是后续“报刊宣传活动”的开端。当时便士报被少数想扩大自己影响的人所利用,他们以“编制神话、制造新闻”为手段来扩大报刊对自己的宣传,并以此来欺骗公众。这种风气波及经济领域,使一些公司对其雇员、顾客和其他社会公众普遍采取敌视的态度。一些大公司的信条是:公众对公司的经营情况知道得越少,公司的经营就越有效、越能获利。他们还经常诅咒公众,认为是公众断了他们的财路。这一时期公共关系观念的特点是:组织为获得自身的利益而不断地愚弄公众。

愚弄公众观念实际上是在巴纳姆思想的影响下形成的,也是巴纳姆时期在社会各种类型的组织中存在的一种通行的做法。在这一阶段能够跳出巴纳姆思想的限制而走出一条正规的发展道路的企业确实需要胆识和魄力,因为似乎愚弄公众容易获利,不愚弄公众就获利艰难。

然而,遗憾的是,在现代社会,尽管公共关系观念已经为企业和各种类型的社会组织所接受,但仍然有些企业采取愚弄公众的手段。尤其是在服务行业和少数电子商务平台,“愚众”之事更是屡见不鲜,并常有社会公众投诉。

(二)单向灌输观念的时期

19 世纪末期,在美国,愚弄公众观念使越来越多的企业不顾及公众的利益,不择手段地追求剩余价值甚至达到了疯狂的程度,出现了“疯狂的金融界”“道德罪行的表演者”“战争的支持者”等经济利益的“狂热追求者”。这引起了社会公众的极端不满,于是他们借助美国新闻界,在社会上掀起了一场保护公众利益、揭露企业卑劣行径的“揭丑运动”,这就是前面说的“报刊宣传活动”。这一活动矛头直指不顾及公众利益的企业,从而使美国许多企业陷入了被动之中。这时,一些明智的企业家开始感到舆论的压力和重要性,并逐渐意识到,企业的创立和发展应该得到社会公众的理解和支持,而不能仅仅满足资本家个人的利益和要求。为此,他们求助于企业宣传人员,通过信息传递提高企业的透明度,以求社会公众对企业的了解、认同与接纳,从而形成了单向灌输观念。

单向灌输观念实际上是在艾维·李思想的影响下而形成的,它要求各个企业实事求是地向公众提供公众需要了解的、有关公众利益和价值的准确资料。其特点是,企业为保护自身的利益而不断地向社会公众传递组织或企业真实的信息,但此前并不去了解和掌握公众的需求,因此,这种信息传递具有单向性。相比愚弄公众的观念,单向灌输观念其思想性有了根本的转变,这一观念建立的前提条件是公开性、说真话、实事求是,这是一种正确的思想,是使组织或企业的公共关系观念向以公众为导向的观念转变的过渡阶段。

(三)公众导向观念的时期

公共关系在第一次世界大战中得到了普遍的运用,越来越多的政界人士感受到社会公众的力量。1929 年的经济大危机之后,越来越多的企业界人士发现社会公众的舆论对企业生存和发展有着举足轻重的影响,他们由原来瞧不起公众、愚弄公众,逐渐地转向重视公众,由原来让公众了解自己,逐渐地转向既让公众了解自己,又让自己了解公众,并按照公众的意愿来开展生产经营活动。尤其是在公共关系作为一门学科出现,并形成了具体的工作程序以后,公共关系观念更是被赋予了全新的内容,形成了以公众为中心的"公众导向观念"。

公众导向观念要求组织或企业的一切工作均"以公众为中心","一切为了公众"。公众的需求是组织或企业一切工作的出发点,因此,要了解公众,把握公众的需求动向;公众需求的满足是组织或企业一切工作的最终目标,因此,要让公众了解组织或企业的各项工作,以争取良好的公众舆论环境,争取社会公众的理解和信任。

公众导向观念的特点是通过双向的信息沟通,创造和谐的社会关系环境,它较之单向灌输观念增加了了解公众需求、满足公众需求的意愿,因此,公众导向观念的内涵更加具有科学性、严谨性、可行性等特点。

【案例 3-3】 天津市政府的公共关系观念①

20 世纪 80 年代,天津市政建设跟不上,人民群众生活存在许多实际困难,"坐车没有走路快,自来水腌咸菜,临建拆的没有搭的快",群众意见很大。市政府决心为群众办实事,并一件一件地解决落实,说到做到,样样兑现。1983 年,天津市政府首先为市民办了 10 件实事,并从 1984 年开始每年坚持为城乡居民办 20 件实事,到 1989 年已办了 130 件。如新建、改建了3 000万平方米的住宅,使一半以上的家庭改善了居住条件和居住环境;花两年时间完成了的民用气化工程,使民用炊事煤气化的普及率高居全国之冠;花一年零四个月时间,完成了震惊中外的引滦入津

① 《公共关系案例精造》,秘书 e 家,http://hi.baidu.com.

工程，一扫天津人喝咸水的历史；新铺城市道路2 137公里，建起了由10来座立交桥和中环线与外环线构成的“三环十四射”的城交道路网络，等等。广大人民群众对市政府、市领导的满意程度达92% ~99.4% ，形成了心齐气顺、政通人和的社会政治局面。

持公共关系观念的组织必须通过实际行动使观念能够贯彻落实，任何只有口号没有行动的做法都是不符合公共关系观念要求的。公共关系学发展至今，“公众导向观念”一直是支配公共关系事业发展的基本动力。现代公共关系工作更要求以公众利益的满足作为公共关系事业成功的标志，从而提出了“让公众满意”(CS，Customer Satisfaction)的口号。

公共关系观念的产生使公共关系活动从不自觉的行为转变成为自觉的行为，以公众导向观念作为公共关系活动指导思想的阶段，则是使公共关系从无序到有序、从无科学到科学逐渐形成的一个基本标志，它是现代公共关系事业发展的思想基础和力量源泉。

四、各种公共关系观念的区别

(一)出发点不同

愚弄公众观念的出发点是欺骗公众，把公众看成无知一族；单向灌输观念的出发点是让公众了解组织，但没有做到更主动地了解公众；公众导向观念的出发点则是重视组织(或企业)和公众双方的利益。

(二)原则不同

愚弄公众观念坚持“凡宣传皆好事”的原则，根本不重视公众的利益；单向灌输观念坚持“实事求是”“说真话”原则，让公众了解组织，保证公众对组织的信任感；公众导向观念坚持“一切为了公众”的原则，既让公众了解组织，也让组织了解公众。

(三)所采用的方法不同

以公共关系观念来支配企业的行为时，愚弄公众观念采取的方法是编造神话、制造新闻；单向灌输观念所采取的方法是向公众提供准确而有价值的资料；公众导向观念所采取的方法则是进行双向的信息沟通。

(四)所要达到的目的不同

愚弄公众观念的目的是为了扩大自身的影响,因而不断地愚弄和欺骗公众;单向灌输观念的目的是求得公众的理解、认同与接纳;公众导向观念的目的是争取组织(或企业)与公众双方的利益得以实现。

我们可以将各种公共关系观念的区别列表如下(见表3-1)。

表3-1

公共关系观念	出发点	原则	方法	目的
愚弄公众观念	欺骗公众	凡宣传皆好事	编造神话制造新闻	通过愚弄和欺骗公众扩大自己的影响
单向灌输观念	让公众了解组织	实事求是说真话	向公众提供准确而有价值的资料	求得公众的理解、认同与接纳
公众导向观念	重视组织(或企业)和公众双方的利益	一切为了公众	双向的信息沟通	组织(或企业)与公众双方的利益得以实现

第三节 公共关系观念的现实意义

自从有意识的公共关系思想产生以来,不同的历史时期有着不同的公共关系观念。现代公共关系观念拥有全新的公共关系内涵,代表开明的现代经营管理思想,其现实意义表现在以下三个方面。

一、保证社会效益与经济效益的平衡

在一个组织中,现代公共关系观念不但要求在组织内部重视各方工作人员的利益,更要求在组织外部争取社会公众的关心与支持。一个企业的创立和发展如果不顾及公众利益的满足而盲目地追求利润,这个企业就不会得到广大社会公众的认可与支持,不会有顾客愿意选择这样的企业(包括它所提供的产品与服务),企业也不会得到长久的发展。一个行政组织如果不顾及社会公众的意见与要求而一味地发号施令,它颁布的各项方针、政策、制度就不会得以顺利地贯彻落实。从维护整体经济秩序和社会秩序的角度出发,现代公共关系观念要求社会组织遵循

将追求自身经济利益的目标建立在追求社会利益实现的基础上，在经济效益与社会效益之间寻求平衡，以保证社会组织的健康发展。

二、保证公众利益的实现

现代公共关系观念的产生是企业从只懂得追求高额利润的“自私企业”，转变为注重平衡社会关系的“开明企业”；使行政组织从只懂得发号施令的“权力机构”，转变为吸纳社会公众参与决策，广泛听取社会公众意见与建议，并注重社会公众利益真正得以实现的“开放组织”。资本主义企业从只懂得追求剩余价值的企业转变为既重视自身利益的实现，也重视社会公众利益的实现的企业，这是一个自我否定的过程，在一定程度上调和了企业与社会之间的矛盾，使企业转而从符合社会公众的利益中求得经济效益的提升。因此，现代公共关系观念能够约束组织或企业以满足社会公众利益为发展的首要条件。这是一个巨大的进步，也是一个历史性的革命。

【案例3-4】 美国亨氏集团的母亲座谈会①

美国亨氏集团与我国合资在广州建立婴幼儿食品厂。但是，生产什么样的食品来开拓广阔的中国市场呢？筹建食品厂的初期，亨氏集团做了大量调查工作，多次召开“母亲座谈会”。首先，亨氏集团充分吸取公众的意见，广泛了解消费者的需求，征求母亲对婴儿产品的建议，摸清各类食品在婴儿哺养中的利弊。其次，亨氏集团进行了综合比较和分析研究，根据母亲们提出的意见，试制了一些样品，免费提供给一些托幼单位试用；征求并收集社会各界对产品的意见、要求，相应地调整原料配比。此外，亨氏集团还针对中国儿童食物缺少微量元素、造成儿童营养不平衡及影响身体发育的现状，在食品中加进一定量的微量元素，如锌、钙和铁等，食品配方更趋合理，这也使其产品更具有吸引力，受到中国消费者的青睐。

三、保证和谐社会环境的创造

现代公共关系观念可以协调组织或企业的各种关系。例如，在政治组织中，现代公共关系观念可协调政府与民众之间的关系，协调各机构、各部门之间的关系，协调不同地区之间的关系，还可协调本国与他国之间的关系。又如，在企业内部，

① “公共关系案例分析”，《中国名牌》，2005年7月16日。

现代公共关系观念可以协调员工与管理者之间的关系、劳动者与投资者之间的关系;在企业外部,现代公共关系观念可以协调企业与顾客之间的关系、协调企业与供应商和经销商之间的关系,并平衡各种矛盾,从而使各种关系得到加强、巩固和提高,进而保证社会关系的和谐。

和谐社会的"和谐"不是完全静止的状态。在和谐社会中仍然会出现各种矛盾和利益冲突,但是和谐社会有着良好的协调机制,不同利益群体之间可以进行充分的沟通和协调,预先消除可能引发不和谐的苗头。这样一来,即使出现了不和谐,由于存在良好的协调机制,也能够迅速解决矛盾、恢复和谐,这就是公共关系观念的基本功效。

现代公共关系观念作为一种现代社会人际交往和现代组织对外沟通与联络的意识而得到了广泛的认同,只有用公共关系观念指导组织的行为,才能使组织建立起良好的公共关系形象,争取社会公众的认可、接纳与支持,赢得社会公众的赞誉。

第四节　现代公共关系观念的基本内容

现代公共关系观念的主要表现形式是公众导向。社会组织以公众导向观念指导自己的行动,就是要求社会组织中的一切工作都从公众的利益出发,并以满足公众的需求为目标。以满足公众利益需求为社会组织开展公共关系工作的出发点和归宿点,这也是社会组织谋求自身发展的关键。

公众导向观念的具体内容可以从以下几个方面给予概括。

一、塑造形象的观念

组织形象是一个综合性的概念,它是社会公众对一个组织机构的全部看法和评价。这种看法和评价源于组织的各种行为和方法、各项工作和效果。良好的组织形象是社会组织的无形资产,它可以为组织创造更大的市场,赢得更大的利益。

社会组织应以塑造良好的形象为指导,在日常的和重大的公共关系活动中做好每一件事,使公众对组织产生认同感。

作为一个企业,其组织形象主要通过产品形象、员工形象和环境形象得以表现,因此,企业应通过这三种形象的塑造,整体上映衬企业的形象。

二、提高信誉的观念

组织信誉是一个社会组织的外部公众对这个组织的经济、技术和社会三大要素的总体信任与认同程度。在企业中,这三大要素以具体的经济指标、技术指标和行为指标得以表现。经济指标表现为市场占有率、销售额增长率和利润率三项指标,它以社会公众对企业及其产品的接受程度为基础;技术指标以产品的技术水平、科技含量水平、技术性能和产品质量为表现,它说明企业为社会公众着想的程度;行为指标以各项工作的内涵、各项活动的状态以及企业内部所有工作人员的言行举止为表现,它代表着企业的整体形象,说明着企业员工的整体素质和工作能力。

良好的企业信誉可以使企业吸引更多的目标公众,开拓更大的目标市场,适应更快的发展节奏,甚至让企业长久立于不败之地。良好的企业信誉可以让企业取得社会公众的信任与支持,加强与社会各界的友好往来,掌握更多的情报资料,扩展前进的道路。

三、服务公众的观念

社会组织的公共关系工作必须着眼于服务公众,当组织利益与公众利益发生冲突时,公众利益应该是第一位的。

进入 21 世纪,企业在寻找有效的经营之道的同时,应该忠诚地奉服务公众为圭臬,确定以市场为导向的经营哲学,积极开展"CS"活动①,使企业在激烈的竞争中增加抗衡的活力。

【资料 3－1】 倾听顾客的呼声

日本的企业家认为,"产品质量再好,消费者不欢迎也枉然"。例如,索尼、丰田等公司早在 1989 年初就分别成立了以总经理为首的"顾客满意委员会",对中级管理人员开办了"让顾客满意"培训班,并要求他们每年四次到"顾客接待中心"等服务窗口直接听取消费者的意见;在开展"让顾客满意"的活动中,他们觉得以前提出的"顾客是上帝"的提法比较空泛,于是改为"首先倾听顾客的呼声"。

① "CS"是英文"Customer Satisfaction"的缩写,"CS"活动就是"让顾客满意的活动",事实上这是为顾客提供各种服务的活动。

让顾客永远满意,要求企业在参与市场竞争中必须从两个竞争层面上来约束企业。第一个竞争层面表现为产品形象的竞争,它依靠的是产品的视觉设计,包括产品的品牌、商标、包装和造型等设计工程。这是建立在产品质量和产品科技含量让顾客满意基础之上的竞争层面,其宗旨是增强企业的工业设计意识,将工业产品的技术功能和外观美术设计结合为一体,以显示产品的审美价值。第二个竞争层面表现为企业形象的竞争,它依靠的是企业的各项工作,包括免费送货上门、售后退调商品、售后方便安装、调试与授教、方便维修等。这是建立在顾客对产品满意基础之上的竞争层面,其宗旨是使顾客在接受个性化和高品质的服务中得到一种心理需求的最大满足。美国营销学专家维特曾说过,未来社会竞争的关键并不在于工厂能生产什么产品,而在于企业能提供多少产品的附加值。这一附加值产生于产品售前、售中和售后的服务之中,在未来社会中,它对顾客的吸引力将会越来越大。我们把这两个竞争层面融为一体,称为企业的二次竞争。

在现代人的消费需求中,产品所体现的审美价值和附加价值越来越重要,甚至有的顾客购买"产品",实质上是在购买他从"产品"中期望获得的一系列的利益和满足。可以说,产品的审美价值和附加价值已日益成为左右顾客购买行为的决定因素。

企业在公共关系活动中向顾客提供的服务是一种综合性的服务,其中内含着企业内部对员工提供的服务和企业外部对社会各类公众提供的服务。前者是后者的基础,只有企业内部各项工作都做好了,才能够向社会各界提供更好的服务。这一切最终体现在为顾客提供服务的各项工作中。

四、互惠互利的观念

我们在研究公共关系的定义时,指出了公共关系活动所具有的目的性——通过双向的信息沟通,旨在争取社会公众的谅解、支持与爱戴,谋求组织与公众双方利益的实现。组织与公众双方的利益关系在公共关系的运作中好比一对孪生姐妹,公众利益表现为"姐姐",它是组织利益的基础和前提;组织利益表现为"妹妹",它是公众利益的发展和延续,双方形成了利益纽带。

组织在开展公共关系活动的过程中,首先应考虑如何让公众满意,让公众对组织产生认同感,而后才能考虑组织自身的利益。如果不是建立在公众利益满足的基础上,组织的利益就会成为"无源之水,无本之木"。

五、协调沟通的观念

协调沟通的观念也是一种信息理论。在当今信息社会，组织的各项工作都离不开信息。了解公众的需求、掌握市场的变化需要信息，进行企业的经营决策需要信息。一则好的信息，能给企业赢来更多的公众，带来巨大的财富；一则不准确的信息，则可能会给企业造成巨大损失。社会组织作为公共关系活动的主体，应当主动去了解作为公共关系活动客体的公众，即与社会公众进行更多的信息沟通，只有这样，才能使公共关系的行为不偏离轨道，使现代公共关系观念真正建立在“公众导向”的基础之上，从而实现公共关系目标。

六、全员公关的观念

全员公关的观念是在社会组织中所有工作人员都参与公共关系活动的观念，简称“全员 PR”，其意义在于增强组织全体工作人员的公共关系意识，促使他们更多地关心组织，做到从组织公共关系工作整体着眼，从本职工作入手，把公共关系观念贯穿于组织或企业的各项生产经营活动的全过程之中，为树立良好的组织形象奠定基础。

全员公关具体表现为两个层次，第一个层次是组织内部的公共关系，第二个层次是组织外部的公共关系。前者是公共关系工作的基础，后者是公共关系工作的表现。

组织内部的公共关系是靠全体员工的共同努力来做好的。在一个企业中，它首先要求企业的决策者和各级管理人员重视全体员工，与他们建立友好的往来关系，以保证员工热爱自己的企业；其次要求企业的全体员工做好本职工作，以每一个员工的微小贡献促成企业的成功。如果每一个员工都能在自己平凡的岗位上创出不平凡的业绩，企业公共关系的整体目标就会更好地得到实现，企业本身也会赢得更多公众的信任。

组织外部公共关系工作也是靠全体员工的共同努力才能做好的。诚然，组织的对外交流、形象的塑造依赖于组织公共关系工作人员的努力，但全体员工的努力是不容忽视的。首先，员工工作在企业生产经营的第一线，企业向社会提供优质的产品、周到的服务都要经过员工的精心制作和艰苦努力；企业规定的一切生产经营计划都要靠员工来贯彻实施；企业的短期目标和战略方针都要靠员工们予以实现。

因此，员工是企业得以生存和发展的活细胞。其次，员工身处对外公共关系的第一线，他们是企业与外部公众接触的触角，如营业员直接和顾客打交道，推销员直接和用户打交道，采购员直接和供应商打交道，市场调研人员直接掌握消费者的需求动态等。员工的一言一行都代表着企业，代表着企业整体的利益，代表着企业的形象。因此，培养员工和蔼可亲的态度、热情周到的服务、正直诚实的美德和良好的敬业精神，将会给企业带来无尽的收益。

七、立足长远的观念

开展公共关系活动本身就是一种战略行为，它着眼于组织的目标，注重自身的形象，希望能通过建立良好的信誉来赢得社会公众的长期喜爱。组织的有些公关活动，从眼前的效果来说只有付出，没有索取，但它得到的是公众的好感与信赖，这是具有长期性的收益。例如，广州白云山制药厂 1984 年举行的足球邀请赛耗资巨大，人们似乎看不到白云山制药厂从中想获得什么经济利益，但从长期的角度来分析，白云山制药厂通过这次公关活动体现了实力，传播了信誉，树立了形象，随之而来的是资金与技术力量通过合资、合作的形式而急剧扩张，从而使其实力得到进一步的增强。

这种立足于长远的公关活动，其基本特征是层次水准高、传播力度强，是组织形象的完美再现。如果一个组织能经常着眼于未来，从战略的角度审视自己的行为，从有益于社会发展的角度建立公关策划思路，则这个组织一定是长期被社会公众所接纳的组织。

八、注重效益的观念

公共关系工作的效益不仅是指组织或企业所获得的经济效益，更重要的是指组织或企业的各项活动给自然环境、人际关系、社会经济效益和社会精神文明带来的影响。

现代社会处在一个全面开放的社会关系之中，每个社会组织的各种活动不仅与社会组织自身关系重大，而且与社会各界都有着必然的联系。社会公众对组织的要求越来越高，他们不仅要求企业向社会提供良好的产品和服务，而且要求企业的存在与发展具有较好的环境效益和精神文明效益。如果企业只注意前者而不注意后者，就会激起社会公众的强烈反感，危及企业的生存与发展。因此，企业必须注重社会整体效益。

(一)注重社会的经济效益

社会经济效益包括三个方面的内容:一是企业要为社会公众提供良好的、有合适使用价值的产品和服务,并在自己的经营活动中保证其使用价值与价值分离,即产品和服务能够实现交换,满足社会所需;二是要向社会、向国家提供更多的价值量,上缴更多的利税,以推动国家经济建设和社会发展;三是要有助于推动社会公益事业和社会福利事业的发展,在力所能及的条件下,眼界要放得宽些,思路要更长远一些。如有些企业为残疾人事业的发展提供帮助,捐资赞助希望工程,为灾民捐款,为培养不同的行业人才成立基金会、设立奖学金,等等。社会经济效益和企业经济效益是互相联系的,社会经济效益的提高必然带来企业经济效益的提高,从而促进企业的发展。

(二)注重社会的生态效益

社会组织如同生物有机体一样,要同它的生存环境相协调。随着科学技术的发展,专业化和分工越来越细,组织与外界环境的相互依存、相互制约越来越强。社会生态效益可以从两个方面得以实现:一方面,企业的发展要有利于生态环境的保护,不生产污染环境的产品,不进入不利于自然环境保护的行业,每个企业都要从对自己严格要求并有利于环境的角度进行生产决策与经营决策;另一方面,企业还应该为维护好生态环境的建设出资、出工、出力,主动为创造良好的生态环境和社会环境做出企业应有的贡献。如果企业能使其各种活动与社会环境形成良性循环,则这个企业就一定会被环境所接纳。注重社会生态效益是企业得以生存和发展的必要前提。

企业的经济效益是推动企业正常发展的必要条件,没有经济效益的企业很难保证其生命价值的实现;企业的社会效益是推动企业发展的必要条件,企业没有社会效益,其经济效益的实现便很难维持,社会环境便很难接纳。因此,社会效益除了体现企业对社会的有用性之外,还是企业获取经济效益的重要条件。

(三)注重社会的精神文明效益

精神文明效益是指社会组织的各项活动对社会风气、人际关系、人们的精神面貌造成的影响。一个企业注重精神文明效益,一方面要注重职工的精神面貌,良好的个人精神面貌可以使人奋发向上,给他人带来感染力,可以使企业整体不断进取，不断创新，给环境带来感染力；另一方面，企业还要注重产品设计、产品装潢的健康性，即从社会精神文明的角度来要求企业的产品内涵与外延，创造出对人的身体健康和精神健康都有益的产品和服务。

【案例3－5】 假如我是广州市长①

广州市委、市政府先后举办过直接为市长做参谋的“假如我是广州市长”征文活动（后定名为“市长参谋活动”），为政府职能部门出谋献策的“房改方案千家谈”“菜篮子工程千家谈”等“千家谈系列活动”，讨论广州市风和广州人精神的“羊城新风传万家”和“羊城居委新形象”等大型公共关系活动等，运用报纸、杂志、广播、电视和各种新媒体，动员成千上万的市民参政、议政，各抒己见，都收到了良好的社会效果，增强了政府的吸引力。

树立社会整体效益观念，要求组织明确社会使命，满足公众需求，提供社会产品，积极参与社会活动，广泛沟通信息，接受社会监督，使组织真正有益于社会，有益于公众，成为受社会公众支持与爱戴的社会组织。

本章思考题

1. 观念与理念有何区别与联系？
2. 如何理解公共关系观念产生的基本条件？
3. 企业为什么要按照现代公共关系观念约束自己的行为？
4. 如何理解公共关系观念的演变及现代公共关系观念的基本内涵？

① 蔡东士：“假如我是广州市长”，《瞭望》，1985年第35期。

CONTEMPORARY PUBLIC RELATIONS

第四章 公共关系组织机构

学习要点

随着社会政治、经济和文化的发展，公共关系的作用越来越得到人们的认可，公共关系的专门组织机构也在不断地发展壮大。许多公共关系公司形成了完备的公共关系咨询体系，积累了丰富的公共关系动作经验。各种社会组织内部的公共关系职能部门也日益显示出独特的风格，并发挥了重要的作用。一些过去曾将公共关系部门撤掉的企业，现在也纷纷再度恢复了公共关系部门，启用了公共关系的职能，但这不是对原有公共关系职能的重复，而是在新的高度界定公共关系工作的基本内涵。实践证明，公共关系工作的成功，取决于公共关系机构的健全和公共关系从业人员的良好素质。

第一节　公共关系组织机构的类型

公共关系组织机构和一般的组织机构一样，为了完成某一目标而承担起某部分职能，把人、财、物按一定的方式组合起来（见图4－1），形成系统的运营体系和运作思路，保证公关职能的有效发挥。

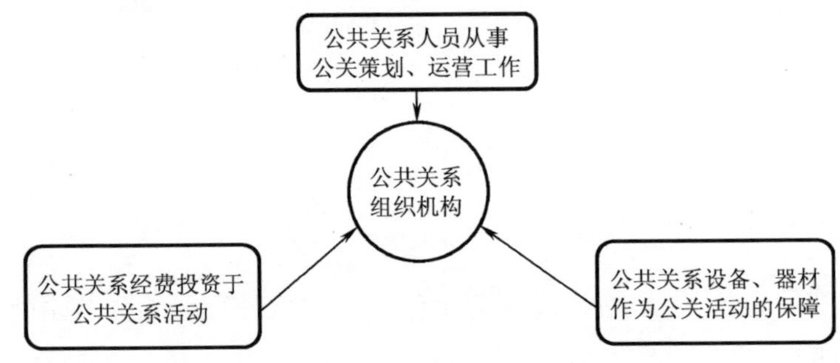

图4－1　公共关系组织要素结构示意图

一般来说，公共关系组织机构可以分为两大类：一类是为社会上各类组织提供咨询和技术服务的公共关系咨询公司（或称公共关系顾问公司）；另一类是在各企事业单位内部成立的专门从事公共关系工作的公关部（或称公关处、公关科、市场部或策划部）。此外，有人将公共关系协会或学会也称为公共关系组织机构。我们认为，公共关系协会或学会是一种社团组织，它不在工商部门的登记范围之内，只归民政系统管辖，不具备公共关系经营与运作的职能，只具备对公共关系经营组织和工作人员乃至学术团体的协调、沟通职能，因此，我们不将公共关系协会或学会放在公共关系组织机构中论述。

一、公共关系咨询公司的类型

【资料4－2】　国外、国内公共关系咨询业的状况[①]

目前，美国有2 300多家公共关系咨询公司。总部设在纽约的博雅公共关系

① 宋锡红："与老板对话"，《中国经营报》，2000年7月18日，第12版。

公司全球最大,在35个国家和地区设有76家办事处,雇用了2 100多人。全球第二大公共关系公司——尚德威克公共关系公司拥有1 800名雇员,分布在其遍布世界各地的100多个办事处中。其他比较有影响的公共关系公司还有伟达公司(希尔—诺顿公司)、埃德尔曼全球公共关系公司、奥格威环球公共关系公司、奥美公共关系公司等。在英国,公共关系咨询公司有600多家。

1986年,在北京成立了中国首家公共关系公司——中国环球公共关系公司。随后,全国各地涌现出多家公共关系公司。

无论是在国外还是在国内,公共关系公司都已成为发展迅速、成长潜力良好的一类服务性企业。

公共关系咨询公司是由各具专长的公共关系专家和各种专业技术人员组成的,专门从事公共关系技术、咨询业务,或受客户委托为其开展公共关系活动提供服务性工作的营利性组织。从这一定义可以看出,公共关系咨询公司同其他公司一样也是营利性组织,它的产品是向客户提供有关公共关系方面的咨询服务,它仍然面临着激烈的竞争,它以客户满意为工作运行和自身发展的基本原则。

公共关系咨询公司的业务范围比较广泛,主要包括政治、经济、文化、法律、宗教、体育、旅游等各种领域和行业。不同的公共关系咨询公司从事着不同的公共关系业务活动,表现出不同的公共关系工作内容和工作形式。我们可以从不同的角度将其划分为不同的类型。

(一)按照服务技巧和服务对象的不同划分

按照服务技巧和服务对象的不同,公共关系咨询公司可以划分为三大类。

1. 专门为客户提供某种公共关系技术服务的公司。其业务内容主要有:为客户搜集有关公关方面的信息情报,做调查研究工作;为客户编制公共关系活动规划,出台公关方案;为客户设计公关形象,制订和实施传播计划;为客户设计广告方案,提供广告方面的技术服务;为客户编辑公关杂志并代理发行;为客户制作公关电影、电视及各种视听资料;为客户撰写新闻稿件,并与新闻界建立联系;为客户提供专题公关活动的系列服务;为客户专门创作歌曲;为客户专门设立网站,实施网站传播活动;在危急时刻,为客户制定解决危机的方案,并实施危机公关活动;为客户实施CIS导入工作;为客户提炼文化内涵、建立理念系统,等等。

2. 专门为特定行业提供咨询服务的公关公司。这类公司主要有:为政治组织提供服务的公共关系咨询公司；为经济组织提供服务的公共关系咨询公司；为文教组织提供服务的公共关系咨询公司等。在为经济组织提供服务的公共关系咨询公司中，有专门为制造业提供咨询服务的公司、专门为流通业提供服务的公司、专门为服务业提供咨询服务的公司，还有专门为旅游业提供咨询服务的各种类型的公共关系咨询公司。这些公司的业务活动一般是利用其内部的专家、顾问所拥有的专业知识和丰富的实践经验，为客户提出建议和忠告，策划公关活动，诊断公关失控的原因，估价其影响效果，纠正客户不合适的行为，成为客户决策的参谋和顾问。有些公共关系顾问公司也通过聘请外围顾问的形式来为其客户提供咨询服务。

3. 兼有以上两类职能的公关咨询公司。这类公司的人才比较齐全，技术比较全面，资金比较雄厚，既有为政治组织提供咨询服务的政治方面的专家，又有为经济组织提供咨询服务的经济方面的专家，还有为其他各种类型组织提供咨询服务的各方面的专家。美国的兰德公司就属于这类公司。这类公司的工作人员能够为客户提供各种公关技术方面的服务，包括战略预测、战略运行、管理模式、管理规则、市场运营、市场发展、公关策划、公关活动等。总之，这类咨询公司为各种类型的客户提供综合性的全面服务。

【资料4-3】 美国兰德公司简介①

美国兰德公司成立于1948年，半个多世纪以来，它已成为当今世界最负盛名的决策咨询机构。兰德公司最初以研究军事尖端科学技术和重大军事战略著称于世，继而其研究内容又扩展到内外政策方面，逐渐发展成为一个研究内容囊括政治、军事、经济、科技和社会等各方面的综合性的思想库，被誉为现代智囊的“大脑集中营”、“超级军事学院”以及“世界智囊团”的开创者和代言人。

兰德公司成立初期，主要是完成美国空军交给的一些研究任务，包括向空军提出“可取的技术和仪器”的建议。由于当时名气不大，兰德公司的研究成果并没有受到重视。然而，之后发生的一件事情令兰德公司声名鹊起。朝鲜战争前夕，兰德公司组织大批专家对朝鲜战争进行评估，并对“中国是否出兵朝鲜”进行预测，得出的结论只有一句话：“中国将出兵朝鲜。”当时，兰德公司欲以200万美元将研究报告转让给五角大楼，但美国军界高层对兰德公司的报告并不感兴趣。在他们看

① http://www.rand.org/about/history and mission.

来,中国刚刚经历了8年抗日战争,3年解放战争,无论人力、财力还是物力,都不具备出兵的可能性。然而,战争的发展和结局却被兰德公司言中,引起美国军界一片哗然。战争失败后,五角大楼为了全面检讨在朝鲜战争中的决策失误,还是花了200万美元买下了兰德公司那份已经过时的研究报告。这一事件让美国政界、军界乃至全世界都对兰德公司刮目相看。后续有人说这是谣言?

美国兰德公司的服务对象是政治组织和军事组织,服务的方式主要是基于现状预测未来,公司对所确定项目的操作是集合各个专业领域的世界一流专家,采用德尔菲法,经过反复论证形成预测报告,根据预测的准确程度来检验兰德公司的能力和水平。而美国的麦肯锡公司则把自己的经营定位于为经济组织提供咨询服务,因此,麦肯锡公司的服务对象是经济组织。

(二)按照经营方式的不同划分

按照不同的经营方式,公共关系咨询公司也可以分为三大类。

1. 公关与广告合营的公司。这类公司既经营公关业务,又经营广告业务。这是在公共关系事业和广告事业迅速发展过程中出现的一种公司类型。据《有效公共关系》一书的作者卡特李普、森特和布鲁姆等介绍,公关公司和广告公司联合经营的情况产生于20世纪20年代初,到了40年代中期,美国有75个广告事务所提供公关服务。

尽管近十几年来公关领域中出现了专业化的趋势,但公关公司和广告公司的联合经营或合二为一仍表现出一种强劲的势头。其主要原因在于:

第一,商业广告在工业发达国家的经济生活中一直占据着重要位置,各类经济组织在经营中主要依靠商业广告来维持生存和发展,其经验远比公关公司丰富。而起步晚于广告公司的公关公司,无论是职业水平还是经营经验,都难以与有丰富经验和较高专业水平的老牌广告公司相提并论,不得不依赖于广告公司的帮助。

第二,广告公司在自身的经营中常常受到形象和信誉的困扰,社会公众往往对广告公司鄙夷或小视,认为广告公司唯利是图、见钱眼开。在这种情况下,广告公司不得不求助于公关公司协助自身扭转形象,并借此掌握公关知识与技巧,扩大业务范围,向社会提供公关咨询业务。

另外,由于公关公司和广告公司在经营性质上是相通的,因而出现了合营趋势。这种情况在我国目前的经济领域也已经成为一种方向，广告公司与公关公司的合营成为一种天然而有序的组合，从而保证了广告公司与公关公司双重业务的更大发展。

2. 单独经营并开展综合性公关业务的公司。这类公司全面提供公关业务项目，既包括提供公关技术服务项目，又包括为特定行业提供公关服务项目，这是一种很具规模的公关公司。公司对其工作人员的要求是知识结构全面、合理，既要有能够把握行业动向和特点的公关专家和专业人才，又要有掌握公关技能的公关专家和专业人才。

20 世纪八九十年代，这类公司在我国的发展受到一定程度的限制。原因在于：

第一，在人才竞争激烈的条件下，一个一般性的公关公司很难拥有足够而全面的、复合型的高素质公关人才。就整个社会而言，现阶段公关公司的人才缺口为30% ~40%，企事业组织公关人才的缺口更大，约为50%。况且，就一个组织而言，对公关人才的培养也不是一蹴而就的事。

第二，市场的发育程度和发展速度受到传统思想的影响，同时，企业或组织的文化建设尚不成熟，软性管理工作尚没有得到全面、正确的认识，更多的企业或组织尚不愿意委托公关公司为自己做咨询、策划工作，认为这是一种不值得付出的投入，不会获得有形和等值的回报。

但随着市场经济的发展，这种情况正在得到改善，更多的中国企业以国外企业为标杆，认识到了与咨询公司合作的必要性，这样既推动了公共关系咨询业的发展，又使得我们各种类型的企业从中受益，进而推动经济的进步和社会人文环境的改善。

3. 单独经营并开展专项公关业务的公司。这是指提供专项咨询服务的公关公司。例如：媒介公司，是专门为客户提供媒介关系咨询服务的公关公司；平面设计公司，是专门为客户提供各种图片、图案设计服务的公司，甚至有些公司专职于标志（Logo）设计；宣传与传播公司，是专门为客户设计宣传或文字资料，并进行媒介传播的公司；策划公司，是专门为客户提供策划思想与策划活动的公司，等等。这类公关公司在规模上要比提供综合咨询服务的公司小得多，因此，在筹建上可以节省资金，对专业人员的要求也比较单一，常常筹建者就是老板，同时也是专门的设计人员或某方面的专家。刚刚从事咨询业的公司可以选择单独经营并开展专项公关业务，待条件成熟时既可以向纵深方向发展，把事业做专做深，又可以横向扩张，把事业做大做强，因此，这是一种既稳妥又伸缩自如的选择。

此外，按照工作范围的不同，公共关系咨询公司还可分为跨地区、跨国经营的大公司以及局限于某一区域的小公司；按照公司规模的不同，公共关系咨询公司还可分为6人以下的小型公司，7～25人的中型公司，26人以上的大型公司等。

公共关系咨询公司种类繁多，提供服务的项目和运作项目的思路与方法也各具特色，这是为满足市场需求多样化的客观要求而产生的现象，也是市场竞争的必然结果。

二、公共关系部门的类型

公共关系部门（简称公关部）是组织内部针对一定的目标，为开展公共关系工作而设置的具有专门职能的机构。组织内部公共关系机构的名称没有统一的规定，有的叫公关信息部，有的叫公共关系部，有的叫公关销售部，有的叫公关事务部，有的叫公关策划部，有的叫公关广告部，还有的叫公共事业部等。从这些名称中我们可以看出，各类组织对公共关系部门职能的确定和期望目标是不相同的。我们以经济组织——企业为例，并根据公共关系部门与企业内部其他部门之间的关系对其进行分类。

（一）直接隶属型

直接隶属型，即公共关系部门直接隶属于组织最高管理层的管辖，由总经理或副总经理担任公共关系部门的负责人，公共关系部门的一切工作都要汇报到组织的最高管理层，一切计划安排与实施都要经组织的最高管理层讨论、批准（见图4－2）。图4－2中实线表示直接领导关系，虚线表示监督与协调关系。

直接隶属型公共关系部门的优势在于：可以使各种意见直接反馈到组织的最高管理层，影响到组织的经营决策层；可以对其他部门的工作给予必要的监督，并负责组织内部各部门之间的信息沟通和协调工作。

在直接隶属型公共关系组织形态的机构中，公共关系部门的负责人一般兼任组织最高管理层的相应职务，这使得公共关系部门有了某种特殊职权，处理公共关系问题时较具有权威性，可以保障公共关系指令的贯彻落实，尤其是当发生危机事件时，这种权威性便会发挥重要的作用，它可以保障危机事件的顺利解决。因此，

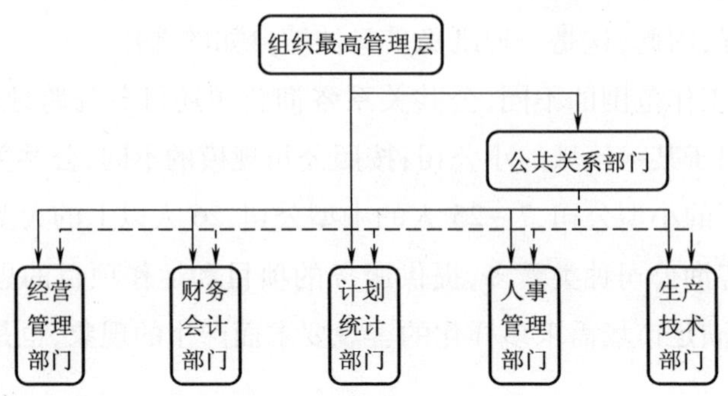

图4－2　直接隶属型

公共关系部门需要这种权威性。

（二）部门并列型

部门并列型，即公共关系部门同组织内部其他职能部门处于平等地位，其负责人同其他部门的负责人一样作为中级管理层的一分子，在对内和对外交往中有一定的决策权和指挥权，并能独立地开展各项公关活动（见图4－3）。

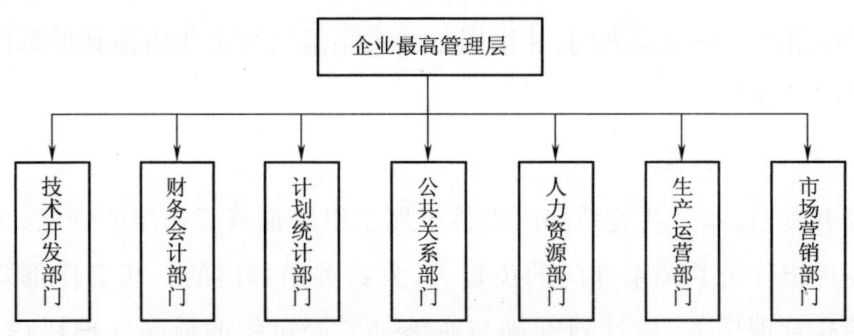

图4－3　部门并列型

部门并列型从表面上看似乎是一种很公平的组织结构，因为这种组织结构不强调特权，只强调平等。但在实际工作中，公共关系部门的工作职能和其他部门的工作职能有着相当大的差别，其他部门的职能非常清晰，工作非常具体，具体到相对独立地完成工作任务的程度，而公共关系部门尽管职能也相对清晰，工作也很具体，但它不能具体到仅靠一个部门就能独立完成各项工作的程度，因此，公共关系工作需要很多部门的信息输送，需要全体员工的协助。如公关活动的开展需要信息传播部门、营销部门、广告部门等多部门的信息输送，有时各种行政部门也要参与到公共关系工作之中。因此，公共关系工作最好由有特权的部门或人员负责并管理。

（三）职能分散型

职能分散型，即公共关系的各项职能分散在组织内部的有关部门，而没有专门性的公共关系部门。从严格意义上说，职能分散型不是标准、规范的公共关系机构。但由于一些职能部门的确也承担着一部分公共关系工作的职责，即每个职能部门都不同程度地承担着企业与公众沟通的任务，所以从广义的角度看，我们把这种情况也看作一种特殊的类型（见图4－4）。

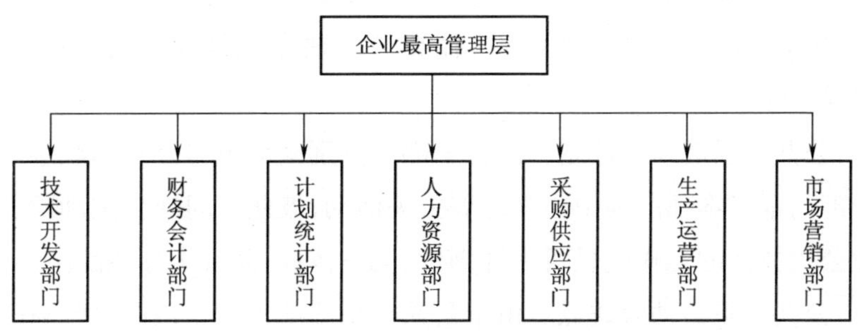

图4－4　职能分散型

在职能分散型的组织机构中没有设置公共关系部门，并不意味着这一组织机构对公共关系工作不重视。正是由于公共关系职能分散到了各个部门之中，如公共关系的信息传播职能在市场调研部门或信息管理部门，公共关系的促销职能在营销部门，公共关系的外交职能在外事接待部门，公共关系的接待沟通职能在办公室，等等，仅仅通过某一具体部门的工作很难保证公共关系所有工作的贯彻落实，所以，有些组织机构就通过不设置公共关系部门，而是通过加强所有工作人员的公共关系观念，并制定相应的制度，以规范全体员工行为的办法来提高全员公关意识，使每一位员工都能按照最高管理层的要求完善自己的工作，保证万无一失。这种情况在我国20世纪末的企业中表现得比较突出。

在职能分散型的组织结构中，技术部门可向公众介绍产品，提供质量保证；计划部门可向公众提供企业计划方面的信息；供应部门可争取原材料、能源提供者的支持与配合，维护与他们的关系；销售部门可以争取用户的理解，促使用户接受企业的产品，不断扩大市场；办公室可以安排各种公共关系相关事宜，如安排企业高层会晤，安排企业领导与公众见面，接待来访人员和宾客，组织发布新闻等；人力资源部门可以协调企业内部各部门、各成员之间的关系，调动其积极性，发挥其特长；财务会计部门可以代表企业与财政、金融、税务部门进行联系和沟通，争取他们的理解和支持；后勤管理部门可以争取为企业提供衣、食、住、行等方面的保障与支持。

由各专业职能部门来分别承担公共关系各项工作是我国大多数企业采用的形式。这种形式的优点是比较符合我国企业目前的状况，它能够利用多年来形成的关系和建立的沟通渠道，使公关活动开展得比较顺利，在一定程度上有利于组织开展各项工作。然而，这种类型的缺点也是显而易见的，具体表现在以下几方面：

第一，公共关系活动无计划。由各个部门分别来承担与公众的联系工作，必然造成各个部门都以本部门为中心来开展公关活动，彼此之间缺少主动配合与协调，整个企业公关方面的工作就显得无计划性、无整体性，而且十分零乱。

第二，公共关系活动效益低。由于公共关系活动无计划，各个部门在分别从事公共关系活动或设计公共关系项目时未必能抓住企业面临的最关键问题；各部门各自所联系的公众也只能知晓本部门的情况，而未必知晓企业整体的情况，所以会出现项目重复、目标不准、花费增大而收效甚微的情况。

第三，由于没有专职公关人员，许多公关工作要靠各职能部门中的人际关系来进行，即所谓靠私人“面子”来与公众打交道。这样做的弊端是：公关活动搞得愈多，人际间的关系就愈巩固，而企业的形象就愈淡漠，在公众眼里就只认“人”，而不认企业。

第四，经营规模比较大的企业，其职能部门的规模也比较大，就职能部门的公关工作而言，也有一个内部协调问题，一般的职能部门在承担公关工作时只是临时抽人，无专人负责。所以，用这样的形式来处理企业与公众的关系是不易收到良好效果的。

进入21世纪以后，尤其是2004年以后，企业危机、品牌危机事件层出不穷，组织形象问题广为人知，由此，人们对公共关系以及通过公共关系手段解决危机事件的认识水平有了极大的提高。企业纷纷通过建立公关部的方式应对可能发生的危机事件，同时也通过公共关系工作协调各种关系，保障组织事业的稳固与发展。这说明，人们认识到了公关部的价值，也认识到了成立公关部的必要性。

（四）部门隶属型

部门隶属型，即公共关系部门同企业内部其他职能部门相比处于较低层次，并受某一个具体职能部门的管辖，但公关部的负责人可以与企业最高管理者保持经常密切的联系，并能应邀列席企业最高决策层的必要会议或参与必要的活动（见图4－5）。

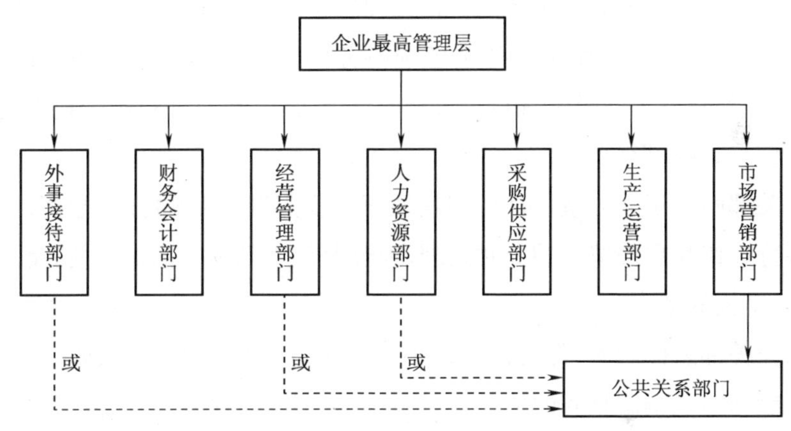

图4－5 部门隶属型

这种类型的公关部处于第三个层次的组织机构。根据企业的性质、条件、要求的不同，公关部可以有以下几种归属：

1. 公关部归属于经营管理部门。这种归属强调公共关系工作在企业整个经营管理工作中所具备的特定管理功能，把它应用于生产、财务、营销的各环节，能够全面配合企业各项业务的开展。

2. 公关部归属于营销部门。这种归属侧重于公共关系工作的促销功能，强调公共关系在市场营销领域中的作用。一些企业公关部的负责人往往由营销部长或经理兼任。这种安排将公关的职能局限于商品营销的范围之内，注重处理与顾客的关系，但容易忽视其他方面的公关工作。

3. 公关部归属于广告宣传部门。这种归属侧重于公共关系工作的传播功能，主要将公共关系部门作为企业的对外发言人，配合广告与宣传工作，树立企业的形象，扩大企业的知名度。但这种归属容易忽视公共关系工作在经营管理其他各环节上的重要作用。

4. 公关部归属于外事接待部门。这种归属突出了公共关系工作的外交功能。随着市场经济的发展，企业的日常接待事务日益增多，需要有专门的机构代表企业出面安排，公关部无疑是责无旁贷的。但把公共关系工作局限于迎来送往、交际应酬，就束缚了公共关系工作在其他方面的功能，降低了公共关系在企业中应有的地位。

5. 公关部归属于人力资源部门。这种归属重视两方面的工作，一方面，重视企业内部员工关系的处理，便于与员工各项事务的协调和各种矛盾的解决；另一方面，重视对外部新员工的吸引、招聘、考核等各项工作，在对外招聘中还能为组织的发展传播信息，树立形象。

6. 公关部归属于办公室。这种归属便于接受最高领导的直接指挥，并能够兼顾各项接待工作和意外情况的及时处理，不过分偏重某一方面的功能，是一种比较灵活、便于掌控的形式。

无论公关部怎样归属，都是针对组织公共关系机构尚不成熟、职能尚不突出，而其他职能部门又编制整齐的情况进行的选择。此后，提升公关部的机构层级，给予公关部以特殊权限是组织未来发展之必须。

三、国外组织公共关系机构的设置

公共关系部门是公关人员作为整体发挥功能的组织机构，应根据组织设置公关部的特殊任务和由此决定的公关部类型来设置公关部的结构层次。下面介绍几种国外一些机构公共关系部门的组织结构。

（一）小型组织的公共关系机构

在公共关系工作受到高度重视的国家，组织机构的公共关系部门是一个非常重要的部门，即使在一个小型的社会组织中，公共关系工作也绝非一两个人的工作，它必定有一个基本结构，形成了一个完备的整体（见图 4－6）。

在小型组织的公共关系机构中，员工组处理组织内部管理层与员工之间的有关公共关系事务；顾客组处理组织自身与外部顾客之间的有关事务；资料

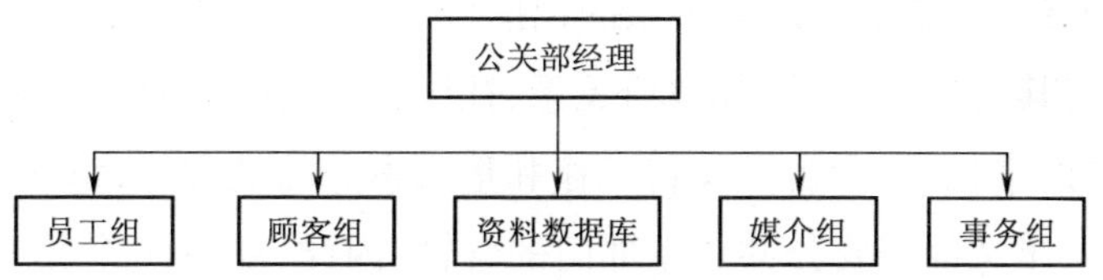

图 4-6 小型组织的公共关系机构设置图

数据库中包含员工和顾客各自的资料;媒介组负责与媒介沟通以及在各项工作开展时负责聘请媒介的参与及与媒介保持密切的联系;事务组负责各项公关事务的处理。事务紧急时,各个组还要互相配合,共同把紧急的事情处理好。在国内,目前任何组织的公共关系部门都没有健全到这种程度,包括特别重视公共关系工作的宾馆饭店,其公关部的内部分工也远没有达到如此细腻的程度。

(二)中型组织的公共关系机构

中型组织的公共关系机构如图 4-7 所示。

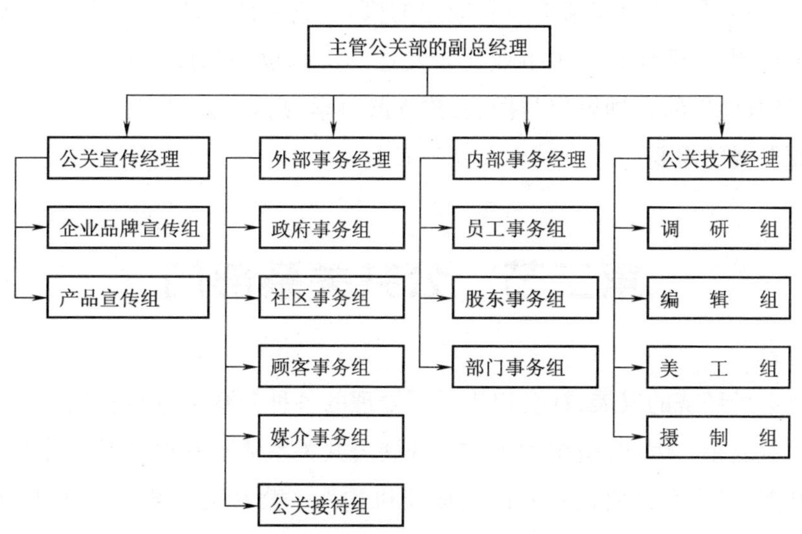

图 4-7 中型组织的公共关系机构设置图

在中型组织的公共关系机构中,要处理的事务很多,包括内部员工关系的协调,股东关系的处理,各部门之间关系的把握,对外的各种宣传工作,产品与品牌的促销与推广,与其他外部关系(如政府关系、社区关系、社团关系、顾客关系、媒介关系、金融关系)的掌控,以及各项接待工作和重大事务的处理等,每项工作都要有人负责,而这些工作又都需要公共关系部门的管辖,因此,要有一个具规模的公共关系事务机构。这里所说的具规模是指公共关系机构相对于其他如财务机构、采购机构、营销机构等职能相对比较专一的部门来说要庞大得多,这是由公共关系职能工作的多样性及公共关系工作相对重要的特点所决定的,一般不进行压缩和精简。

(三)大型组织的公共关系机构

图4-8描述了大型组织的公共关系机构的设置。

大型组织的公共关系机构有时会拥有上百人。国外大型企业几乎都是跨国公司,跨国公司业务繁杂,涉及的问题广泛,尤其注重自身的品牌建设和形象表现,特别注重公共关系工作与信息传播性工作的开展,这些工作需要更多人相互配合。因此,跨国公司的公共关系业务需要更多人参与,日常工作中大家各负其责,运行大型项目时则相互配合,共同将公共关系活动开展得更好。

公共关系部门的组织结构没有固定的模式,它一般随着企业的发展和环境的变化而进行调整,即使在公关事业比较发达的美国也是如此。我们应该借鉴国外的经验,吸取他们的合理思想与做法,建立起科学、高效的公共关系部门,以适应组织或企业发展的需要。

第二节 公共关系部门

随着市场经济的发展,社会组织需要处理的各种公众事务日益繁多,公共关系也随之日益复杂。因此,组织为了便于开展公共关系活动并保持其工作的经常性、稳定性和连续性,有必要设置专门的职能机构——公共关系部门。关于组织内部公共关系部门的设置,上一节我们已经做了论述,本节我们主要论述公共关系部门存在的优势、作用以及公共关系部门的各项工作。

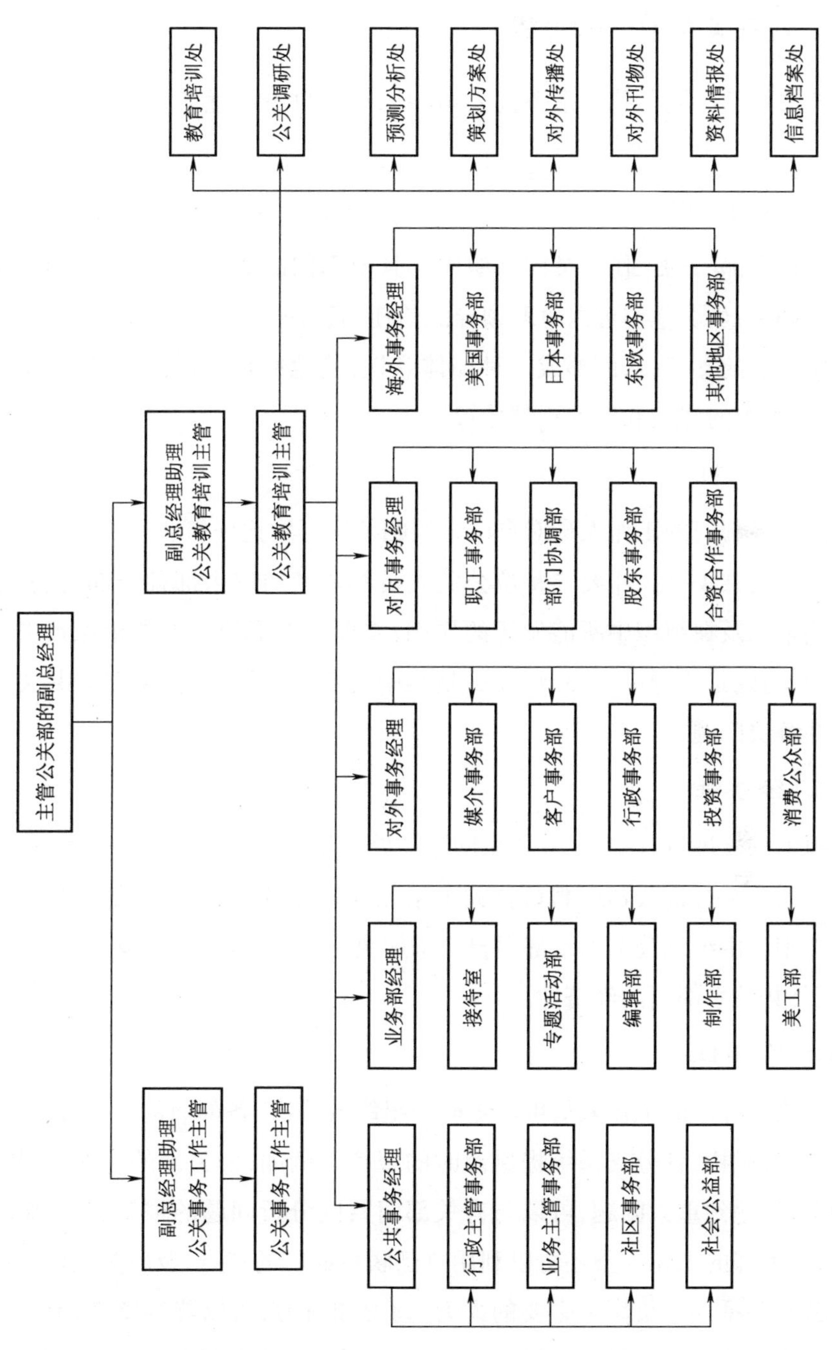

图 4－8 大型组织的公共关系机构设置图

一、公共关系部门的优势

公共关系部门同公共关系咨询公司相比有其自身的优势，主要表现在以下四个方面。

（一）同位性

公共关系部门的工作人员同组织内部其他部门的成员一样，处于同一团体之中，是团体的一员。他们可以争取领导的信任、获得同伴的友谊和得到组织内各级各类工作人员的支持，从而形成一种团体意识，使他们热爱自己的工作、忠于自己的组织，为组织的建设和发展贡献才智。

（二）资深性

公共关系部门的工作人员对自己组织的了解程度比任何非组织公关人员要深得多。因为公共关系工作要求每位公关人员都清楚组织内部各个部门、各个成员之间的关系以及在组织中所能发挥的作用，掌握正在形成中的舆论以及谁是关键性的人物，何处是关键性的环节，什么是其中的主要问题等，并采取公共关系手段去协调并解决问题。

（三）经济性

在组织的发展过程中，公共关系问题随处可见。一些重大的专项活动，组织可以委托公共关系咨询公司或聘请公共关系顾问来处理，而组织内部大量的日常事务性工作则可由组织公共关系部门自己来解决，这样可以收到开支小、见效快的功效，保证公共关系部门的经济性。

（四）实用性

公共关系部门的工作人员可以随时与组织各层次、各部门沟通情况，为组织内部各部门、各机构、各分支系统提供及时的服务。例如，公关部的工作人员可以参加各种会议，遇到重大问题，可以与有关部门共同分析问题的根源，共商解决问题的途径；公关部的工作人员还可以利用自己联系面广的特点，及时为组织安排各项工作。公共关系部门集聚了必要的人力、物力和财力，所以阵容整齐，有较强的公共关系工作力量，一些规模比较大的公共关系活动和持久的公共关系工作，公共关系部门都能够很好地承担起来。

二、公共关系部门的基本职能与作用

公共关系部门是组织内部设立的、专门从事公共关系活动的职能部门,它的出现是现代管理不断发展的必然结果,其职责、地位、规模则是由组织自身状况和公众特点以及组织与公众之间的联系状况决定的,它是组织的“参谋部”、“联络部”、“情报部”、“外交部”和“宣传部”,对组织的发展至关重要。

公共关系部门的具体职能有三大类:第一类是公共关系管理职能,第二类为公共关系传播性职能,第三类为公共关系决策性职能。公共关系管理职能是通过公共关系人员的工作对公众对象所实施的管理,包括对组织内部公众实施的管理和对组织外部公众实施的教育、引导、协调与沟通等项工作。公共关系传播性职能是指通过传播性工作所能发挥出的有利于组织发展的效应,其主要内容包括:采集信息、监测环境,组织宣传、创造气氛,交往沟通、协调关系,教育引导、服务社会。公共关系决策性职能是指通过重大公共关系活动的策划、管理、决策所能发挥的促进组织发展的效应,其主要内容包括:咨询建议、决策参谋,发现问题、加强管理,防患未然、危机处理,创造效益、寻求发展。这里需要说明的是,公共关系决策性职能不是决策本身,而是为决策提供服务的职能,也是组织决策工作不可或缺的一种职能。

从一个具体组织的公共关系部门来分析,其基本职能的发挥主要是从以上三种职能当中提炼出对组织有效且能做到的工作内容。

有人把组织的公共关系部门称作一个组织的“五官”——眼、耳、鼻、舌、喉,这个比喻很形象。我们可以这样理解,组织的公共关系部门充当着组织与公众联系的桥梁,承担着组织与公众之间沟通的重任,因而必须具备“五官”的功能:眼——观察组织与公众之间联系和沟通的状况;耳——聆听来自各方面对组织的意见、批评和建议并及时传递给组织最高管理层;鼻——嗅出对组织和公众利益不利的“气味”,及时通报并加以调整;舌——品尝、体会公众的甘苦和冷暖,为公众解决困难,送去同情、理解和问候;喉——向一切公众发布有关组织以及公众方面的真实信息,让公众了解、信任组织。当然,组织公共关系部门的功能和工作不是“五官”所能全部概括的。单就组织与公众的沟通来说,的确是在发挥着“五官”的作用。此外,公共关系部门作为企业经营管理中的一个重要部门,又发挥着以下八方面的职能。

（一）决策参谋职能

公共关系部门可以帮助企业的决策部门监测社会环境的变化，了解社会的发展趋势可能对企业造成的影响，充当企业决策部门的社会问题顾问。另外，公共关系部门可以以独立的身份，从全局的角度去考虑组织或企业内各职能部门的决策可能产生的社会效果，综合评价各职能部门的管理活动可能引起的社会影响，进而敦促有关部门依据社会价值及时修正可能导致不良社会后果的政策，维持组织或企业内部的动态平衡和组织或企业与外部环境之间的信息交流，发挥组织或企业公共关系部门决策参谋的职能作用。

（二）信息情报职能

公共关系部门在组织内部各部门、各机构之间以及组织内部与外部之间发挥着桥梁和纽带作用，从事着大量的信息交流工作。组织在复杂多变的社会环境中，要想灵活地应对各种偶发事件，在激烈的竞争中稳操胜券，就必须设专门的机构负责监察社会环境的变动，搜集调查舆情民意，预测社会公众的好恶心理，预报社会政治和经济环境的变化、消费流行以及各种关系对象的发展趋势，将各种经过分析评价的信息、情报提供给组织最高管理层和各职能部门做参考。公共关系部门就是利用它与各类社会公众之间联系广泛的特殊条件，从各种渠道搜集大量的信息，掌握丰富的情报，并进行信息的交流。

（三）内部协调职能

公共关系部门不仅要通报信息，提出建议，而且要有妥善地为组织或企业解决难题的方法和能力。由于公共关系部门身居组织内部，可以充分地了解组织或企业内部的情况、信息，因而容易找到本组织内部问题的症结，以有针对性地开展协调与沟通工作，为组织或企业排忧解难，培养职工对自己所在组织或企业的认同感，为树立组织的统一形象做出表率；通过组织内部的公关活动，还可以激发员工对组织或企业的信任感，促使其全身心地投入工作，充分发挥自己的才智与创造性。这说明，公共关系部门在行政管理和企业管理中颇有“回天之力”，所以，各类组织的领导者一般都很尊重公共关系部门的意见、建议，也乐于授权给公共关系部门，以支持该部门的工作。

（四）教育引导职能

教育引导职能是公共关系发挥管理职能的一种表现形态。管理具有双重含义：一是管，表现为管辖、管制；二是理，表现为梳理、调理。公共关系运行中侧重的是后一种含义。同时，管理职能还可以按其表现形态分为两大类：一类为硬性管理职能，如组织、指挥、监督、控制等职能；另一类为软性管理职能，如教育、引导、沟通、协调等职能。公共关系运行显然应侧重其中的软性管理职能，使组织能与各类公众建立起更好的交往关系。

公共关系的软性管理职能包括对内、对外两个方面的作用：一方面要在组织内部对内部公众发挥功效，实施对内部公众的教育引导；另一方面要在组织外部与外部各类公众更好地协调与沟通，让更多的社会公众了解与支持组织。

教育引导不仅仅局限于组织内部，对外部公众也要实施教育引导。

（五）社会外交职能

一个组织要想赢得社会公众的接纳与支持，就要不断地向社会传递信息，而公共关系部门就是作为正式的对外联络机构，发挥着组织或企业外交部的职能，负责组织或企业与社会公众之间的沟通，争取社会公众的理解与信任，减少组织或企业与外部环境之间的摩擦与矛盾，为组织或企业创造一个良好的社会关系环境。

随着经济全球化的进一步发展，企业所面临的产品国际化、与国际组织的合作等问题，都需要公共关系部门发挥社会外交职能，妥善解决各种问题，帮助企业创造良好的公共关系氛围。

（六）趋势预报职能

公共关系部门在工作中，集中搜集、储存和处理与组织或企业密切相关的、大量的信息资料，具有一定的信息敏感度。通过对所搜集的信息资料的分析，公共关系部门可以观测其更深刻的内涵，分析社会环境的变化趋势与变化方向，向组织最高决策者提供有价值的参考资料。例如，对公共关系部门而言，了解企业内部各部门、各环节的情况，掌握企业的决策方针和经营政策，就能够预知未来的企业管理工作应该如何发展及其发展的方向；了解市场的变化情况，就能预测消费流行趋势；了解社会公众对企业的看法，就能预测企业在社会公众心目中的地位；了解社会环境的变化，就能预测今后的环境条件会对企业造成什么影响，等等。通过趋势预报，组织或企业可以把握自己所处的社会位置，进而把握组织或企业今后的发展方向。

（七）处理突发事件职能

公共关系部门的趋势预报职能可以使组织尽早地预测可能发生的问题与事件。不过,如果问题的发生源于非组织原因,趋势预报就可能出现漏报现象,使组织或企业面临危机。

突发危机事件可能给组织的形象与发展带来极大的负面影响,因此,公共关系部门要及时协助组织最高当局,做出迅速、客观的调查处理。包括:与媒体积极接触、建立联系,传播事实真相;对公众组织沟通或安抚、释疑;与法律部门打交道,通报情况;出台公共关系方案,以使危机事件得到更好地处理等。

（八）专项活动职能

为使组织形象发展有利于预期目标,公共关系部门要适时地策划、举办各种专门活动,如展览会、参观访问活动、新闻发布会、记者招待会、交流会、联谊会等,还可以策划、举行具有国际影响力的公关活动,如赞助或举办国际性的体育赛事,借助名流公众的社会效应吸引名流公众对本组织的关注与关心。举行具有传播价值的各类社会活动等,可为组织塑造良好的形象,营造有利于组织生存与发展的社会关系氛围。

三、公共关系部门的设置原则、战略性工作及日常工作

（一）公共关系部门的设置原则

公共关系事业在我国起步较晚,尽管在短短的二十几年中有了较大发展,但公共关系部门在各类组织中并没有得到全面普及。通过各种宣传方式,人们已经意识到了设置公共关系部门对组织发展的重要性,但并不完全知道应该如何设置公共关系部门。一般来说,公共关系部门的设置原则主要有以下七条。

1. 精简的原则。这是指在公共关系组织机构、规模符合公共关系工作需要的前提下,将人员减少到最低限度。精简的关键是精,即工作效率要高,敏感神经要发达,应变能力要强,能够在较短的时间里,用最少的人力去完成任务。精简的主要标志有:配备的人员数量与所承担的任务适应;机构内部分工粗细适当;职责明确,并有足够的工作量。

2. 自动调节的原则。公共关系部门应具有相对独立性,能够在确定的工作范围内自主地履行职责,并能适应客观环境的变化。在公共关系部门内部也要给各

工作岗位一定的灵活性，使其能够在变化的环境中主动地处理各种问题。当然，这种灵活性是以实现组织的总体目标为前提的。

3. 专业性原则。公共关系部门是专门开展公共关系工作的组织机构，它的每项工作都涉及组织的声誉和影响。因此，在组织上和工作内容上都要保证其正规性。如果把与公共关系工作无关的事务性工作都交给公共关系部门办理，势必会影响其正常工作。在公共关系工作内容专业化的同时，还应做到队伍的专业化，即公共关系部门的全体人员应具有强烈的公共关系意识，接受过专门的培训，具有一定的专业水准和能力，具有开拓创新精神等。

4. 协同性原则。为了实现组织的公共关系目标，公共关系部门要与其他部门密切配合，主要起沟通、协调、维系的作用，即沟通组织与内外公众的联系，协调组织与公众多方面、多层次的复杂关系，维系组织内外关系的平稳。

5. 服务性原则。公共关系部门接受组织最高领导层的指挥，并对其负责。公共关系部门不是领导部门，也不是直接的经营管理部门，在指导思想上必须明确其服务性的工作性质，否则，其运行就会偏离正确的轨道。

6. 针对性原则。在设置公共关系部门时，要根据不同的工作性质和组织所面对的不同公众来设置机构、安排人员，而没有一个固定的模式。只有这样，才能使机构设置富有特色，更加有效和实用。

7. 权威性原则。这是指在设置公共关系部门时，要把它放在十分重要的位置上，使它具有一定的权威性。公共关系部门作为高层次的管理机构，其部门负责人应进入组织的最高决策层，至少应有直接向决策层汇报、提建议和参与决策讨论的权力。在组织内部，任何其他部门无权干扰公共关系部门的工作，无权对公共关系部门下达命令，公共关系部门直接对组织的最高领导层负责；在组织外部，公共关系部门应具有代表组织或企业发布信息、处理组织或企业与外部环境事务的权力。总之，公共关系部门必须责权结合，才能有效地发挥其职能，取得最佳的功效。

（二）公共关系部门的战略性工作

从理论上说，公共关系部门作为企业不可或缺的重要机构之一，所发挥的是一种管理职能，即对企业的形象和声誉实施战略管理，由此形成了企业公共关系部门的战略性工作。

1. 调查研究工作。这是指公共关系部门积极组织人员开展有关调查工作，包括市场调查、舆论调查、时间调查等，以监测舆论环境，分析各种信息，为企业发展战略和相关工作计划的制订提供依据。需要说明的是，这里的调查是专项调查，是有确定的公共关系主题的调查，而不是日常的走访和了解情况。

2. 形象定位工作。这是指公共关系部门为企业设计和选择一种市场的位置，形成企业独特的社会风格，思考事关企业形象整体建设方面的问题，并向决策层提出切实可行的建议方案。

3. 形象代言工作。这是指公共关系部门作为企业的新闻发言人或是新闻发言人的支持部门，深入把握企业情况，及时向社会公众提供企业的各种信息，代表企业做好与各类社会公众的沟通工作。

4. 品牌传播工作。这是指公共关系部门制定整体的品牌传播计划，通过策划和实施各种新闻发布活动或公共关系专题活动，有效地传播企业或品牌的内涵、特征与良好的形象。

5. 社会沟通工作。这是指公共关系部门积极、主动地与同企业运营有关的社会公众进行沟通，并协调和拓展这些关系，为企业发展营造良好的环境。

6. 建立危机预警系统的工作。这是指公共关系部门协助企业决策层建立科学、务实的危机管理机制，并负责日常危机信息的搜集以及危机防范性工作，将企业自身所能控制的危机根源消灭在萌芽状态。

7. 处理危机事件的工作。这是指公共关系部门具体应对并妥善处理企业随时可能面临的各种突发性的危机事件，切实维护企业或品牌的社会声誉和良好形象。

上述七个方面的工作构成了公共关系部门的独特管理职能，这些工作使公共关系部门既与企业的长远发展目标紧密联系在一起，又与企业的其他管理部门进行了明确的区分。在企业运行中，公共关系部门也要支持其他部门的工作，但在职能定位上仍然有其自身的质的规定性，公共关系工作绝非其他部门的工作所能囊括或替代的。

(三) 公共关系部门的日常工作

公共关系部门的日常工作是指公共关系部门为了实现组织的总体目标和公共关系目标所做的业务工作。公共关系部门日常工作的特点是工作量大、技术性强、形式多样。

目前，一部分人总把丰盛的宴席、豪华的宾馆、高雅的舞会与公共关系工作联系在一起，以为陪宴、伴舞就是公共关系工作，其实这是很大的误解。一个组织要想在公众中扩大影响，树立良好形象，决不是仅靠这些手段所能做到的。要实现公共关系目标，公共关系人员必须做大量细致的工作，而且有些公共关系工作的专业性和技术性还很强。

公共关系部门的日常工作从内容上看，大致可以分为以下几个方面：

1. 调查研究。这项工作是一切公共关系工作的立足点。公关部要经常对公众进行调查，了解公众的想法、态度、需求等，同时要对市场、竞争对手以及职工的心理和思想进行调查，只有在全面调查的基础上，才能使公共关系工作发挥更大的效力。这里的调查属于日常调查，是对组织的日常状况和环境状况进行的调查，无须确定公关主题，是日常调查中每天都做的工作。

2. 协调关系。公共关系工作就是要处理组织与环境（公众）的关系，为组织广结善缘，沟通信息，增进相互了解，扩大社会联系，解决与公众间的矛盾或冲突。这些工作都是公关部义不容辞的工作，也是公共关系存在并发展的重要价值所在。

3. 参与管理。公共关系是一种软性管理手段。由于公关部掌握着组织与环境间的许多信息因素，而这些都是进行决策的重要依据，所以，公关部要经常向领导层汇报，提供有关信息，在组织做重大问题决策时向领导层汇报该决策可能引起的公共关系效应，并帮助其制定更趋合理的方案。

4. 公关文书写作。与公共关系有关的文书写作工作主要有撰写新闻稿件、创作演讲稿、编写年报、编辑杂志和其他宣传材料等。从广义上说，一个组织在与公众沟通时传阅的文字、音像、图片材料等，都将对公众产生一定的影响，应赋予其公共关系的意义。

5. 接待投诉和来访。公关部是组织与公众沟通的桥梁，是联结二者的纽带。公众对组织有意见、有看法，这对组织是件好事，接待投诉和来访的过程本身就是公共关系活动，因为在这一过程中既可以得到一些来自公众的信息，又可以与公众沟通感情；既能及时发现问题，又可以在信息及时反馈的情况下使问题得到解决。

6. 专项技术制作。公共关系业务性工作技术性比较强，如摄影、制作短片、录像和录音，设计公共关系广告、商品广告、组织的标志、商品的商标、广告宣传画等，都需要公共关系专业技术人员来完成。

7. 树立全员公关意识。公共关系不只是公关部的事，组织的每一位成员，只要同外界接触，就在一定的时间内扮演着公关人员的角色，特别是像秘书、传达、收发、司机、法律、人事、销售、采购、宣传、工会等部门的工作人员更是如此。当然,这里也包括组织的领导人,他们直接与外界公众接触,若缺乏公关意识,就有可能给组织带来损失。所以,建立并强化全员公共关系意识是公共关系部门的一项经常性的、重要的工作。

第三节　公共关系咨询公司

前面我们已经介绍了公共关系咨询公司的概念及其基本类型,这一节我们介绍公共关系咨询公司的存在、优势、工作方式和工作内容等。

一、公共关系咨询公司的存在

公共关系咨询公司产生于20世纪初的美国。最初,一些人热衷于在公众与企业之间进行协调工作,于是产生了公共关系咨询公司的雏形。1904年,具有鲜明公共关系色彩的企业——"宣传事务所"在美国成立。此后,公共关系公司逐渐发展并成熟起来。公共关系工作在解决美国20世纪20年代至30年代经济危机中发挥了极大的作用,这使人们对公共关系公司刮目相看,并确立了它在近现代企业经营中的重要地位。到了40年代,美国公共关系公司发展到75家。第二次世界大战后,公共关系公司逐渐从美国扩展到世界各国。

伴随着改革开放的前进步伐,我国的公共关系事业得到了起步和发展。自1986年7月第一家公共关系公司——中国环球公共关系公司成立以来,中国公共关系公司、北京恩波公共关系事务所及各省市公共关系公司也相继成立。世界著名的国际公共关系公司也纷纷登陆中国,其公关业务遍及中国的各个城市、各种行业和各类企业。虽然目前在各类企业中设置公共关系部门尚未普及,但已经有越来越多的企业同公共关系咨询公司建立了业务往来。

公共关系咨询公司存在于商品经济高度发达和社会关系错综复杂的社会经济发展之中,它在促进各种不同类型、不同规模的组织开展公共关系工作中发挥着重要的作用。小型企业在难以或无力建立专门的公共关系部门的情况下,外聘公共关系顾问或与公共关系咨询公司建立联系,让他们帮助解决公共关系问题、开展公关活动,这样可以减轻企业的负担,为企业的发展带来好处。大中型企业资金雄厚，有条件建立自己的公关部门，但在开展更高层次、更加广泛、更为有效的公关工作时，就某一专题求助于公共关系咨询公司，聘请在这一问题上有造诣的专家担任顾问，可以突破本企业公关人员的经验、水平与活动范围上的限制，取得良好的效果。另外，有些企业的管理者缺乏制定公共关系活动方案的经验，同时也缺乏指导实施这一方案的条件，有些企业在一定的时间内存在大量的公共关系工作，有些企业的内部公关部可能不具备提供综合性服务的能力等，在这些情况下，企业的负责人总是愿意请公共关系咨询公司帮助他们解决问题。

美国的企业无论内部的公共关系机构多么庞大，也总是与公共关系咨询公司保持密切的合作关系。一项对日本217家企业的调查表明，利用公共关系咨询公司开展公共关系工作的企业占65%，将来准备利用的企业占15.7%，这两项共占80.7%。有关部门对上海60多家企业经营者作的一项意向调查表明，需要公共关系专家帮助企业塑造和设计形象的有55家，占90.2%，其中有36家企业急需专业部门为其提供企业形象塑造方面全方位的系列服务，占60%。在北京，这种趋势也越来越显现出来，越来越多的企业急需公共关系咨询公司的介入，帮助企业解决各种各样的公共关系问题。可见，公共关系咨询公司的作用越来越引起企业的高度重视。

二、公共关系咨询公司的优势

与公共关系部门相比，公共关系咨询公司具有不可比拟的优势，这主要表现在以下六个方面。

（一）信息情报灵通全面

公共关系咨询公司一般都拥有庞大的资料库或数据库，存储着大量的信息和情报资料，而且其资料的可用性和时间性很强，新的资料会不断地被录入到资料库中。同时，公共关系咨询公司还要时时监控资料和分析资料，以保证资料的应用价值得到最大的体现。这是公共关系咨询公司能够顺利开展各项公关业务工作的一大资本，也是检验公共关系咨询公司质量水平的一大标志。现代科学技术的手段使公共关系咨询公司搜集、储存和处理信息、情报不受任何时空的限制，并可保证更快、更好、更准确、更全面地满足更多客户的需要。

（二）趋势判断准确可行

公共关系咨询公司是由各具专长的公共关系专家组成的，专家们依据丰富的公关信息情报资料，结合公关实务方面的经验，通过对现有资料的分析（有时会引申到对环境和对关键人士性格特征等方面进行分析的层面，以保证分析的准确性），对未来的形势和可能出现的问题进行全面的分析，对未来提出环境预测和趋势判断。

公共关系咨询公司帮助客户对未来所做的趋势判断其准确度是非常高的，其主要原因是，专家队伍的专业水平非常高，有着丰富的操作经验，有着对事物的敏感判断和理性思考等。因此，这种预测具有权威性、准确性，容易引起决策者的高度重视，并能够被决策者所接受。预测未来的环境变化和行业发展趋势等，是公共关系咨询公司的任务之一。

（三）经营业务广泛灵活

公共关系咨询公司的经营业务比较广泛，尤其是综合性的公共关系咨询公司，他们可以为各行各业、各个地区的客户提供各种公关技术业务的咨询服务。世界上最大的公共关系咨询公司是美国的伟达公司和博雅公司。伟达公司总部设在纽约，另有53个办事处分布于世界各地，公关服务点遍及美洲、欧洲、亚洲和大洋洲。它的常年客户包括全球600多个官方机构和工商企业，其中不少是著名的国际性企业。美国500个最大的企业机构，至少有1/3是伟达公司的客户。博雅公司在世界上43个国家和地区设有办事处，为全球500多家地区性和国际性客户提供长年服务。

随着卫星通信系统的应用，公共关系咨询公司的各个分支系统之间、总部与分部之间、公司派出的顾问与客户之间的联系不断加强。随着航空事业的发展，人们经常会面的可能性不断增加，促使公共关系咨询公司的工作方式更加灵活，业务范围更加广泛。

（四）专业知识、职业水平略高一筹

公共关系咨询公司不仅要向一般的客户提供服务，而且承担着向各种企业、组织的公关人员提供咨询与工作指导的任务。因此，要求公共关系咨询公司的工作人员具有较高的职业水平。如果说一个企业的公关部门在公关专业人才奇缺的情况下，可以招聘几个半路出家的人以做应急之用，那么，一个专业的公共关系咨询公司就不能这样草率了事，它们在人员的选用上十分“挑剔”，宁缺毋滥，达不到要求的，绝不让其独立工作，所有工作人员必须经过专门培训和协助专家工作一定时间之后才能承担任务。因此，各公共关系咨询公司的工作人员，其专业知识、职业水平一般都高于各种企业、组织内部公关部的工作人员。

（五）处理问题公正客观

由于公共关系咨询公司承接公关事务时是站在第三者的角度调查、分析和处理问题的，公共关系咨询公司的"局外人"身份使他们在面对事实、诉说真情、提出建议方面，往往能够摆脱错综复杂的人事关系和或隐或现的权势压力等因素的影响。正如美国公关专家史密斯·科根所言，公关顾问们比企业、组织内部的职工更能够踏入"禁区"，对已经制定的各种方针政策提出疑问，他们会坚决地说"不"，而企业、组织内部职工中却没有几个人敢这么做。因此，公共关系咨询公司能够公正、客观地处理问题，赢得客户的信赖。

（六）业务经验丰富、经济实力雄厚

公共关系咨询公司长期与各式各样的组织、人物打交道，处理各种各样的公关问题，久而久之，积累了丰富的公关工作经验。有时，一个公关问题，对企业、组织的公关部门来说是一个全新的问题，而对公关顾问们来说则完全是一个老问题，他们可能不止一次处理过类似的问题。一般来说，一个公共关系咨询公司的历史越悠久，它的经验就越丰富，技术、设备也越齐全，人才济济，业务范围广泛，能尽最大可能完成客户委托的公关业务工作。当然，这与它拥有雄厚的经济实力和良好的信誉是分不开的。

【资料4－4】 麦肯锡公司的人才实力

历经70余载的发展，麦肯锡公司已成为真正意义上的国际型管理咨询公司，它在41个国家拥有80家分公司，近9 000名员工。公司六成以上的业务在美国以外的国家和地区展开。麦肯锡公司就企业总裁、部长、高级主管、大公司的管理委员会、非营利性机构以及政府高层领导所关注的管理议题提供专业咨询服务。麦肯锡公司咨询服务的最大价值在于其从企业最高管理层的角度出发，将发展战略与实际情况有机结合，提供建议方案，协助客户实施，从而成功地提高经营绩效。

分布在世界各地的每家麦肯锡公司都由资深的麦肯锡咨询董事（Partner，即合伙人）和专业咨询顾问组成。他们聘用、培养优秀的本地人才，使之能够逐步担当公司的业务重任。目前，这支全球合作与本地特色并举的麦肯锡团队拥有来自70多个国家的5 200多名咨询顾问，他们均毕业于国际著名学府，绝大多数同时拥有知名学院的工商管理硕士和博士学位，具有理工学科和其他学科专长的人员比例亦正在增长。

三、公共关系咨询公司的工作方式和内容

公共关系咨询公司的基本职能是对其委托人(或称客户)和一切影响公众或有关公众利益的活动予以指导、建议、监督和服务,帮助客户与社会公众进行双向的信息交流。具体工作程序为:公司接受客户委托后,先要调查了解客户的信誉,审查客户委托项目的可行性,然后同客户签订协议,最后按照协议的要求为客户开展公共关系工作。

(一)公共关系咨询公司的工作方式

公共关系咨询公司以其训练有素的专业技能和卓有成效的工作方式,赢得了越来越多组织的青睐,即便是那些内部已成立公关部的组织,也倾向于缩减公关部的规模,或者把组织内部的公关部和公共关系咨询公司结合起来,以便更好地完成公共关系职能。一些组织还通过缩减公共关系部门工作人员的方式来争取与公共关系咨询公司合作的机会,如美国的博彩公司(ITT)在 1998 年将 180 多人的庞大公关部削减到只剩下两个副总裁;美国哥伦比亚广播公司(CBS)的公关部人员也由 30 多人减少到 1 人(且为从公共关系咨询公司聘请的高级副总裁)。美国公关学会的一项调查也表明:3/4 的美国公司都在使用外部顾问,因为外部顾问能够提供内部不易得到的有价值的服务。

既然缩减内部公关部规模、使用外部的公共关系咨询公司已成为一种趋势,那么,组织应该如何使用外部的公共关系咨询公司呢?通常,组织利用公共关系咨询公司的方式主要有以下几种:

第一,聘请专职或兼职的公关顾问,对组织的公共关系工作进行指导;

第二,委托公共关系咨询公司,策划或实施公共关系专题活动;

第三,委托公共关系咨询公司,进行组织形象策划;

第四,在开展跨国、跨地区服务时,委托当地公共关系咨询公司开展公共关系业务。

组织在聘请公共关系顾问或委托公共关系咨询公司为自己提供服务前,应对公司的有关情况进行必要的调查了解和比较分析,尽可能挑选那些信誉好、实力强、人员素质高、客户相对稳定、收费相对合理的公司。一旦选择好了公共关系咨询公司,组织就应该和该公司进行有效合作和双向沟通,以保证公共关系工作顺利开展。公共关系工作本身就是一种追求长远利益的活动,再加上组织环境具有复杂性

与多变性,因此,组织应对公共关系咨询公司、公共关系顾问及公共关系工作有一个合理的期望,否则,期望越高,失望也会越大,反而收不到应有的公关效果。

公共关系咨询公司一般要根据客户的要求和协议的内容开展工作,根据工作时间的长短和所需人员的多少来确定其工作方式。一般来说,公共关系咨询公司的工作方式主要有五种。

1. 单项咨询工作。这是指客户就某些公共关系具体问题,向公共关系咨询公司咨询。如某项公共关系工作的程序问题,有关公众背景调查问题,危机事件的解决,理念系统的建立,VI 手册的确立(这是将 CIS 系统分解而成的一种形式),某种新产品推广方案的出台,公共关系工作进程中疑难问题的解决等,都可以向公共关系咨询公司提出咨询,以求得他们的指导和帮助。值得注意的是,单项咨询工作以工作的完整性为核心,即公共关系咨询公司所负责的是“某项工作的开始运行→运行过程的把握→工作的结束→达到客户满意的结果”,这一完整的工作过程是衡量公共关系咨询项目的依据。

2. 短期专项工作。这是指客户将某一专项公共关系工作委托给公共关系咨询公司去做,如记者招待会的设计与组织工作,某项重大的文体活动和社会公关活动的策划与实施,企业或组织所遇到的需要扭转形象的工作①,CIS 导入工作的运行等,都可以委托公共关系咨询公司全面负责。这种较具规模的专项公共关系工作以工作内容为协议的要点,将工作内容与时间结合起来,保证在一定时间内完成一定的工作,这是一种用时间和工作内容双重约束的路径来考虑的合作方式。

3. 短期综合工作。这是指客户在一定的时间(半年或一年)内委托公共关系咨询公司就组织或企业自身存在的问题为其做全面的检查与咨询,以保证能从根本上解决组织或企业存在的问题,并保证各个方面、各个环节、各项工作都能够健康有序。当组织或企业自身在发展过程中出现了停滞不前或运行困难,自己又很难确定产生问题的根源时,一般选择这种咨询方式。

短期综合工作一般确定的时间为半年或一年,需要做的工作是先对企业进行诊断,以找出企业存在问题的根源与症结,然后对症结进行分析,以提出对问题的

① 这是一项与解决危机事件有关的延续性工作,没有一定时间的延伸很难保证形象的重新树立,因此,它有别于危机事件的解决,但在短期专项工作中可以将危机事件的解决和延续性的组织形象的重塑工作联系起来考虑。

解决方案，最后付诸实施，真正帮助企业解决现实的问题。短期综合工作所涉及的问题可能会很多，为此，将问题的来龙去脉理清，然后才能一个一个地解决问题。

4. 长期专项工作。这是指客户就某一个方面的议题与公共关系咨询公司长期合作，使公共关系咨询公司能够就某一个议题成为客户的长期合作伙伴。双方可合作的议题有：媒介传播业务、品牌展览业务、广告推广业务、舆论与形象调查业务等。一些发达国家的企业与公共关系咨询公司的合作均选择长期专项工作的合作形式。该方式的好处是：第一，咨询公司对客户的基本状况及内在特征可以充分把握，进而把握客户的需求；第二，客户对咨询公司的信任程度会随着合作时间的加长而不断提高，进而减少并节省为寻找新的咨询伙伴而付出的谈判成本；第三，长期合作不会出现咨询的间隙与间断，从而保证客户的公共关系运行能够在连续和保证质量的轨道上得以延伸；第四，如果是全球公司，双方的长期合作还可以保证客户全球业务的一致性。

【资料4-5】 奥美公关公司与IBM的长期合作①

1994年5月24日，IBM迎来了公司历史上的一个重要转折时刻——它决定将其全球广告业务全部交予奥美公关公司。这是广告史上规模最大的一次业务转移，也是一次新的战略合作的开始。IBM特别要求新的代理商能够使IBM品牌在全球范围内具有完全一致的特性和源源不断的活力。而奥美在全球60多个国家和地区设有270余个分部，拥有7 000名以上的员工，使用当地语言多达70种以上，完全能够提供适应当地文化环境的各种广告策略。在与IBM的合作过程中，奥美独特的“品牌管家”作业方式发挥了巨大的作用。

5. 长期综合工作。这是指在一定时期（如三年以上甚至数十年）内组织或企业的全部公关工作均委托给公共关系咨询公司，公共关系咨询公司可派出顾问和业务组常驻企业（或组织），为企业（或组织）负责协议所规定的全部公关事务。这种长期综合工作的好处与长期专项工作的好处基本一致。这种方式下的咨询工作以工作项目为协议的主要内容，并附以协议的时间，协议既可一年一签，年年续合同，也可三年一签，每三年续一次合同。一旦双方中止合同，也要以书面形式通知对方或进行书面说明，同时必须在终止合同前一个月告知对方。

无论是公共关系咨询公司，还是各种类型的社会组织，当面临公共关系或其他

① “整合教育的基础成功范例”，http://www.biandgoo/bbs/viewthread，2004年4月23日。

咨询项目时，都可以在以上几种方式中进行选择和谈判，以找到一种最能满足双方需求的方式。

（二）公共关系咨询公司的工作内容

公共关系咨询公司的工作内容主要有：

1. 调查研究，确定目标。公共关系咨询公司在与客户达成协议之后，应着手系统地研究和分析客户所处公共关系状态的各种因素，包括它的经营政策、竞争地位、同各界公众的关系以及未来的发展趋势，合理确定近期和远期的公共关系工作目标，并写出调查报告。

2. 策划和实施。公共关系咨询公司在调查研究找出问题并明确方向之后，就要有针对性地与客户一起制订切实可行的公共关系计划，并运用公司的力量协助实施这些公共关系计划，定期检查实际效果，随时做出修正，保证获得最佳效益。

3. 反馈与评估。当计划、方案付诸实施后，对实施效果的信息反馈与评估就成为公共关系咨询公司及其工作人员最重要的工作了。公共关系人员对计划、方案实施得如何，通过信息反馈和效果评估，并使其与公共关系目标进行比较分析，看其实现程度如何，是部分实现，还是全部实现，原因是什么，等等。

4. 专业培训。一些企业、组织要建立公共关系部门，又缺乏人才和经验，则可以求助于公共关系咨询公司，聘请有关专家来培训公关人员，并适当指导、帮助他们开展内部公关工作和外部公关工作。一般情况下，公共关系公司在为企业（客户）做完策划和制定方案后，常常需要通过培训的方式以让客户中的相关人员认识、理解与接受，以保证方案的贯彻落实。

（三）组织选择公共关系咨询公司的原因

很多组织都设有自己的公共关系部门，特别是一些大公司，其公关部的规模甚至超过许多大型的公共关系咨询公司，或者说，其公关部就是一家大型公共关系咨询公司。如 20 世纪 80 年代中期，美国博彩公司（ITT）的公关部就有 180 多名员工；美国德士古公司和莫比尔公司的公共关系部门有员工 39 人；而美国电报电话公司的公关部堪称世界上最大的公共关系部门（1984 年美国电报电话公司解体以前），1984 年经过大幅度削减后仍然有 800 多名员工（1998 年，其公关部人数又削减了一半）。庞大的机构、众多的职员、巨额的投资，使这些公司的公关部几乎可以从事所有的公共关系业务。那么，为什么公共关系咨询公司还能存在，并保持良好的发展态势呢？其原因在于以下两方面。

1. 公共关系咨询公司具有显著优点。具体表现在以下几个方面：

(1)旁观者身份使其观察和分析问题更客观。常言道："当局者迷，旁观者清。"公共关系咨询公司对其委托客户来说正是一个旁观者，他们在观察和分析问题时，一般不会受到组织特有文化和价值观的影响，也没有那种因长期处在一个企业中而形成的思维惯性或定势，再加上他们和组织之间没有直接的利益冲突，因此，他们的观察和分析更客观，能更敏锐地发现组织的问题所在，而且也敢于尖锐地提出问题而不必瞻前顾后。

(2)外来者身份使其建议和方案更权威。尽管领导们都会强调发挥员工的积极性和创造精神，尊重员工的合理化建议，但组织以外的专家意见更被领导看重也是一个不争的事实。当然，公共关系咨询公司提供的建议和方案也确实更有说服力，因为这些公司都是由学有专长的专家组成的，他们具有明显的智力优势和经验优势，这对经验依赖性很强的公共关系实务活动而言相当重要。

(3)一次性付费使组织公关活动效价比更优。公共关系咨询公司是一个营利性组织，而且公共关系咨询公司特别是名牌公共关系咨询公司收费相当高，但如果综合考虑，对组织而言，选择公共关系咨询公司还是更经济。一方面，组织维持一个公关部门的运转，同样需要支付日常费用、人员工资、办公经费等，遇到大型专题活动，开支还要增加；另一方面，公共关系咨询公司提供的方案往往更合理、更权威、效果更佳，其创造的收益以及企业从中获得的直接和间接效益也更大。因此，对小型组织而言，选择公共关系咨询公司要比在内部常设公关部更经济。

(4)知名公共关系咨询公司的形象具有扩散效应。对于那些想尽快提高知名度和美誉度的组织来说，聘请知名公共关系咨询公司开展一次或一系列成功的公关活动是不错的选择。同时，知名公共关系咨询公司本身就具有宣传效应，会在无形中提升组织形象。一旦成为那些国际知名公共关系咨询公司的客户，组织就能充分地共享该公司的形象资源，借机扩大知名度，提高美誉度。

2. 组织的自身原因。美国著名公共关系专家卡特李普在其《有效公共关系》一书中列出了组织聘请公共关系咨询公司的六个理由，它们分别是：

(1)管理层先前没有开展过正式的公共关系活动项目，缺乏组织公共关系活动项目的经验；

(2)总部所在位置也许与传播和金融中心相距甚远；

(3)公司有着范围广泛且不断更新的接触;

(4)外部公司可以为有经验的行政主管和有创造力的专家提供服务,这些行政主管和专家或是不愿意搬迁到其他城市,或是他们的工资没有一个单独的组织可以承担得起;

(5)一家拥有自己公共关系部门的组织很可能还需要一些高度专业化的服务,而这种服务是公共关系部门所不能提供的,或者是不需要在全日制和持续不断的基础上提供的;

(6)至关重要的政策问题要求外部旁观者的独立判断。

本章思考题

1. 如何理解公共关系咨询公司的工作?公共关系咨询公司的类型都有哪些?

2. 如何理解组织内部公共关系部门的工作?

3. 一个组织如果已经设有公共关系部门,其是否还有可能与公共关系咨询公司打交道?

4. 企业与公共关系咨询公司建立咨询、策划等合作关系,一般应选择哪种合作方式?

第五讲 不设公关部的组织如何开展公关活动

CONTEMPORARY PUBLIC RELATIONS

第五章 公共关系工作人员

学习要点

公共关系工作人员是指专门从事公共关系工作的职业人员。从100年前世界公关第一人艾维·李走上职业公共关系道路起，到21世纪公共关系的发展，公关职业领域在不断地壮大，几乎所有的组织都涉及公共关系的问题，都有公共关系职业人员在从事着公共关系工作。现在的职业公共关系人员，既包括在公共关系公司中工作的职业人员，也包括在各类社会组织或机构中公共关系部门工作的职业人员，同时还有在公共关系协会和相关机构工作的人员。由于在公共关系协会工作的人员大部分都是兼职人员且处于非营利性组织之中，因此，这里我们重点论述前两类人员。

【资料5-1】 美国公共关系工作人员的基本状况

美国劳工部的《就业和收入》报告表明,从1980年到1990年公关专业人员数量从12.6万增加到16.2万,到2000年达到20万,2005年达到29.4万;荷兰一位教授估计,全球公共关系专业人员超过150万;美国《财富》杂志则把公共关系列为20世纪40年里成长最迅速的20个行业之一。

在美国,公共关系从业人员广泛地分布在各种组织中:大约40%的从业人员在工商企业中工作,27%的从业人员在公关公司、广告公司和咨询服务机构就业,14%的从业人员服务于协会、基金会和教育机构,其余的公关人员则在医疗保健组织、政府机关和慈善组织、宗教组织及社会福利组织中工作。如美国政府中就有4 400位公共事务专业人员,美国公关学会拥有1万多名会员,而包括博雅、尚德威克在内的全球最大的6家公关公司的雇员都超过了1 000名,一些位列《财富》杂志500强的大型公司公关部门的公关人员数也在100名之上。

公共关系行业不仅从业人员数量多、增长快,而且也是少数几个高薪行业之一。根据美国公关学会的调查,公共关系工作人员平均工资(年薪)接近5万美元,那些为身价亿万美元的大型公司服务的公关人员的年薪收入更是高达10万美元、20万美元甚至更多。而且他们除了六位数的工资外,还能得到股票期权、奖金福利和丰厚的退休金。美国波士顿忠诚投资公司聘用的一位公共关系高级副总裁,年薪超过50万美元;时代华纳公司最高层公共关系职位的补偿一揽子方案总数竟达100万美元。

公共关系工作人员是公共关系活动赖以成功的最根本要素,是组织开展公共关系工作的主要力量。从社会发展的角度来分析,公共关系工作人员职业化的趋势越来越明显,队伍也越来越壮大。为使我国公共关系工作人员能在自己的岗位上创出最佳的业绩,这里有必要对公共关系工作人员及其各项工作进行系统的探讨。

第一节 公共关系工作人员的基本条件

在一个组织中,从事公共关系实践工作的职业人员可以分为两大类:一类是通才式的公共关系人员,他们一般从事公共关系管理工作或组织工作;另一类是专才式的公共关系人员，一般从事公共关系业务工作或专门性的工作。

任何一个想在公共关系领域中成就事业的人，都希望能在自身的领域中得到组织和社会的认可和重用。但在实际工作中，对公共关系人员的衡量又必须以业绩为基础，而业绩的取得又在很大程度上受制于公共关系工作人员的基本条件，包括基本要求、基本素质和基本技能。

一、对公共关系工作人员的基本要求

要求是从外在的角度确定公共关系工作人员所要达到的程度或标准。公共关系工作是一项特殊的职业，要适应工作的特点与要求，公共关系工作人员应具备的基础条件有如下八个。

（一）掌握全面的知识

公共关系工作复杂多变，可以说，组织内部与外部的任何一项活动都涉及公共关系工作，诸如企业研制与创新产品，需要同科研部门建立联系；生产过程需要考虑如何发挥员工的积极性与创造性；产品销售需要与经销商和最终顾客打交道。知识广博会使公共关系工作人员在面临任何问题和局面时，均能以理论为解决问题的依据，找到相关的规范性思路与方法，以保证事务处理结果的科学与准确。

公共关系从业人员的知识结构是一个系统，它由三个子系统构成：公共关系的基本理论知识和实务知识；与公共关系密切相关的学科知识；有关组织的知识和开展特定公共关系工作所需的专门知识。

1. 公共关系的基本理论知识和实务知识。具体包括两方面的内容。

（1）公共关系的基本理论知识。包括：公共关系的基本概念；公共关系的由来和历史沿革；公共关系的职能；公共关系活动的基本原则；公共关系的四大要素，即社会组织、社会公众、管理和传播的概念和类型；公共关系工作的基本程序等。

（2）公共关系的基本实务知识。包括：公共关系调研知识；公共关系活动策划知识；公共关系活动实施和评估知识；公众分析知识；与各类公众打交道的知识；社交礼仪知识等。

2. 与公共关系密切相关的学科知识。公共关系学作为一门新兴学科，具有多学科交叉的特点。与公共关系联系最密切、交叉最多的有以下几大类学科：管理学类学科，包括管理学、行为科学、市场营销学等；传播学类学科，包括传播学、新闻学、广告学等;社会学和心理学学科,包括社会学、心理学、社会心理学等。这里要求公共关系人员对与公共关系密切相关的学科进行广泛涉猎。

3. 有关组织的知识和开展特定公共关系工作所需要的专门知识。公共关系人员无论是为自己的组织工作,还是为别的组织服务(公共关系咨询公司的工作人员),都需要对组织的情况有充分的了解。组织的情况包括:组织的性质、特点、任务、目的和目标,组织的历史、目前所处的环境、现有的对手、员工的精神面貌和未来的发展前景等。另外,公共关系人员有时也会根据特定的需要,开展某些特定的公共关系工作。例如,当企业的产品由内销转为外销时,需要开展国际公共关系工作,这时,公共关系人员就有必要了解国际关系、国际市场营销、国际公共关系等方面的专业知识和有关国家的政治、经济情况。

(二)受过专门的教育

系统地学习、掌握和运用公共关系专业知识,是从事公共关系工作的必要条件。没有专门学习过公共关系理论知识的人不能从事公共关系工作,因为没有公关理论的指导,就不可能形成规范的公共关系行为。仅仅在浅层次上了解公共关系知识的人也不能从事公共关系工作,因为公共关系理论知识拥有着完备的知识体系,在知识层面上,它不仅包含公共关系的浅层次日常工作,中层次传播性工作,还包括高层次的公共关系策划性工作;从理论的宽度来分析,它不仅包含公共关系理论、公共关系实务和公共关系技巧,还包括公共关系的传播、策划与新闻及公共关系的礼仪、写作与演讲等。

受过专门的教育与掌握全面的知识具有一定的内在逻辑关系,受过专门的教育在公关人员的知识结构中占据着专门知识的部分,它可以为公关人员掌握知识结构中的专业知识部分提供更多的帮助,主要用于指导公关人员进行现实的公关操作。

(三)积累丰富的经验

20 世纪 60 年代初,美国公共关系协会曾对 4 000 名会员就会员所在的行业进行调查,发现有 65.7% 的会员来自新闻界,其中有 15.3% 的会员从事过电台或电视台的工作。这是因为,公共关系工作人员如果从事过新闻工作,则从事对外联络与交流工作将会驾轻就熟,与新闻界打起交道来会更得心应手。因此,新闻工作方面的经验更有利于公关人员开展公关工作。

各项企业管理工作方面的经验，如人力资源管理、信息技术管理（如 ERP，CRM，SCM 等）、市场营销管理、旅游项目管理、战略投资管理等方面的经验也有助于公共关系管理工作的开展。这是因为，管理工作本身就需要与人打交道，而且管理工作还是锻炼一个人统筹全局、协调关系、传播信息等各项能力的最好选择。

政府部门的工作经验以及协会方面的工作经验对开展公共关系工作也大有帮助，因为政府与协会均是与下属机构打交道的部门，它需要将一些相关的信息（如政府的各项方针政策、法律法规，协会的各项规则规定、行业信息等）传达给其所隶属的机构，并督促与检查贯彻落实的情况。这些工作更多地需要进行沟通与联络，其工作质量的好坏与自身的工作能力均有直接的关系，因此，这方面的工作经验对从事公共关系工作的人员来讲是难能可贵的。

需要说明的是，受时间和机会的限定，任何人都不可能将公共关系所要求的经验均通过亲身体验的方式而进行把握，因此，获取间接经验也可以作为公共关系经验积累的一种途径，即向那些有直接经验的人学习，以把握工作中所需的真知灼见。

（四）具有广博的阅历

在与人打交道的过程中需要交谈，人们在交谈时都希望引起对方的注意，激起对方的兴趣，使对方与自己产生共鸣。一般情况下，阅历广博的人知识面都很宽，而知识面宽，在与人沟通时就能适应更多的人群，使各种各样的交谈对象感觉到与你有着共同的阅历或经验，从而能把话题拉得更近。公共关系工作者在工作中几乎每天都要与人沟通，沟通的对象可能有着不同的性格、不同的职业、不同的知识水准，公共关系人员在与各种各样的沟通对象打交道的过程中，一定要因人而异。这里，除了要求公共关系工作人员有知识、经验之外，还要求其阅历广博，能够找到与各类公众沟通的话题，并使话题能够展开和深入。同时，还要求公关人员要有高昂的热情，在与人沟通中不疲惫、不沉闷。

（五）具备自我管理意识

公共关系事业是一项管理性极强的工作，它是通过公共关系人员对社会公众的管理来实施管理职能以协调各种社会关系的。管理职能的充分发挥能够使组织有序地向着公共关系所要达到的目标迈进。而要实施对社会公众的管理，公共关系人员必须先进行自我管理。自我管理要求公共关系工作者有主动精神，即能够主动规划自己的工作，主动按照各项规则约束自身的行为，主动与社会公众沟通以把握有用的信息，主动利用机遇开展有利于组织的公共关系工作，主动创新公共关系活动并提出新的公关思路与公关方案等。

通常可以通过对以下问题的回答来考核一个公共关系工作者能否做到自我管理：

- 你能在一分钟的时间里，找到你已经归档的任何材料吗？
- 如果有必要，你的身体状态能允许你今天加快工作速度吗？
- 你知道今天的时间安排吗？
- 你能确定哪些任务可以移到其他时间完成吗？
- 你愿意帮助多少同事摆脱困境？
- 有多少同事会帮助你摆脱困境？
- 你遇到的重要问题是哪些？
- 你怎样防止问题的再度发生？

（六）承担履行责任的义务

公共关系工作人员的职责在于实事求是地为自己的组织（这里指的是组织内部的公共关系部门）或其他组织（这里指的是公共关系咨询公司）树立良好的形象，这就要求公共关系工作人员认识到自己的工作对组织的重要性，始终把自己的工作与组织的形象联系在一起，当大我（组织）利益和小我（自己）利益发生冲突时，应以大我利益的满足作为工作的准则；当组织利益与公众利益发生冲突时，应以公众利益的满足作为工作的准则。所有这些准则最终都将转化成组织通过获取良好的公共关系形象而保证目标的实现。要正确处理公众利益、组织利益和个人利益之间的关系，公共关系人员就必须对工作认真负责，端正工作态度，承担工作责任，履行工作义务，通过脚踏实地的工作谋求社会公众利益的实现，推动组织的发展。

（七）公正客观地看待问题

公共关系工作人员在处理各项事务时必须以事实为依据，客观公正地看待问题，客观公正地处理问题，不能为了讨好上级而不顾员工的利益，也不能为了维持良好的人际关系而不为组织决策者着想，不能以种种理由偏袒组织、愚弄社会公众，也不能完全牺牲组织的利益而一味地去赢得社会公众的好感。这种中庸的态度在处理公共关系问题时应该是一种合适的态度，它可以找到解决问题与矛盾的合适思路，保证结果让双方满意、多方满意。只要客观公正地分析问题、解决问题，即使有一方的利益受到伤害也绝不会提出无理的要求，相反，还会增强对公共关系工作人员的信任感。在公共关系领域，客观、公正、实事求是是取得公共关系成效的法宝之一。

（八）拥有自信、热情、开朗的心理

1. 自信的心理。这是对公共关系人员职业心理的最基本要求。一个人有了自信，才会产生自信力，激发极大的勇气和毅力，甚至创造奇迹。充满自信的公共关系人员敢于面对挑战，敢于追求卓越，他们自信能超人，自信能胜人，因而自强不息。通过这样的公共关系人员塑造的组织形象必然是良好的形象；卑微、缺乏自信的公共关系人员所塑造的组织形象，只能给人留下平庸的印象。

2. 热忱的心理。从事公共关系工作的人员都应具备热忱的心理。公共关系工作不是一种整天吃喝玩乐的轻松工作，而是一种需要付出极大智力和体力劳动的艰辛工作，因此，没有极大的热忱，没有全身心的投入，是干不好公共关系工作的。热忱的心理能使公共关系人员兴趣广泛，对事物的变化有一种敏感性，且充满想象力和创造力，能使公共关系人员以热忱的心理与各种各样的人打交道，结交众多朋友，拓展工作渠道。

3. 开放的心理。公共关系工作是一种创造性很强的工作，这种工作要求人们以开放的心理，不断接受新的事物、新的知识、新的观念。只有具备开放心理的人，才能宽容地接受各种各样与自己性格不同、风格各异的人，“异中求同”，与各种类型的人建立良好的关系，才会在更多方面表现出一种“高姿态”，冷静地对待和处理工作中遇到的困难和挫折，而不会斤斤计较一时一事的得失。

二、公共关系工作人员的基本素质

从心理学的角度分析，素质是指人的神经系统和感觉器官上的先天特点；从管理学的角度分析，素质是指人的气质、风格、修养、才华、学识等方面的基本品格；从公共关系学的角度分析，素质则特指公共关系工作人员所应具备的先天素养和品格。在组织的公共关系工作中要求公共关系人员具备一定的素质。

（一）和善的性格

公共关系工作需要与社会各界公众建立联系、加强往来，它既要求公共关系人

员适应环境、善于交际、谈吐动人,有感染力和吸引力,又要求公共关系工作人员善解人意、耐心细致、和蔼可亲,有忍耐力和缓和力。通常,人按性格划分,可分为胆汁质、多血质、黏液质和抑郁质四种。胆汁质的人直率、热情,精力旺盛,然而情绪易兴奋冲动,脾气多暴躁;多血质的人活泼、好动、敏感、反应迅速、善于交际,然而注意力容易转移,兴趣容易变幻,做事往往缺乏持久性;黏液质的人安静、稳重、沉着、善于忍耐,然而沉默寡言,情绪不易外露,反应迟缓;抑郁质的人细心、谨慎、体验深刻,善于觉察别人不易觉察到的小事物,然而孤僻、好忧郁,行动迟缓、疑虑重重。单纯某一种性格的人做公共关系工作都有一定的缺陷。人的性格尽管有相对的稳定性,但也有可塑性和交叉性。公共关系工作人员应尽可能地集以上四种性格的优点于一身,以营造一种良好和谐的公共关系气氛。

(二)高尚的品德

品德是人的品质与道德。心理学上的光环效应认为,如果某人的人格品行很完美,外貌与举止都很有魅力,他(她)在人们的心目中就会形成良好的印象,从而他(她)就会被一种积极的、美好的光环笼罩着,由此,人们就会自觉或不自觉地信任他。如果公共关系工作人员能被这种积极的、美好的光环所笼罩,他(她)就会有极强的说服力,进而形成说话与办事的权威效应与引导效应。而这一光环来自公共关系工作人员公道正派的行为和真诚严谨的态度。公共关系工作人员是代表组织与各类公众建立联系与进行交往的,在协调与处理各种公共关系时,公共关系工作人员如果能用道德的水准来衡量自己的行为,做到作风正派、行为严谨、品质优良、道德高尚、不谋私利、不徇私情,一心为公众着想,一心为追求组织良好的公共关系形象而努力,其公共关系工作就会卓有成效。相反,如果公共关系工作人员用非道德的水准来衡量自己的行为,即使组织自身能够暂时生存下去,或者暂时得到某些关照,但从长远来看,受到损害的一方或多方必然要通过各种途径揭穿事实真相,从而影响到组织的形象和公共关系工作人员的信誉。

(三)弹性的态度

公共关系工作人员应该具有从其他人的角度观察问题的能力。例如:从总经理的角度通观企业全局,进而可以从战略的角度制定公共关系活动规划;从一般管理人员的角度观察企业,观察到企业内部的真实状态,进而协调好组织内部各方、各部门之间的关系;从职能部门的角度观察企业的局部,从而深入挖掘企业存在的问题，并找出问题的根源，提出解决问题的思路；从员工的角度观察企业的基层，真正了解员工的内心世界，并帮助员工克服眼前的困难，使员工也能了解到企业高层的信息，使信息互相融通；从社会的角度观察企业的微观细胞，以看到企业的整体面貌，发现其间的不平衡与可能存在的缺陷，提出改进意见与建议；从竞争者的角度观察企业与竞争者进行对比的状态，找到不及竞争者并值得向竞争者学习的地方，以确立企业的标杆，等等。一个问题从不同的角度分析会得出不同的结论。公共关系工作人员通过对多种态度的综合鉴定，对多种原因进行综合分析，就可能得出正确的结果。这是组织选择合适的策略、实现公共关系目标的必要前提，也是处理好各种问题的科学态度，具备这种弹性的态度是客观地分析问题和解决问题的有效措施。

（四）高昂的情绪

没有热情，就做不好公共关系工作，这是公共关系工作人员必须牢记的“真理”。公共关系人员的工作就是与人打交道。在与人交往的过程中，公共关系工作人员的情绪会自觉不自觉地感染他人。如果公共关系工作人员情绪高昂，他人的情绪也会随之高昂，从而确信公共关系工作人员带给人们的信息是真实、可信的；如果公共关系工作人员情绪低落，他人的情绪也会随之低落，从而怀疑公共关系工作人员带给他们的信息的真实性乃至怀疑公共关系工作人员所在的组织。美国女企业家玛丽·凯·阿什说过：“最有说服力的就是一个人激起另一个人的热情。具体做法可能是多种多样的，有时用面部表情，有时用无声的手势，有时则以目示意，有时可微笑，有时则需注意讲话者的口气”，“热情首先必须从你身上产生出来——如果你自己的热情泯灭了，那么你周围人的热情也只会泯灭”。[①]

（五）敏锐的思维

思维是在表象、概念的基础上进行综合、分析、判断、推理等认识活动的过程。现代组织中的公共关系活动是在千变万化的环境中进行的，要适应这种不断变化的环境，公共关系工作人员必须善于思考，勤于分析，及时捕捉、鉴别和利用各种可靠的信息，为组织的经营管理和经营决策奠定强有力的基础。

环境的多变性，尤其是通过互联网所带来的各种信息，使公共关系工作比以往

---

① 玛丽·凯·阿什著，陈如为等译：《用人之道——美国企业家谈人才管理》，新华出版社 1986 年版。

更为复杂。互联网给组织带来的信息是多方面的，其中既有正面的信息，也有负面的信息。组织面对负面的信息不能置之不理，而应高度重视，分清是非，随机应变，有针对性地制定解决问题的方案，诚实对待公众，谨慎对待媒体。

【资料5-2】 柯达面对市场负面影响的举措①

从2006年7月3日起，来自23个省、市、自治区的343名消费者集中投诉柯达LS443数码相机。大多数消费者是在2003年购买的这款相机，使用一年后相机出现了三大故障：开机后镜头无法自由伸缩；拍摄的照片曝光过度；开机后LCD屏幕显示黑屏，无法取景，且拍出的照片是黑色的。有的人甚至一年中维修3次之多。

面对这种情况的发生，柯达本应以此为契机富有诚意地开展公共关系活动，从而为打开中国市场提供帮助。遗憾的是，柯达选择了搪塞、推诿、企图蒙混过关等手段。消费者代表白华说，投诉的目标就是要求柯达召回这款存在缺陷的相机，为消费者全额退款、免费维修升级或更换同档次相机，这是消费者的正常要求。据了解，柯达在台湾地区解决LS443相机问题的方法都是免费升级换机的。

中国消费者协会副秘书长董京生表示："已先后5次与柯达公司北京办事处进行沟通劝解，但对方始终没有提出解决问题相机的可行方案。"为此，柯达付出的代价将是中国的消费者不再信任柯达产品。

我们希望公共关系工作人员遇事能冷静地思考，综合分析事物的利与弊，对复杂的问题做出正确的判断，真诚地拿出解决问题的方案，使公共关系工作有条不紊地、一步一个脚印地进行下去。

（六）战略胆识

公共关系工作人员在开展工作时，不仅要想到今天，更要想到明天以及更远的未来。组织的未来要靠公共关系工作人员去规划与设计，建立高标准的长远目标，制定切实可行的公共关系方案，并保证在处理任何事情时都能从战略的高度去认识，审视行动可能带来的后果是否符合公共关系原则与方向，事物运行的结果距离公关目标是否越来越接近。如果越来越接近，说明其行动是正确的；如果越来越

① 根据《东方早报》"LS443型相机返修率惊人，19名消费者状告柯达"，http://finance.qq.com，2007.8.16；《北京科技报》"06年度10大最糟糕科技产品"，http://tech.qq.com，2006.12.27等文章改写。

远，则需思考其行动存在哪些偏差，是方向问题，还是方法问题？是要改变行动的思路与计划，还是要调整工作运行中的行为？这是公共关系战略目标得以实现的保证。

公共关系战略目标的制定是组织发展的必需，但战略目标的实现却要靠一点一滴的积累。公共关系工作既要确立处理日常事务的基本原则，又要考虑大型公共关系活动的开展所能达到的效果，既要考虑各项沟通工作的正常运转，又要考虑环境的变化以及可能发生的危机，从战略的高度分析组织目前的状况，从长远利益的角度来筹划公共关系活动，按照远景规划来组织各项公共关系事宜。

（七）幽默的谈吐

幽默文雅的谈吐是借助诙谐的语言传递意味深长信息的一种方法，它以一种愉悦的方式让信息接收者获得精神上的享受。深沉的幽默闪烁着智慧之光，是个人良好修养、丰富学识的折射。具有幽默感的公共关系工作人员在实际公关活动中最容易赢得他人的好感，从而达到良好的沟通效果。幽默是思想、学识、智慧和灵感在语言运用上的结晶，因而公共关系工作人员有必要不懈地学习，全面提高自己的学识修养，达到出口成章、妙语连珠的效果。

幽默的谈吐在公关交际中的作用主要体现在三个方面：一是在喜庆、欢乐的场合制造愉悦的气氛；二是当言语交际由于某种原因陷入僵持或难堪的境地时，恰当地运用幽默语言，可以有效地缓解紧张气氛；三是有助于融洽人们的感情，缩短交际双方的心理距离。

幽默的谈吐会吸引更多的社会公众，使人感到轻松、愉快，从而有助于公共关系工作人员协调好各种关系。因此，幽默的谈吐是对公共关系工作人员的职业要求，是顺利开展公共关系工作的必要手段。

（八）进取精神

进取精神是一段向上的、立志有所作为的精神状态。这种精神状态对于一个人而言足以使其乐观、豁达、努力、奋进；对于一个组织而言足以使其团结、合作、同心同德、克服困难、迎接挑战。公共关系工作人员要有这种进取精神，具体表现为放眼全局、思考组织的未来，有决心做好各项公关工作，有魄力设定更高的组织目标，有能力追求更大的发展。如果公关人员工作中均按部就班、循规蹈矩，很可能会使组织系统缺乏活力，使组织公关工作无更大起色，进而使组织信息不被关注，使组织信誉度不升反降。进取精神是激发组织活力的重要内在动力,是组织寻求发展、实现组织目标的必要条件。

三、公共关系工作人员的基本技能

技能是指掌握和运用专门技术的能力。组织要开展好公共关系活动,必然要求公共关系工作人员掌握并较好地运用一定的工作技能。从公共关系实务工作的角度出发,公共关系工作人员应具备以下八个方面的工作能力。

(一)组织能力

公共关系工作人员的工作就是开展各项公共关系活动,如举办重大的庆典活动、记者招待会、各种联谊会、商品展览会和负责入场接待、整理资料、传播信息等工作,每一项公共关系活动都要有周密的计划。公共关系工作人员必须参与每一项公共关系活动的策划工作,并进行公共关系活动的组织工作。例如,广州中国大酒店于开业一周年之际,计划拍一张3 000余名员工的团体照,制作成明信片寄给每一位在酒店住过的客人。拍照时,要求3 000多名员工集聚在一个运动场,站成28排,其中一部分员工还要穿上白色制服,形成一个"中"字。这项组织工作的复杂程度与组织一场运动会的复杂程度不相上下,甚至在组织的严谨性与实施的速度上也许比组织一场运动会要求还要高。结果,公共关系工作人员在2小时的时间限制下出色地完成了任务,如果没有良好的组织才能,公共关系工作人员是很难在这么短的时间内完成任务的。

(二)交际能力

交际能力是衡量现代人能否适应环境发展变化的需要,为组织和个人创造更大交往空间的重要条件之一。缺乏社会交往能力的人往往会人为地画地为牢,在自己与社会、与周围的环境之间筑起一道无形的屏障,与社会格格不入,与他人少有沟通,这样的人不适合从事公共关系工作。公共关系工作人员肩负着为本组织创造良好的内外环境、加强与社会公众的交往、树立组织良好形象的重任,应该排除各种阻碍与他人交往的心理屏障,扩大与社会各阶层往来的范围,以使组织的各项公共关系工作开展得有声有色,让组织在社会环境中展示更多的正面信息。

（三）适应能力

在社会交往中，公共关系工作人员所接触的人很复杂、很广泛，他们的国籍、籍贯、性别、年龄、民族和宗教以及经历、知识水平、修养、习惯和礼仪等各不相同，从而要求公共关系工作人员要掌握各地的风土人情、民族习惯，了解各阶层人的特点，以适应不同公众的要求。同时，公共关系工作人员处在多变的环境中，环境的变化会对组织的公共关系工作产生重要的影响，如在改组中出现了企业兼并，形成了新的企业公众，在市场竞争中，新的企业加入竞争的行列，出现了新的竞争者公众，等等。总之，社会公众的复杂性与组织所处环境的多变性都要求公共关系工作人员具有较强的适应能力。

（四）表达能力

语言表达是公关工作中实现双向信息交流与沟通的最主要、最直接、最迅速的传递手段。公共关系工作人员在工作中有时要介绍组织的概况（如在展览会上），有时要阐述自己的观点（如在与消费者公众的接触中），有时要论证某个具体项目（如在商务活动中或商业谈判中），各种场合都要求公共关系工作人员口齿伶俐。

此外，公共关系人员还应该具备“动作语言”和“体态语言”的表达能力，即运用表情、动作、姿态等向公众发出无声的信息。公共关系工作人员要有良好的修养，举止庄重，言行潇洒，体态大方，这样，在运用“动作语言”和“体态语言”的过程中，明确地表达出自己的观点，并给人留下良好的印象。

（五）辨析能力

公共关系工作在组织的经营管理和行政管理过程中居于十分重要的地位，公共关系工作人员在组织的经营管理与行政管理的决策中也发挥着不可估量的作用，是组织管理决策机构的重要成员之一，它要求公共关系工作人员全面掌握各部门、各机构的情况，利用来自各方的信息协调组织内部各部门的关系，要求公共关系工作人员善于发现问题、明辨是非，正确估量各部门、各环节的功效与作用。公共关系工作人员可以从以下方面把握组织的信息：了解各种产品的性能、结构、规格、型号、特点、工艺、价格、市场行情等；正确评估目标顾客的结构变化、满意度、忠诚度以及相关内容，调查、了解目标顾客的要求，把握目标顾客对自身品牌的心理感受，通过目标顾客的相应指标预测未来市场的可能变化。在市场经济中，公共关系工作人员如果不能够创新公共关系思路，运用公共关系知识，更新公共关系手段，就只能使自己的企业在激烈的市场竞争中处于劣势。辨别方向，摸准脉络，准确地判断，周密地计划，是公共关系工作人员为组织改革与创新所必须做的工作。

（六）写作能力

写作是表达思想的最重要的方式之一。公共关系工作要求其工作者不仅要勤于动嘴，更要勤于动笔，有较强的文字表达能力，能够撰写出漂亮的文章来。在日常的公共关系工作中，撰写企业的产品介绍，草拟报告书，编写新闻稿，创办组织刊物，思考工作总结，拟写演讲稿，编制广播词，记录企业日志等，都是公共关系工作人员必须承担的工作，从而要求公共关系工作人员必须具备写作知识和掌握熟练的文字技巧。国外组织的公共关系工作人员之所以较多地来自新闻机构或新闻专业毕业的学生，原因之一就在于公共关系工作人员的日常工作经常要和文字、写作打交道。

（七）应变能力

组织在发展过程中并非一帆风顺，有时会遇到风险需要应对，有时会碰到危机需要及时处理，有时在谈判中会出现尴尬局面需要缓和矛盾，有时在特定环境中需要捕捉机会，这些情况均需要公共关系工作人员具备较强的应变能力，在工作中一定要机警、灵活，随时准备应对突发事件。

在组织的运行中，对有损于组织形象的突发事件如何处理，是直接关系到组织能否走出低谷、保证平稳运行的关键；在危机来临之时，组织能否拿出适宜的公关方案，使危机能够得到更好的解决，是保证组织能否转危为安的关键。如果组织公共关系工作人员具备随机应变的能力，就能够为组织的发展保驾护航。公共关系工作人员的应变能力主要表现为：在组织顺利发展时，保持组织原有的形象，并力争推动组织树立更高层次的形象；在组织遇到障碍时，应保持清醒的头脑，想办法帮助组织越过障碍继续向前；在组织形象受到损害时，一定要冷静地思考，并寻求恢复组织形象的途径。在日常工作中，遇到临时性的问题，公共关系工作人员也应该及时制定解决问题的方案。因此，应变能力是公共关系工作人员必须具备的能力之一。

（八）创新能力

当今社会是创新的社会，任何工作都需要不断地创新。组织在其发展过程中，既需要技术创新、产品创新，更需要思想的创新和活动的创新，尤其需要公共关系活动的创新。

创新源于思想的变革,思想的变革源于对环境变化的认识。随着社会的发展和进步,组织的经营管理和行政管理方式、企业的产品和服务都在不断地发生变化。公共关系工作要跟上时代发展的步伐,公共关系工作人员要有创新精神与创新能力。在组织与社会的交往中,不断寻求新的信息沟通方式和新的交往途径,会给社会各界公众以新奇感,使组织与社会的联系更为密切。因此,根据组织的实际情况,摸准时代的脉搏,主动创新与公众的沟通方式与开展公共关系活动的类型,是使公共关系工作顺利发展并推动组织不断进步的关键。

这里需要说明的是,条件的界定针对的是"整体"而非"个体",即在一个组织机构(如公共关系咨询公司或公共关系部门)中,要求达到整体最优、成员互补,以保证组织的公共关系工作能够顺畅地开展。

第二节 公共关系工作人员的角色定位

在一个社会组织中,公共关系工作人员的角色处于从属地位,他们从事着为主导性工作提供服务的工作。经济组织的主导性工作是经营运作,政治组织的主导性工作是确定政治方针与政策并付诸实施等。公共关系工作旨在帮助各类组织实现主导性工作所设定的战略目标,因此,公共关系工作在组织中发挥着重要的作用。

一、公共关系工作人员的能力分析

有关专家对公共关系工作人员专业化水平的能力从五个方面进行了分析,即沟通力(Dear)、方案力(Design)、表现力(Deliver)、执行力(Detail)和交易力(Deal),简称公关人员的五力(5D)。事实上,公共关系工作人员的能力分析远非五力所能全面表达的,实际的公共关系工作需要按照每个工作人员的特点提出能力要求,即要根据不同的工作提出不同的能力内容。本书认为从以下九个方面进行思考(见图 5-1)可能是比较务实的。

(一)策划力

策划力(Scheme)考核的是公共关系工作人员的策略思考和创意能力,一般要求公共关系工作人员具备统筹规划的思想，能够使公关活动方案实现系统化、连贯化，预测活动进行中可能发生的问题及可能碰到的情况，提出解决问题的思路与方法，并将这一切以文字的形式表现出来。

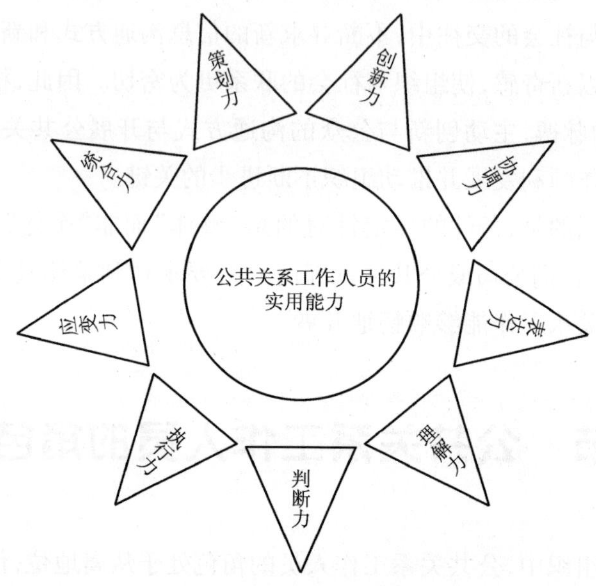

图5－1　公共关系工作人员的个体能力

（二）创新力

创新力（Innovation）要求公共关系工作人员在具备策划力的基础上能够使策划的内容表现得更新颖、更独到，使公关活动更具有与众不同之处，并以此达到引人入胜的效应。

（三）协调力

协调力（Correspond）是一种通过人际沟通协调各种关系的能力，主要表现为公共关系工作人员在处理问题和解决各种矛盾时，感应协调各方的心理变化，并通过语言达到化解矛盾、解决多方问题的目的。

（四）表达力

这里所说的表达力（Expression）是一种语言表达能力。在公共关系工作中，更多的工作需要语言表述，如向公众传达组织的思想，协调各方面的关系，上下级之间的沟通,召开新闻发布会等,都需要公共关系工作人员具备良好的语言表达能力。

(五)理解力

公共关系工作要求公共关系工作人员具备较强的理解力(Comprehension)。公关策划方案出台后,能否使其得到更好的实施,这与公共关系工作人员对方案的理解直接相关;公关危机爆发后,公众对组织会产生各种各样的不满和不理解,这需要公共关系工作人员付出努力,一方面要理解公众的想法与做法,另一方面要通过有效的手段解决问题,并协调各方面的关系。

(六)判断力

判断力(Judgement)表现为准确判断上级的意图,准确判断下属的行为,准确判断公众的表现,准确判断环境的变化,准确判断事物的本质,准确判断事态的发展与变化。判断力与对未来的预测相联系,准确的判断力是准确预测未来的前提,并成为策划力的基础和创新力的条件。

(七)执行力

公关方案的实施需要公共关系工作人员的执行力(Execution),公共关系各项工作的贯彻落实同样需要公共关系工作人员的执行力。执行力的表现是对工作细节一丝不苟的追求,把每一件事情都做得更好,工作中在力所能及的条件下不留有任何遗憾和瑕疵。

(八)应变力

公共关系工作人员在工作中会经常面临环境的变化,如大的公关环境的变化要求组织出台新的公关计划,危机事件的出现需要公共关系工作人员拿出解决方案,需要与新公众进行更好的沟通与联络等,这些都要求公共关系工作人员具备良好的应变力(Meet an Emergency)。

(九)统合力

统合力(Governance)是指公共关系工作人员统领全局,从战略的高度运筹公关的能力,尤其是那些从事公共关系管理工作的通才式人员,更应具备这一能力。

这个 SICECJEMG 模式是对公共关系工作人员个人能力要求的模式。根据这个模式来衡量公共关系工作人员，能够准确地把握一个人对公关工作的适应角度与适应力度。

美国公共关系专家坎托曾在《公共关系杂志》(*Public Relations Journal*)上撰文，阐述成功公共关系工作人员的十大特征：① 对于紧张状态作出反应；② 个人主动性；③ 好奇心和学习；④ 精力、活力和抱负；⑤ 客观的思考；⑥ 灵活的态度；⑦ 为其他人提供服务；⑧ 友善；⑨ 多才多艺；⑩ 缺乏自我意识。经分析，我们发现这十大特征大都与公共关系工作人员的工作能力相关，由此可见，较强的综合能力对公共关系工作人员是十分重要的。

但在实际工作中，具备“公关九力”乃至更多能力的全能型人才是可遇而不可求的。公共关系的主要方式是小组制，即把特长不同的人组合在一起形成一个小组，以保证每个公共关系工作人员重点发展自己的某项特长能力，这是公共关系工作人员专业化成长的有效途径。

【资料5-3】 具备与人沟通的能力而终成大业

弗拉基成长在美国宾夕法尼亚州的农村，父亲是钢铁工人，母亲是清洁工。他依靠个人努力，特别是在与人打交道方面的超人才能，获得奖学金进入耶鲁大学，并获得哈佛大学工商管理硕士学位。毕业后，弗拉基进入著名的底特律咨询公司，很快坐到了合伙人的位置，并成立了自己的咨询公司，成了业界白手起家的典型。在不到40岁时，弗拉基已经建立起一张庞大的关系网，既联结华盛顿的权力核心，又包含了好莱坞的大牌明星，他自己则成为“美国40岁以下名人”和“达沃斯全球明日之星”。

从资料5-3中我们看到，弗拉基事业的成功是基于他自身的人际关系，但这只是个表象，本质的原因在于他自身的能力、素质与掌握的知识，人际沟通是他事业成功的手段。因此，当一个人掌握了事业成功的基本条件之后，人际沟通的能力以及在处理各方关系时所能把握的方法是至关重要的，这需要公共关系工作人员在自己的工作中寻求一个合适的角色定位。

二、公共关系工作人员的角色定位

角色定位(Role Definition)是指在一定的系统环境中、一定的时间条件下，在组织运行工作中所处的相对不可替代的位置。公共关系的运营与发展在我国已经走过了30几年的历程，在此期间，中国公共关系人才队伍的崛起与壮大也是令人瞩目的。30多年来,我们一直在通过各种途径观察企业的公共关系工作,观察公共关系工作人员如何思考公关活动的创意,如何开展公关活动,从事哪些沟通工作,充当着组织中的何种角色等。通过观察我们发现,在企业的公关活动中,公共关系工作人员的工作与其在企业中的角色定位有关。

一般情况下,组织中的公共关系角色主要定位于以下四种。

(一)人际关系方面的角色

在一个组织机构中,公共关系方面的工作更多地表现为人与人之间关系的建立和与各方面人士的沟通与交流,包括公共关系工作人员代表企业与客户交流、谈判,以客户身份与供应商沟通,代表部门与上级沟通,代表管理者与属下联系,协调内部各类关系,建立外部各种关系等。所有这些工作都与人际沟通直接相关,所以有人说,公共关系工作就是处理人际关系方面的工作,因为任何公共关系问题的解决不通过人际沟通是很难达到目标的。

【资料5-4】 一位公关部经理一天的工作安排

早上6:00起床,运动(要有个好身体);

6:30 准时收听中央人民广播电台的《新闻与报纸摘要》(要了解政治和国际形势);

7:00 开始吃早餐,顺便听一听"冯站长之家"三分钟新闻早餐(语音版),而后考虑今天的工作安排。

8:30 准时到公司,收取邮件,看rss新闻,在客户所在的行业重点网站上搜索新消息。

9:00 给客户打电话,问候并汇报前一天的工作情况,询问最新的工作计划和安排。

9:10 向策划总监交代客户新近的服务情况,听取策划总监的意见。

9:30~10:00 召集项目成员开会,研究工作,布置工作。

10:00~11:00 完成自己的预定工作。

12:00~13:00 学习行业相关知识,看相关数据或报表(这个时间比较安静,利于思考)。

13:00~14:00 吃午饭(这一时间餐厅不必排队,吃饭也比较安心)。

14:00~14:30 搜索午间新闻,了解今天的新消息。

15:00～16:00　跟客户沟通，或者跟媒体编辑、记者沟通，了解各方的新需求（这一时间客户和媒体记者一般也比较闲）。

17:00～17:30　召集部门人员开会，听取员工汇报一天工作，共同探讨、解决工作中的问题（工作一天跟同事们一起放松一下）。

18:00～19:00　跟总监或老板沟通（很有益处的）。

19:00～20:00　回家休息。

20:00～22:00　上17PR看新帖子。

我们从资料5－4中可以看出，这位公关部经理一天中主要的工作是人际沟通，包括与客户的沟通，与策划总监的沟通，与下属的沟通，与媒介的沟通，与老板的沟通等，与各方人士的沟通工作占据了这位公关部经理一天中大约一半的时间。

（二）信息沟通方面的角色

公共关系工作人员对信息尤其是对负面信息（包括消费者的不满、抱怨等）具有独特的敏感性，因为负面信息直接源于组织的负面形象，对组织的运营与发展有着非常大的影响，必须及时处理。

在正常的信息沟通中，对内部信息的把握是协调内部关系的依据，对外部信息的把握是协调组织与外部关系的依据，对内部和外部信息的共同把握是组织做出正确决策的依据。

【资料5－5】　依据一个信息开辟一个新产品，创造一个新市场①

1996年10月18日，海尔推出中国第一台“即时洗”小型洗衣机。这种叫“小小神童”的洗衣机填补了市场空白，成为引导消费的热门产品。这种中国最小型洗衣机的问世完全听取的是来自市场的呼声。海尔科研人员在市场调研中发现，每年的6月至8月都是洗衣机市场的淡季。海尔认真分析了原因，得出的结论是销售最淡的季节恰恰是消费者最需要洗衣机的季节，但消费者为什么不购买洗衣机呢？原因在于，夏日服装轻、薄，好洗，消费者习惯用手洗，而不愿意动用既费水又费电的大洗衣机。这一原因成了海尔开发“即时洗”小型洗衣机的动力。

组织获取各种信息的途径多种多样，如可通过各种媒介获取信息；可通过人际

① http://www.limingculture.com/book/html/content_474.htm.

交往、商务活动、谈判等方式获取信息;可通过客户意见、建议、报怨、愤怒等各类情绪获取信息;可通过公共关系调查工作而掌握信息等。

(三)咨询建议方面的角色

公共关系工作人员尤其是公关经理人员必须充当企业的咨询建议者这一角色。尽管这个角色不是决策者本身,也不是企业制度的必需,但公关经理人员可通过职责规定和自身能力(如策划力、创新力、判断力)等方面的约定以及对环境与未来的判断,就公关方案的出台、公关活动的主持等给组织或企业可能带来的一系列社会影响和市场效益提出建议,从而引起决策层的高度重视,由此来影响组织的决策过程与目标制定。

公共关系工作人员可在投资方向的选择、市场信息的处理、问题管理中具体思路的确定、危机事件的解决、营销方案的创造、公关活动的开展等方面为决策者提供建议与意见。

(四)策划管理方面的角色

作为咨询建议角色的延伸,公共关系策划与管理是公共关系工作人员所从事的主导性工作。

公共关系活动具有科学的系统性和连贯性,公共关系策划是保证公共关系活动特性得以实现的前提条件。公共关系策划是将创造性工作和实施性工作结合在一起的工作,它的创造性表现为思想的创新,活动的无模仿性以及方案的可操作性等;它的实施性则表现为将一个主题下所需要做、所能做以及所必须做的工作有机地组合在一起,形成一个具有逻辑性、系统性和连贯性的整体。

公共关系管理工作表现为对公共关系运行工作过程的管理,包括计划、组织、实施、协调与控制等项工作。公共关系管理工作可以保证公共关系运行过程按照既定的思路,有条理、有步骤地进行,并将公共关系运行工作统一在公共关系阶段性目标乃至总目标之下。

我们可以将公共关系工作人员的角色定位用表 5 - 1 表示出来。

表5-1 公共关系工作人员的角色定位理论

角　色	角色表现	角色工作内容
人际关系方面	与上级的沟通	汇报、请示,了解领导的意图
	与属下的联系	传达上级旨意,了解下属的思想与行动
	内部各种关系的协调	把握文化氛围,解决存在的问题
	与供应商的沟通	把握更好的货源与资源
	与客户的交流	稳定客户队伍,创造更大的市场
	外部各种关系的建立	建立信誉,形成良好的公关氛围
信息沟通方面	内部信息沟通	保证组织的透明与沟通渠道的畅通
	外部信息沟通	保证社会公众对组织的了解与认同
	正向信息沟通	将组织的正面形象信息传递给社会各界
	负向信息沟通	当组织形象受到影响时,通过与相关者的沟通扭转局面,重新树立组织形象
咨询建议方面	对环境与未来进行判断	提出环境变化可能造成的影响
	制定公关方案	为适应变化了的环境而出台的公关活动的思路
	开展公关活动	开展日常公关活动和专项公关活动
策划管理方面	创新活动	创造无模仿性的公关活动方案
	计划	编制公关活动计划
	组织	建立公关组织体系
	实施	落实公关活动计划
	协调	协调内外各种关系
	控制	按公关的基本准则,控制公关活动的运行

在实际的公关活动中,公共关系工作人员的角色定位是相互协调、相互促进的,角色与角色之间没有严格的界限,没有明确的分工,只有各项工作的配合和整体工作效应的实现。可能有些组织偏重于人际关系方面的角色,有些组织偏重于信息沟通方面的角色,有些组织偏重于咨询建议方面的角色,还有些组织偏重于策划管理方面的角色,但无论怎样,这些角色的定位都是非常重要的。

通过对以上公共关系工作人员角色定位的分析,也许更多的年轻人愿意将自己的未来事业发展与公共关系联系在一起。那么,该怎样进入公关领域呢? 先行者的经验之谈也许是最好的指导。

【资料5-6】 一位公关经理的经验之谈

对于一个想进入公关领域的大学生而言,是毕业后直接进入公关行业好,还是

"曲线迂回",先在其他行业干上两年再进入公关行业好呢?

Aant公关公司的G女士表示,她自己比较倾向于在其他行业先干一两年,然后进入公关领域。这是因为,大学毕业后直接进入公关领域固然可以快速学习有关知识与操作技能,但公关行业最需要的是具有丰富经验与综合能力的人才,过于"纯净"的经历容易成为以后进一步发展的桎梏。若能在相关行业里磨炼两三年,了解、掌握那些行业的特点,然后再进入公关领域,肯定会为你从事公关工作带来收获。同时,从公关行业的人才需求看,掌握某一方面专业知识以及熟悉国际法和相关法律法规的人是最缺乏的,如掌握财经、消费品、医药知识的公关人才,通晓经营管理方面知识的公关人才等。

第三节 公共关系人才的选拔与培养

现代组织在用人的问题上,尤其是在选用公共关系人才的问题上,应该以全新的思想支配自己的行为,从战略的角度规划组织的未来,选择能够真正推动组织发展的合格人才。

第六讲 公关人才的选拔与运用

一、公共关系人才的基本类型

被称为公共关系人才的人一定是在某些方面或某一方面有自己专长或有一技之长的人。由于公共关系人才的多样性以及公共关系工作需求的多样性,公共关系人才的表现形态也各具特色。总体上看,公共关系人才可以分为两大类,一类是通才型公共关系人才,另一类是专才型公共关系人才。

（一）通才型公共关系人才

通才型的公共关系人才属于综合能力强，从事公共关系管理工作或组织工作的公共关系工作者，这类公共关系人才知识面广，有合理的知识结构、良好的心理素质和综合能力，在工作中能独当一面，能较好地处理复杂问题。这类人才能将公共关系的咨询建议角色和策划管理角色演绎到位，具有领袖风范。有人把这类人才结构形象地称为“三个1/3”。

1. 1/3 企业家风范。即要求具备企业家的头脑，能够从战略的高度审视全局与未来；有强烈的效率观念和时间观念，敢于迎接挑战，凡事追求卓越；有深刻的洞察力、敏锐的判断力、丰富的想象力及较顽强的意志力，处理事务自信、从容。

2. 1/3 宣传家风范。要求具有较强的形象观念、信息观念，遇事喜欢讲道理，并有说服任何听者的能力；对环境的洞察力强，能够根据环境的变化确立对外传播的主导思想；对信息的敏感度高，能够把握传播技巧，使传播工作卓有成效。

3. 1/3 外交家风范。要求能够很好地与各类公众建立联系并保持长期的沟通关系，待人诚恳热情，说话幽默高雅，举止端庄大方，态度谦和友善，在各类朋友中间会形成一种自然的亲和力和影响力。

这“三个1/3”的人才结构有两个方面的指向。一个指向是，作为公共关系通才型的人才，应该同时具备企业家、宣传家和外交家风范，属一身三兼乃至一身多兼的人才；另一个指向是，在组织的通才型公共关系人才队伍中，作为互补型的人才结构，三种类型的人才都应该具备，只有这样，才能保证一个组织公共关系活动运转得顺畅，并推动组织的健康发展。

（二）专才型公共关系人才

专才型公共关系人才一般从事公共关系业务工作或专门性的技术工作。用公共关系人才的标准衡量，也许他们不够全面，达不到通才型人才所要求的标准，但这样的人才精通某一方面的公关技术，如编辑、写作、设计创意、市场调查、绘画摄影、设计广告、新闻传播、危机处理等。这类人才是公关工作不可或缺的人才，是某方面的专家，是公共关系人才结构中重要的组成部分，较适宜从事公关工作中的某些具体工作。

二、公共关系人才的培养

各类组织的公共关系人才来源于多种渠道，有些来源于正规的学校培养，有些来源于社会各类非正规培训。在实际工作中,关于公共关系人才的界定和使用与其出身(是否经过正规教育)并无直接的联系。但任何组织都必须清楚应该如何培养公共关系人才,公共关系工作人员本身也要清楚自己需要通过什么途径来得到锻炼和提高。

(一)学校正规的教育培训

学校正规的教育培训是专门培养公共关系人才的正规途径,也是社会培养公共关系人才的方式。在这种方式下,学生可以系统地学习公关理论,潜心研究公关技巧,掌握信息传播工具,并参加适当的实践与模拟活动。这种方式的优点是:课程学习安排具有系统性和科学性,专业基础知识学习具有广泛性和扎实性。由此培养出来的公关人才可以适应任何组织的公关工作岗位,但采用这种方式需要有一个对具体工作的了解过程和适应过程,更适宜于培养通才型公共关系人才。

正规的学校教育可分为不同的层面,一般分为大专层面、本科层面、硕士层面和博士层面四级。

大专层面的学生毕业之后比较适合做日常的公共关系管理工作(如接待工作)、日常运行的监控与指导工作、日常小问题的处理工作等。

本科层面的学生毕业之后除了能够从事大专毕业生所从事的工作之外,还可以从事较高层次的公共关系管理工作,如制订公共关系计划,与外部重要公众的联络与沟通,处理外部相关事宜。从这些工作内容来分析,本科毕业生应该具备拓展外部公共关系事务的能力。

硕士层面的毕业生可以成为公关经理人员,从事公共关系的战略计划制订与指导运行工作,管理全局的公共关系工作,全面负责危机事件的处理等,同时在组织的运行中参与决策的制定和各项咨询工作。

博士层面的毕业生更多的是从事公共关系理论的研究工作,并结合管理理论、营销理论、传播理论等,建立组织运行的基本思想和基本模式;在实际工作中承担高层次公关经理的基本职责,并指导部门公关经理的工作,从战略运行的角度把握公共关系的既定方向和目标。

以上分工只是相对的,实际工作中还要结合工作者本人的能力和表现进行工作选择与工作安排。这里不排除通过在职培训晋升到高层面工作的可能性。

(二)在职进修与培训

在职进修与培训是我国公关教育培训中最受欢迎的形式之一,其主要特点是:

教学方法与内容针对性强；教学时间周期短、见效快；学生的学习目的明确，且已有实践经验，对公关理论易于理解、接受和领悟，而且能学以致用。在职进修与培训的形式主要包括短期培训、见习培训、聘请专家、学者指导，以及其他培养形式。

1. 短期培训。这是由高校、企业或行业组织（如公关协会）举办的培训，时间长短不一，有半个月、一个月、半年等，一般不会超过一年。培训对象是有一定实践经验的人员，其中有自费参加培训的，也有企业或组织选送并由企业或组织出资参加培训的。培训目标和重点是专业基本理论与知识，着力于理论水平的提高和实践操作能力的加强，学员往往是带着问题和期望来参加培训的。此外，还有岗前培训，主要是进行专题讲座与报告，属于角色培训。

2. 见习培训。这种方式的特点是在实践中学习与提高，让见习者在一段时间内充任本组织或外部组织公关人员的助手，实际参与公关实践，学习别人处理公关事务的技术和方法，增强感性认识。

3. 聘请专家、学者指导。这是指聘请公共关系专家来单位指导和咨询，帮助解决公关工作中的疑难问题，对公关人员进行实际业务的辅导和点拨，对公关人员提出的问题给予现场答复与指导的培训方式。这种方式针对性强，实际效果好。

4. 其他培养形式。其他培养形式包括组织员工参加自学考试、函授、刊授教育及电视广播教育，并为之提供参加辅导、面授等方面的条件，多途径、多形式地提高员工的专业理论水平和业务能力。

在职进修与培训对于在正规院校学习非公共关系专业且希望从事公共关系实际工作的毕业生和工作者来说，无疑是一条走上公关之路的有效途径，也是公共关系工作人员在职提高业务水平的最佳选择，更是理论与实际相结合的可行方案。

三、公共关系从业人员的资格认证

（一）国外公共关系从业人员的任职资格

早在1953年，美国著名公共关系专家爱德华·伯奈斯就看到不合格的公关人员滥竽充数的危害性，提出对公共关系从业人员实行职业许可制度，以保证公关职业权威性的建议。但直到1965年，美国公共关系协会才开始实行专业资格认证制度。到20世纪80年代中期，该协会11 700名会员的1/3获得了APR（American Public Relations）称号。

相较而言,英国公共关系协会主持的 CAM 考试虽然比美国的 APR 要晚,但其影响力更大。CAM 是传播(Communication)、广告(Advertising)和市场营销(Marketing)教育基金会的缩写。CAM 考试分两个等级,第一等级有 7 门考试课程,即市场学、广告、公共关系媒介、调查与行为研究、传播实践、商业、经济环境等,公关、广告和市场营销人员只要通过其中 6 门课程的考试,就可获 CAM 传播研究证书,获此证书后再参加第二等级考试。第二等级考试分开进行,针对公共关系人员的考试课程有 4 门,即商业组织公共关系、非商业组织公共关系、公共关系战略、管理资源,考生只要通过其中 3 门就可获得 CAM 公共关系文凭和公关从业资格。该项考试和专业资格不仅英国认可,而且得到国际广告协会的正式承认。

(二)中国公共关系从业人员的任职资格

1993 年,中国公共关系协会也开始举办"公共关系专业资格证书"培训活动。经过几年的实践探索、严密论证与不懈努力,这项培训活动终获国家有关部门的认可。从 2000 年起,在全国举行统一的公共关系从业人员任职资格考试,考试分为公关师与公关员两个级别,并各自分为不同的等级,公关师分为高级公关师、公关师两个等级,公关员分为高级公关员、中级公关员、初级公关员三个等级。报考某一级别须有前一级别相应的资格证书,考试合格者获相应级别的资格证书,有资格从事相应级别的公共关系工作(关于公共关系不同级别的任职要求见本书附录 1)。

按照国际标准的要求,我国将公关人才分为五个等级,分别为初级公关员(国家职业资格五级)、中级公关员(国家职业资格四级)、高级公关员(国家职业资格三级)、公关师(国家职业资格二级)和高级公关师(国家职业资格一级)。每个级别都有若干申报条件,申报者只要具备其中一条,就能申报与之相对应的职业级别,具体如下:

初级公关员:①经本职业初级公关员正规培训达规定标准学时数,并取得合格证书;②连续从事本职业或相关职业(新闻、广告、营销、管理、秘书)2 年以上;③取得经劳动保障行政部门审核认定的,中等以上职业学校公共关系或相关专业(新闻、广告、营销、管理、秘书)毕业证书。

中级公关员:①取得初级公关员职业资格证书后,连续从事本职业或相关工作(新闻、广告、营销、管理、秘书)2 年以上,经中级公关员正规培训达规定标准学时数,并取得合格证书;②取得初级公关员职业资格证书后,连续从事本职业或相关工作(新闻、广告、营销、管理、秘书)3 年以上;③有公共关系专业或相关专业(新闻、广告、营销、管理、秘书)大学专科以上学历,并从事本职业工作 1 年以上。

高级公关员:①取得本职业中级公关员职业资格证书后,连续从事本职业或相关工作(新闻、广告、营销、管理、秘书)2 年以上,经本职业高级公关员正规培训达规定标准学时数,并取得合格证书;②取得本职业中级公关员职业资格证书后,连续从事本职业工作 3 年以上;③具有大学本科学历,并连续从事本职业或相关工作(新闻、广告、营销、管理、秘书)2 年以上;④具有公共关系本科学历,并从事本职业工作 1 年以上。

公关师:①取得本职业高级公关员职业资格证书后,连续从事本职业工作 4 年以上,经本职业公关师正规培训达规定标准学时数,并取得合格证书;②取得本职业高级公关员职业资格证书后,连续从事本职业工作 5 年以上;③具有公共关系本科学历并连续从事本职业工作 5 年以上,或具有大学本科学历并连续从事相关工作(新闻、广告、营销、管理)6 年以上;④具有公共关系(方向)硕士以及 MBA、MPA 学位并从事本职业或相关工作(新闻、广告、营销、管理)1 年以上。

高级公关师:①取得本职业公关师职业资格证书后,连续从事本职业工作 5 年以上,经本职业高级公关师正规培训达规定标准学时数,并取得合格证书;②取得本职业公关师职业资格证书后,连续从事本职业工作 6 年以上;③具有公共关系本科学历并连续从事本职业工作 10 年以上,或具有相关专业(新闻、广告、营销、管理)本科学历并连续从事本职业工作 12 年以上;④具有公共关系硕士(方向)及以上学历或 MBA、MPA 学位并连续从事本职业工作 5 年以上;⑤具有大学本科学历,职业表现突出者或担任本职业高级管理职务(总经理或总监以上职务),为职业发展和行业建设做出重大贡献的资深专业人士,须由国家职业资格工作委员会公关专业委员会两名委员推荐。

(三)公共关系人员的考核方法

对于在职公共关系工作人员来讲,考核就是指组织对本单位公共关系人员的思想、品德、技术业务、工作态度、工作能力、工作绩效以及健康状况等进行评价。

1. 考核内容。考核内容主要有德、勤、能、绩四个方面。

(1)德,即思想政治素质,包括是否遵守国家政策、法律法规,是否具备良好的职业道德和社会公德,以及是否具有敬业精神、奉献精神、廉洁自律和团结协作精神等。

（2）勤，即勤奋精神，包括工作出勤率、工作积极性、工作投入精神等。

（3）能，即完成各种公共关系专业性活动的能力，包括知识水平、业务水平、表达能力、交际能力、分析判断能力、组织管理能力、预见反应能力、应变能力、开拓与创新能力等。

（4）绩，即工作的实绩（数量与质量），包括工作业绩、工作效率、工作质量等。考核中以工作实绩为主，考核项目和侧重点根据考核目的和对象不同而有所选择或侧重。

2. 考核方法。考核的方法要坚持科学性原则，即做到客观、公正、全面。常见的考核方法有：

（1）量表评定法。这是以一种标准化的等级量表为工具，采用组织评、群众评、自己评等多种途径，对公关人员进行全面评定的方法。比如，要对某单位公关人员进行评价指标体系中的一项指标——专业知识能力的考核，可设计如表 5－2 所示的表格，由考核人员对公关人员的表现打分。

量表评定可采用“五级量表”：强、较强、一般、较弱、弱。每级评价都有相应的分数，如可界定 10 分、8 分、6 分、4 分、2 分；或界定 5 分、4 分、3 分、2 分、1 分。通过对被评定人员的打分，便可得到被考核者的得分。最后将参评人员对被考核人员的打分加总，便可得到总评分数。

表 5－2 公关人员等级评定量表

	评定内容	强	较强	一般	较弱	弱	合计
德	遵守政策、法规						
	职业道德水平						
	敬业精神						
	奉献精神						
	团结协作精神						
勤	工作出勤率						
	时间观念						
	工作积极性						
	工作投入精神						

续表

	评定内容	强	较强	一般	较弱	弱	合计
能	管理知识						
	传播知识						
	业务水平						
	交际能力						
	沟通语言能力						
	对突发事件的把控能力						
	预见反应能力						
	开拓与创新能力						
绩	工作业绩						
	工作效率						
	工作质量						

按照每项内容5分制计算,满分为100分。评定的标准可设定为:60~69分,有资格继续从事公关工作;70~79分,可以向上晋升一级工作,做公关关系的管理者;80~89分,可以晋升为公关部经理;90分以上可以晋升为公关总经理。

量表评定法的优点是评定项目设计严格,定义明确,计量方法统一合理,评定结果既可以反映一个人的实际水平,又可以进行相互间的比较。

(2)对比分析法。这种方法是根据各考核要素把所有的被考核者分别按两两一组的方式进行比较,并判断每组的优者和劣者,然后综合其结果得出最终序列和成绩。采用这种方法,必须把所有被考核者两两相比,每一要素的对比次数为$n(n-1)/2$(n代表被考核者人数),因而考核的准确性较高。而且由于考核者在考核过程中很难判断每个被考核者的最终成绩,因此可以避免考核者的主观影响。但这种考核方法的被考核人数有限,手续烦琐,工作量大。

(3)考试评议法。考试是检查公共关系人员专业理论、技术知识的重要考核手段,分为口试和笔试两种。公共关系人员的职位不同,对其文化程度和专业理论知识的要求也不同。

评议就是采取多种方法征求有关人员对被考核人员的意见,并组织人员进行分析、讨论,最后做出公平、正确的评价。这里,关键是要事先深入了解公关人员的全面业务工作状况,以避免评议结果的主观性和片面性。

(4)工作标准法。这种方法主要是根据从事各个职务的公共关系人员的各项具体要求(包括工作的质量、数量、时间期限、工作方法等)制定工作标准,并以此标准衡量公关人员的优劣。这种方法有明确而具体的客观标准,比较公平合理,特别适合考核工作成绩。这一方法适用于调整职务津贴和奖金分配,但不宜直接套用以决定公关人员的晋升和调配,因为有些职务不易制定标准,尤其是对复杂的脑力劳动更难制定标准。因此,这种方法的适用范围有一定的局限性。

(5)自我测定法。1993 年,我在《公众关系学原理与应用》一书中设定了一套自我测定是否适合从事公共关系工作的标准,共 100 道题,每题做肯定回答得 1 分,做否定回答不得分。经过近 20 年的使用,实际效果良好,现已被更多企业、组织选拔和考核公关人员所采用。由于这套测定题涉及内容多、篇幅长,在此就不再赘述了。读者可到《公众关系学原理与应用》一书(中国商业出版社 1993 年版)的第 159 ~ 164 页中查看。其他有关公关书籍中也有引用这种方法的。

除上述方法外,公共关系人员的考核方法还有很多,如代表比较法、评分法、因素评级法等。不同方法各有优劣,而且考评的侧重点也不同,因此,在选择考核方法时,必须从实际出发,不能套用一种模式。

四、公共关系人才的选拔原则

(一)因人施任、任人唯贤原则

职务不是上帝创造的,而是由人设计的。一般来说,有一些职务的设立从表面上看非常合理,但常常找不到合适的人选。这种因职寻人的用人制度往往会造成极大的人才浪费。对组织或企业而言,不同的公共关系工作需要不同的人才。通才型人才知识结构全面,善于做管理与组织工作,因此,可以让他们负责全部的公共关系工作。专才型人才在某一方面的工作中具有较深的造诣,应该让他们从事专门性的公共关系工作,如摄影、美术、广告、打字、外文翻译等工作。因此,组织在选择公共关系人才时,必须首先了解他能干什么,而不是先看某个职务要求什么。这就是说,在安排某个公共关系人员的工作职务之前,用人部门应对所用之人的情况有所考虑,而且这种考虑应该与职务安排无关。

在中国的传统企业中,几乎每个企业都有一套人事考核办法,但大多数企业都必须对某人进行考核之后才能决定他是否是晋升或录用的合适人选。然而,在实际工作中,很少有企业使用具体的考核办法。而且传统企业存在的“任人唯亲”的思想,是现代企业在用人中应极力避免的。

在对组织的公共关系人员进行选择时,应该改变我国传统的用人习惯,确实根据某人的特点、能力、条件来安排他做最合适、最愿意做的工作,这项工作所能够给工作者提出的要求和委派的任务应该超过他自己的能力,从而迫使他竭尽全力做好工作、发展自身。

之所以要将因人施任、任人唯贤作为选择公共关系人员的一条基本原则,是因为组织对公共关系人员有特殊的要求,能从事公共关系工作的人确实应当是出类拔萃且有特殊才能的人。如果按传统的用人方式去因职寻人,不仅会造成人才的浪费,更重要的是会影响组织公共关系工作的顺利开展,乃至影响组织的全面发展。

(二)广选博择、正视能力原则

现代社会对公共关系人员的要求很高,其需求量也很大,尤其是大型的现代企业,需要与社会各界加强往来,单靠一两个人是难以做好公共关系工作的。目前社会上真正的公共关系人才并不多见,一些公共关系热爱者在智力、学习能力和用心程度等方面都存在不同程度的差异。在基本素质方面表现基本相同的人,经过相同的培养和锻炼,其效果也不尽一致:有些人可能很快就能独立承担某项具体的公共关系工作,而有些人则可能长期难以独立工作。因此,组织在选择公共关系人才时,眼界应该放宽一些。现在有些组织面向社会招聘公共关系人才,把那些有志从事公共关系工作、德才兼备的人招聘进来,不失为一种广选博择的好办法。

广选博择公共关系人才并非一味地崇尚“外来的和尚会念经”。如果在组织内部现有的工作人员中确有出类拔萃、能胜任公共关系工作的人,组织人力资源部门应该给他们提供很好的施展才干的机会和条件;如果组织内部缺少能胜任此项工作的人,就应该面向社会,通过多种途径选拔能人优化组合,组成组织或企业的公共关系部门。

如果组织在选择公共关系人员时不是遵循“广选博择、正视能力”的原则,很可能会造成不平等的竞争环境,给人才竞争者以压力;埋没真正的人才,给善于钻营者以可乘之机;任人唯亲,引起组织内部公众的反感,使从事公共关系工作的人员有思想负担而无法正常开展工作。

(三)取人之长、忍人之短原则

美国南北战争时期,林肯总统任命格兰特将军为总司令。当时有人告诉林肯说格兰特嗜酒,林肯却说:“要是我知道他喜欢喝什么牌子的酒,我就给其他的将军们也送去一、两桶。”林肯当然知道喝酒及酗酒滋事的危险性,但是,在北方所有的将军中,证明只有格兰特能运筹帷幄,指挥战争,赢得胜利。格兰特的任命正是南北战争的转折点。这是一个有效的任命,因为林肯在选择他的将领时,着眼于他具有久经考验能打胜仗的才能,而不是因为他是个毫无缺点的完人。

如果组织在选择公共关系人才时刻意避免人之所短,由此而组成的公共关系部门就不一定能为组织发挥功效。因为优点突出的人,往往缺点也很突出,谁也不可能在很多方面都有特长。如果以人类的全部知识经验和能力作为衡量尺度,即使最伟大的天才也是不合格的人选。世界上没有“完美无缺”的人,只有在某一方面或某几方面更强一些的人才。

用人之长,既符合人的特性,又符合公共关系工作的要求。比如,如果一个人擅长绘画,就应该安排他在组织的公共关系活动中负责宣传工作。即使他言语迟钝、行动缓慢又有何妨?重视人的长处,就会让他在自己的强项中出成绩。

本章思考题

1. 你如何理解公共关系职业工作对公共关系工作人员的要求?
2. 公共关系工作人员在一个组织中应如何进行角色定位?
3. 如何运用考核公共关系人员的方法?
4. 假设你是公关经理,你如何选拔公关人才?

CONTEMPORARY PUBLIC RELATIONS

第六章　公共关系工作对象

学习要点

公共关系的工作对象是指组织的特定公众，对他们的了解、分析与把握是组织开展公共关系工作的必要条件。了解、掌握了各类公众之后，通过开展各项工作，才能与公众建立良好的关系，使组织形成良好的公共关系状态。

第一节 公共关系工作对象的分类

一、公众概念的含义与特征

(一)公众概念的含义

公众是公共关系工作的对象。关于公众的概念,我们在第一章第二节中已经进行了说明。由于公众是一个特殊群体,公众概念具有特殊的含义,因此,这里我们对公众概念的特殊含义进行分析。

1. 公众是某个组织面临共同问题而形成的社会群体。例如,同生产企业发生关系的产品经销商,无论是个人、群体还是组织,面临的都是购买企业产品的共同问题;原材料供应者,则面临的是向生产企业提供原材料的共同问题。社会群体是个人、群体和组织的总称。

2. 公众是必须与某一社会组织发生联系的社会群体。例如,消费者购买了产品,就与该产品的生产厂家发生了联系,他们对产品的意见直接或间接地影响着该企业的经营。企业必然与周围环境发生联系,企业从环境当中汲取营养,被环境所接纳,就必须对环境负责。例如,不能污染环境,有利于环境建设,解决环境中存在的问题,同时接受环境的监督。社会组织与特定公众之间存在特定的关系,这种关系有其产生、发展和结束的过程,这个过程实际上就是组织开展公共关系活动的过程。这说明,由于社会组织与社会公众之间的联系使之形成一种特定的关系,而不是一种普遍的关系。

3. 公众是为某一特定组织的工作产生互动效应的群体。组织机构的各项方针、政策、行为均影响着其特定公众,而这些特定公众的要求也会对组织产生重要的影响。这是特定关系的一种延伸。如商业企业的服务方针、服务水准直接影响着消费者的购买行为;而消费者对企业的态度、行为也直接影响着商业企业经营与目标的实现。如某工业企业排放污水污染了环境,周边居民深受其害,必然要求企业解决污染环境问题,从而对企业形成压力,这时企业的一切方针、政策和行为都会被社区公众所关注。如果企业不解决存在的问题,社区公众就要对企业施加压力，直到问题得以解决，这说明组织和公众时时刻刻都在互相影响，从而产生互动效应。不能产生互动效应的社会群体不能成为组织的特定公众。

（二）公众的特征

1. 群体性。公众是一个复数的概念，它是在公共关系活动中处于客体地位的个人、人群和团体的总和，它具有群体性特征。例如，某生产企业的原材料供应者可能是一个人、几个人，也可能是一个企业、一个集团，甚至是几个企业和集团，由它们组成了企业的原材料供应者公众。当顾客作为公共关系客体的时候，每一个顾客都是顾客群体中的一员，从而使其寓于顾客公众之中。只有群体才是公众。例如，学校的学生、医院的病人、市政府的市民等，都是以群体形态表现的公众。

2. 同质性，又称“共同性”，是指公众具有某种共同的性质。从公共关系主体的角度来看，不论何种公众，都有共同的问题，如共同的利害，共同的需求，共同的兴趣、目的、意向、背景等。其中，共同的利害这一同质性把原本不属于某一社会群体的人连接在一起，构成了某一类公众。例如，大亚湾核电站的建设一开始就引起香港人的震动，他们受切尔诺贝利核泄漏事故的影响，发起了百万人签名的抵抗运动，甚至赴京请愿，反对建核电站，他们成了大亚湾核电站的逆意公众。而当问题解决以后，这些公众就转变了性质，不再是该核电站的逆意公众了。共同的需求是由于客观存在的自然形态而形成的，如商店里的顾客、车船上的乘客、旅社的住客等。

3. 多变性。任何组织面临的公众都在不断地变化，他们在性质、形式、数量、范围等方面随着主体条件、客观环境的变化而变化。遇到共同问题的产生，某群体成了社会组织的公众，问题解决了，这部分公众就不存在了。

对于因某一问题、事件的发生而形成的社会公众，可能会对某一社会组织形成巨大的压力，也使社会组织与这部分公众之间关系紧张，这时这部分公众就是特定组织的重要公众。通过公共关系活动的开展，其关系得到了缓解，这部分公众就不再是特定组织的重要公众了。社会公众有时也会发生性质上的变化，如竞争关系的公众变成协作关系的公众、敌对关系的公众变成友好关系的公众等。公众本身的成员结构与数量也是多变的，例如，火车到站后，一批乘客下车，另一批乘客上车；这次上车 3000 人，下次可能上车 3200 人，这种公众的变化是很快很大的。一般来说，内部公众的变化比较缓慢，企业员工有的调进，有的调出；老员工退休、新员工接班等等，这种变化不像旅客变化那么快、那么大，但“变”是客观必然。明确公众的变化，社会组织才能随时修改计划，采取公关措施，让公众向有利于组织的方向转化。

4. 能动性。公众不只是被动地作为公共关系的客体，而是从自身的利益和需求出发，积极主动地影响某一组织的决策和行为，这就是公众的能动性。组织内部公众的认识水平、思想情绪、工作态度、文化修养等对社会组织起着至关重要的作用。组织的外部公众也能通过各种渠道对组织施加影响，迫使组织改变其计划、决策、工作内容和工作方法。社会组织对公众的能动性是不能忽视的。因此，社会组织必须及时了解和分析公众的态度，制定合适的政策，选择适宜的方法，满足公众的需求，以争取公众对组织的支持与合作，并且要善于引导，使公众的能动性向有利于组织的方向发展，确保组织目标的顺利实现。

二、公众的分类

对公众进行分类，是制订公共关系计划，实现公共关系目标的前提，是社会组织采取相应的政策措施和妥善处理各种关系的基础。它是公关人员必须掌握的基本功。

在公共关系活动中，公众常常是由具备各种特征的群体构成的，他们不仅庞大，也很复杂，具体表现为：①不同的组织有不同的公众，例如，工商企业和政府部门各自的公众有不同的特点，差别很大。②同一个组织有各种不同的公众。例如，某市政府所面临的公众是各级公务员、勤杂人员、全市居民、上下级政府、同级党委、民主党派、人大常委会、政协、所辖企事业、人民团体、驻军等各种不同性质不同类别的公众群体。③组织所面临的不同的公共关系问题，又涉及不同的公众。例如，企业面临的生产问题、销售问题或社会资源问题、环境污染问题等，其公众对象均有很大的差别。

在公众的分类方面，根据不同标准可以进行不同的划分。

（一）根据组织机构的内外部，可分为内部公众和外部公众

内部公众主要是指组织内部的成员，如政府部门的公务员和职工，军队的指战员，学校的教职员工，医院的医护人员等。企业的内部公众是职工，包括干部、技术人员和离退休人员等，在股份制企业中还有股东和董事。股东可以是集体，也可以

是个人。

外部公众主要是指除内部公众以外的所有与组织发生联系的公众。以企业为例,最主要的外部公众是消费者(顾客),还有原材料供应者、经销商、社区公众、政府、新闻媒介、合作者、竞争者等。企业的外部公众在支持企业发展中获得自身的利益。

(二)根据公众的组织状态,可分为零散型公众和组织型公众

零散型公众是指在分散的、无固定组织形式的社会群体。如商店的顾客、车船上的乘客、风景区的游人等,或者是临时聚集起来的人群,如游行、展览、演讲时聚在一起的群众。

组织型公众是指在固定组织机构内的公众。以企业作为公关主体所形成的组织型公众,如消费者协会、工会、与企业有密切关系的科研、生产、教育单位、政府机关、新闻单位,以及社区中的有关单位等。

零散型的公众往往是短暂的、临时性的,对他们应服务周到,给他们留下美好、深刻的第一印象,让他们成为回头客或成为组织信息的传递者。组织型公众一般与组织关系比较稳定而亲密,该组织应与这类公众主动联系,并形成一种互惠互利的关系。

(三)根据公众对组织的重要程度,可分为首要公众、次要公众和边缘公众

首要公众是关系到组织成败、存亡的公众,如企业内部的员工公众和外部的消费者公众。次要公众对组织的成败和存亡不起决定性作用,但也有相当的影响,如新闻媒介和社区公众等。边缘公众是指与组织利益相关,但只能间接影响组织活动的公众,如竞争对手、职工家属等。还有一些短期边缘公众徘徊在企业的边缘,应引起企业的高度关注,必要时可以走近他们。从投入和产出效果考虑,企业应保证首要公众,兼顾次要公众和边缘公众。

一般地说,对首要公众在公共关系活动中应投入较多的人力、物力、财力,因为他们可能带来较大的利益。对次要公众也不能忽略,要认识到首要公众和次要公众的区分是相对的,而且是可以转化的。边缘公众也会转化,它可能会转化为组织的次要公众甚至首要公众,因此,不能不予理睬。

（四）根据公众对组织的态度，可分为顺意公众、逆意公众和独立公众

顺意公众是指对组织政策、行为和产品等持赞同和支持态度的公众。逆意公众是指对组织的政策、行为和产品持反对和否定态度的公众。独立公众是指对组织持中间态度或态度不明朗的公众。组织首先应该维持并加强与顺意公众的关系，其次是做好逆意公众的转化工作，改变逆意公众的敌对态度，遵循"多交朋友少树敌"的基本原则，扩大顺意公众的队伍，缩小甚至消灭逆意公众队伍。在这三种公众中，往往顺意公众和逆意公众是少数，大多数是独立公众，公关工作要大力做好独立公众的沟通工作，争取他们对组织的了解和好感，使其转化为顺意公众。

（五）根据公众出现的过程，可分为非公众、潜在公众、将在公众和现在公众

非公众是公共关系中的一个特殊概念，是指在组织的影响范围内，不受组织各项方针政策和行为的左右；同时，他们的行为和要求也不影响组织的社会群体。区别出非公众的目的，是帮助我们减少公共关系工作的盲目性，避免不必要的浪费。

潜在公众是指将来可能与某组织发生关系的群体，或者因为问题尚未显露，公众没有意识到有利害关系，但随着问题的逐步发展，迟早会使这一群体成为该组织的现在公众。潜在公众分为对组织有利的潜在公众和对组织不利的潜在公众。对组织有利的潜在公众，应促其尽快成为现在公众。如商店的潜在顾客，售货员应主动地热情服务，使他们成为商品购买者。对组织不利的潜在公众，如组织遇到形象危机时，应争取主动，通过各种方式和渠道向他们说明情况，使问题解决于萌芽状态，既照顾公众利益，又不损害组织形象。

将在公众（又称"知晓公众"）是由潜在公众发展而来的。他们已经知道自己的处境，明确意识到自己面临的问题与特定组织有关，迫切需要了解情况、掌握信息。公关人员应刻不容缓地与将在公众沟通，主动传播有关信息，让公众对组织产生信赖感，以控制舆论局势，向有利于组织的积极方面发展。

现在公众就是现实地出现在组织面前的公众，是由将在公众发展而来的。它包括组织面临的所有公众。具体分为有利于组织的和不利于组织的两类。对于有利于组织的，应积极开展公关活动，稳定并扩大这类公众，对于不利于组织的，如组织的问题尚未解决，就会与公众发生矛盾甚至冲突，组织应当及时有效地做好工作，解决问题，求得公众的谅解、支持与合作。

公众特性是多方面的,按其他标准还能再划分出多种公众。公众划分总的原则是根据需要。公众的分类可以分开,也可以综合,划分的公众都不是单一型的。例如,企业员工可以是组织的内部公众,又可以是现在公众,还可以是首要公众和顺意公众。

对公共关系对象做多方面综合分析,有助于掌握公众的基本特征,为进一步调查研究、制订计划,开展活动,解决问题,提供重要的依据。

第二节 社会组织的内部公众

任何一个社会组织要建立自身的良好声誉和美好形象,首先得从内部做起。内部公众是各类组织有效开展全方位公共关系工作的首要对象。内部公众状态如何,直接关系到组织事业的成败。认识内部公共关系的重要地位和作用,掌握组织内部各类公共关系状态,探索开展内部公共关系的工作方法,具有重要的现实意义。

一、内部公众是公共关系工作的起点

(一)组织内部公共关系

内部公共关系是对一个组织内部纵向公共关系和横向公共关系工作的总称。内部公众的纵向关系是指在一个组织机构中上下级之间的关系;横向关系是指在一个组织机构中各职能部门、科室、班级之间的关系,以及员工与员工之间的关系。内部公共关系是组织公共关系的重要组成部分,也是组织开展各类公共关系工作的基础和起点。

(二)内部公众的分类

以一个企业为例,它的内部公众有:

1. 员工。员工是指企业中的职员、干部、工人、管理人员、技术人员、业务员和勤杂人员等。员工在企业中占绝大多数,企业的工作都是由员工来完成的。因此,做好组织内部员工的工作,是建立良好内部公共关系的关键。

2. 股东和董事。股东是股份制企业中的投资者。虽然他们很少参加或完全

不参加企业的日常生产经营活动,又不完全集中于企业内部,但他们有一定的权力,诸如选举董事会、制定公司的规章制度、对重大事项做出决定。董事会是股东大会闭会期间行使股东大会职权的机构。公共关系工作人员做好股东和董事工作,搞好与他们的关系,使他们对企业感到满意,他们就会关注企业,制定切实可行的方案,给企业增加投资,还可以发挥他们对外宣传企业以及推广本企业产品和服务的作用。

(三)员工关系是组织公共关系工作的起点

企业内部公众主要是员工。员工是一个组织直接面对的公众,是组织赖以生存的细胞。组织的方针、政策、计划、措施首先必须获得员工的理解和支持,并身体力行,付诸实施。员工身居生产的第一线、服务的最前列,他们是组织与外部公众交往、交流的触角,代表着组织的形象。因此,员工关系是组织公共关系工作的起点。

1. 员工关系是企业具备竞争能力的起点。在当今社会,一个企业要得以生存和发展,必须具备竞争能力,而竞争能力除了要有健全的运行机制和高效的工作能力外,全体员工的精诚合作、奋发图强是组织富有竞争能力的保证。所以,公共关系工作必须首先团结全体员工,协调组织内部各部门之间、各科室之间、各员工之间的合作关系,使组织内部上下左右各个方面协同作战,这个组织才能充满生机与活力,在竞争中立于不败之地。

2. 员工关系是塑造企业形象的起点。公共关系工作的核心是塑造良好的企业形象。一个企业的形象是通过其内在精神和外在事物显现出来的。内在精神包括企业的精神风貌、经营管理特色、创新与开拓精神,以及员工的思想意识和工作态度等。外在事物则表现为企业的名称、商标、产品、服务、店容、厂貌等。员工是企业形象的代表。企业的精神风貌和经营管理特色是由员工创造的。没有良好的员工关系,是塑造不了企业的美好形象的。

3. 员工关系是“内求团结,外求发展”的起点。内求团结是基础,没有内部的团结,就没有外部的发展。员工处在企业与外部关系的前沿,直接与外部公众接触。许多细致、具体的公共关系工作都是从员工开始的,大量的公共关系活动都是由员工开展的。公共关系人员本身就是员工,他们的一举一动都关系到对外部公众的影响。如果企业内部公共关系处理不好,企业就不可能成为一个合格、有力的公共关系主体,从而不可能向外发展。

二、内部公共关系工作的重点

企业内部公共关系工作的重点是处理好员工关系。那么,如何处理好企业与员工关系呢?

(一)理顺内部关系

理顺内部关系是搞好内部公共关系的核心。只有理顺内部关系,才能做到分工明确,职责分明,各尽其职,精诚合作,实施有效地管理。

理顺内部关系,可以采取以下方法:

1. 各尽其职,各显其能。企业最高领导者的职责是"制定政策,任用干部(包括职工)";中层领导是组织机构的中流砥柱,上通下达,既理解决策层的政策措施,又了解下属员工的情况与需求,一切工作都必须由他们带领员工去贯彻执行;员工则应认同和拥护企业的政策,如有不同看法,可以提出意见与建议,积极参与决策。公共关系工作人员应进行沟通协调工作,使企业上下一致,精诚团结,心往一处想,劲往一处使,充分发挥大家的积极性和创造性。

2. 消除内耗,增强团结。团结的最大敌人是内部的扯皮、摩擦与冲突。企业中产生内耗的情况很复杂,有主副之间、上下级之间、部门之间、员工之间的内部矛盾与冲突。如互不服气,互相推卸责任,争权夺利,各留一手,表里不一,甚至"两面三刀""背后捣鬼""拉帮结伙",搞得内部乌烟瘴气,其结果必然是关系紧张,内战不止,各行其道,分崩离析,企业目标无法实现。要消除内耗,必须进行综合治理,要求全体员工以大局为重,严于律己,宽以待人。领导者以身作则,自我垂范。在管理上,必须确定责权利关系,应该是权利大责任大,凭功论赏,有过受罚,建立良好的内在运行机制;提倡讲风格、讲道德;坚持原则,秉公办事;互相支持,分工合作,达到团结协作的目的。

(二)掌握用人之道

一个组织的领导者、管理者要掌握用人之道,通过科学的管理去挖掘人的内在潜力,充分发挥人的积极性、主动性和创造性,使每个人都能充分施展自己的才能与智慧,做到劳有所得,有功必奖。这样,组织就一定是一个内在凝聚力强、外在信誉度高的集体。用人之道一般有:

1. 知人善任。每个组织的领导者都应该是一位贤者，做到知人善任。知人善任就是首先要了解员工，然后根据他们的工作能力、专业特长和个人兴趣爱好安排工作，并确定能使他们充分发挥作用的权利和职责范围，为他们创造良好的工作条件和环境。我国古代贤明的国君都懂得知人善任，如汉高祖刘邦任用张良、韩信、萧何三杰，夺得了天下；唐太宗任用魏征为相，实现了“贞观之治”。现在我国企事业单位用人也采用“任人唯贤，量才录用”的办法。近几年又实行公开招聘，通过考试手段公开竞争，择优录用。大学毕业生的分配采取双向选择，把有专长的人放在适当的工作岗位上，让他们充分发挥才能。

2. 信任、尊重。每个人都希望得到别人信任和尊重自己。如果组织的领导人、管理者对员工不信任、不尊重，甚至打击、压制，就会从根本上挫伤他们的积极性，使他们与组织离心离德。组织的领导者和管理人员对员工必须信其为人，取其所长，尊重人格，宽以待人，特别要尊重员工的权利。公共关系工作人员在组织与员工之间发挥沟通信息的作用，把组织各方面的运转情况，各项决策，人事变动，新产品、新技术，以及员工福利等情况及时传达给员工，将员工的反映和要求及时上报给领导。

3. 关心、激励。组织的领导者应该关心员工，爱护员工，激励员工奋发上进，使员工感到集体的温暖，以增进员工的向心力和凝聚力。这样才能激发员工热爱工作、关心集体的热情，充分发挥他们的潜在能力。作为领导者，要深入群众，随时了解员工情况，关心员工冷暖，解决员工的困难。对员工的工作不能求全责备，对他们的缺点或错误应给予热情帮助；对他们的成绩应能充分肯定，给予奖励。公共关系工作人员应协助领导层做好这些工作，把员工团结在一个祥和、温馨的大家庭中，同心同德，谋求事业的发展。

（三）满足员工物质和精神需求

根据美国心理学家和行为科学家马斯洛（Maslow）的需求层次理论，人的需求包括物质需求和精神需求两方面。这些需求又分为五个层次，即生理需求、安全需求、社会需求、尊重需求和自我实现的需求。前两项是属于低层次的物质生存的最基本需求，后三项属于高层次的精神生活需求。一种需求满足了，另一种新的更高层次的需求就会随之产生，如果需求得不到满足，就会影响行为，影响工作。因此，一个组织的领导者必须十分注意满足员工的物质生活需求和精神生活需求。

1. 满足员工物质生活需求是搞好员工关系的基础。员工的物质生活需求是多种多样的,最突出的是工资和福利。无论哪种制度的国家,工人生产,一方面为社会创造物质财富;另一方面是为了维持自己和家人的生活,因此,每个工人都十分重视工资水平的高低。在经济社会中,根据按劳取酬的原则,工资应该是多劳多得,少劳少得,无劳不得。领导者在工资分配上以及调整工资时,必须奖励勤奋和有贡献的员工;必须分清贡献突出、表现一般、与表现后进三种人,并妥善处理这三种人之间的关系,激励先进,鞭策后进,使大家感到企业的公平、合理。

福利待遇是员工物质利益的重要组成部分,也是工资的必要补充。员工福利的范围很广,包括员工的工作条件、生活环境、劳动保护、生老病死等,都应该得到领导的重视。要不断改善员工福利待遇,使员工生活安定,精神愉快,以保证其安心工作,热爱自己的企业。

2. 满足员工的精神需求。员工在物质生活得到满足之外,还有精神生活上的需求。许多有见识的企业领导都比较重视"企业文化"的建设,培养员工崇高的理想和服务精神,使他们从自己的工作成绩中认识自我价值,并以企业精神为自己的奋斗目标和行为规范。公共关系人员要协助领导开展各种活动,搞好企业文化建设。企业文化要与社会精神文明建设结合起来,员工们在企业是建设精神文明的员工,在社会上是建设精神文明的公民。这对企业的兴旺发达、社会的稳定、经济的发展、国家的富强都有好处。

第三节 社会组织的外部公众

社会组织的外部公众是指除内部公众之外的一切与组织有直接或间接联系的个人、群体和组织。外部公众是一个外延很广的范畴,不同组织有不同的外部公众。组织与外部公众的关系构成了外部公共关系,它是一张比内部公共关系更复杂、内容更丰富的系统网络。外部公众对组织,特别是对企业的生存和发展都具有直接或间接的制约力和影响力,是企业必须适应、协调和不断完善的外部力量。企业与外部公众的关系如何,往往能直接反映企业的生存环境和发展水平,是衡量企业素质的基本标准,也是决定企业成败的关键。

一、外部公众是公共关系工作的重点

1. 顾客关系。顾客是指接受社会组织的产品或服务的公众。组织的产品不仅仅指经济组织的生产资料和生活资料,还包括文化组织的精神产品,如思想、艺术和科研成果等。因此,顾客可以是某工厂的产品消费者、某公司的商品购买者、某宾馆的住客、某图书馆的读者、某剧院的观众、某医院的患者等。不论是物质产品的消费者,还是精神产品的使用者,一并称为"消费者"或"顾客"。有关组织与他们的关系,统称为"顾客关系"。

对所有面向社会提供产品或服务的企业来说,要想外求发展,都必须要处理好与顾客的关系,因为顾客关系是企业公共关系对象中利益关系最直接的公众。如果工厂没有顾客,产品销不出去,不能体现产品的价值,也不能维持正常的生产,企业的生存就会受到严重威胁。因此,顾客关系是企业公共关系的重要内容之一。

2. 资源关系。资源关系是企业与资源供应者之间的关系。资源供应者公众是指为企业提供原材料、零部件、能源、燃料、水电等生产资源的企业或个人。

资源的供应是生产的前提,没有资源,企业就要停产,从而使企业的生存受到威胁。因此,企业必须与资源供应者建立良好的关系,使他们源源不断地提供资源,以保证企业生产的顺利进行;如果资源供应者能够向企业提供优质的原材料,企业就能生产出优质的产品。所以,建立良好的资源关系是企业公共关系的一项重要工作。

3. 经销关系。经销商是企业的下属渠道,它经销或代销企业的产品。企业与经销商建立的关系为"经销关系",又称"渠道关系"。

工业企业的产品一般不直接出售给消费者,而是通过经销商来销往市场。因此,经销商是工业企业的后继企业,发挥着调节市场、促进商品流通的作用。企业如果不与经销商搞好关系,出现产品大量积压、资金周转不灵的现象,就会严重威胁企业的生存与发展,所以经销商与资源供应者是企业的两极,也是企业重要的公共关系对象。

4. 金融关系。金融界公众一般是指经常与企业发生货币资源往来的银行、其他金融机构等。企业与它们的关系称为"金融关系"。

金融界是企业进一步发展的后盾。企业要发展,需要银行、其他金融机构等在信贷方面提供支持,如果得不到信贷支持,企业就得不到资金保障,使正常的扩大再生产受阻,同时也产生不了更大的投资项目。因此,企业必须与金融界保持良好的公共关系。

5. 社区关系。社区是指人们共同生活或活动的一定区域。某一社会组织周围同处于这一区域的其他组织与个人称为该组织的“社区公众”。社区公众包括社区的地方政府、社会团体以及当地居民等。该组织与社区公众的关系称为“社区关系”,又叫“地方关系”或“邻里关系”。

企业与社区公众有着千丝万缕的联系,例如,企业中的工人,许多是当地社区的居民;社区居民往往是企业稳定的顾客;社区是向企业提供生活资源的“根据地”。企业要赢得生存、发展的良好社区环境,就必须重视睦邻友好关系。首先,企业要为社区做贡献,创办和扶持多项公益事业,防止环境污染,像爱护自己的家一样爱护社区、建设社区。其次,要使社区公众了解和支持企业,本着互惠互利原则,使企业与社区同步发展,共富共荣。

6. 政府关系。政府是国家权力的执行机构,对社会各行各业、各部门实行宏观调控和统一管理,企业与政府的关系称为“政府关系”。

政府关系涉及的面很广,有人事、劳资、环保等行政机构;有财政、税务、审计等财税机构;还有公安、检察、法院等法律机构。企业与政府机构搞好关系的基本目的是争取政府的了解、信任与支持,因为政府的认可与支持是最有权威性和影响力的。建立良好的政府关系,首先应坚持“国家利益至上”原则,树立全局观念,模范地遵守国家政策法规,自觉地接受政府的管理和调控;其次,主动与政府联系,争取政府的了解与支持;再次,积极响应政府号召,参加公益事业,以赢得政府的信任和赞誉;最后,抓住有利时机,发展生产,为国家创造更多的利税。

7. 新闻媒介关系。新闻媒介是沟通企业与社会的大众传播媒介。新闻媒介主要是指报纸、杂志、广播、电视。新闻媒介公众即这些媒介的机构及其工作人员。组织与新闻媒介的关系则称为“新闻媒介关系”。

对企业来说,各种新闻媒介是公共关系工作最常用、最重要的传播工具;同时,新闻媒介公众又是企业公共关系工作所刻意争取的重要公众。新闻媒介具有传播信息快、影响力强和威望高等特点,它可以帮助企业树立形象,为企业争取更多的公众和更大的市场。与新闻媒介搞好关系,首先要尊重记者和编辑采访、选稿的权利;其次,要与有关的记者、编辑建立经常联系,了解他们的报道要求,及时、准确地反映企业情况,提供新闻线索;再次,时常邀请记者、编辑参加企业活动,更深入地了解企业情况,把握企业脉搏,争取他们传播企业的业绩。

8. 教育、科研关系。教育界和科研单位也是企业的外部公众。企业与教育、科研机构的合作对企业的生存与发展具有重要的意义。

现代企业离不开科研和教育,因为各类学校的学生就是企业未来的员工,教育方针和教育水平决定着未来员工的知识水平和劳动态度,而且决定着企业能否及时采用新技术、新材料、新工艺,开发新产品。企业的科学研究需要大专院校、科研单位的支持和帮助。当前我国许多企业与学校和科研单位实行"企校挂钩"和"企所挂钩",组成生产科研联合体,一方面有利于学生联系实际,学习科学技术知识,学会实际操作本领;另一方面,企业有大量科研经费、齐全的设备和亟待解决的科研课题,而学校和科研单位有众多高水平的科研人才、丰富的科研资料,企业与学校和科研单位各有所长,互相合作可以取长补短,相得益彰。

9. 名流关系。社会名流是指那些对公众舆论和社会生活有较大影响的人物,如党政要人,工商金融界首脑人物,科学、教育、学术界权威人士,文化、艺术、影视、体育界明星,以及新闻出版界的名记者、名编辑等。由于这些人物往往是新闻或公众舆论注意的热点,知名度高,因此他们也是企业公共关系不可忽视的外部公众。

企业要取得"名人效应",必须与社会名流建立良好的关系。第一,能够利用他们的专长为企业生产和经营管理提供有益的意见与建议;第二,能够通过他们广泛的社会关系网络为企业广结良缘;第三,能借助他们较高的声望,提高企业的知名度,扩大企业的社会影响力。

10. 竞争关系。市场经济就意味着竞争,有竞争就有竞争者。竞争者是属于企业外部公众的一种特殊公众。企业与竞争者的关系就是"竞争关系"。

竞争者与企业有着共同的目标市场,却有着对立的利益。他们共同瓜分着目标市场,其市场占有率处于此消彼长的态势。

在市场经济条件下,企业参与竞争,应当遵守竞争规则,讲究竞争道德。与竞争者既有竞争,又有合作,优胜劣汰,相互激励。公关人员应当协助企业维系与竞争者公众的日常交往,讲究竞争风度。在国际市场中,把国家利益放在第一位,争取与竞争者的合作,在经济全球化进程中,共同为民族品牌的塑造而努力。

11. 国际公共关系。国际公共关系是指一个企业的产品和活动进入国际市场,在国际市场上所发生的各种关系的总和。

随着经济全球化以及中国作为世界贸易组织(WTO)成员,使中国企业面临着国际竞争的挑战,中国企业必须在更大的领域和更艰难的环境中建立良好的公共关系。企业通过国际公共关系活动,一方面及时准确地了解国际市场的动向,了解有关国家的政治、经济、文化、历史、风俗习惯、公众心理,以及国际商法、国际交往惯例等,特别要了解国外投资者、合作者和客户的情况;另一方面,向国外的公众、舆论界及市场传播自己的信息,介绍自己的产品和服务,提高企业的国际声誉和国际影响力度,树立中国民族品牌的良好形象。

此外,企业的外部公共关系还有员工家属关系、公益团体关系、工商企业之间关系等。处理好这些关系对企业都是必要的。

第七讲 史玉柱的沉与浮

二、如何搞好外部公共关系

(一)把握外部公共关系的重要性和复杂性

市场经济越发达,企业外部公众越重要。外部公共关系的好坏直接影响着企业的形象,而企业形象的好坏必定从深层次上影响产品的销售。所以,许多企业家都认识到"企业形象是无形的财富"。在市场竞争激烈的当今社会,中国传统的"酒香不怕巷子深"的经营观念已经过时。企业要想立于不败之地,必须时时处处注意自身形象的塑造品牌的推广。

同时,企业外部公共关系具有一定的复杂性,它范围广、对象多,公共关系无处不有,无时不在,而且具体、多样、千变万化,企业只有充分理解其复杂性,对外部公众做深入了解,细致分析,慎重地对待各种不同的公众,企业才能应付自如,为企业树立良好的形象并取得竞争的主动权。

(二)进行交流沟通

通过与外部公众的交流沟通,一方面了解外部公众的类型、特征和变化的现状与趋势;另一方面向他们宣传企业的政策措施及新技术、新产品和新成就。沟通交流需要坚持快速、及时、真实和诚恳的原则，不说假话，不搞欺骗。通过沟通交流，达到互惠互利的目的。公共关系并不讳言谋求自身的利益，但必须在有利于社会、有利于公众的前提下谋求企业自身的利益，达到共同发展的目的。

（三）坚持原则，增进情感

企业应以原则为准绳，情感为纽带，搞好公共关系，反对无原则的感情拉拢，也反对只讲原则、没有一点人情味的冷酷行为。原则的准绳是不能变更的，在坚持原则的前提下，公共关系人员对外部公众强调情感的沟通和交流。因为人与人之间、组织与组织之间有了情感，就有良好的合作基础，并产生良好的信任关系。

三、正确处理企业与顾客之间的关系

外部公众是企业公共关系的重点，而顾客又是外部公众的重点。顾客是企业最大量的外部公众，其关系是第一位的。在现代市场经济条件下，顾客就是市场，有了顾客就有了市场，有了市场，企业才有经济效益。所谓“市场导向”，实际上就是“顾客导向”。顾客关系是企业发展的生命线。良好的顾客关系能给企业带来直接的利益。

现代企业已经从20世纪70年代的“少品种大量生产”，80年代的“多品种少量生产”，90年代的“变种变量生产”，发展到21世纪的“新品种适量生产”阶段。市场经济的发展和环境的变化使越来越多的企业努力寻求有效的经营方针，以服务公众为宗旨，确定以顾客为导向的经营哲学，因此，我国20世纪90年代以后企业公共关系的视点是开展“CS”（Customer Satisfaction，即让顾客满意活动）活动。

“CS”活动的基本做法如下。

（一）研究顾客心理

常见的顾客消费心理及其特点有：

1. 求实心理，追求经济实惠。
2. 求新心理，追求时髦和新奇。
3. 求名心理，追求“名牌”、“名厂”和“名商标”等。
4. 求美心理，追求艺术化的商品。
5. 求廉心理，看重商品的价格。
6. 攀比心理，看到人家有，自己也要有。

7. 从众心理,主要表现为随大流。

(二)处理顾客关系的一般原则

“顾客至上”是处理顾客关系的永恒主题,与“顾客是上帝”“顾客总是正确的”相比,它具有更实际的内涵与形式。“顾客至上”观念以企业目标和战略意义为起点,充分确立企业目标顾客的满足心理和满足度,以顾客的需求指导企业的政策和目标。企业生产什么、怎样生产都要以顾客需求为导向,真正做到顾客满意,从而使顾客信任和支持企业。

(三)尊重和维护顾客的合法权益

顾客有哪些权益呢?

1. 顾客有权不买不喜欢的商品,挑选自己满意的品牌、式样和品种。

2. 顾客有权了解商品制造、使用和维护方面的信息和知识,并有权对商品的质量、式样、性能、价格等提出意见。

3. 当使用不良的商品受到损害时,顾客有权要求得到赔偿。

企业公共关系人员必须对顾客的权利给予充分的尊重和维护。如果遇到顾客与企业发生矛盾和纠纷时,公共关系人员不能片面地袒护自己的企业,而应尊重和维护顾客权益,恰当地处理问题。

(四)企业必须让顾客满意

1. 通过与顾客的交流沟通,了解顾客情况,满足顾客需求,进行“承诺服务”。

2. 提供各种规格、型号的优质产品和一流服务。

3. 及时传播有关商品和服务的信息。

4. 及时、公正、诚恳地处理顾客投诉、咨询和批评。

5. 实现消费者管理,引导消费,创造消费。

开展“CS”活动,对我国现代企业并不陌生,过去企业常常开展“优质服务周”“良好服务月”“微笑服务”等活动,这些都属于“CS”活动。但开展让顾客满意的活动不是短期的,不能一阵风,走过场,而是要长期地、实实在在地从观念到实际行动做到让顾客真正满意,这样才能保持良好的顾客关系。

1. 如何理解公众概念的基本内涵与特征？
2. 社会组织的公众该如何进行分类？
3. 为什么说“潜在公众形成时期是开展公共关系活动的最佳时机”？
4. 试析“边缘公众”的形成与意义。
5. 企业如何开展“CS”活动？

CONTEMPORARY PUBLIC RELATIONS

第七章 公共关系工作程序

学习要点

1952年，被后人誉为美国“公关圣经”的《有效公共关系》一书出版发行。在这本著作中，斯科特·卡特李普提出了两大理论观点：一是公共关系的“双向平衡”理论；二是公共关系的“四步工作方法”。双向平衡理论说明组织与公众之间关系的状态，四步工作法说明公共关系运作的程序。《有效公共关系》一书的出版，引导公共关系工作进入到了一个系统化、完善化的阶段，预示着公共关系新时代的到来。

公共关系的工作程序可由图 7－1 直观的表现。

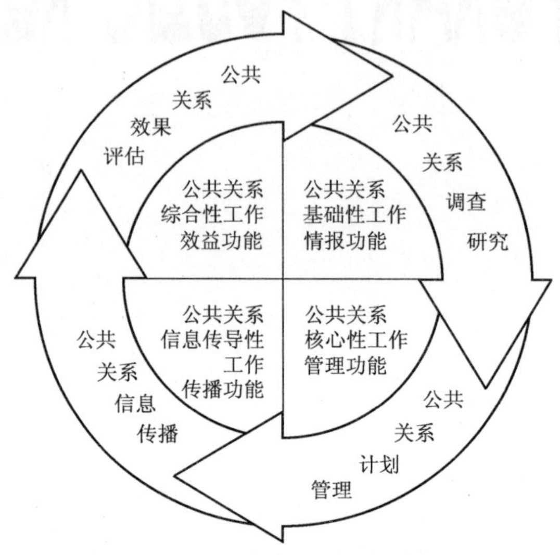

图 7－1　公共关系工作程序图

第一节　公共关系调查研究

公共关系调查研究，是指公共关系工作人员对自己或所服务的组织（指公共关系咨询公司受特定组织的委托为其进行公共关系调查）的公共关系状态进行的情报搜集与研究工作。进行公共关系调查研究，主要是为了了解那些受到组织行为和政策影响的人对组织的观念、态度、看法和反应，掌握组织的实际形象。公共关系调查的目的在于发现组织存在的问题，对问题进行全面而深入的了解，并制定公关方案予以解决；掌握组织的真实信息，提供为保证组织的形象能够发扬光大而制定公关策划方案的依据。公共关系调查研究是公共关系的基础性工作，发挥着情报功能。

一、公共关系调查的准备

在运行公共关系调查之前，准备工作至关重要，如围绕什么展开调查，在什么范围内以及采用何种方式进行调查等都是准备工作的内容。

(一)确定主题

确定主题是指组织在进行公共关系调查之前,首先要确定调查的宗旨,即组织将围绕什么主题展开调查。公共关系调查可分为一般性公共关系调查和特殊性公共关系调查两种。

1. 一般性公共关系调查是公共关系工做调查,它是通过了解情况、掌握资料,以制定公共关系工作在一定时期(如一年或更长时间)内的工作计划,目的在于制定适宜的发展战略与策略以发展组织自身。一般性公共关系调查是在组织或企业正常的生产经营运作中所进行的调查,其宗旨在于掌握组织各方面的情况,了解公众对组织的评价,其主题可确定为组织日常公共关系活动的全部或局部调查及组织公共关系状态调查等,如企业形象调查、顾客忠诚度调查、市场占有率调查等。

2. 特殊性公共关系调查是公共关系事件调查,其前提条件是组织发生了对公众有影响的事件,公共关系人员要对这一事件进行调查,以了解情况、掌握资料,制定公共关系时点(以项目为核心或为解决某一事件而开展的一次性活动)工作计划,目的在于解决存在的问题或实现某种(战略性的或策略性的)公关目标。特殊性公共关系调查是在组织或企业非正常的生产经营运作中所进行的调查,其宗旨在于掌握组织发生问题或事件的全面情况,了解事件对公众和对组织影响的程度,其调查主题可围绕着问题或事件的内涵来确定。进行特殊性公共关系调查主要应搞清楚促成问题或事件发生的原因,这些原因在以后的工作中是否还会出现,未来社会的政治、经济、文化环境会发生哪些变化,变化了的环境将对组织面临的问题或事件产生何种影响,等等。

(二)确定范围

确定范围是指对被调查者——公众对象范围大小、人数多少及相关的各种指标(如性别、职业、年龄、受教育程度等)的界定。组织的公众处于不断变化之中,不同的调查主题应该确定不同的调查对象和调查范围。确定所要调查的公众范围应该掌握好“度”的限制。在一般性公共关系调查中,组织应根据主题的需要和力所能及的条件来确定调查的公众范围,并保证所确定的公众对象有一定的代表性。在特殊性公共关系调查中,如果组织以问题发生的范围作为确定调查范围的依据,就不能对超越问题发生范围的公众进行调查。因为,对超越问题发生范围的公众对象做调查,一是被调查者不了解情况,容易造成调查资源的浪费;二是等于向被调查者传递了不该传递且不利于组织的信息,扩散了不利于组织事件的影响。如果组织策划一种活动或开展一种传播而渴望得到一种好的效果,同时也希望通过调查来掌握更多的信息资料,则应以自己力所能及的范围作为确定调查范围的依据,这样,还可以通过调查范围的扩大来传递对组织有利的信息;如果组织所确定的调查范围很小,远不及问题发生的范围,这样了解的情况又会很不全面、不具体、不客观,从而影响组织对公众信息的把握。

在确定调查范围时,调查人员应该对有关公众对象的情况有所了解,以保证确定的调查范围更合理,更具有代表性。

首先,应了解公众对象的背景资料,即被调查者的自然状况,如年龄、性别、籍贯、住址、文化程度、职业、收入水平、家庭情况等(在实际调查中选择其中必要的资料作为确定被调查对象的参考)。

其次,应了解公众对象的知晓度资料,即被调查者对组织的一些情况,包括问题、经营状况、市场情况、是否知道开展的主要活动及知道的程度。

再次,应了解公众对象的态度资料,即被调查者对组织的方针、政策、各项工作及发生的问题与事件所持的态度。公众态度从其表现形式上划分,可分为赞成、不赞成、反对和敌意四种态度;从其持续的时间上划分,可分为延续性的态度和即时性的态度两种。组织希望公众持赞成态度,并使其态度延续的时间越长越好,而对那些持不赞成、反对乃至敌意态度的公众,其态度如果是即时性的最好。单就被调查对象的选择而言,应该选择持各种不同态度的公众,以保证调查的结果公正、客观、真实。

最后,应了解公众对象的行为资料,即被调查者受自身态度的支配所采取的行为,表现为接纳企业及其产品和服务、不接纳企业及其产品和服务、对企业施加各种压力等方面的行为。

公共关系工作人员可从以上这些资料中确定公众对象的构成、大小、类型和活跃程度等,从而确定被调查者的范围。

二、公共关系调查内容

公共关系调查内容选择得是否合适,直接影响到调查结果的有用性和有效性,影响到调查目标是否能实现。

（一）一般性公共关系调查内容

一般性公共关系调查分为组织内部调查与组织外部调查。

1. 组织内部调查。组织内部调查主要应了解组织的基本情况，在一个企业中，应包括企业的生产、经营情况和职工队伍状况等，这是公众对组织评估的主要依据，组织公共关系工作人员必须对组织的各方面情况了如指掌。

（1）企业的经营情况包括：企业建立的时间、历史上的重大事件及主要业绩；企业的经营目标和经营宗旨；企业对社会做出的贡献；企业的目标市场分布状况、市场占有率及市场竞争情况；企业的产品、服务、价格等特点；企业的管理状况及特点；企业的外观、厂名，商品的包装、商标，等等。

（2）企业的职工队伍状况包括：企业职工队伍的变化情况；目前职工队伍的自然状况，即职工的年龄构成、文化程度、家庭状况、专业特长、兴趣爱好，职工对职业生涯的要求和可能的努力方向等；职工的心态，即职工对企业决策层、领导层及大政方针的态度与意见；对企业有突出贡献职工的成就与经历；企业主要负责人的经历，等等。

公共关系工作人员尤其是公关经理人员要深入组织内部公众之中，深层次地了解职工对自己组织的内在感受与要求。

2. 组织外部调查。组织外部调查主要应了解公众的态度与意见，这是一般性公共关系调查中最重要的内容。通过掌握公众的态度与意见，可以看到组织在社会公众心目中的实际形象，并以此同组织的自我期望形象进行比较，找出差距和存在的问题，制定组织为之奋斗的公共关系目标并确定开展公共关系活动的方案。组织外部调查的内容主要包括组织形象调查和公众动机调查。

（1）组织形象调查。组织形象是指社会公众对组织机构的全部看法和整体评价以及整套要求和标准，即社会公众对一个组织的总体信念。

对组织形象进行调查的基本步骤是：

第一步，对公众对象进行普查分类，以确定具体的调查对象，确定的标准是地域的不同，也可以是收入和职业的差异等。

第二步，对组织形象地位进行测量，以调查各类公众对本组织的评价，从而确定组织的知名度与信誉度（这一问题我们将在本章的后面进行说明）。

第三步，对组织形象内容进行调查与分析，以获得公众持不同态度的真正原因，进而找到组织形象与地位形成的依据。

(2)公众动机调查。公众动机是指公众在采取某些行为之前，其内心世界的活动情况及目标要求。公众动机是公众的心理活动过程，它是形成公众态度与意见的直接原因。公众动机一般表现为感觉、兴趣、意图、信念、理想等各种形式。对于组织的各项活动，社会公众往往是仁者见仁、智者见智，印象不同、评价各异。对公众动机进行调查，就是要探明形成公众印象与评价的主观原因。

【案例 7－1】 长城饭店的公关策划①

一提到长城饭店的公关工作，人们立刻会想到举世闻名的里根总统的访华答谢宴会、北京市副市长证婚的 95 对新人集体婚礼、颐和园的中秋赏月和十三陵的野外烧烤等一系列使长城饭店声名鹊起的专题公关活动。长城饭店的大量公关工作，尤其是围绕为客人服务的日常公关工作，均源于它周密而系统的调查研究。

长城饭店日常的调查研究通常由以下几个方面组成。

一、日常调查

1. 问卷调查。工作人员每天将问卷调查表放在客房内，表中的项目包括客人对饭店的总体评价，对十几个类别的服务质量评价，对服务员的服务态度评价，以及是否加入喜来登俱乐部和客人的游历情况等。

2. 接待投诉。几位客务经理 24 小时轮班在大厅内处理客人反映的情况，随时随地帮助客人处理困难、受理投诉、解答各种问题。

二、月调查

1. 顾客态度调查。工作人员每天向客人发送喜来登集团在全球统一使用的调查问卷，每天收回，月底集中寄到喜来登集团总部，进行全球性综合分析，并在全球范围内进行季度评比。根据量化分析，对全球最好的喜来登饭店和进步最快的饭店给予奖励。

2. 市场调查。前台经理与在京各大饭店的前台经理每月交流一次游客情况，互通情报，共同分析本地区的形势。

---

① 张岩松、王艳洁、郭兆平编著：《公共关系案例精选精析》，经济管理出版社，2003 年版。

三、半年调查

喜来登总部每半年召开一次世界范围内的全球旅游情况会，其所属各饭店的销售经理从世界各地带来大量的信息，相互交流、研究，使每个饭店都能了解世界旅游形势，站在全球的角度商议经营方针。

这种系统的全方位调研制度宏观上可以使饭店决策者高瞻远瞩地了解全世界旅游业的形势，进而了解本地区的行情；微观上可以使饭店决策者了解本店每个岗位、每项服务及每名员工工作的情况，从而使他们的决策有的放矢。

综合调查表明，任何一家饭店，仅有较高的知名度是远远不够的，要想保持较高的“回头率”，主要是靠优质服务，使客人满意。那么，怎样才能使客人满意呢？经过调查研究和策划，喜来登集团面对竞争提出了“宾至如归方案”。计划中提出在3个月内对长城饭店上至总经理、下至一般服务员进行强化培训，不准请假，合格者发证上岗。在每人每年100美元培训费基础上另设奖金，奖励先进。其宗旨就是向宾客提供满意的服务，使他们有宾至如归的感觉。随着这一方案的推行，饭店的服务水平又有了新的提高。

（二）特殊性公共关系调查内容

特殊性公共关系调查根据所具备前提条件的不同形成不同的调查，具体表现为：

1. 具体问题调查。其前提条件是组织出现了重大问题，对社会公众造成了一定的影响，组织可就这一具体问题对知情公众和相关公众进行调查。其调查内容包括：问题产生的原因、影响程度，公众对问题的看法，公众对组织的看法，公众期望组织采取哪些具体行动来解决问题，等等。

2. 活动效果调查。其前提条件是组织开展了重大的公共关系活动，通过调查，了解其活动效果。组织重大的公共关系活动可能是为解决前面出现的问题而开展的，也可能是为扩大组织自身的影响、寻求公共关系由头而开展的。无论是哪一种情况，组织公共关系工作人员都应该掌握其活动效果，为其后的公共关系策划与决策工作提供可借鉴的经验。

3. 传播效果调查。其前提条件是组织进行了专项信息传播（如广告传播、新闻传播、公关活动传播等）。传播效果如何，组织可进行一次专门性的调查，并通过调查发现哪一种或哪几种媒体传播效果更好，哪一种或哪几种传播形式更好，在什么时机、什么条件下进行公共关系信息传播对组织最有利，等等。

三、公共关系调查方法

公共关系调查方法按公共关系调查人员是否与公众直接接触，可分为直接调查法和间接调查法。

（一）直接调查法

直接调查法是指公共关系工作人员与公众面对面地沟通，直接了解情况、掌握信息。具体方法包括个人接触法、深度访问法和公众座谈会三种。

1. 个人接触法。公共关系工作人员与社会公众直接接触，是准确把握公众信息的最佳途径。企业公共关系工作人员直接和员工进行沟通，可以了解员工的内心活动情况，掌握他们对企业各项方针、政策的反应，倾听他们提出的各种意见与建议；企业公共关系工作人员直接和顾客接触，可以了解顾客对企业产品和服务是否满意，掌握他们对企业及品牌的要求。对企业的公共关系工作人员来说，直接接触公众的机会很多，如可通过参加商品展览、展销会直接与公众接触，这也为公共关系工作人员提供了了解公众并与其进行沟通的机会。公共关系人员应善于捕捉时机，养成自觉利用一切可以利用机会的习惯，随时随地掌握有价值的信息。

2. 深度访问法。有时，为了了解公众做出某一反应的深层心理原因和情感原因，公共关系工作人员可以有目的地选择一些有代表性的公众对象进行深度访问。深度访问对访问者有严格的要求，主要包括：

第一，访问者要受过专门的训练，有记者工作经验更好，以保证访问者与被访问者之间能够顺利地沟通。

第二，访问者应熟悉有关材料，了解有关事情的原委，以保证访问者能够更多地挖掘被访问者的深层信息。

第三，注重提问的方式与提问的程序，以保证被访问者说出心里话。

深度访问所提出的问题有两种类型，一种是“开放性”问题，另一种是“封闭性”问题。开放性问题是指答案有多种选择的问题；封闭性问题是指答案非此即彼的问题。一般来说，应该是先提开放性问题，使被访问者容易介入谈话主题并有较大的回旋余地；后提封闭性问题，让被访问者对问题表态，以便掌握有价值的资料，并使分析资料容易归类。

3. 公众座谈会。有时组织根据发生的事件或要解决的问题,可选择有代表性的公众到组织或企业中来进行座谈。召开公众座谈会,组织可以从以下几个方面进行规范:

第一,要确定座谈主题,主题要明确,重点要突出,座谈需绕主题展开。

第二,要注意代表的选择,应尽量选择那些有代表性的人参加,其代表的结构要合理,每一位代表都能代表一定的人群。

第三,应规定座谈人数,座谈人数不宜过多,过多会使每个人发言的时间受到严格的限制,从而使发言人不能畅所欲言;同时,人数也不能太少,太少会使参加者不具备掌握信息所需要的人员结构,不具有代表性,同样也会影响公关调查人员对必要信息的掌握。小型座谈会的人员 8 ~ 10 人较合适,不能少于 4 人,不要超过 16 人。

第四,要注意座谈开始时的议题表述,应尽量自然、简短,能激发人的兴趣,同时以开放性问题为重点,一定要留出较多的时间让公众充分发表意见。

第五,要做好记录、录音或录像工作,防止信息流失,把握信息的可靠性和对可用资料的保存。

直接调查法具有直接性、双向性、及时性和准确性等特点。采取这种方法可以增加对被访问者的控制,把握调查的主要脉络。但采取这种方法会增加调查成本,同时调查的范围也有一定的局限性。

(二)间接调查法

间接调查法是指公共关系工作人员不直接和公众接触,而是通过某些中间环节达到调查的目的。具体方法有媒介研究、民意测验和抽样调查等。

1. 媒介研究。这是组织公共关系工作人员通过确定和系统地分析媒介中所报道的具体内容,并进行整理和分析,以掌握对组织有用的价值资料的一项活动。组织可利用的媒介有报纸、杂志、广播、电视、电影、书籍等,现代企业则更多地使用网络。媒介研究的基本步骤如下:

(1)搜集资料。这是指通过各种媒介搜集有关资料。例如,通过报纸搜集有关本企业的情况、竞争对手的情况、市场情况、科技进步情况、国际市场的动向等;通过电子媒介的录音录像掌握相关并有用的资料;通过互联网掌握相关公众的信息等。

(2)分类检索。这一步可以通过建立分类检索系统来完成,即按照一定的规则把各种资料进行归类。

(3)资料保存。这一步包括剪贴、登记、编目、装订、归档等工序。在一些现代化的大企业中,已经采用了电脑管理与储存资料,形成数据库,这无疑扩大了企业的信息量,同时还可以即时监控市场、渠道与供货、物流状况等,以提高工作效率。

(4)资料分析。这是指对检索后的资料进行全面的分析。具体分析方法有两种,一种是纵向分析法,另一种是横向分析法。纵向分析法是从问题产生的原因入手,按照其发展的方向推进;横向分析法是把同一问题的不同观点铺开进行分析。有些重大的问题还要广泛听取专家的意见。采用数据库管理的企业也可以通过这种分析方法对相关资料进行分析,以把握信息的变化方向与变化性质。

2. 民意测验。这是指通过了解民情民意来掌握信息的一种方法。其基本程序是:

(1)确定调查目标。这是指通过此次民意测验确定所要实现的目标。目标要具体,具有现实意义,要说明掌握必要资料的意义,解决存在的问题。

(2)确定调查范围。这里要根据目标来确定调查对象的条件,其要求是范围要适度、可行。

(3)确定问卷形式。这是指确定提问方式、问卷结构及具体的问卷内容,而后最好能进行小范围的测试,以发现问卷中存在的问题,并进行修改。

(4)确定调查方式。这要根据组织的条件和调查的范围而定,可采取当面访问、通信访问、电话访问、网上调查等形式中的一种或几种。对同一调查对象不可重复调查。

(5)整理调查资料。调查结束后,公共关系工作人员要对大量的资料进行归类、整理、登录、统计和分析,以便得出有价值的数据资料,作为公共关系决策的依据。

3. 抽样调查。这是在调查总体中抽取一定数量的样本进行调查,并以此推断总体特征的一种方式。抽样调查分单级抽样调查和多级抽样调查两大类。

(1)单级抽样调查,是指在调查总体中只进行一次抽样之后,即以所抽取的样本为单位,对其进行观察分析。采用单级抽样调查可进行随机抽样、机械抽样,还可进行整群抽样等。

（2）多级抽样调查，也叫多阶段抽样调查。它是指利用现有的行政区划、组织系统层层抽选，先从总体中抽出一些大的群体，然后在已抽出的群体中进一步抽样，或是直接抽取一些单位来调查，抑或是再抽出一些小的群体进行第三次抽样。多级抽样除最后一级外，前几级抽样每一级都是一次整群抽样。所以，多级抽样也可以说是一种特殊的整群抽样。

四、公共关系调查资料的分析与应用

通过公共关系调查，组织掌握了大量的情报资料，公共关系工作人员应对这些资料进行整理、统计与分析，从中确定组织所要掌握的具体信息，为公共关系方案的设计与规划提供有价值的情报。

第八讲　知名度与信誉度的比较分析

（一）对公关三度的分析

公关三度是指通过调查所掌握的组织的知名度、信誉度与美誉度，它们是说明一个组织公共关系形象的具体指标。知名度表示社会公众对组织知道和了解的程度；信誉度表示社会公众对组织的信任程度；美誉度是社会公众对组织的赞誉程度。这三度反映了社会公众对组织的总体态度和评价。其中，信誉度与美誉度又互相联系。一般来说，有良好信誉度的组织都有着良好的美誉度，同时，组织的良好美誉度也一定是由良好的信誉度带来的。但二者也有一定的区别，信誉度的高低是以一个组织的技术指标、经济指标、行为指标和社会指标为依据衡量的。经济指标在经济组织中表现为销售指标、市场指标，如销售额、销售增长率、资金运动力、市场占有率等；行为指标在经济组织中表现为办事效率、服务水准、业务工作、管理能力、承诺兑现率等。衡量美誉度的高低则以社会公众对组织的态度和评价为标准。在对组织的评价过程中，往往可以用信誉度替代美誉度，也可以用美誉度替代信誉度，二者的替代具有互逆性。所以，我们可以从三度中确定二度（包括信誉度或美誉度二者之一)对组织形象进行评价。组织在进行了公共关系调查之后,可以将其中的两项指标标在“组织形象地位分析图”上(见图7－2),以确定组织的形象地位,找出存在的问题,为制订公共关系计划提供翔实的资料。

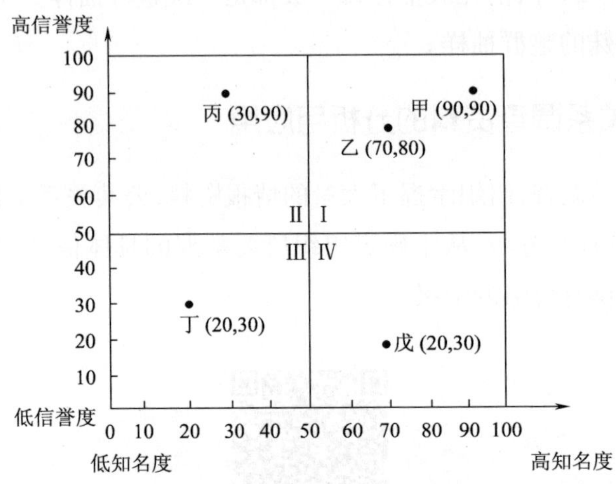

图7－2 组织形象地位分析图

组织形象地位分析图将整个图形分为四个区域,其中甲、乙、丙、丁、戊分别代表五个企业的形象,在公众调查中分别就这五个企业的形象内容由被调查者打分,并将打分的结果统计之后标于图上。

组织形象地位分析的基本原则是:按逆时针方向分析问题;按顺时针方向解决问题。

图中四个区域的含义是:

区域Ⅰ表示双高,即高知名度、高信誉度(或高美誉度),说明组织公共关系处于最佳境况,组织公共关系工作的重点就是要保持这种状态,并使其发扬光大,如图中的甲企业和乙企业。

区域Ⅱ表示低知名度、高信誉度(或高美誉度),说明组织公共关系状态具有良好的发展基础,公共关系工作的重点应当是在维持组织信誉度的基础上提高其知名度。图中的丙企业应当使自己的形象向区域Ⅰ过渡。

区域Ⅲ表示双低,即低知名度、低信誉度(或低美誉度),说明组织公共关系状态不佳。这时公共关系工作应分两步走:第一步改善自身,争取提高信誉度,使其向区域Ⅱ方向发展;第二步提高知名度、扩大传播,使其再向区域Ⅰ方向发展。图

7 -2 中的丁企业就应该采取这样的工作步骤。

区域Ⅳ表示高知名度、低信誉度(或低美誉度),说明组织公共关系状态极为不佳,甚至可以说处于臭名远扬的恶劣境地。其公共关系工作应分三步走:第一步,降低已形成的坏名声,使其向区域Ⅲ方向发展;第二步,默默地努力改善自身,扩大信誉度,使其向区域Ⅱ方向发展;第三步,再去扩大知名度,使其向区域Ⅰ方向发展。图 7 -2 中的戊企业就应采取这种方式。

这里需要说明的是,区域Ⅳ中所表示的高知名度、低信誉度,指的是组织形象的本质存在问题,这时直接利用现有的知名度而使问题得到解决是不可能的,如由于公关危机而导致形象受损就不属于这里所能讨论的问题,它属于公关危机的范畴。

【案例 7 -2】 温州鞋的沉寂与辉煌①

皮鞋素为温州名产。温州在清朝中期已经形成皮鞋业。中华人民共和国成立后,1950 年至 1978 年,温州年产皮鞋 49.68 万双,占全国市场份额近 50%。20 世纪 80 年代后期,私营、个体鞋厂大量涌现,以皮鞋为主体的鞋类生产在迅速发展,但同时不少假冒伪劣皮鞋产品也开始充斥市场。

1987 年 8 月 8 日,5 000 余双皮鞋在杭州武林广场被付之一炬。随后“火烧连营”,全国许多城市的商场拒售温州鞋,武汉等 10 多个城市相继将温州鞋驱逐出境,温州皮鞋被钉上了劣质产品的耻辱架。温州企业开始饱尝信用缺失之痛。

其中一个有关温州鞋的故事更是让温州鞋业汗颜。一名东北女青年给未婚夫买了一双款式新颖的温州产皮鞋,没料到刚穿了两三天,在结婚筵席上,新郎的皮鞋却开了帮,仔细一瞧,里头塞的全是马粪纸。恼怒之下,他们把皮鞋用邮包寄给了原温州市市长,质问温州人怎么拿这种劣质皮鞋坑人?温州市市长对此颇感震惊,意识到问题的严重性将会影响整个温州经济的发展。为此痛下决心,一定要重树温州鞋的形象。

温州人开始把产品质量和诚信放在了第一位。他们沉寂了 10 年,也努力了 10 年,终于换回了消费者的认可。进入 21 世纪后,温州的皮鞋逐渐在市场上重新取得了消费者的信任,并开始大批出口国际市场。

---

① 汪秀英著:《企业运营与发展》,中央广播电视大学出版社 2005 年版。

（二）组织形象的内容分析

进行知名度与信誉度（或美誉度）的分析，可以概括出一个组织的总体形象。而总体形象则依据公众对组织具体工作的评价，即依据组织形象的具体内容。

组织形象的内容是全面的，如企业在公众心目中经营方针是否正确，办事效率是高还是低，服务态度是否诚恳，业务水平是高还是低，经营工作是否有创新，管理程序是否科学，企业的规模是大还是小等，这些属性都是构筑企业形象的具体内容。企业可以运用"语意差别分析法"来分析组织形象的内容。具体方法是：将认定较为重要的属性分别以语意的两极为两端，在两端之间设置若干中间程度的档次，制作成五等分或七等分的表格，以表示这些属性的程度差别。调查中可请受访人就自己的看法在语意属性的标尺上进行选择，做出评价。调查完毕，公共关系工作人员对所有有效样本进行统计，计算出各个档次中持某种意见的人在调查总体中所占的比例，也可以直接填写人数并填入表内。这样可以直观地了解公众态度的具体原因。我们以前述丁企业为例对此予以说明（见表 7－1）。

表 7－1　企业形象要素调查统计表　　单位：人数

调查项目 \ 评价 \ 人数	非常	相当	稍微	中性	稍微	相当	非常	评价 \ 人数 \ 调查项目
经营方针正确		65	25	10				经营方针不正确
办事效率高			25	65	10			办事效率不高
服务态度诚恳				15	20	65		服务态度不诚恳
业务水平高					20	70	10	业务水平不高
经营工作有创新				10	20	60	10	经营工作无创新
管理程序科学						10	90	管理程序不科学
公司规模大					25	55	20	公司规模不大

注：调查总人数为 100。

丁企业将调查表（同统计表）发给社会公众填写（每一项目只可选择语意之一，多选则调查表作废），统计结果如表 7－1 所示。对这份统计表进行分析，说明丁企业的形象内容是：经营方针正确，办事效率平平，服务态度不太诚恳，业务水平低，经营工作没有创新，管理不科学，公司规模小。这就是丁企业知名度与信誉度处于区域Ⅲ的原因。

（三）形象差距的比较分析

将组织的实际形象与自我期望的形象进行比较，通过"形象要素差距图"进行分析，揭示二者之间的距离。

实际形象是通过调查获得的数据形成的；期望形象是年初计划时公司制定的，也可称之为目标形象。具体步骤是：第一步，将"组织形象要素调查统计汇总表"中表示不同程度评价的七个档次相应数据化，使其成为数值标尺；第二步，将统计表中各个项目内容的自我期望值绘至图中（在每年的公共关系计划中，都要将组织所期望达到的目标确定下来），并将各点用虚线连接；第三步，根据统计表结果，计算公众对每一个调查项目评价的加权平均值，并将各项目的加权平均值绘至图中①，用实线连接，形成实际形象线（见图 7－3）。两线之间的距离就是"形象差距"。从图 7－3 中可以看出，除"经营方针"一项要素实际评价与自我期望值较为接近外，其他各要素均有相当大的差距。缩小和弥补这些差距是该企业下一步公共关系工作的重点。

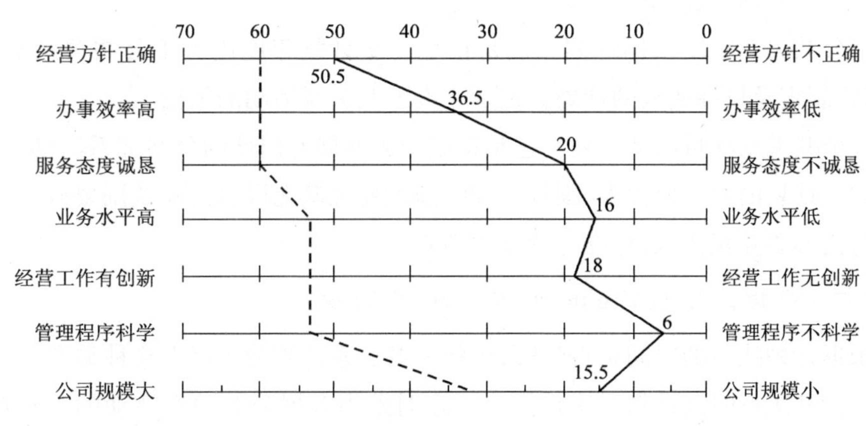

图 7－3 形象差距比较分析图

① 每一个内容的加权平均值计算公式为：

$$加权平均值 = \frac{\sum(持某一语意的人数 \times 该语意数值的中位数)}{调查总人数}$$

第二节　公共关系计划管理

通过公共关系调查研究工作,掌握了大量的情报资料,确定了公共关系问题之后,下一步的工作就是制订公共关系计划。公共关系计划管理是公共关系的核心工作,发挥着管理功能。

一、公共关系计划的类型

根据不同的划分方式,公共关系计划有不同的类型。

(一)根据计划执行时间的长短划分

根据计划执行时间的长短,可将公共关系计划分为以下三种类型。

1. 公共关系长期战略规划。这是指三年以上的公共关系计划。这种计划以公共关系战略目标为主要内容,以实现这一战略目标的各种手段为基本策略。计划内容宜粗不宜细、宜简不宜繁。

2. 公共关系年度工作计划。这是指在一个计划年度内关于公共关系活动内容、措施制定及目标实现的计划。这是年度公共关系活动的依据。

3. 公共关系项目活动计划。这是指组织为开展专门性的公共关系活动而编制的计划。计划的内容要深入、细致;时间、地点要准确无误;规模、范围要确定清楚;形式与内容要互相协调;标准与预算要适宜。

(二)根据计划执行的时间是否延续划分

根据计划执行的时间是否延续,可将公共关系计划分为以下两种类型。

1. 公共关系时期计划。这是指在一定时期内开展公共关系活动的工作计划,它是公共关系长期战略规划和年度工作计划的总称,当然也包括更短时期的计划方案(如半年或三个月)。

2. 公共关系时点计划。这是指在某个具体时间里开展重大公共关系活动的计划,它是公共关系项目活动计划的具体体现。这种计划常常有明确的主题、确定的内容、具体的工作步骤及追求的目标。

二、公共关系计划的制订

公共关系计划的制订依据远粗近细的原则:长期规划只含有规划目标与实现目标的路径;近期规划要制订得翔实、细致,便于落实到位。

我们以年度计划为例进行说明。年度计划制订的程序是确定目标、设计方案、编排内容、评估预算。

(一)确定目标

公共关系活动目标是组织在一定时期内或通过某项活动希望达到的结果。组织公共关系活动目标的确定应根据组织的任务和条件。主要的目标内容有:

1. 以信息传播为公共关系目标。这是组织最基本的公共关系目标。在某个特定的时期内,或在某项具体的工作中,组织的公共关系部门可能仅仅以信息传播为目标。初创的企业,大量的公共关系工作均是围绕着信息传播这一目标展开的。

2. 以联络感情为公共关系目标。这是指组织通过感情投资,以期获得公众对组织的信任与爱戴。感情投资应该是一个组织公共关系工作的长期任务,但也不能忽视短期效应。组织的每一项工作都应该以联络组织与公众的感情为推动力。

3. 以改变态度为公共关系目标。这是指组织通过具体的公共关系活动,改变公众对组织的原有态度,以形成更好的态度。可改变的态度主要是指对组织不利的态度,如不赞成、反对、敌意的态度,都是应该设法改变的。

4. 以引起行为为公共关系目标。这是组织追求的最高目标。组织所追求的信息传播、联络感情和改变态度,最终都是为了引起公众的行为,以期让社会公众接纳组织或企业并购买其产品。

(二)设计方案

公共关系方案实质上就是具体的公共关系计划。设计公共关系方案时,组织必须做好以下工作:

1. 进行公众细分。公众细分是根据一定的标准对组织所面临的公众进行区分,以使组织掌握公众的类型、态度。

2. 确定目标公众。目标公众是指组织决定作为自己公共关系活动主要对象的那一部分公众。目标公众的确定应视组织所处的环境、所具有的条件和所要解决的问题的不同而有所不同。

3. 分析目标公众的权利要求。不同的目标公众有不同的权利要求,组织应该掌握其各自的特点,并根据其特点进行活动内容的编排与方案的实施。

4. 分析调查资料。不同的目标公众有不同的态度、意见与要求,组织应该从调查资料中查出公众的态度与要求,并据此来设计方案、编排内容、解决问题、树立形象。

(三)编排内容

公共关系的时期方案和时点方案,由于时间、出发点和目的都各不相同,内容也有很大差异。

1. 公共关系时期方案的内容。具体包括:

(1)一定时期内(如一年或更长的时间)的公共关系工作目标。

(2)一定时期内的公共关系活动主题(根据公共关系目标要求设计)。

(3)一定时期内的公共关系活动项目和传播计划(根据公共关系活动主题设计)。

(4)一定时期内公共关系活动项目和传播计划的时间安排和预算(注意要留有余地)。

(5)各项公共关系活动项目及传播计划的职责、分工。

2. 公共关系时点方案的内容。具体包括:

(1)项目名称及项目目标。

(2)项目负责人、实施者及各自的责任。

(3)项目的活动主题。

(4)项目的筹备、程序的设计及时间安排。

(5)项目的活动范围、不同阶段的活动内容。

(6)项目所需的传播媒介、器材设备、外部环境等。

(7)项目的活动经费预算。

(8)项目成果的考核标准及考核办法。

(四)评估预算

为了落实公共关系计划,必须对费用做出评估,这是保证公共关系活动正常开展、考察公共关系活动效绩的有效方法。

1. 公共关系预算的基本方法。主要有以下三种:

(1)销售额抽成法。企业按其年度计划销售总额抽取一定的百分比作为年度公共关系预算经费。这种方法只能匡算出年度公共关系活动经费的总额。因此，该方法只适用于年度公共关系预算。

(2)项目作业综合法。首先，列出公共关系项目计划及每项公共关系计划所需的费用细目和数额，核定单项公共关系活动预算；其次，将年度内的各个公共关系项目预算汇总，得出全年公共关系预算经费总额。这种方法具体、准确，既适用于年度公共关系活动经费的预算，又适用于项目公共关系活动经费的预算。但预算需要留有余地，以预防意外情况的发生。这里的留有余地主要表现在时间安排和经费额度上。

(3)平均发展速度预测法。这是指运用历史资料计算出公共关系经费实际开支总的发展速度，并计算出平均发展速度，按照这一平均发展速度确定计划期公共关系活动经费预算数额的预算方法。采取这种方法，可以保证公共关系活动经费每年都有所增加。这对十分重视开展公共关系活动，并已经积累一定活动经验的组织比较合适。

2. 公共关系预算的基本内容。在公共关系活动中，需要支出的费用大体有以下内容：

(1)劳务工时报酬。公共关系工作人员在开展专门性公共关系活动时，需要花费大量的时间，这些人的工资、津贴、补助必然成为公共关系预算中的重要内容。

(2)咨询、培训费。在组织遇到难以解决的问题或重大事件时，委托咨询公司或聘请公共关系顾问帮助解决问题，需要支付咨询费；组织培训公关人员需要支付培训费。

(3)行政办公费。组织为开展公共关系活动需要支付办公用品费、电话费和日常接待费等。

(4)专项资料费。组织编写宣传资料、办报纸及各种刊物所需支出的费用，以及各项专门性的公共关系活动所需的印刷费、复印费、邮资等都应列入公共关系经费预算。

(5)专项器材费。这是指制作各种宣传品、纪念品，购买摄影设备及材料、工艺美术器材、视听器材、展览设备及展品、交通及通信设备等的各项费用。

(6)公共关系广告宣传费。包括视听广告、印刷广告、自制广告和委托代做广告等各种费用。

(7)实际活动费。这是指召开座谈会、招待会、宴会等,组织参观、举行大型纪念活动或庆典活动等各项活动的经费,为公众免费提供各种教育、培训和服务项目等方面的开支以及其他各项公共关系活动所需要的经费。

(8)提供赞助费。这是指赞助社会文化活动、教育活动、各种大型的体育活动、参与各项社会福利事业或慈善事业所需提供的经费。

公共关系方案是预测未来公共关系活动的计划,灵活性强,变化性较大,每一项具体的公共关系预算都难以保证准确无误,因此,公共关系预算应该保持一定的弹性,做到留有余地,以应付突发事件,从财力上保证组织公共关系的应变能力。

【案例7-3】 花大力气,扭转城市形象①

俄罗斯首都莫斯科市政府在2006年通过一项国际公关计划,即斥资7亿卢布改变该市的粗俗形象,争取从世界最粗俗的十大城市名单上除名。

把莫斯科评入世界最粗俗十大城市的是美国著名杂志《读者文摘》。该杂志请了很多社会调查专家到各国实地考察市民文明状况。调查员深入社会基层,仔细观察一些市民的行为细节,如会不会为同时进门的人主动开门,会不会把人行道上的碎纸片拣起,店员会不会向顾客说“谢谢”等。调查结果显示,美国纽约市民最讲礼貌,而印度孟买、罗马尼亚布加勒斯特、斯里兰卡科隆坡的市民不大讲礼貌。让莫斯科尴尬的是,该市在最不讲礼貌的城市里榜上有名,而且不讲礼貌的莫斯科市民分布阶层很广,主要包括青少年、商贩、司机、官员、医生等。

一些俄罗斯社会学和心理学专家认为,苏联的历史是当今俄罗斯人较粗俗的部分原因。以青少年粗暴行为为例,苏联时期教育孩子们不许哭,可长期被压抑的情感可能转化为攻击性行为。而且苏联的教育者抱着对孩子鄙视的心理从事教育活动,因而会使用胁迫和惩罚手段,即便在当今的俄罗斯,受苏联教育方式影响大的教师也常对学生体罚,这使孩子们长大后也倾向于行为粗暴。有专家估计,俄罗斯要经过大约200年才能清除苏联教育方式的遗留问题。

售货员态度生硬也是俄罗斯的老大难问题。尽管有69%的顾客感到被售货员的无礼态度搅得没心思买东西,但俄罗斯的经理们要想彻底教会售货员和蔼起来还是很困难。即便在最好的超级市场,店员也常常口出秽语。俄罗斯专家认为,这也是苏联遗留下来的问题。苏联时期商品不大充裕,那时的售货员仿佛是特权

① 刘陆明:“莫斯科用20年摆脱粗俗形象”,《环球时报》,2006年7月27日。

阶层,顾客爱买不买没关系,反正迟早卖得出去。但现在不同了,俄罗斯转向了自由市场经济,售货员也得扮演促销角色,但遗憾的是,很多人还没从老传统中清醒过来。

第三节　公共关系信息传播

【案例7－4】 2005年8月3日,中国海洋石油有限公司(简称"中海油")正式宣布撤回对美国优尼科石油公司的收购要约,从而正式退出了与雪佛龙公司持续整整40天的收购竞争。在此次并购优尼科的过程中,中海油遇到了超乎想象的政治干扰,来自美国国会及媒体的强烈政治质疑,使此次纯商业性的并购变得错综复杂。尽管中海油做出了种种努力,甚至拟聘请权威人士在美国进行游说,但最终考虑到巨大的政治风险,还是决定退出此次并购。①

一次纯商业性的并购为什么会受到如此多的阻力?当我们回顾事件的整个过程时会发现,非商业性因素压倒了商业性因素:来自美国国会及媒体的反对性意见令中海油的并购之路阻力重重。对中海油而言,国际化并购之路最大的困难不在于资金、技术或资源整合能力,而是如何面对复杂的国际市场环境以及与众多的利益关系团体进行良好的沟通。

公共关系计划的实施过程是一个信息传播的过程。组织计划目标与计划方案的贯彻执行就是通过信息传播与沟通得以实现的,包括向目标公众解释和宣传组织的方针、政策、计划,了解公众的意见、看法、态度及情感,使组织与公众之间互相理解、互相支持,不断开展舆论配合工作,以期实现公共关系目标。公共关系信息传播是技巧性非常强的工作,发挥着信息传导功能。

一、公共关系信息传播的基本要素

公共关系信息传播是沟通组织与其公众之间关系的重要工具,这一重要工具作用的发挥依赖于信息传播的基本要素。

① 根据 http://www.hc360.com 2005年8月3日"退出并购优尼科:中海油得到了什么?"资料整理。

（一）信源

信源是信息产生的最初发源地，是信息的基础。在公共关系工作中，如果是组织发出信息，组织就处于信源的位置；如果是组织搜集信息，则社会中的某一点就处于信源的位置。现代社会的信源主要有企业、政府、社会团体、市场、渠道、社会公众、竞争者、科技部门等。

（二）信息

信息是指信源所要传递的内容。在社会经济领域中，公共关系的信息内容主要有企业内部的经营管理信息、产品服务信息、市场情报信息、科技信息、社会文化信息、国际市场信息、消费结构信息、消费水平信息等。组织在公共关系活动中对这些信息内容的掌握要具有连贯性，既要了解这些信息的过去，又要了解这些信息的现在，以便据此分析未来经济现象的变化趋势。

（三）编码

编码是指信息的发出者把所要传递的信息制成外界所能接受和理解的符号过程，如新闻稿的写作过程、计算机程序的编写过程、广告与新闻节目的制作过程等，都是编码的过程。通过这一过程将信息的内容转化为某些社会公众可以接受的符号，这是进行实地传播的准备，是信息传播的前期工作。

（四）媒介

媒介是指进行信息传播过程中所应用的中介物。在企业公共关系信息传播中，常用的媒介有新闻媒介，如报纸、杂志、广播、电视、网络平台等；实物媒介，如各种展览会、展销会等；人际媒介，如各种研讨会、茶话会、新闻发布会等；资料载体媒介，如文献资料、视听资料、缩微资料（指由文字、图像与感光胶片等相结合组成的信息传播媒介）、软件资料（指用文字、电波等与电子计算机磁盘、软盘相结合组成的信息传播媒介）等。

（五）信道

在通信理论中，信道是指传递信息信号的电讯频道。在公共关系信息传播中，信道是指传递各种信息的流通渠道。例如：信邮系统，这是文献资料传输的主要渠道；电报、电话、广播系统，这是视听资料传输的主要渠道；电子计算机联网传输系统，这是软件、软文、图片等资料传输的主要渠道。

（六）信宿

信宿是指信息从信源出发，借助信息媒介通过信道到达的目的地，亦可称为传播对象。在公共关系活动中，如果是组织发出信息，信宿一般是社会公众；如果是组织搜集信息，则信宿就是组织自身。任何信息发出者，都渴望收到良好的传播效果，以影响信息接收者的思想、态度和行为。要想实现理想的传播效果，公共关系工作人员就要了解信息接收者的心理，选择他们愿意接受的方式、媒体和时间进行传播。

（七）译码

译码同编码相对应，是指信宿接到信息后把其接到的信息符号还原成自己所能理解的信息内容的过程。仁者见仁、智者见智，对同一事物，不同的人可能会有不同的理解。如果组织作为信息源向外部发出信息，其信息的制作者——公共关系工作人员在编码过程中，就应该尽可能地理解社会公众的心理，适应信宿的要求，避免似是而非、模棱两可的词句出现，以免社会公众误解。

（八）共同经验范围

共同经验范围是指传播者（信源）和传播对象（信宿）之间所具有的共同语言、共同经历和共同感兴趣的问题，即双方对传播所应用的各种符号应有大致相同的理解，这是信息传播的最起码要求。如果信息传播者与信息接收者对信息传播符号缺乏共识，信息传播就会成为无意义的劳动。如中国人和外国人语言不通，在没有翻译，而所用的符号（如动作、表情、手势）又不完全相同的情况下，双方就无法进行信息交流。组织在信息传播过程中要提高传播效果，必须尽量寻求传播双方的共同经验范围。

（九）反馈

反馈是指信息传播者对发出的信息在信息接收者中所产生的效果进行搜集的过程。组织公共关系工作人员的专业技能之一就是搜集反馈信息，定期进行整理，以备组织进行各项工作或企业经营决策之用。同时，通过信息反馈，组织还可以了解社会公众对组织的反应，掌握组织的实际形象。

信息反馈分为直接反馈和间接反馈。直接反馈是指组织公共关系工作人员直接接触社会公众，倾听他们接收组织信息后的看法与要求；间接反馈是指通过其他组织将信息内容传递给社会公众并反馈至本组织，如通过经营本企业产品的后续企业，包括中间商、代理商、经纪人等传递社会公众对企业的反应和对企业的要求等。

（十）环境

组织在开展公共关系信息传播工作时，即使上面9个环节都掌握了很高的技术水平，传播效果也不会完全尽如人意。这是因为，企业所处的环境无时无刻不在变化。其中，物质环境与自然环境对组织的发展有一种自然生态的要求；社会环境要求组织的发展要考虑社会的整体利益和顺应公众的要求；心理环境也是应注意的一个重要方面，尤其是组织在发布信息时，对信息接收者的心理因素要进行详尽地分析。这些环境都影响着信息传播。组织应该适应环境，尽量发出与环境相协调的信息内容。

以上信息传播的十大基本要素互相配合，缺一不可。如果发现信息传播效果不佳，一定是信息传播基本要素中的某个环节出了故障，组织公共关系人员应当顺着信息传播的方向，找出问题的症结，并及时加以排除。

二、公共关系信息传播的基本类型

人类的原始传播主要是通过声音和身体动作来完成的。此后，人类的传播出现了几次飞跃性的发展，一是语言文字的出现，二是印刷术的发明，三是现代电子传播技术的应用，从而使现代信息传播的类型广泛而复杂，这其中既包括人类社会在信息传播的发展过程中出现过的各种形式，又包括因现代信息传播技术的应用而出现的现代化形式。基本类型主要有以下三种。

（一）人际传播

人际传播是发生在人与人之间的个人传播行为。具体表现形式有两种，一种是亲身传播，另一种是个体媒介传播。

1. 亲身传播。这是人们之间面对面的直接信息交流。其优点是：信息传播双方交流充分，反馈及时，并可以随时调整交流的内容与情绪，容易实现双方的共享；信息交流具有封闭性，双方可以互相理解、深入了解。其缺点是：信息传播的范围小，速度慢，在较短的时间内很难让更多的公众了解信息的内容、了解组织。因此，这种传播只适用于组织内部的信息交流，并以此来加强组织内部人与人之间的情感，形成一种凝聚力。

2. 个体媒介传播。个体媒介传播是指传播者与受传者之间使用文字媒介（如书信、图片等）、电子媒介（如电报、电话、录音录像设备、微信、E-mail 等）进行信息交流的形式。随着现代科技的发展，个体媒介的传播也可以越过时空的障碍，达到亲身传播的效果。

（二）组织传播

组织传播是通过一定的组织形式进行的传播活动。它的表现形式有以下几种：

1. 小组传播。这是指在 6 ~ 10 人之间所进行的信息交流活动，如小组讨论会、座谈会等。现在的微信群也发挥了小组传播的效应，有的大群比小组传播的范围更大。这种传播的特点是：传播的过程有一种舆论的压力，可以促使某些人接受大多数人的某些思想观念和信息内容，形成趋于一致的看法。但这种传播方式也易于使少数人的观念受到压制而不能充分地各抒己见，从而造成一种随风倒的现象。因此，在小组传播中切忌强行与压制，应更多地发扬民主，广泛听取意见与建议。

2. 公众传播。这是指一个人对多数人的传播，如上课、开会、演讲等。这种传播形式无双向性，通常是一方发出信息，另一方接收信息，带有强制性；传播速度快、范围广，一次演讲会，听众数就可能成百上千。因此，它能迅速及时地将组织信息传播到一定的社会公众之中，并收到良好的传播效果。但由于这种形式是单向传播，很少反馈，组织要想了解公众的反应，还要专门组织调查。

3. 组织媒介传播。这是指企业或组织通过一定的传播媒介对组织内部以及与外部公众之间进行的信息交流。这种传播实质上也是一种公众传播，它与公众传播唯一的区别就在于须借助一定的媒介。

组织内部媒介传播是指在内部上下之间和左右之间展开的信息交流，具体表现为上下之间的垂直信息传播、左右之间的平行信息传播，还有一些交叉式的立体信息传播等。主要媒介有：内部刊物、小册子，年度、季度各种报告，通告及会议，企业内部网络等。

组织外部媒介传播是指组织同社会各界发生的信息往来，表现为内源外向流（通常称之为通信信息流）、外源内向流（通常称之为情报信息流）。其主要媒介有：市场调查资料、各种新闻传播媒介，各种报表与报告，各种会议、通过网络传递的对外公开的信息等。

（三）大众传播

大众传播是专业性的信息传播组织和机构通过媒介向为数众多、范围广大、互不联系的社会公众传播信息的过程。现代社会信息传播中容量最大的就是大众传播。大众传播媒介一般有报纸、杂志、广播、电视、书籍、电影以及由各大新闻媒体建立的网站等。当今社会，大众传播事业异常发达，各种各样的传播媒介数量惊人，无所不在，日夜运转，使整个社会被大众传播的信息所包围。大众传播为社会各界公众提供消息、知识、思想、见解、广告和各种娱乐活动等，组织只有很好地利用它，全面地掌握它，才能达到与社会公众进行信息交流的最佳效果。

三、公共关系信息传播的基本内容

组织应该向社会公众传递信息的内容很多。公共关系工作人员应该将这些信息内容进行归类、整理，并根据组织不同时期的特点和目标来确定公共关系信息传播的内容。

（一）初创时期信息传播的内容

初创时期，企业信息传播的主要内容应该是介绍企业的投资建设状况，企业的性质、规模、设想及风格等。在信息传播的过程中，要明确企业的公共关系活动主题，使公众对企业的产品、服务乃至企业自身产生信任感。俗话说："良好的开端是成功的一半"，良好的最初印象是企业形象得以建立和企业自身得以发展的基础。

（二）发展时期信息传播的内容

发展时期，企业信息传播的主要内容应该包括：维护企业已经形成的良好信誉和形象；经常向社会公众介绍企业的生产经营方针、政策、特色等；将企业新产品研制与开发的状况，产品价格的波动情况，商标、厂牌的命名和企业的更改情况等及时告知社会公众，让社会公众更多、更好、更深入地了解企业，进一步扩大企业的社会影响。同时，企业还应时时观察社会、观察市场，避免意外情况的发生，并不断以新的公共关系主题为导向，使企业的公共关系工作和信息传播工作向更高的目标迈进。

（三）风险时期信息传播的内容

风险时期，企业信息传播的主要内容应该是企业生产与经营产品的特色。通过信息传播，让社会公众对企业及其产品有一个深刻的了解，认识到它的优点，使其被更多的公众所接纳，并真诚地为顾客提供更好的服务。如果是因为产品及服务不受社会公众的欢迎而使企业面临风险，企业就应该冷静地思考，尽量转产或转营社会公众欢迎的产品和服务，哪怕承受巨大的损失。这时，企业在信息传播过程中应该把重点放在改变生产经营的方针与政策上，让社会公众了解转产与转营的经过，以得到社会公众的信任与支持。如果是企业生产产品的某一方面出了问题而伤害了社会公众的利益，企业在信息传播过程中就应该实事求是地披露问题的根源，向公众致歉，并把问题的解决过程原原本本地讲清楚，以求得社会公众的理解与支持。

（四）低谷时期信息传播的内容

低谷时期，企业信息传播的主要内容应该是向社会公众说明企业步入低谷的原因。如果原因在企业外部，企业应该澄清事实，想办法改变处境；如果原因在企业内部，企业应采取补救措施，诚心诚意地求得社会公众的帮助。无论问题发生在哪些方面、哪些环节，企业都应该通过公共关系的信息传播工作，让更多的让社会公众了解和理解。

四、公共关系信息传播的技巧

公共关系信息传播根据传播时所选择时机和所确定内容的不同，可分为一般性公共关系信息传播和特殊性公共关系信息传播。

（一）一般性公共关系信息传播

一般性公共关系信息传播是在组织正常的发展中，社会环境没有重大事件发生，社会因素没有重大变革的情况下所进行的信息传播工作。这时，新闻媒介没有关注的焦点，社会公众没有关注的对象，整个社会处在“新闻淡季”。组织或企业在这种背景下开展公共关系信息传播，只能选择“驾车”的形式，即自己策划、组织实施公共关系活动，以求引起新闻媒介的关注，更好地进行信息传播。这种信息传播活动在社会上可能会引起良好的传播效果，其原因在于：第一，整个社会处在“新闻淡季”，人们没有关注的焦点，由组织或企业制造出一个焦点，并进行信息传播，会引起社会公众的普遍关注，达到良好的传播效果；第二，组织或企业策划出对社会公众有利的“公关活动”，能够引来更多社会公众对组织或企业的好感，使活动效果更佳。

（二）特殊性公共关系信息传播

特殊性公共关系信息传播是组织或企业在特殊的公共关系发展时期，社会环境有重大事件发生、社会因素有重大变革的情况下所进行的信息传播性工作。这时，社会新闻媒介有关注的焦点，社会公众有关注的主题，整个社会处在“新闻旺季”。组织或企业在这种情况下开展公共关系信息传播，可以选择“搭车”的形式，即参与社会已经发生或正在组织的重大活动，如“亚运会”、“奥运会”、各级政府组织的“赈灾救助活动”等。在这种情况下，企业可通过赞助体育盛会、捐资救助灾民或投资修建希望小学等形式参与社会重大活动，同时获得大众新闻媒介的关注。这种信息传播活动在社会上仍然可以取得良好的传播效果。这是因为：第一，在“新闻旺季”，社会公众集中关注新发生的事件，如果某企业在新发生事件中扮演主要角色，自然会引起社会公众的关注；第二，这种信息传播，其前提条件是企业对活动本身提供了赞助，承担了一定的社会责任，减少了一定的社会压力，做了对社会有益的事情，从而形成了良好的环境氛围，社会公众自然会非常愿意接纳企业的信息。通过赞助活动，可以为组织或企业树立良好的社会形象，使企业的品牌价值得以延伸。

实际上，公共关系信息传播本身就是一种价值传播，企业公众活动价值传播的路径与创造的价值表现见图 7 -4。

第四节　公共关系效果评估

公共关系效果评估与公共关系调查研究，这两个阶段的工作内容是首尾相接的。前一个时期的公共关系效果评估工作，就是后一个时期公共关系的调查研究工作；第一个项目的公共关系效果评估，就是第二个项目的公共关系调查研究。公共关系效果评估是一项承上启下的综合性工作，发挥着效益功能。

一、公共关系效果评估的主要内容

公共关系活动从总体上可以分为日常公共关系活动和专项公共关系活动，指

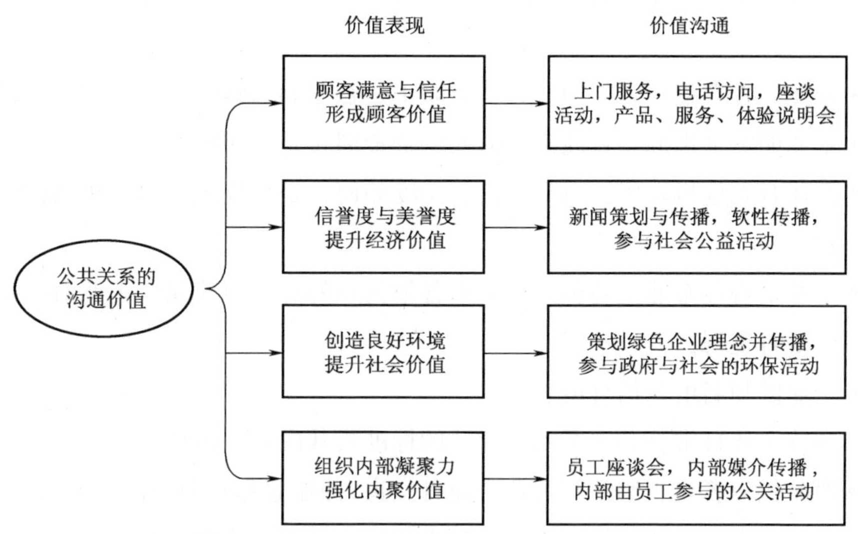

图7－4 企业公共关系活动的价值表现和价值沟通

导公共关系活动的计划按其执行的时间是否延续来划分，可分为公共关系时期计划和公共关系时点计划，因此，公共关系活动效果评估可以据此划分为三种类型，即日常公共关系活动效果评估、专项公共关系活动效果评估和年度公共关系活动效果评估。

（一）日常公共关系活动效果评估

日常公共关系活动寓于组织内部各方面、各环节之中，需要组织内部全体工作人员的共同努力。因此，组织在对日常公共关系活动效果进行评估时必须分部门、分环节进行，并使各部门、各环节的公共关系目标与企业整体目标保持一致。

对日常公共关系活动的效果进行评估，可按组织的不同类型来确定标准并评估内容。

1. 工业企业日常公共关系活动效果评估的标准及其内容。包括：

- 原材料购进数量上与质量上是否能满足生产的需要？
- 与原材料供应者的关系是否长期友好、互相信任？
- 在生产过程中，管理工作是否科学、细致？管理水平如何？员工是否有责任心和工作积极性？
- 企业的产品是否受到用户或消费者的欢迎？产品的社会形象如何？

• 是否经常与老主顾保持联系？是否有新主顾不断加入顾客的行列并信任企业？

• 企业是否有凝聚力与向心力？老职工是否安心，新职工队伍是否不断扩大？

• 企业的资金来源是否能满足需要？资金周转是否顺畅？

• 企业有无危机发生？对待危机的态度如何？是积极地予以分析、解决，还是放任不管？

• 企业是否经常通过各种途径听取各类公众的意见与建议？企业对公众的意见与建议是否重视？

• 企业的知名度与信誉度怎样？

2. 商业企业日常公共关系活动评估的标准及其内容。包括：

• 商品供应者是否愿意与商业企业打交道，并建立起长期的供货关系？

• 顾客对商业企业所经营的商品是否相信？是否愿意购买？

• 光顾商业企业的顾客是否呈递增的趋势？如果出现递减状况，其原因如何？

• 商业企业的资金周转是否顺畅？资金供应是否能满足需求？

• 商业企业是否有良好的社会关系？

• 企业管理是否科学、细致？管理人员的管理水平如何？

• 一线人员的服务水平与服务质量是否达到要求的程度？服务态度如何？

• 企业内部的凝聚力与向心力如何？员工是否热爱自己的企业？是否愿意长期在本企业工作？

• 企业的知名度与信誉度如何？是否能吸引更多的外地及外国顾客？

• 有无重大公共关系危机发生？如有，企业是如何处理的？是否重视社会各类公众的意见与建议？

（二）专项公共关系活动效果评估

通过公共关系项目计划（时点方案）开展的公共关系活动一般均属于重大的公共关系活动，这样的活动效果有可能对组织的今后发展影响甚大，必须予以高度重视。对专项公共关系活动效果进行评估，常常针对下列问题来确定评估标准及其内容：

• 项目的计划是否合适？

• 项目的目标与公共关系总体目标是否一致？项目的目标是否已经实现？

• 项目所要求的信息沟通范围是否与目标公众的范围一致？

• 在项目活动过程中是否产生了预料之外的影响？其影响方向如何？影响范围多大？

• 项目所有的支出是否在预算之内？是否超支？原因为何？

• 通过这项活动，组织的公共关系形象会发生哪些变化？组织的知名度与信誉度是否有所提高？

• 项目活动出现了哪些意想不到的问题？哪些工作做得不妥？

• 对于存在的问题和发生的不利于组织的事件，应如何采取措施给予补救？如何预防下次活动发生类似问题？

• 本次活动对组织总体发展目标起到了什么作用？

• 本次活动为下次同类活动公共关系目标的设计提供了哪些有价值的资料和可供参考的依据？

（三）年度公共关系活动效果评估

年度公共关系活动效果评估是对计划年度内所有公共关系活动（包括日常公共关系活动和专项公共关系活动）进行总体评估，以总结经验、吸取教训、找出存在的问题，为下一年度公共关系计划的制订提供依据。

对年度公共关系活动效果进行评估要针对下列问题来确定评估的标准及其内容：

• 年度公共关系计划目标是否已实现？

• 年度公共关系活动开展得是否顺利？

• 年度内出现了哪些重大的公共关系事件？对此采取的措施是否得当？

• 年度内开展了哪些重大的公共关系活动？其效果如何？

• 年度内是否有超出公共关系计划的活动？其效果如何？

• 年度内公共关系活动有无预料之外的影响？影响多大？效果如何？

• 年度内公共关系活动有哪些经验、教训？

• 内部公众对组织的各项公共关系活动有哪些意见与建议？

• 外部公众对组织的各项公共关系活动有哪些意见与建议？

企业可以将对年度公共关系活动效果进行评估的标准与内容进行评估时期的调整，如可进行季度评估、半年评估等。

二、公共关系效果评估的基本形式

根据公共关系活动内容的要求,公共关系工作人员可以将公共关系效果评估确定为不同的形式。根据一般组织的要求,公共关系活动效果的评估形式可以分为组织形象评估、工作成效评估和传播效果评估等。

(一)组织形象评估

了解和掌握组织自身是公共关系工作的着眼点。在公共关系调查研究工作中,我们已经了解了组织的实际形象,并将实际形象与目标形象进行对比,找出差距、规划未来,脚踏实地地去争取实现目标形象。当公共关系计划付诸实施之后,组织形象会发生哪些变化,需要重新评估。

重新评估组织形象仍然可以沿用公共关系调查研究的基本方法,其步骤是:首先,对公众对象进行普查分类;其次,采取舆论调查或民意测验的方法进行实地调查;再次,通过知名度与信誉度比较分析进行组织形象地位的测量;最后,应用“语意差别分析法”对组织形象的内容进行分析。

重新评估组织对象,主要是看组织的计划目标是否实现,实现的程度如何,通过实现的程度来分析公共关系活动的效绩,以找出差距,分析原因,抓住并解决问题。

(二)工作成效评估

公共关系工作包括的内容很多,对公共关系工作的成效进行评估,要根据组织开展公共关系活动的情况而定。一般来说,应根据日常公共关系活动、专项公共关系活动和年度公共关系工作进行成效评估。

对日常公共关系活动效果进行评估,要根据组织所确定的评估标准及其内容,通过日常工作总结、公共关系人员座谈、职工评审评议并结合社会公众平时的反应等形式进行。日常公共关系效果评估可随时进行,不必占用更多的时间。

对专项公共关系活动的效果进行评估,要严格根据公共关系活动的内容及特点来确定评估标准及其内容,并由负责专项公共关系活动的人员组织实施。评估可采取调查研究的形式,如直接调查专项活动的参加者,或间接调查一些典型的社会公众,以了解活动对社会舆论和组织形象产生的影响。对于专项公共关系活动的效果,公共关系人员都要在专项活动记录中给予记载,并详细说明,以备查用。

对年度公共关系工作效果进行评估,要以年度公共关系计划和预算为依据,将一年来的公共关系工作成效与预期目标和计划相比较，对公共关系各层次计划的实现程度和存在的差距提出有说服力的总结报告。在报告中应该注意引用具体可见或可测量的成果、实例，以及引用有影响力的外界评论及专家意见，以增强报告的客观性，供领导层做出判断和评论。

（三）传播效果评估

为了实施公共关系计划，积极有效地开展各项公共关系活动，组织必须对公共关系传播效果进行评估。

1. 内部信息传播效果的评估。这种评估主要从以下几个方面进行：

（1）通过内部公共关系调查，了解组织内部在日常公共关系活动中是否能做到上情下达和下情上达，使上下协调一致，共同为组织的发展服务。

（2）组织内部各部门之间是否能做到必要的横向信息交流及时、准确。

（3）在专项公共关系活动中，是否能做到让所有组织内部公众都理解、支持。

（4）在组织内部是否能使全体职工对决策部门产生信任感，并通过各种途径听取全体内部员工的意见与建议。

（5）通过信息传播是否能保证组织内部具有凝聚力与向心力。

2. 外部信息传播效果的评估。这种评估主要从以下几个方面进行：

（1）了解公共关系广告的阅读率、实效率。

（2）通过大众传播和网络传播，分析社会公众对组织的全部看法和整体信念，掌握本组织的社会形象。

（3）在计划期内，是否召开过新闻发布会？如果开过，范围多大？时间是否合适？内容如何？其传播目标是否得到了实现？

（4）商品展览会、展销会、订货会等活动的传播效果如何？

三、公共关系工作综合评估

公共关系工作综合评估是对一定历史时期的公共关系工作所进行的全面总结，以肯定成绩，找出不足，并将公共关系工作的实际效果与公关目标和公关传播目标进行对比，找出差距，并测估和控制公关工作量与预算，为适当地调整公关目标、计划和传播实施方案，保持公关实务活动的协调性与连续性提供依据。其主要评估内容有如下两项。

（一）公关工作量估计

公关工作量估计是指对一项公关活动所需人力、物力和时间等因素进行综合测算，以掌握公关活动的实际需要与实际支出。公关工作量评估分为定期与专项公关工作量估计、日常事务型工作量和年度工作量估计等形式。

1. 公关预算的控制。为使公关活动能顺利进行，且开支不超过预算，达到低收入、高效益，就必须对公关预算进行控制。公关预算包括经营性控制、定期控制和单项控制三部分。对单项公关活动的预算控制，按公关实施程序可分为三个方面：一是调查和策划阶段的预算控制；二是传播阶段的预算控制；三是评价阶段的预算控制。

2. 公关效果的评估。具体包括两个方面的内容：

（1）计划设计的评估。该评估内容包括：目标是否适合，能否影响到目标公众层？设计的行动方案与设计目标是否一致？成功的可能性是否最大限度地得到了利用？预算费用是否够用？能否给组织带来预期的效益？

（2）方案实施的评估。该评估内容包括：行动方案是否达到了预定目标？行动方案的结果是否可以通过别的途径获得？行动方案在执行过程中是否超出了原定的计划？是否取得了预期的经济效益？是否合理使用了各种资源？对社会文化产生了什么样的影响？是否提高了工作人员的公关水平？公众是否采取了计划所设想的行为？

（二）公关评估方法

1. 民意测验法。即选择一定数量的目标公众，通过问卷等形式征求他们对公关活动的意见，并加以分析、统计，说明公关工作的效果。

2. 专家评估法。即请有关专家对公关工作提出自己的观点和意见，从不同角度来分析公关工作的效果。

3. 访问面谈法。即由公关人员通过个别交谈和集体访谈的方式，了解公众对公关工作的意见和看法，借以评估公关工作的效果。

4. 观察法。即公关人员通过观察目标对象对公关工作的反应来评估公关工作的效果。

5. 资料分析法。即通过了解企业生产经营资料、销售数据的变化来评估公关工作的效果。

1. 如何理解公共关系四步工作方法?
2. 如何进行知名度与信誉度的比较分析?
3. 如何进行组织的公共关系形象差距比较分析?
4. 如何制订公共关系计划?
5. 如何理解公共关系信息传播的基本类型与技巧?

CONTEMPORARY PUBLIC RELATIONS

第八章 公共关系策划研究

学习要点

从总体上分析公共关系活动，可将其划分为三个层面：初级层面的公共关系，表现为接待型；中级层面的公共关系，表现为传播型；高级层面的公共关系，表现为策划型。三个层面的公共关系活动构成了公共关系工作的全部内容，并形成了具体的分工。

公共关系活动可分为初级、中级、高级三个层面，各层面公共关系活动的分工如表8－1所示。

表8－1　公共关系活动层级分类

公共关系活动层级分类	工作内容	工作人员	工作频度
高级层面公共关系	公共关系策划与创意工作	公共关系专家、职业经理	不定期专项工作
中级层面公共关系	公共关系信息传播与销售促进	调研、公关、广告、市场营销及相关工作人员	日常工作和专项工作
初级层面公共关系	公共关系迎来送往、接待应酬工作	组织当中的全体工作人员	日常工作

在组织公共关系活动的各个层面中，公共关系策划（简称公关策划）属于最高层面的工作，由公关专家或公关职业经理（含各管理层及最高层经理）主持或负责，它根据公关由头进行创造性思维，属于公关工作中最具难度又最富有权威性和影响力的工作。

第一节　公共关系策划的基本含义与基本特征

策划的历史相当久远。在古代，策划大多集中在军事、政治、外交领域，很少涉及经济、商业等领域。而现代社会，策划不仅步入了经济领域，更为经济的发展开辟了广阔的空间。

公关策划是融入了公关思想的策划。伴随着公共关系的发展，公关策划得到了各类组织的广泛认同，从政府公关策划到企业公关策划，从形象公关策划到危机公关策划，从品牌发展策划到新产品上市的营销策划等，无不体现了公关策划的重要性。公关策划推动了组织的进步和发展，展示了组织的风采。

一、公共关系策划的基本含义

公共关系策划理论是公关理论与策划理论的融合。我们可以从以下三个方面来理解公共关系策划的基本含义。

（一）广义的公关策划

广义上，公关策划涵盖了公关计划的全部内容，并在公共关系四步工作方法中占有重要地位，成为公共关系工作程序中的第二大步骤，其内容包括对公共关系全部工作的计划、管理、谋略、设计等。组织的日常公共关系工作、专项公共关系工作均在这一理论所涵盖的范围之内。策划工作的完成就是公共关系活动实施之前一切工作的就绪。

（二）中义的公关策划

从中义的角度理解，公关策划是对组织专项公共关系工作的制定、筹划、谋略、设计等。具体内容包括根据公共关系由头进行新闻制造、重大公共关系活动的筹划、参与社会型公共关系活动的基本思路的确定、公共关系问题的解决、公共关系危机事件的处理等。这里的公共关系策划一般有确定的公共关系活动主题，以及具体的公共关系目标和可行的公共关系运作思路与程序。公共关系策划与整体公共关系计划的关系是：广义上，它寓于公共关系计划之中，表现为公共关系计划的项目活动计划；深度上，它使公共关系项目活动计划更加具体、更加深化。由此，公共关系策划具有自身的体系、体例与运作方法，在公共关系计划中具有相对的独立性，同时成为实现公共关系计划的强化剂和助推器。

（三）狭义的公关策划

狭义的公关策划仅指对公共关系具体工作的设计和指导，表现为在具体目标约束下所实施的工作过程，其着眼点在于具体工作的运行和既定目标的实现。公关策划与整体公共关系计划的关系是，它是整体公共关系计划的执行计划，其指导思想和行为准则均以整体公共关系计划方案为依据，但范围和目标均小于整体公共关系计划；它与中义的公关策划的关系是，它是中义公关策划的操作性计划，但缺少中义公关策划的思想性和创造性。

创意、创新和创造是公关策划的本质特征，没有“三创”的公关策划只能属于公关计划工作的范围，追求创新可以将公关计划与公关策划进行有效区分。从总体上看，公共关系工作程序中的公共关系计划是对全部公共关系活动的总体计划，是按部就班的工作，它不需要特殊的由头，也不因环境的变化而改变，就如同生产计划、经营计划一样，是组织运行中不可或缺的工作。因此，在组织面对变化的环境和特殊的公关由头时，总体的公共关系计划在计划的编制、目标的界定和思想深度的挖掘方面很难做出及时的调整；而狭义的公关策划局限于对公共关系具体工作的设计和指导，没有更多的思想创造，因此，在指导具体的公共关系策划工作时很难全面覆盖。

从中义的角度理解公共关系策划，一方面可以随时捕捉到变化了的环境给组织提供的公关活动由头与机会，另一方面可以通过设计、创意，挖掘思想深度，把握策划方向，保证公关策划的实际效果。为此，本书从中义的角度定义公关策划：公关策划是指组织为实现公共关系目标，利用组织资源与能力，把握公关由头与机会，选定公关主题，谋划公关对策，创意公关方案，攻克公关难关而进行的运筹过程。

二、公共关系策划的基本特征

支撑公关策划的源泉是：策划者的思想、想象及逻辑思维，对环境的分析、资源支持的把握以及经验的积累。为此，我们可以从以下四个方面把握公关策划的特征。

（一）目标性与目的性

在组织正常的发展过程中，公关策划的目标更多地体现在扩大组织的影响力，得到更多公众的关注、认同与好感等方面，同时，经济组织希望将其转化为经济目标，如市场的扩大与发展。在组织工作非正常的运行中，如发生公关危机或出现公关问题等，公关策划的目标则是扭转形象、挽回负面影响，最终还是希望公众对组织有一个正确的评价，能够产生认同感。

在不同的目标追求下，公关策划的目的表现为多种形式，如改变环境、条件，确立品牌地位，展示组织风采，解决运行中的问题，处理好危机事件。例如，燕京啤酒成为2008年奥运会赞助商之一的策划活动，目的在于确立燕京啤酒在社会公众心目中良好的品牌形象。有些企业在发生危机时策划并举行各种公关活动，目的在于解决危机问题，扭转不利局面，转危为安。不同的公关策划，目的并不完全一致，但所追求的目标却是共同的，那就是推动组织的发展。

（二）思想性与创造性

公共关系策划是一种思维过程，它依赖于受到特质支配的人脑的制约，并通过策划者对环境、企业或组织的条件以及策划目标的分析来完成。《汉书·高帝纪》

篇中曾有一句名言被后人广为流传:“运筹帷幄之中,决胜千里之外。”这里的运筹实际上就是一种思想的活动。这种思想活动尽管在帷帐之中形成,却可以指挥千军万马取得战争的胜利,因为策划方案是在统揽全局、系统思考的基础上出台的。这说明策划的思想性之高很难用具体的数字来衡量,它决定了公关策划的价值。

公关策划是一种创造性的思维,它依赖于公关策划者的创造与创新能力、专业水平、策划经验和文化素质,遵循公共关系的基本原则,通过辩证地思维过程,开拓性地超越自我,使之产生与众不同、标新立异又在情理之中的思想火花。创造与创新是公共关系策划的生命力,它集知识、智慧、谋划、新奇于一身,不断发出耀眼的光芒,从而赢得了越来越多组织的青睐,成为当今组织谋求发展的一大法宝。

(三)针对性与个性化

公共关系策划的规则是基本一致的,但策划出的方案在形式和内容上却有不同,这是因为公关策划的目的各不相同。以扩大市场为目的的公关活动,需要针对目标市场开展公众所能关注并愿意参与的公关活动,如开展维系型公关活动;以传播品牌信息为目的的公关方案,需要面对更大范围的社会公众,通过大众传播媒介和网络平台展示企业的风格与特征,如参与社会型公关活动;以解决危机事件为目的的公关方案,需要面对危机范围锁定受害者群体及相关影响者,开展与其面对面沟通和实际解决问题的活动,同时借机表明组织的诚意与解决问题的态度,使受害者真正得到补偿,使相关公众对组织解决问题的方法及态度满意,如开展矫正性的公关活动。这说明公关策划一定要有针对性,以确定的目标来确立其方案的基本思想。

同时,公关策划受制于组织的外部环境、自身条件、策划者本身的创造性思维方式等。由于不同的策划者对同一问题的理解存在差异,进而形成不同的个人见解,不同的策划者会设计出不同的公关方案;同一个组织在不同的环境中会设计出不同的公关方案;处在同一种外部环境中的不同的组织或企业需要策划不同的公关方案;同一组织,不同的时期,面临着不同的自身条件,也需要策划出不同的公关方案。这说明公共关系策划工作与策划者自身的思想、知识、经验、认知事物的方式有关,表现出了个性化的特征。

(四)整合性与可调适性

公共关系策划方案的出台,一方面需要融合策划者的多重知识,如策划学、公关学、经济学、社会学、管理学、营销学、广告学、心理学、法学等，另一方面还要整合组织内部与外部的多重资源，如人力资源、物力资源、财力资源、市场资源、关系资源、环境资源等，使策划方案更具有可操作性，从而表现出公关策划的整合性。

同时，策划出的公关方案还应该具有一定的弹性，以适应可能出现的环境变化、意外情况的发生，所以需要对公共关系方案做出微调。尤其是公共关系问题及危机事件的处理，需要设计出至少两套乃至三套公关方案，从最坏、适中和比较有利三个层面来思考，出台相近但又有程度差异的公关方案，以应对可能出现的新问题。即使是伴随环境变化而策划出的公关方案，如参与社会型公共关系活动的方案，或某项信息传播活动方案的出台，也要考虑策划时可能没有考虑周全的要素，而给予公关策划方案实施范围和实施程序一定的自由度。公关策划的调适性要围绕公关策划的目标，根据公关方案的实施环境、目标公众的需求心理和承受力来进行。调整后的公关方案要更具有可行性和针对性。调整的内容包括：活动的范围，可通过扩大或缩小活动范围来调试；程序的繁简程度，可通过方案在实施中程序的复杂程度来调试；手段的变更，可选择可替代的手段，如媒介传播的可替代、人选的可替代等；目标的调整，如果原方案的目标不适应变化了的环境需要，如目标过大或过小或原目标考虑不周全，可通过调整方案的办法给予修正或改变。

三、公共关系策划的类型

公关策划工作涵盖面之广几乎到了无所不包的程度，只要是创意性、创造性思维的工作，都属于策划的范围。有人将策划分为起点策划、时间策划、空间策划、功能策划，还有明策划、暗策划，黑策划、白策划①等。从经济活动的角度，可将策划分为营销策划、公关策划、广告策划、开业与庆典策划、展览展销策划、新产品上市策划等。从社会活动的角度，可将策划分为媒体节目策划、各种会议策划、文艺活动策划、体育活动策划等。从公共关系的角度来划分，公关策划工作应包含以下五种类型。

（一）扩大影响型策划

扩大影响型策划主要是以知名度的提升作为策划目标，以媒介参与和可能

① 陈放："策划分类及中国的策划文化"，首届中国商界智业坐标人物高峰会议的发言实录，2004 年 10 月 24 日。

的传播作为手段，策划的目的在于使更多的社会公众认识、了解、理解并接纳组织。这种策划在现实中比较多见，如公关活动类型中宣传型公共关系活动就属于这种类型的策划。扩大影响型策划所要求的条件是：第一，基础条件好，能够达到让人们认识、认同的程度，如北京长城饭店是在自身硬件和软件均达到了五星级的水准时策划出了“里根总统的访华答谢宴会”的。这就是“做好，告诉别人”的公关基本原理所倡导的思想。第二，目标公众的有针对性，如长城饭店公关活动所针对的目标公众是国外来华友人、游客等。因此，开展公关活动时必须界定为国际性、高水准，只有这样才能吸引国际媒体的关注和报道。第三，保证媒体的关注，一般情况下媒体关注的是：有新闻价值、具有典型性和独特性、有推广和教育意义的事件。“里根总统的访华答谢宴会”无疑具有这样的新闻价值。

（二）发展现状型策划

发展现状型策划的目的在于使组织的良好现状得以巩固，并在此基础上有所发展、壮大。对经济组织来讲，公关策划的目的是市场的扩大，社会公众对品牌的认同；对政治组织来讲，公关策划的目的是能够推广其所出台各项方针政策，并使它们发挥有价值的功效，如政府出台的环境保护措施能够得到市民的遵守，达到良好的效果。发展现状型策划更多地表现为工作手段的策划，即采取何种方式能够使组织得到更好的发展。通常组织更多地会推出 CIS 策划项目、建设性公关活动、维系型公关活动等。

（三）塑造形象型策划

塑造形象型策划实际上是以已有基础性公关工作为条件的，即在各项基础性工作（如经济组织的产品、技术、服务）均达到较高水准的情况下，为了使组织有一个更加广泛且良好的影响，通过公关活动来展示组织的水准与能力，目的在于让更多的社会公众能够熟悉组织、接纳组织。塑造形象型策划更多的选择手段是社会型公共关系活动，如参与体育事业、支援救灾工作、赞助希望工程或各种可支持的事业，做环境保护的使者等。总之，所有有利于社会、有利于环境建设的工作都可以作为这项公关策划工作的由头。

（四）解决问题型策划

当组织面临问题时，采取公共关系的手段比采取其他任何手段都更有助于问题的解决，而且还可以为组织的发展和建设提供思路和广阔的空间。组织面临的问题一般可分为内部问题和外部问题。内部问题要通过内部的公关手段予以解决，如了解问题原因，针对其原因出台解决问题的思路，通过内部沟通或会议形式或个案处理等方式给予解决。对于外部问题，如果问题的性质不是特别严重，则可就问题的性质进行个案处理，如采取个别沟通、给予补偿等形式；如果问题很严重，已经引起了媒体的关注，则需要采取危机公关的方法进行处理。

（五）危机处理型策划

当组织发生了重大事件并已经危及组织的形象和正常的经营运作时，就说明组织发生了危机事件。危机事件来势突然、不可预测，让人猝不及防，组织必须马上采取应急措施，按照危机处理的程序策划出具体可行的解决危机事件的方案（关于危机管理与危机公关我们将在第十章中具体论述）。

四、公共关系策划的现实意义

公共关系策划是一个组织的全局性工作，它对上联系着决策，决定着公共关系的活动方向，对下指挥着公共关系活动的开展，直接影响到公共关系活动开展的效果，乃至组织形象的提升。

（一）公共关系策划体现了组织公共关系活动的最高水准

公共关系策划是在组织交际应酬、迎来送往、接待联络、信息传播、公关促销和公关广告等项工作的基础上发展起来的公共关系高层次活动。一般的公共关系活动是由公共关系业务人员和公共关系管理人员落实的，而公共关系策划工作则必须由公共关系专家和公共关系经理人员进行具体筹划、安排并落实，它需要凭借公共关系专家的头脑、创造性的思想、系统而全面的知识，以及良好的素养和丰富的经验来进行具体构思，从而推出有影响力、有感召力、有传播力的公共关系活动方案。

（二）公共关系策划是公共关系价值的集中体现

组织日常的公共关系活动如果能进行很好地策划，可以保证各项工作按部就班、有条不紊；而组织重大的公共关系项目如果能策划得很精彩，就能收到良好的传播效果。这些都体现了公共关系策划的价值。高水平的公关策划可以帮助组织提高知名度，传播美誉度，形成公众对组织的认同感和对组织行为的接纳。国际上一些著名的公关公司常常在组织危难之时提供援助，这种援助更多地表现为公共关系策划的思想与能力，借此解救组织于危难之中。

（三）公共关系策划是公关工作系统性与完备性的保障

在公共关系发展初期，组织的公共关系工作常常是不连续的，一项工作与另一项工作没有时间与内容上的衔接与连贯。现代公共关系的发展，尤其是伴随着《有效公共关系》一书的问世，四步工作法对公共关系工作程序的要求是要从系统性、科学性和完备性的角度对其进行思考。即使是大型的公共关系活动，也要考虑活动本身的延续性以及对后续公关活动的影响。这种影响长至十年或更长的时间，短至三年、五年。因此，在公关策划中，考虑公关活动的长期效应是至关重要的。

（四）公共关系策划是公共关系运行中的主导

在组织的公共关系活动中，公共关系活动的基调、公共关系活动的方向，乃至公共关系活动的程序与规则都体现了公关策划的主导作用。如果没有公关策划，即使公共关系工作运行得很好，公众也会感到平平常常，没有强大的感召力和震撼力，公关策划是公共关系活动能够开展得顺畅而富有节奏感，并激发公众对组织的关注、热爱和倾心的保障。公关策划就像一组交响乐中的高潮、一首歌曲中的主旋律一样，是公共关系运行中的飞跃。

（五）公共关系策划是组织参与市场竞争的法宝

现代企业的市场竞争已经从产品竞争、价格竞争，转移到品牌竞争、形象竞争，集中体现了企业的基本素质和能力的竞争。这是一种头脑的竞争、智力的竞争。企业的公关策划就是保障其运用更高水准的手段参与竞争，并取得竞争主动权的手段。公关策划关系着公关活动的质量和水准，关系着企业的形象和信誉，关系着公众对企业的认同感与接纳感，更关系着企业的市场和效益。在当今激烈的市场竞争中，没有公关策划，就意味着没有市场、没有效益，更没有未来。

第二节　公共关系策划的基本原则与方法

公共关系策划的原则与方法是由一些不确定因素决定的。因素虽然不确定，但原则与方法却具有确定性；因素的多样性决定了原则与方法也具有一定程度的多样性、多变性，以适应时代发展的需要。

一、公共关系策划的基本原则

公共关系策划原则是公关策划的基本依据。根据现代公共关系发展的状况和策划理论与策划思想的成熟程度，现代公关策划应依据以下五项原则进行。

（一）信息性原则

掌握必要的信息是公共关系策划的基本前提。在当今市场经济的发展中，人们把信息、物质和能源喻为现代社会发展的三大支柱，其中，信息是首要因素，没有信息，便没有现代社会的经济发展和科技进步。在组织的公共关系活动中，主要应掌握的信息有环境信息和市场信息。

1. 环境信息。环境信息主要包括国际环境信息和国内环境信息两大部分。国际环境信息包括国际政治和经济的发展与变化，国际市场动态，国际能源动态，国际科技发展状况，产品更新换代的速度与方向，国际投资的选择方向，不同国家文化的基本走势，国际公共关系活动的趋势等。国内环境信息包括政治与法律环境，经济发展的阶段与状况，行业竞争，自然资源的利用与保护，技术的发展水平和新技术的产生速度，社会文化的沿袭与改变，人口环境的变化趋势等。

2. 市场信息。市场信息应该包括在环境信息之内，但由于市场信息从宏观上看标志着经济发展的状况，从微观上分析，反映着不同企业适应市场的能力以及竞争的发展态势，因此，分析市场信息，有助于企业通过选择合适的公关手段来帮助自身实现市场价值。这里，我们从微观层面上来认识市场信息，主要分析市场的需求信息和供给信息。市场需求信息是指用户或消费者的地理分布、心态表象、消费水平、需求动向，以及对企业及产品的要求等。产品供给信息是指与本企业生产同类产品的企业所能够给市场提供的产品的数量、质量、型号、包装，以及产品所处的经济生命周期阶段、产品占有市场的状况等。掌握产品供给信息，有助于企业把握市场状况，选择合适的方式开展公关活动，以促进企业自身的发展。

（二）整体性原则

公关策划是为实现组织整体目标而使用的重要手段，因此，在实施公关策划时，策划者必须从企业整体和公共关系整体的角度出发，考虑问题要全面、周到、细致，即使是一个小环节、小问题，也要将它放在策划的整体方案之中来考虑。这一整体包括目标、范围、程序、方法、路径等,从整体的角度考虑这些问题,可以保证公共关系策划过程完整、有序。在公关方案的实施过程中,还要考虑到各项工作、各个环节都要相互联系、相互影响,以保证公关策划工作整体效应的实现。

(三)协调性原则

公关策划一方面要考虑组织所处的环境等诸多不可控制因素,以求策划出的方案能得到环境的支持,另一方面要考虑组织内部可控制的因素,制定策划方案,使公关策划能发挥其主动性和积极性。就公关策划方案本身来说,它是组织在策划工作中可以控制的因素,但影响方案实施的环境又是组织不可控制的因素。既然如此,公共关系策划方案在其运筹、谋划及实施的过程中,就要求策划者协调好方案这个"系统工程"中各个子系统之间的关系,达到内部工作与外部环境的协调、目标规划与实施能力和手段的协调、主观愿望与客观实际需求的协调、部分与整体的协调,以保证方案的配套、同步和优化。

(四)实用性原则

公关策划的主导思想是推动组织的发展,解决现实的问题,因此,策划本身必须要考虑现实、现存的环境与条件。任何超越现实、现存环境与条件的公关策划方案,都不具备可行性。公关策划方案的有效性、目的性、创新性和调适性都要寓于实际的操作之中。这种实用性主要表现为策划目标的可实现性,运行程序的可行性,运行范围的可及性,手段方法的可用性。有效的公关策划不仅要求对公关理论进行分析与深化,更要求公关理论能够指导公关实践,使公关方案具有可操作性。这是衡量公关策划水准高低的尺度和标准。

(五)反馈性原则

企业所处的外部环境是不断变化的。为适应环境,使公关策划产生更好的效果,公关策划人员必须从动态的角度来考虑策划的基本思路和内涵,各项工作都考虑两种以上的运行思路,形成备选方案,并保证能进行调整、校正、充实和完善,而这项工作依赖于及时、准确的信息反馈。信息反馈是在公关策划整个过程中必须要进行的一项工作,它要求在公关策划前策划者要了解和掌握相关信息,以便因地、因事、因时制宜,出台切实可行的方案;在执行策划的过程中也要通过信息的不断获取和反馈,对已经形成的思路进行斟酌;还要在策划之后、方案实施的过程中，对方案的执行情况进行反馈，以便时时监控，保证方案的贯彻落实。信息反馈是决定公关策划方案可协调性的最重要方式，是保证公关方案优化和可行的重要路径。

【案例8-1】 门票上的文章①

1993年年初，北京菜市口百货商场（简称"菜百"）的经理就盼望着北京一年一度的龙潭湖庙会的到来。果然，大年三十庙会开幕，"菜百"的经理乐了。瞧，中央电视台收视率最高的春节联欢晚会都开始了，可商场里还是人流不断。"菜百"当晚就创下了118万元的历史最高的日销售额。大年初一，龙潭湖庙会的门口，只见成群结队的游人逛罢庙会，径直登上了"菜百"的免费专线车。一些中型商场的经理们看着"菜百"眼热：莫非鸡年他们迎进了"财神"？

当人们花3元钱把一张龙潭湖庙会的门票拿到手时，才"嗅"出这里的"门道"。原来门票上一旁写了几行与庙会风马牛不相及的字：大年三十至初六，沿虚线剪下此票，可到菜市口百货商场购物，部分商品优惠5%～30%。下面还印着龙潭湖庙会到"菜百"的路线图。可别小看这张门票，"菜百"从腊月二十三到正月初六，销售总额竟达786万元，比上年同期增长了68.9%。这一切在很大程度上正是那张门票的"折射效应"。

事情还得从1992年的7月说起。1992年7月，"菜百"无意中得知鸡年的龙潭湖庙会是第十届，他们暗中策划，要在庙会上做个"大广告"。他们想到可把庙会门票作为广告媒体。对此，"菜百"的经理们并没有具体地预测"门票"会给他们带来多大的经济利益，他们更看重的是门票能让越来越多的人知道"菜百"，扩大"菜百"的知名度，目的在于借助庙会给商场带来连锁反应。于是，他们花了2.6万元承印了庙会121万张门票。在门票的左端印上了"菜市口百货商场"的店名和优惠卡，在门票的背面还不忘印上动情之语："菜市口百货商场全体员工，向首都人民致以节日的问候！"一位拿着优惠卡到"菜百"买金项链的女士说："其实，我并不看重优惠的这几个钱。但是既然这里对消费者有诚意，我也正要买首饰，自然也就到这来了。"

从腊月二十三到正月初六，"菜百"共收回这种优惠购物卡2.2万余张，其中黄金柜台收回近2 000张。尽管优惠购物卡仅有1.9%的回收率，但在"菜百"1992年

① 杨晓轩："门票上的文章"，《北京日报》，1993年2月11日，第1版。

一年耗资47万元所做的广告中,这是效果最好的一次投资。2.6万元直接带来了经济效益,而社会效益、企业知名度的扩大更是难以估算。这就是公共关系策划的魅力。

如果我们从公共关系策划原则的角度入手对案例8－1进行分析,会发现在门票上做文章似乎并不是“菜百”的专利。然而,能在这里面做出有新意的文章来,确实需要动一番脑筋。

首先,从信息中寻求机会。早在1992年7月,当菜百得知鸡年的龙潭湖庙会是第十届时,就打定了进行公关策划的主意,想借此机会做一次大广告。这说明信息为菜百带来了机会;而菜百通过门票在121万名游客面前“亮相”并告知“持卡优惠销售”之事,也是在向社会传递“菜百”的信息。今天“菜百”的知名度如此之高,应该和这次活动有着密不可分的关系。

其次,“门票上的文章”整个活动安排形成了一个系列,集游览、购物为一体,从而使活动形成了一个整体;而为保证此项活动的顺利开展,“菜百”从经理人员到普通员工共同参与其中,也为关心“菜百”的公众献上一份爱,送去一片情,塑造了“菜百”的整体形象。

再次,策划充分考虑了主体与客体的协调。活动过程中的各项工作,包括“免费专线车”、春节期间的时间安排、购物优惠商品的确定等。应该说,“菜百”在传统上人们过春节走亲访友的基础上,为京城百姓设计了一种新的春节活动形式——购物,为春节人们清闲自在的生活平添了一份友情和一份关怀。

最后,这项活动还为“菜百”创造了一个新的经营概念——“京城黄金首饰第一家”,这一经营理念一直延续下来,至今已升级为“中国黄金第一家”的经营理念,并为京城的百姓与来京所有到“菜百”的顾客所接纳。同时,它也带动了京城商家假日经济的形成,带动了商业竞争和商家服务水准的提升。

二、公共关系策划的基本方法

公共关系策划强调的是创造力。创造力来源于创新精神,来源于知识、经验与技能,来源于创造方法和勤奋努力的工作,同时,环境宽松与激励措施得当也是创造力得以发挥的不可或缺的外部条件。关于创造方法,国外有很多这方面的总结可供我们参考。

（一）发挥创造力的方法

1. 詹姆斯·韦伯·扬创意法。最广为人知的构想产生方法是詹姆斯·韦伯·扬(James Webb Young)所提出的。韦伯·扬生前曾任美国智威汤逊广告公司创意主任，并于1940年提出产生构想的概念。

韦伯·扬创意法的构想有五个特定步骤：

(1)收集原始资料，包括特定资料和一般资料；

(2)用心检查这些资料，即“用心智的触角到处加以触试”；

(3)孵化阶段，将问题置于下意识之中，以便能产生新的组合；

(4)构想的产生，这不是刻意的过程，而是前三个阶段所发生的一种结果；

(5)形成与发展构想，对构想进行加工和改造后形成方案。

韦伯·扬最重要的观点是“新构想是不折不扣的老要素之新组合”。

2. 奥斯本核对表法。亚历克斯·奥斯本(Alex Osborn)是创造学和创造工程之父，头脑风暴法的发明人，他创设了美国创造教育基金会，开创了每年一度的创造性解决问题讲习会，并任第一任主席，他所著《创造性想象》一书是当时美国最畅销的书籍之一。他所创造的“奥斯本法则”通过六个发问，使人们感到创新并不神秘：

(1)改变，即改变功能、颜色、形状、气味和其他；

(2)增加，即增加尺寸、强度和新的特征；

(3)减少，即减轻、减薄、减短、减去过多功能，至少是一时用不上的功能；

(4)替代，即用其他材料、零部件、能源、色彩来取而代之；

(5)颠倒，即对现有设计来一个上下、左右、里外、正反、前后的颠倒，甚至目标与手段的颠倒；

(6)重组，即零部件、材料方案、财务等重新组合，包括叠加、复合、化合、混合、综合等。

为了使“奥斯本法则”能够更好地贯彻落实，奥斯本提出了核对表法。该方法的使用是利用一张预先准备好的核对表，以此为索引，按照预先的计划，有意识地将个人头脑中的构想引导出来。核对表以询问的方式引出构想(如表8-2所示)。

表 8-2 奥斯本核对表

1. 有没有其他用途——维持现状；稍做改变。
2. 能否借用其他创意——有什么类似的东西；能借用别人的创意吗；过去有没有类似的东西；能不能模仿什么；可以模仿谁的东西。
3. 可否改变形状、颜色、运动——重新塑造一下；使之改变意义、颜色、运动、声音、味道、形状、类型。
4. 能否变大——加上一点什么；多花一点时间；增加次数；拉长；变薄；附加其他价值；重叠起来；夸张看看。
5. 能否变小——试着取消一些东西；压缩看看；变小；变低；缩短；除去；变成流线型看看。
6. 能否替换——用别人去代替；用其他要素代替；用其他材料代替；改变一下程序；采用其他动力，等等。
7. 能否对调——包括要素对调；换成其他类型；改用别种排列；采用别种顺序；原因和结果对调；改变速度，等等。
8. 能否颠倒——正、负反过来；里外颠倒；上下颠倒；功能颠倒，等等。
9. 能否加以组合——变成合金如何；组合起来如何；组合成单件如何；将目的组合起来；将创意组合起来，等等。

"奥斯本法则"和奥斯本核对表法是发挥人们创造性的系统性方法，它更多地被用于企业的新产品开发。

3. 狄波诺的"水平思考"。爱德华·狄波诺（Edward De Bono）曾任教于牛津大学、伦敦大学、剑桥大学与哈佛大学，曾受邀主持诺贝尔奖得主特别会议，被公认为指导思考技巧的权威。他"首创水平思考"（lateral thinking）这一概念，该名词现已被收入牛津英文字典。狄波诺主持的世界上最大的思考教导课程计划被许多国家采用。狄波诺认为，心智（mind）是一种能自行组织（self-organizing）的信息系统，并开发出创意思考的正规方法。

狄波诺在其《管理上的水平思考法》一书中提出了著名的水平思考法。水平思考一般是一种"不连续"的思考，或是"为改变而改变"的思考。与水平思考相对立的是传统逻辑上的"垂直思考"。垂直思考是从一种信息状态直接到另一种状态，就像建塔，以一块石头稳定地置于另一块石头之上；或像挖洞，把已有的一个洞再挖下去，形成一个更深的洞。狄波诺从 10 个方面对水平思考与垂直思考进行了比较分析（如表 8-3 所示）。

表 8－3　水平思考与垂直思考的比较

序号	垂直思考	水平思考
1	选择性的思考	生生不息性的思考
2	它是在出现一个方向后才移动	它的移动则是为了产生一个方向
3	分析性的思考	激发性的思考
4	按部就班的思考	可跳来跳去的思考
5	用此方法者，必须每一步都正确	不一定每一步都正确
6	为封闭某些途径要用否定	不用否定
7	要集中排除不相关者	欢迎闯入的机会
8	类别、分类与名称都是固定的	不固定
9	遵循最可能的途径	探索最不可能的途径
10	是无限的过程	或然性的过程

狄波诺认为可以从下面几个角度来激发水平思考并突破垂直思考：

(1)对目前情况进行选择；

(2)对目前假定进行挑战；

(3)创新；

(4)暂停判断一个时期；

(5)把一个普通方法按照相反的思路实施；

(6)根据目前的情况进行类推；

(7)用头脑风暴法。

总之，水平思考的概念不像传统的垂直思考那样要“彻底想通”，而是“想出”新的以前未考虑到的可能解决问题的方法与途径。

4. 头脑风暴法。头脑风暴法也是亚历克斯·奥斯本提出的创意方法。简单地说，头脑风暴法是在会议中运用集思广益的方法，以收集众人的构想的一种思考方法。

头脑风暴法通常分以下几个步骤：

(1)选定项目，确定所面临的问题或需要解决的问题，以确定有关会议的主题。

(2)头脑风暴，召集会议集思广益。召集会议的注意事项有：①选出 5～7 名会议参加者，人数过多将会减少每个人发言的机会并增加管理难度，会议参加者应尽可能是不同领域的人；②确定会议主持者；③召开会议前，给参加会议者提供最低限度的预备和知识等相关资料，有时为了避免先入为主，也可以不提供资料；④会议的时间安排在 90 分钟左右较为适宜。

另外，会议中还应遵循以下基本原则：①禁止批评他人意见；②充分自由发挥，荒唐无稽都可以;③注重数量不注重质量,目的是提出尽可能多的想法;④可自由组合、改善、追加他人的想法。

除了遵循以上原则外,会议还可以灵活使用奥斯本核对表及 KJ 图表法(指亲和图法)[①],以引出更多的创意。

(3)选择与评估。头脑风暴引出的创意是否有效,还需要针对目的及目标进行选择与评价,并考虑其实现的难度及障碍。一般情况下,选择与评估创意的常用方法是矩阵评价表法。

矩阵评价表法通常是在多个方案的比较中优中选优的一种方法。具体步骤是:第一步,将被评价的创意方案纵向排列,将评价指标横向排列;第二步,根据评价指标的重要程度确定不同指标的权数;第三步,对每一个被评价的创意方案进行打分;第四步,计算每一个创意方案的综合得分,通过排序确定最优方案、次优方案等(见表 8-4)。

表 8-4 矩阵评价表

评价指标 / 权数 / 创意方案	评价指标 1	评价指标 2	评价指标 3	评价指标 4	综合得分
权数	0.4	0.2	0.2	0.2	
创意方案 1	8	5	4	4	5.8
创意方案 2	9	6	6	5	7.0
创意方案 3	7	6	5	5	6.0
创意方案 4	8	5	4	3	5.6

说明:①假设:

评价指标 1:活动对企业实现公关目标的影响;

评价指标 2:活动对企业产品市场扩大的影响;

评价指标 3:活动开展的可行性(问题的解决/困难的克服);

评价指标 4:活动预算的保证与人员的能力。

②评价分值:可选择 100 分制、10 分制、5 分制等,本例为 10 分制。

③评价结果:通过评价,其排序为:第一名方案 2;第二名方案 3;第三名方案 1;第四名方案 4。

5. 凯斯特勒创意法。亚瑟·凯斯特勒(Arther Keostler)的创意法是指将两个

① KJ 图表法(亲和图法)是日本学者川喜田二郎(Kawakita Jiko)研究开发并加以推广的一种质量管理方法,它以川喜田二郎的名字命名。其运作思路是:针对某一问题,充分收集各种经验、知识、想法和意见等语言、文字资料,通过 A 型图解进行汇总,并按其相互亲和性归纳整理这些资料,使问题明确。其基本步骤是:第一步,将资料或信息分类归纳,从杂乱无章中理顺关系;第二步,对于一件大家想认清的事实做情况分析,打破现状;第三步,讨论未来问题或未曾经验过的问题,还不知道下一步的情况时,集思广益,贯彻方针。

普通的概念，或两个想法、两种情况，甚至两个事件放在一起，经由“二旧化一新”的路径就能产生一个意想不到的、全新的构想，即依据两个原有的事物生成一个全新的事物。

【案例8-2】 啤酒广告创意思路的出台①

劳温堡是一种在美国市场上市的德国啤酒，其价格昂贵、品质优良。该产品上市的广告宣传创意若按一般的创意方法，可能会表现为“劳温堡……超级品质”或“当你想要唯一佳品的时候……劳温堡”或“卓越的标记”等形态。

但是，事实上，创意者在按凯斯特勒的“二旧化一新”创意法进行创意时，提出的广告构想则是：

“当他们喝光劳温堡时，就订香槟酒”（在美国消费者的心目中，香槟酒是高品质消费品，而啤酒是大众消费品）。

显然，这一构想具有以下效果：

其一，广告虽没有说“劳温堡”是一种高贵品质的啤酒，却表达出了“劳温堡是一种最高品质啤酒”的概念。

其二，广告的构想表达出了一种关系，即将本产品与另外一种已经被消费者接受的高品质产品联系在了一起。同时，这种联系可以证明本产品所述的概念是有合理性的。

其三，这一构想采用了与正常思维截然不同的方法，既不说啤酒是可以代替香槟酒的选择，也不说本啤酒是高档啤酒，而是通过相反的提示，让人们产生联想。

通过“二旧化一新”这一构想将两个不相关的事情，甚至互相抵触（香槟酒是高档的、啤酒是低档的）的事物形态结合在了一起，并由此产生了另一个全新的、使人注目的构想。这就是“二旧化一新”的功效。

（二）实施公关策划的方法

我们在进行公关策划时，常常可以借鉴上述创造性方法。但在实际工作中，也许策划者并没有严格遵守某一种方法的具体规程，而是把这些方法进行归类，综合运用。为此，我们结合实际的公关策划，整理、归类出以下公关策划方法。

1. 思维谋划法。思维谋划法是通过思维的方式进行的公共关系方案的策划。

① “企业策划书的设计与撰写”，http://www.a.com.cn，2006年10月12日，中华广告网。

思维是人的大脑活动过程，这种活动表现为对事物和构想所进行的分析、综合、判断与推理。在公关策划中，根据策划者思维方式的不同，其表现为不同的思维形态。

（1）直接思维法。这是策划者在公关实践中对公关事务进行观察、分析、想象和记忆而产生的一种感觉，并由此生成构想。这种构想的生成具有生动性、具体性和直接性的特点，它是开发人们的大脑并进行创造性思维的基础。这种思维的来源首先是知识，有知识的人才富有联想，知识在人们的头脑中储存越多，它创造的能力也越强；其次是经验，没有经历过社会实践的人，纵然有知识，产生了联想，其联想也不会具体、可行，一些有价值的公关方案常常产生于对社会实践的总结和提高；再次是直觉，即未经充分逻辑推理的直观感觉，它是以已经获得的知识和积累的经验为依据的，这种直觉往往具有一定的正确性和可行性；最后是概念，通过概念形成了反映客观事物本质特征的形态，让人们对未来的事物有一个基本的描绘，在头脑中能够将其形态再现出来。从构想出发走向创新，即可得到新的公共关系活动方案。

（2）倾向思维法。这是指策划者在对公关事务有了一定了解的基础上，沿着既定的目标和倾向进行惯性思维，通过分析和推理发现解决问题和开展活动的方法，从而提出公关方案的思维过程。这一过程常常是在有意或无意之中、必然与偶然之中寻找到通往成功之路的思路。

人们认识事物常常要经过曲折的过程，并经过多次反复，才能对事物有所了解乃至理解。了解事物是倾向性思维的基础，理解事物是运用倾向性思维法思考的关键，思考是倾向性思维的必然过程。创造新思路是倾向性思维的目标，正所谓“多思出智慧”。

（3）联想思维法。这是通过一事物联想到其他事物而产生的对某一具体事物的认识、理解并创新思路的心理活动过程。客观事物的相互联系很多，具有各种不同联系的事物常常在人们的头脑中得到反映或复现，从而形成不同的联想。

在公关策划工作中产生联想的条件有两个：一是在确定开展重大活动之前需要公关人员对这次活动进行全面的策划与安排，这时策划者会联想到以前多次成功的公关策划方案的出台与实施，从中找到可借鉴之处；二是在其他组织开展重大的公关活动并取得良好社会效益的条件下引发了公关人员的一种思考，联想到自己的组织能否也开展一次重大的公关活动，这时公关策划方案便可能在头脑中产生。前者属于纵向联想,后者属于横向联想。

(4)形象思维法。这是对现实生活中的各种现象加以选择、分析、综合,然后进行形象创造的思维方式。在形象思维的过程中始终不脱离具体形象,其间也包含着创造者的强烈情感。

在公关策划工作中,形象思维法主要用于企业的总体形象设计,其基本步骤是:先选定目标,即组织期望自身的形象是一个什么形态,就将目标定位在这一形态上,其目标形态包含有所期望的形象指标,然后再确定形象的具体内容。我们以企业为例,在企业的总体形象中,主要包括产品形象、员工形象、服务形象、环境形象等,每一形象所要达到的标准及达到标准的手段,须依靠策划者的形象描述与形象再现,最后描述出组织的总体形象。

(5)逻辑思维法。这是指运用科学的抽象概念揭示事物的本质,表达认识现实的结果,并在人们的认识过程中,借助概念、判断、推理,反映现实的过程。这是具有严密科学性的思维方式,思维过程要完全符合客观规律,并挖掘思维者的广阔知识,以保证能够形成更多的闪光之处,确保思维结果的与众不同。

在发生重大事件或问题时,组织需要对问题或事件进行处理。对此,策划者首先要了解问题或事件的原委,并以此为依据进行逻辑判断与推理,估计与把握问题或事件可能的影响范围以及可能导致的结果,并以此为契机出台解决问题或扭转局面的公关方案,以更好地解决问题和处理事件,并寻找将不利于组织的事件和环境转换为有利于组织的事件和环境的可能的关节点,以提高创造出有利于组织条件的可能性。

2. 专家意见法。专家意见法是由专家参与策划的方法,它依据专家们对事物的看法,提出专家们各自的意见与看法,并进行综合分析。这里,专家们的意见与建议是建立在专家们各自创造性思维的基础之上的,因此,专家们提供的策划方案具有极强的现实意义与社会价值。专家意见法在具体的实施中主要表现为以下4种具体的方法。

(1)专家会议法。该方法是根据公关的目的与要求,邀请有关专家(包括公关专家、营销专家、经济学家、管理学家、广告专家、媒介专家等),通过会议的形式,围绕组织要解决的问题或以公关目标的实现为题而展开讨论、分析,做出判断,提出看法、思路与建议,最后综合专家的意见,确立具体的方案。

专家会议法具有公开性、透明性、直接性和权威性等特点。召开专家会议之前，会议组织者要将议题提前告知有关专家，让专家们提前进入状态、进行思考；专家与会议的组织者直接地、面对面地进行沟通，不依赖中间环节；专家各自的意见可以相互补充、相互借鉴；补充借鉴之外，每个专家必须有自己独立的、与其他专家不同的见解与建议。

采用专家会议法进行公关策划应注意两个问题：一是要注意专家的选择，尽可能保证参与策划的专家结构合理，使专家们的意见与建议能够互相补充，使策划工作考虑的问题更全面；二是要避免出现某些“权威人士”垄断发言，并左右与会各位专家的意见，要保证每位专家都有同等的机会与权利。

(2)专家小组法。为避免专家会议法可能出现的代表选取不具有代表性或“权威人士”左右时局的现象，可采取专家小组的形式进行公关策划。专家小组法又叫特尔斐法。特尔斐(Delphi)是古希腊的城市名，是历史遗迹，为阿波罗神殿所在地。在古希腊神话中，太阳神阿波罗常在此宣布神谕、降妖伏魔，因此，特尔斐有“聪明、智慧”之意。20世纪60年代，美国兰德公司的O. 赫尔默和N. 达尔基在意见表决和汇总评述研究工作中首先提出了这一方法，该方法随后即得到了广泛应用，并出现了多种改进形式。特尔斐法最初应用于技术预测，后来被推广应用于各个领域的预测。特尔斐法对预测时间没有严格规定，在实践中一般不短于5年，不超过50年。

专家小组法的实施过程是：

首先，根据所有拟选方案设计若干含义十分明确的问题，通过信函、电话、网络等形式将问题发送给各位专家，请他们通过书面形式予以回答。这里，问题的提出不带有任何倾向性。

其次，专家们在背靠背、互不通气的情况下独自发表自己的意见与看法，并将回答结果返回。

再次，将各个专家的意见收回后进行统计、归纳、综合，形成一个有代表性或表现多数意见的方案，再将这一方案返回给专家，让专家们就此提出自己的意见与建议。

最后，专家们接到反馈结果后，据此审慎地思考，并修改自己的意见，再将意见寄回。经过三四轮之后，专家们的意见往往比较集中，从而得出一个比较可行的方案。

(3)头脑风暴法。此方法前文已做过介绍，这里不再赘述。

(4)个人提案法。这是指由某一个专家个人提出公共关系策划方案并付诸实施的方法。在市场经济的发展中,一些组织或企业为保证自身有机体的顺畅运行,重大方针政策和策划方案的出台得到把关和定向,并能经常监控组织或企业的运行状况,及时解决出现的问题,常常聘请常年顾问作为组织或企业的工作指导人员。个人提案法可以保证公共关系策划工作直接、快速、及时进行,没有太多的扯皮现象,不需要做大量的综合性及反馈性的工作,但有时方案的思路与内涵会受到设计者思维方式和自身倾向性的限制而出现考虑问题欠妥帖、欠周详的现象。为了弥补这一不足,企业在采取这种方法时,可请其决策班子成员参加讨论或参加方案的修订与修改工作,提出不同的意见与看法,以保证方案的周密性、可行性。

3.公众调查法。公众调查法是指通过对社会公众进行调查、分析,以掌握社会公众对组织或企业的看法、意见与建议等,并将调查的内容反馈给组织的公共关系管理者,以此作为公共关系策划的依据。这里,通过对社会公众的调查所掌握的资料并不是具体的公共关系方案,公共关系策划管理者可以根据决策者的意图,结合组织或企业的现实问题与发展需要,选定那些能代表大多数公众意见与建议的观点,一次出台公共关系方案。

公众调查法的具体实施方法有:

(1)公众座谈会。这是通过召开公众座谈会的方法来进行公众意见与建议的征集工作。组织召开公众座谈会,其前提条件是组织发现了公众对组织的意见、误解,或就某些具体问题想听听公众的想法。召开公众座谈会的具体做法是:

首先,将所要了解的情况拟定成各种问题,公开地交给所要调查的对象,让这些社会公众(参加座谈会者)自由地发表意见,提出建议;

其次,做好记录工作,将这些公众的意见与建议乃至具体的要求形成文字材料并进行分析、整理、归类。

最后,根据归类的结果将公众意见的归类比例进行排序,所占比例高的意见与建议要引起管理者及决策者的高度重视(公共关系管理者要将这一工作做到位),在经决策部门审批后,请策划部门拿出具体的实施方案。

通过公众座谈会这一方法,有时能发现公众思维的闪光之处,从而为策划者提供可以借鉴或有启发性的思路与方案。不过,公众代表的选择往往很困难,既要考虑代表选择的合理性,又要确定公众参与的积极性等因素。在信息技术如此发达的今天,组织或企业选择公众代表完全可以通过网上召集的办法,将选择代表的条件公之于众,让公众自行决定是否符合条件,是否愿意参加。

(2)公众问卷法。这是将组织或企业所面临的实际问题或所要解决的问题设计成问卷,发给所要调查的公众对象,通过公众对问题的回答,掌握公众的态度、意见、建议等。

以问卷的形式对公众进行调查,要求问卷的设计者从公共关系策划的角度入手,所提问题要集中,不能漫无边际地让公众去设想,因为宽泛的思路会使公众的意见不集中,不利于综合分析和采纳,可能会导致公众的意见与建议不具有可行性,不能付诸实施,也可能会因为提出的问题无确定的答案而导致公众不予回答的结果,从而使问卷调查失去意义。因此,问卷中应尽可能将答案一一列出,让公众自己去选,或让公众去进行排序,以作为方案设计的依据。

(3)走访调查法。这是公共关系工作人员带着特定的问题或方案去寻找机会,同公众进行面对面的沟通,以征求公众意见、了解公众要求的一种方法。走访调查法可采取的形式有:在展览、展销会或订货会期间,对前来光顾的顾客公众进行现场提问与征求意见;走访公众,即选择有代表性的公众进行专访,征求意见;访问推销,即借助企业营销工作者与顾客公众接触的时机进行调查,等等。

走访调查法能够了解公众的意见、建议和要求,表现方式直接、具体,探讨问题深入、细致,一些不方便通过其他方式提的问题,都可以通过走访调查法获得答案,一些在其他场合不便提出的意见与要求,也可以在这种条件下提出。因此,通过这种方式所掌握的资料更客观、真实,更具有使用价值。

【案例8-3】 主妇会与不粘锅①

1992年10月上旬,北京200名妇女分别收到了一份特殊的邀请函,美国杜邦公司通知她们参加该公司举办的"'特富龙'主妇会"。请柬上特别注明,会上将展销"特富龙"不粘锅厨具,全部以七五折优惠出售,购买者即可当场成为"特富龙"主妇会成员。会场设在王府饭店的不粘锅展卖厅。

灯火辉煌的展卖大厅里挂满了"特富龙"不粘锅的招贴画、POP广告等,产品部经理向参观者介绍说,27年时间已出售了27亿只"特富龙"不粘锅(全球的数字),从未发生过损害人身体健康方面的问题。

正是这一活动,使"特富龙不粘锅"之后在中国市场成为热销产品。尽管"特富龙不粘锅"曾在2004年出现了品牌危机,但杜邦公司很好地解决了危机事件,使

① 汪秀英主编:《企业实用公共关系》,中央广播电视大学出版社1999版,第164页。

其品牌在中国消费者心中的认同度未减反升。

"主妇会与不粘锅"这种活动属于一种直销形式。直销方式在国外很流行,尤其对于家庭生活用品,采用口对口的推销方式效果非常好。一方面,它向消费者直接传递信息,使信息传递一步到位;另一方面,它直接面向消费者销售产品,减少了中间环节,从而也节省了营销费用。在国外,主妇会这种方式更具有影响意义,它就是通过口碑传播和亲身感受来达到良好传播效果的。在中国市场经济的发展中,尽管网络营销与电子商务占据着市场运行方式的主流,但与目标公众面对面沟通这种方式仍具有很大的借鉴意义和实用价值。

"主妇会与不粘锅"是企业策划的富有创意性的宣传手段,其意义主要表现为以下几个方面:

首先,通过联想思维方式来策划公共关系方案。为了使特富龙不粘锅能在中国市场上占有一席之地,策划者联想到公司在其他国家的一些做法,从而使这一公关方案得以出台。

其次,"主妇会与不粘锅"这一活动产生于1992年,当时中国市场的状况并不复杂,市场竞争也没有达到白热化的程度,在这种情况下出台这一方案极富新意,它启迪了中国企业思考营销运作的思路、品牌传播方法、公关活动的要旨等,从而提升了中国企业开展公关策划的能力。

最后,这是一种极具体验性质的公关营销活动,能够使参与者感受至深,以至于放大了口碑传播的效应。这是一种相关群体的效应,感染力很强,它不仅会使受感染的人群对参与这样的活动者产生羡慕的心理,同时也使人们对使用这样一种新产品产生了期待。

第三节 公共关系策划的基本程序

一个健全的公关策划过程应该是一个科学而完备的系统,它每一步都蕴涵着特定的内容,并且各个步骤之间要很好地衔接。这个健全的策划程序由八个步骤构成(见图8-1)。

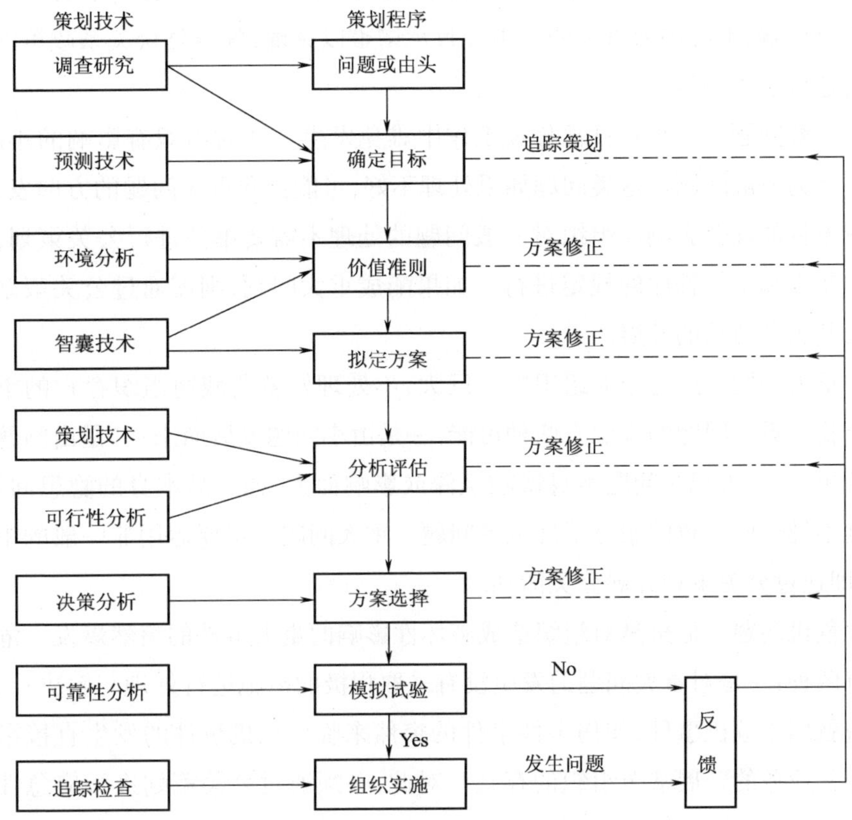

图 8－1 公关策划程序图

一、发现问题、寻求由头

当组织发生了一些具体问题，或发展过程中需要抓住时机开展活动时，就开始了公关策划阶段。这一阶段可能要解决现存的问题，也可能通过公关活动达成目标。

（一）问题表现

组织在运行与发展中碰到的问题有大有小，有轻有重，具体表现为以下几种：

1. 差距问题。这是指组织期望的公关形象与实际形象之间出现了差距。形成差距的原因可能和组织内部工作有关，如企业的技术问题、生产工艺问题、员工的岗位责任问题、营销或服务的规范程度不够与行为不统一等都可能导致企业的目标得不到实现。形成差距的原因也可能和组织外部的环境有关,如个别社会公众对组织有误解,不可抗力事件的发生导致承诺难以兑现,各类公众关系政策的调整对自身造成了影响等。

2. 一般问题。组织在日常公关工作中难免发生一些对组织有影响的小问题,我们称之为一般问题。这类问题如果处理不好,可能会向重大问题的方向发展,从而造成不良的社会影响。组织对一般问题的处理不需要单独进行公关策划,只需要按照制度和工作程序的规定进行。如果酿成重大问题,则需通过公关策划进而指导公共关系活动的开展。

3. 重大问题。这是指对组织影响巨大,不处理好就会威胁组织存亡的重大事件或事物。重大问题的来源有两种可能:一是由小问题发展而来;二是由问题本身的性质决定的,表现为问题本身影响至深或影响面大,如产品本身的隐患问题,服务制度不健全而导致的服务不规范等问题。重大问题一定要运用非一般的手段来处理,即通过公关策划开展公关活动。

4. 危机问题。危机是对组织造成破坏性影响的重大事件的突然爆发。危机的来源有两种:一是对重大问题的发生没有采取积极的措施进行处理与解决;二是问题本身就属于危机事件,如伤害性事件的突然来临。危机事件的发生直接影响到组织正常业务的开展甚至组织的存亡。对此,必须通过公关策划进行应急性危机管理(公关),以求危机事件的解决。

(二)由头确定

组织在运行中需要开展公关活动,以推动组织更好地发展,这就需要寻找公关由头。组织在正常的态势下可以寻找或确定以下时机为公关由头:

1. 各种节假日。在组织内部利用节假日开展公关活动,可以丰富员工的文化生活,加强内部的情感沟通,形成组织的凝聚力与向心力,调动员工工作的积极性。如果开展组织外部的公关活动,可能会使社会公众有时间参与,形成参与的积极性,同时也可以丰富人们的社会生活。尤其是有益于社会、有益于环境、有益于健康的活动,更会得到社会各界的支持。

2. 重大社会活动时期。有些重大社会活动,如体育盛会、赞助希望工程、救助失学儿童,以及各种文化活动等,均是可供组织开展公关活动的由头,组织可根据环境的态势和自身发展的需要进行选择。参与一些重大的社会活动,会使组织受到更多社会公众的关注,形成良好的组织形象。

3. 组织有重要新闻发布的时期。在组织运行及各项活动中,经常会有一些有公关价值的活动,如新技术的发现与发明,新产品的研制与开发,新工艺的试验与投入,新成就的取得与发展,新荣誉的获取,新的社会活动的关注与参与等。将这些活动信息通过新闻发布的形式传播出去,会对组织形成良好的影响。

4. 企业准备拓展市场的时期。在既定市场占有率的基础上,企业要想扩大市场或开拓新的目标市场,采取公关促销的方式其效果远比采取其他方式要好得多,因为公关促销方式可以有针对性地选择目标公众,以目标公众愿意接受的方式开展公关活动,如邀请顾客公众参与企业的新产品使用竞赛,让顾客公众使用新产品并做出真实的评价等。

二、确定目标

确定目标是公共关系科学策划工作的重要一步。这里的目标是指在一定的环境和条件下,通过公共关系方案的制定并付诸实施所能达成的结果。因此,对公关策划者的要求是,所确定的公关目标要具体明确。它可以是定量的,也可以是定性的;可以规定时间,也可以确定责任。在公关策划的工作步骤中,需要使用"调查研究"和"预测技术"两种方法,以了解现状,分析未来。

调查研究就是通过调查研究的方法来掌握组织自身的基本情况、组织目标市场的状况、竞争者的优势与劣势、组织所处的外部环境等,以此作为预测未来的依据。运用预测技术主要是为了分析未来,即依据现实状况分析未来环境可能发生的变化,确定一定时期内的发展目标,并在环境的变化中争取一定的主动地位和有利于组织开展公关活动的时机。

三、价值准则

价值准则是落实目标的标准,它可以作为以后评价和选择方案的基本依据。价值准则包括以下三个方面的内容。

(一)确定价值指标

将确定的目标进行分解,形成的具体指标就是价值指标。价值指标的实现程度是衡量策划目标是否能够实现的标准。价值指标一般可以从三个角度进行分析:一是社会价值;二是学术价值;三是经济价值。从公共关系的角度分析,社会价值是至关重要的,它主要表现为企业或组织对社会的贡献和社会公众对企业或组织的总体评价,实际上,社会价值的实现要求企业或组织在人、财、物上或其中某一个具体方面做出贡献,并由此得到社会公众的良好评价;学术价值表现为策划方案本身是否坚持了公共关系的基本原理和基本原则,在学术上有无贡献,对其他组织或企业有无借鉴意义;经济价值表现为公共关系策划方案的实施,其投入产出的状况如何,能否创造出更大的经济效益。

(二)规定价值指标的主次

在大多数情况下,要同时达到整体价值系统的指标标准是极其困难的。这是因为,作为"满意方案",必须将价值指标进行排序,规定主次,在指标之间发生矛盾或客观条件发生变化时,以选取或保留主要指标为原则,从而舍弃次要指标,以保证总体目标的实现。如从经济指标的角度分析,市场占有率和利润水平的提升可能会发生矛盾,在对这两项指标进行排序时,企业常常将市场占有率排在前面,由此,企业的公关活动就要以市场占有率指标的扩大为经济目标而进行安排。当然,我们希望指标之间相互促进,这样会使公关策划的目标达到理想化的程度。

(三)指明价值指标的约束条件

任何公共关系方案都是在一定环境和条件下生成的,因此,它受到环境与条件的制约。在公关方案中,主要的约束条件是公众的态度、公众的范围、时间与权利的限制等,因此,在公关方案出台之前,要充分把握这些条件,掌握目标公众的各种资料。如果是解决危机事件的公关方案,则更应该搞清楚问题的来龙去脉,同类问题的历史与现状,问题的影响程度(深度与广度),在此基础上把握正确的指导思想,拿出社会目标公众愿意接受、愿意参与并感到满意的公关方案。

四、拟订方案

拟订方案是及时将公关活动的运行程序及运行手段进行选择与确定的过程,也是寻找公关目标并使之得以实现的过程。在这一过程中,策划者要进行创意、构思,根据可行性与现实性原则制定出多种可供选择的方案。

在拟订方案的过程中,要广泛运用智囊技术,采用多种有效的方法进行思考与创意,以保证提出的方案富有新意、具体可行,能够实施顺畅并达到预期的理想效果。这里的智囊技术事实上是在寻求价值准则,并将最有价值的指标放在首位,以此指导公关方案的拟定,它是公关策划者进行创造性思维的一种方法。

五、分析评估

拟定具体方案之后,由于有多种方案作为备选,所以要对这些方案进行可行性分析。在分析中运用策划技术,估量方案成功或有效的概率及可能导致的后果。如果某方案实施的可能性大或有效性突出,又能保证策划目标的实现,该方案就可以获得通过或被选中。在实际的策划中,有些方案彼此之间是可以融合的,在分析评估中,可以将这样的方案保留下来,将这些方案的精华渗透或弥补到所选中的方案之中。而对有些不能与被选中方案相融合的方案可舍弃,但保留以后使用的可能性。分析者在分析方案时可以带有自己的观点,但在评价方案时要保持全面、公正、客观,不带有人情观念,不带有个人情绪,就方案论方案。

六、方案选择

方案选择是对备选方案的决策过程,即从各种可供选择的方案中,通过权衡利弊,选择其一或综合其一的过程。这是一项很复杂的工作,因为,最后选择的方案并不一定对所确定的每一个特定指标都是最佳的,这里往往仅考虑主要的指标系列,并兼顾一些次要的指标系列。为此,决策者须在运用决策理论与方法权衡与计算之后,对方案进行选择。

决策理论要求决策者在方案选择过程中做到以下三点。

(一)正确处理好专家与领导者的关系

在公关方案出台的过程中,公关专家是在领导者的委托和指导下进行方案设计并参与决策的。领导者是决策的权威和主导,不依靠专家的领导者不可能成为一名好的决策者,而为专家所左右的领导者也不是有主见的决策者。最好的情况是,领导者是专家型的领导者,专家是权威的专家。

(二)领导者应运用科学的思维方法做出判断

领导者对专家提出的各套方案和背景材料应能运用科学系统的理论进行分析,依据已经确定的价值准则进行审查,对不同类型的策划方案要从多角度进行分析，使方案的价值得到充分挖掘、展示和认同。

（三）研究决策者的素质对决策后果的影响

决策者的素质对决策本身的影响可依据效用理论进行分析。效用理论是指决策者对于利益和损失的独特看法、反应或兴趣，它代表了决策者对风险的态度。

效用理论认为，有三种类型的决策者。

第一，对利益的反应比较迟钝，而对损失的反应比较敏感的决策者。这是一类不求大利、怕担风险的决策者。

第二，对损失的反应比较迟钝，而对利益的反应比较敏感的决策者。这是一类谋求大利、敢冒风险的决策者。

第三，完全按照损益值或期望值的高低来选择行动方案的决策者。这一类型的决策者处于前两类决策者之间。

决策者在进行决策时应扬长避短，并通过不断提高决策修养避免可能的偏颇。此外，领导者的直觉能力对决策也有着重要的影响。同样的事物，有的领导者茫然不知问题关键所在，有的领导者则一目了然，可以立即抓住问题的症结。这种直觉在应急对策的选择时尤为重要。

七、模拟试验

模拟试验是对所采纳的方案进行验证，以分析方案运行的可靠性。在这一步骤中，对于能够在小范围内试验的方案，可进行实证研究；对于不能在小范围内试验的方案，可进行模拟试验。公共关系策划方案不同于企业新产品设计方案和新政策出台方案，前者进行模拟试验的可能性大，而后两者进行实证研究的可能性大。

通过模拟试验检验方案的可靠性，主要是看在既定条件下或预定条件下和预定时间内完成既定任务的可能性，一般用“概率”来表示这种可能性，其中“失效率”是相当重要的指标。“失效”与“可靠”是作为一对矛盾而出现，要保证方案的可靠性，就要控制方案的“失效性”，为此，必须了解可能失效的原因与规律。

不同事物的失效原因可能千差万别，但其失效的规律却具有某种共性。根据可靠性原理，在方案实施的全过程中，其失效一般可分为三个阶段：早期失效、偶然失效和耗损失效。

这里，我们以一项新产品的公关促销方案为例。在执行过程中，一开始遇到早期失效，其原因可能是人们需要有一个对新产品的认识过程，也可能是人们对新产品的质量持怀疑态度等。这时，尽管失效率较高，但不一定意味着方案不合理，决策者应该继续推动方案的实施，并进行追踪检查，也可以对方案做出必要的修正。在推动方案实施的过程中也可能会发生失效，如有些公众对某些媒体接触不多，有些公众尽管接触到了某些媒体，但对此不感兴趣，从而出现偶然失效的现象，这时方案的整体运作是正常的，而且产生了相当明显的效果。方案继续运作，很可能就会出现耗损失效，原因是人们的主客观条件都在发生变化，希望有更好的新产品出台，因此，公共关系工作人员和企业的决策者应该不断地酝酿和策划新的公关促销方案。

八、组织实施

通过模拟试验，如能把握住方案的可靠性，便可按照规定的时间、地点、范围以及所要求的具体条件，对方案组织实施。在实施过程中如果发生了目标偏离的情况，可加强反馈工作，进行追踪检查。反馈工作要求公共关系策划工作者进行追踪策划或进行方案修正，实际上，这是对方案的补充。追踪检查是一种保护措施，在不需要进行反馈时，组织应依据具体的条文规定来加以约束。

以上八个阶段形成了一个完整的公关策划程序。值得注意的是，实践中，不能教条式地理解和对待这一程序，它只是一般的行动指南。在具体实施时，允许各阶段有所交叉，同时，在不同的策划项目中也允许省略某个或某几个阶段。

必须指出，这一科学公关策划程序的各项工作，大量地是由智囊团的专家完成的，领导者或组织者的责任是掌握策划程序和使专家发挥出更大的能量与作用。在掌握程序时，确定目标、价值准则和方案选择又是领导者或组织者需要亲自研究和处理的。

第四节 公共关系策划书的编写

公关策划书是将头脑中或口头上形成的公关方案落实在书面上的过程。和商业策划书一样，编写公关策划书的目的是为了获得更好的公关活动与传播效果。

所有的公关策划工作都不应该仅仅停留在口头上，而必须落实到文字上，以便更好地实施，并方便策划者随时查看项目活动的进展情况，方便管理层对公关活动结果进行有效的评估。

一份标准的公关策划书通常包括以下四个部分。

一、背景分析

分析背景资料主要有两个目的：一是使公关策划符合时代和环境的要求，有助于得到相关公众的支持，使公关活动得以顺畅和更好地实施；二是要充分认识策划后的执行力，估量公关活动中存在的问题，对实施的能力进行陈述与分析，以保证策划出的公关方案更具有可行性。这部分陈述是制定策划项目和落实策划方案的基础。背景分析可以包括以下几方面的内容：

首先，提出公关策划方案的宏观依据，即从宏观环境的角度提出组织的使命和需要完成的任务，以此说明本活动的时代意义和其对社会的价值，确立环境对组织活动接纳与支持的可能性。

其次，提出公关策划方案的具体由头，即从微观环境的角度确立组织开展公关活动的机会。组织的微观环境包括组织自身、组织的合作者、利益相关者、组织的目标公众等。如作为奥运会赞助商，奥组委就是企业的利益相关者公众，通过奥组委提供的机会可以策划出有影响力的公关方案。

再次，提出社会公众对组织及组织相关工作的认识与反映。这是前期社会公众调查或市场调查所获得的调查结果给组织带来的信息，包括企业的市场状况，公众对企业的反映，公众对企业品牌的认识，企业面临的问题以及发展方向等。通过对这一内容的分析，明确组织策划与开展公关活动的方向及要解决的问题。

最后，提出组织开展公关活动的必要性与可行性，即从组织自身的角度分析为什么要开展公关活动，其中包含活动目标与活动宗旨，组织抓住机会开展公关活动的能力，公关活动的实施能否到位，人、财、物等方面的条件保证等。

二、策划书主体

公关策划书的主体部分就是策划书的基本内容，它指出了公关活动的开展程序、方法、准则等，是开展公关活动的依据。

（一）公关策划书中应设定的内容

1. 公关活动目标。公关活动目标根据具体的公关方案而定。在实际的公关策划中，有以扩大知名度、为公众所认识为公关活动目标的，有以顾客公众能够接纳本企业产品和品牌为公关活动目标的，还有以解决实际问题为公关活动目标的，更有为转变公众态度、解决危机事件为公关活动目标的，等等。

2. 实现目标的手段。主要说明采取什么方法来实现目标。在公关活动中可采取的方法有：公众参与、媒介传播、政府支持、专题讨论、文体活动、竞技比赛、劳模表现、提供赞助、送医送药、支援灾区、结帮扶对、确立节日、馈赠礼品、参观访问、深度调研等。这里，任何与环境相融合的方法、任何富有新意的手段都可以成为实现公关活动目标的好思路。

3. 目标受众。任何活动都会形成一定的影响力，专项公关活动的影响力远远大于日常公关活动。这是因为专项公关活动有活动主题，可以使媒介集中报道，引起社会公众的高度关注等。因此，在公关方案中要明确目标受众，并根据某一标准将目标公众进行分类，形成不同的组群，以便于管理与沟通，同时也要与实现目标的手段相呼应。

4. 活动程序。这是策划书内容的重中之重。因为，再好的思路，如果程序不合理或出错，也会导致公关活动目标的错位，而错位了的公关活动目标可能会导致不利于组织的后果发生。因此，要把活动的每一步工作都思考到位，要考虑到任何可能性。

5. 活动主体与参与单位。公关策划书应明确活动主体与参与单位，并对其主要职责进行说明，同时说明活动的时间、地点、人员、活动内容等。

6. 要传播的内容。公关策划书应确定活动中所要传播的内容。由于这一内容在公关策划书中常常独立成文，因此，我们需单独研究这一问题。

（二）公关活动的传播内容

在公关活动中，传播工作至关重要。要想使公关活动达到理想的状态，必须要确定好传播内容，并事先将传播内容形成文字。

在准备传播文稿时，如果事先能回答以下问题，可以保证传播内容准备得更充分：①通过公关活动我们希望将什么信息告知给社会公众（传递信息的内容）？②通过公关活动我们希望社会公众对我们产生什么样的看法（希望达到的目标一)？③公关活动之后，我们期望形成什么样的结果？公众会采取什么样的行动(希望达到的目标二)？④所选用的活动，如发放宣传资料、活动演讲、巡展、开设专栏、开辟网络聊天室、借助大众媒介传播等是否全部都已准备到位(传播工具)？

回答完以上问题之后，就可以将应该传播的内容写进领导讲话稿中或安排在活动的程序之中，最后还要形成新闻稿，以备媒介或其他公众使用。

(三)公关活动辅助性工作内容

辅助性工作内容包括：①活动的时间、地点、环境以及相关事宜；②活动所邀请的人员，将人员名单列出；③活动组成员，明确参加本项目或本活动的主要管理人员和工作人员名单；④活动预算，主要说明活动所要支出的费用，如果是大型活动项目，需要分阶段进行，还要说明项目进展阶段的划分和完成日期，以及每阶段所涉及的成本预算。

关于项目进度的阶段内容及时间安排，可以使用管理学中的甘特图法，对于复杂的大型项目可以使用网络图进行项目的计划安排、逻辑衔接和时间把握等。

三、实施方案

公关策划书的第三部分主要是将前面所列的活动内容进行激活处理，即实施。这里涉及对每个相关活动实施情况的具体描述，以及对每个活动环节进行跟踪、录摄、文字记录、相关监控等。

至关重要的是，这部分要对每项活动的时间要求和预算情况进行最真实而详尽的监控和评估，为后期跟踪提供参考依据。在项目进行过程中，如果有突发事件，也应该随时对相关因素进行更正与补救。

由于这是实际实施的部分，因而没有更多的文字说明，但也是非常重要的一个过程，没有这个过程，所有策划和前期准备工作都将失去意义。

四、效果评估

活动结束之后，要对活动效果进行评估，即根据事先的预测，对整个公关活动过程进行绩效评估。这时，公关工作者的主要任务就是为下面的问题提供答案：①本项目是否有效？②哪部分获得了效果最佳？哪部分效果最差？③活动的实施是否严格按照策划书的内容进行？④受众对我们工作的认可度是否令人满意？

⑤活动结束后，社区、消费者、管理层，或广泛意义上的公众是否能像策划者最初所期望的那样，对我们的态度有所改观？

管理层最大的忧虑是很难确定他们花在公关上的钱是否物有所值，因为公关活动的传播效果是最难评估的。但是不管怎样，这里还是很有必要找出一种可以有效评估公关绩效的方法。在实际工作中，通常会在公关策划方案中提到调查方法，如果有必要，还可以根据公众态度的转变来评估公关效果。在此，应该尽可能对"公众对组织的评价和看法是否改善"以及"消费者是否更愿意购买我们的产品，接纳我们的品牌"等类似问题提供满意的答案。

要想全面了解公关项目的有效性，可以借助很多手段，包括活动前后受众态度的变化、与会人员的定量分析、媒体传播的内容分析、调查、销售数字、职员报告、致管理层的信以及其他来源的反馈信息等。所有这些工作都可以成为评估公关项目有效性的手段。

最后需要注意的是，不管来自管理层的压力有多大，公关人员都应该努力不让一份优秀的公关策划书付诸东流。

【案例 8－3】 策划书实例

我们的梦①

"北京 2008"奥运吉祥物西部小使者观摩团

大型主题公益活动执行方案

一、活动背景

2005 年 11 月 11 日是北京奥运会千天倒计时之日。在长达七年的奥运筹办过程中，千天倒计时显然具有重要的里程碑式的意义，北京奥组委在当日也将有揭晓奥运吉祥物等一系列重要动作。在此前后的一段时间内，海内外各界将再度关注北京，奥运热潮将再次涌现全国。

在关注北京奥运的人们中，有些孩子让你感动：也许，他们在大山深处；也许，他们与大漠为伴；也许，他们来自广袤的西部……但是，他们代表这个民族对奥林匹克精神的追随和向往。他们渴望用自己的梦想拥抱北京 2008，用特有的活力为北京奥运涂上亮丽的色彩。

① 这一策划书是某策划公司与某新闻单位共同策划的公关方案，其知识产权归属策划单位。

中央领导和北京奥组委也一直关注着西部孩子参与奥运的问题，要求让更多的西部孩子参与奥林匹克活动。

现在，我们将以“北京奥运”的名义向他们发出邀请：

56个民族的少年儿童，世界各国的少年儿童，北京欢迎你们！

在北京，他们将用同样的梦想拥抱奥林匹克，他们将向人们讲述一片片热土所蕴含的希望与梦想！

在北京，他们美好的奥林匹克之梦将不再遥远，奥林匹克精神将从此鼓起他们的人生风帆！

二、活动阐述

他们是我们的梦，他们是奥林匹克的未来。他们都有一个梦，一个关于奥林匹克的真实的梦。这个梦，是一种执着，是一种希望，是一个未来。为了这个梦，他们在渴盼，在奔跑。

在活动中，没有参观者、旁观者，只有参与者。

互动是本次活动的关键。

我们要的是故事，真实的故事、感人的故事、与奥运有关的故事、新闻媒体所关注的故事。

他们是全国人民的眼睛，也将代表全国人民体验行进中的奥运之城。

三、活动地位

本次活动是在北京市及奥组委高层领导的直接关怀下发起的，将成为北京奥运会吉祥物发布暨倒计时1 000天活动的重要组成部分。

本次活动将与吉祥物发布暨倒计时1 000天活动的主旨与内容紧密结合，并将对其形成强大的支持与配合：

前期，本活动将负有为吉祥物发布暨倒计时1 000天活动进行预热宣传的任务；

中期，本活动的100名孩子将亲临现场参与吉祥物发布暨倒计时1 000天活动，并在电视直播中出镜发言；

后期，本活动将成为唯一一个在街头面向公众宣传推广吉祥物的官方活动，在第一时间令吉祥物走入老百姓的心中并协助广为宣传北京奥运会筹备工作的进展。

纵观吉祥物发布暨倒计时1 000天活动的安排，本次活动将在其中成为最活跃、影响时间最持久、影响范围最广大，并具有不可替代性的一次重要活动。

四、活动目的

★以100名孩子为样本，令公众相信，北京奥运会正在以一种积极的方式介入和改变着孩子们的生活，以一种深远的方式影响着孩子们的人生观，并将最终对我们的社会产生深刻影响。

★以100名孩子为信道，借其视角和语言，向公众推广介绍北京奥运会，特别是通过参加北京奥运会吉祥物发布仪式来推广介绍刚刚推出的吉祥物，同时宣传筹备工作进展，树立北京奥运会的良好形象。

★以100名孩子为线索，向公众表明，北京奥运会绝不仅仅是北京人的奥运会，而是全国人民——尤其是全国少年儿童——的奥运会。北京奥运寄托着孩子们的梦想。

★用这100名孩子的语言说明他们对吉祥物的认可与热爱。

五、活动主题

我们的梦。

这是孩子们的梦想。

这是每个普通人的梦想，是北京的梦想、西部的梦想、中国的梦想。

这更是我们所有人的梦想与奥林匹克精神的伟大交融，是“同一个世界，同一个梦想”的体现。

六、活动机构

组织单位：略。

协办单位：略。

协办媒体：略。

七、参加人员

★参加人员：200人。

★来自西部的孩子92人。

★奥运吉祥物西部小使者观摩团特别成员8人。

★来自北京第一批奥林匹克教育基地所在学校的“小主人”100人。

★实行一对一、校对校的配对活动，期望通过这次活动使得西部的孩子能够与北京的孩子交上朋友，相约奥运再见。

八、活动组成

梦的起跑——奥运吉祥物西部小使者观摩团成立仪式

活动时间：略。

活动地点：略。

参加人员：略。

活动描述：活动由主题诗朗诵《奥运向我们走来》、奥运吉祥物西部小使者观摩团授旗式、主题梦想展示《我们的梦》、“梦的起跑”仪式等环节组成。

★主题诗朗诵《奥运向我们走来》：由来自北京的小主人讲述北京进入奥运千天时，孩子们对北京奥运会的期盼和对西部孩子们的欢迎。

★为奥运吉祥物西部小使者观摩团授旗。

★主题梦想展示《我们的梦》：由来自西部各省、市、自治区的各一名西部小使者在一分钟内用不同的创意展示家乡对北京奥运的美好祝愿。

★“梦的起跑”仪式：12名代表西部各省市自治区的小使者拿出象征其所在省、市、自治区的版图在舞台上拼装出西部图样。随后，西部版图和北京版图亮起来，不停闪烁。

执行方案：

★环境布置：略。

★主持人：略。

★活动流程：

1. 活动倒计时，各部分执行人员到位，音响视频灯光调试、确认；活动环节所需物料准备、确认；背景轻音乐准备。

2. 西部小使者入场：进场音乐，视频播放影像资料（西部小使者来到北京花絮及活动主题宣传片），西部小使者排着整齐的队伍依次入场，按照事先安排的座次顺序依次落座，工作人员及时配合。

3. 领导入场。

4. 主题宣传片：主题宣传片元素有奥运、西部、我们的梦、吉祥物。

5. 灯光亮，视频显示活动主题静止画面，主持人上场，串词内容说明，介绍活动背景。

6. 领导致欢迎词。

7. 奥运吉祥物西部小使者观摩团代表发言。

8. 奥组委领导简短讲话。

9. 主题诗朗诵《奥运向我们走来》：12 个北京小主人演绎；领诵 2 人（一男一女）；领诵站于舞台前面，10 人居后；主要内容为讲述北京进入奥运千天时，孩子们对北京奥运会的期盼和对西部孩子们的欢迎。

10. 授徽授旗仪式。

11. 主持人宣布"北京 2008"奥运吉祥物西部小使者观摩团成立。

12. 主题梦想展示《我们的梦》：本环节由来自西部各省、市、自治区的各一名西部小使者在一分钟内用不同的创意展示家乡对北京奥运的美好祝愿；要求具有特色，对鲜明的不为人知的民族特色进行深度挖掘；请注意表演性和电视画面感。

13. "梦的起跑"仪式：12 名代表西部各省市自治区的小使者拿出象征其所在省、市、自治区的版图在舞台上拼装出西部图样。随后，西部版图和北京版图亮起来，不停闪烁。

14. 合唱活动主题歌《我们的梦》。

15. 奥组委领导、企业领导与所有的西部小使者合影留念。

16. 北京 2008 奥运吉祥物西部小使者观摩团成立仪式结束。

本章思考题

1. 如何理解公共关系策划的基本含义？

2. 公共关系策划应坚持哪些基本原则？

3. 公共关系策划的基本方法应如何运用？

4. 请结合实际工作拟写一份公共关系策划书，要求主题明确、程序清晰、范围与规模适度，并确定预算额度。

CONTEMPORARY PUBLIC RELATIONS

第九章 公共关系与CIS战略

学习要点

一个优秀的CIS设计及其系统性实施，会使社会公众一接触到企业信息，就立即能识别该信息中所代表的企业及企业的一切内涵，并在心理上产生良好的反应，甚至产生美好的联想。

第一节 CIS 的基本含义

准确地把握 CIS 的基本内涵，是正确认识与运用 CIS、真正发挥 CIS 在企业中的导向功能并指导企业发展的重要前提。在我国引入 CI，发展 CI 和 CIS 的过程中，人们对它的解释呈现出多样化的态势，有放大解释，也有缩小解释，这些解释往往导致企业在导入 CIS 的过程中无所适从。这里，我们首先应从理论上准确地把握 CIS，而后确立其实践中的意义。

第九讲 如何理解 CIS

一、CI 与 CIS

对 CI 的解释通常有两种，一种解释源于英文的“Corporate Image”，译为“组织机构（企业）的形象”，主要是指组织机构的外在表象和表现，社会公众对组织机构这种外在表现的印象、评价等。另一种解释源于英文的“Corporate ldentity”，可译为“团体的一致性”，也可译为“组织机构（企业）的识别”，是指企业通过自己特性的创造、发展、传播，使社会公众认识并认同。这里，Corporate 的意思是社团、机构、组织、企业等，Identity 在英语中有两种含义，一种含义是“同一性、一致性”，另一种含义是“特性、身份、识别”。因而，CI 一般译为“企业或组织识别”更准确。

关于 CI 的两种解释，前者表现为社会公众对社会组织的客观识别；后者表现为社会组织去创造特性让人识别，反映了组织的主观能动性。

在 CI 的发展中，一方面，为了使其内涵更清晰可辨，不致造成误解或多种解释，另一方面，也为了在发展中使其内涵得以不断丰富，使人们对 CI 的最初认识逐渐转变为对 CI 的系统性识别，故提出了 CIS 理论和 CIS 战略。

二、CIS 的内涵

CIS 是英文"Corporate ldentity System"的缩写,可以译为"企业或组织的识别系统",其主要思想是将企业的经营理念、行为规范和视觉识别三位一体进行系统性分类,从战略的角度来研究企业内涵,丰富企业文化,塑造企业形象,使企业走上规范化、系统化、完善化的轨道。CIS 的基本结构涵盖了企业内部各成员、各环节、各方面的综合要素,也涵盖了企业与外界进行联络与沟通的各个方面。从其基本内涵的角度,可将 CIS 的定义表述为:将企业、机构的经营理念、精神宗旨等文化系统和哲学思想,通过全员的行为表现和整体的识别系统传达给社会公众,促使社会公众对企业、机构产生一致的理解、认同和接纳,从而为企业、机构树立良好的形象,并支撑企业、机构更好地发展。

CIS 战略的关键是以企业的经营理念为核心。对内,统一企业所有员工的价值观,建立统一的行为标准,形成员工对企业的认同感和归属感,在企业内部形成凝聚力、向心力,以统一的行为表现和视觉识别对外进行传播与沟通;对外,以公共关系、广告、媒介传播以及其他各类视觉传播手段开展各项协调、沟通、传播性工作,形成企业对外的统一标志、统一造型、统一色调,力求企业在以上所有的对外传播中均以统一的形象在社会公众面前展示自身,从而赋予企业形象一种统一且个性化的信息特征,以提高企业信息的传递能力和形象诉求。

一个优秀的 CIS 设计及其系统性实施,会使社会公众一接触到企业信息,就立即识别该信息中所代表的企业以及企业的一切内涵,并在心理上产生良好的反应,甚至产生美好的联想。CIS 运作的一个重要目的就是"塑造良好的企业形象",使社会公众对企业产生认同感与信任感,进而推动企业的进步与发展。

CIS 的机能与结构可参见图 9 - 1。

三、对 CIS 的不同理解

迄今为止,理论界对 CIS 的解释很多,有从文化战略的角度解释的,有从个体行为的角度解释的,有从形象传播的角度解释的,更有从视觉识别的角度解释的。对于以上解释,大体可以从微观、中观和宏观的角度将其进行分类。

(一)微观层面的 CIS

微观层面的 CIS(Micro-CIS)是指从一个角度或一个方面乃至更小的环节对

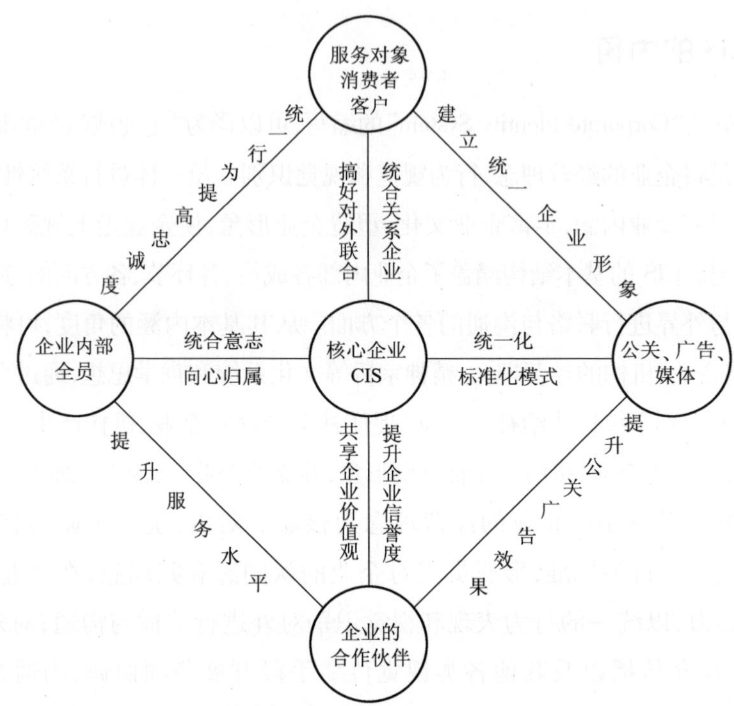

图 9－1　CIS 的机能与结构

CIS 进行解释。

从文化战略的角度来解释，CIS 即企业文化的外在表现，是企业之间差别性的根本所在。这里强调的是企业 CIS 战略中的指导思想和精神风貌。

从个体行为的角度来解释，CIS 即一种企业个性的标志，这种标志主要表现在企业的对外传播方面和企业所有员工自身的行为方面，其表现形式代表着企业的个性和历史发展过程中所形成的企业风格，反映了深层的企业文化。

从形象传播的角度来解释，CIS 即一种形象力，这种形象力在企业的对外传播中得以表现，并通过社会公众的识别与认同创造一种环境氛围。这种解释实质上是对“企业形象”(Corporate Image)的认同，是对 CI 的认识与解释。

从视觉识别的角度来解释，CIS 即表现为企业的标志、标准字、标准色，这是企业的形象设计问题，旨在对外传播中统一企业的视觉标志，其间不包含企业的理念系统和行为系统。

以上解释均是从某一个角度、某一个环节或某一个方面对 CIS 的认识。就认识的角度、环节、方面来说，这些解释无疑是正确的，但它们均缺乏对 CIS 全貌的理解。企业在发展初期,在没有达到规模状态之前,或在某一特定的历史时期,选择以上某个角度来运作企业,应该说是具有可操作性的,有时甚至可解燃眉之急,但这毕竟不等于 CIS 的整体导入和战略实施。我们认为,这些解释只是反映了 CIS 的一些基础性工作,它们可以为将来 CIS 的总体运作提供可借鉴的思路。在整体 CIS 运作时,这些思路可能会得到修正、延续和认同,也可能得到改变、部分改变或彻底放弃。

(二)中观层面的 CIS

中观层面的 CIS 是指从准确的角度来把握 CIS,既不从某个角度、某个方面对 CIS 进行解释,也不扩大 CIS 的基本功效。准确地把握 CIS,应从三个方面来认同 CIS 的基本内涵,即理念识别系统、行为识别系统和视觉识别系统。中观层面的 CIS 远远超越了微观层面所涉及的范围与层次,它认同对企业的改良、革命和创新。无论是何种企业,选择适当的时机导入和运作 CIS,设定 CIS 战略,其目的不外乎这样几种:完善现有企业的文化、行为与形象;改变企业的现状,使之达到有序运作,实现理想目标;对现有企业状况实行彻底转变,以新的、完整的形象展示自身;创造新的利润和市场增长点,寻求企业的更大发展和更高目标的实现。

在国外,建立 CIS 系统使企业起死回生的有之,使企业走向更大发展空间的亦有之。意大利最大的国有电力公司 Edison 与代表化学、人造纤维的权威公司 Montenctini 合并为 Montedi Son 之后,聚集了近百家各类企业,实力和规模足称得上世界级企业集团。然而,由于目标、行为诸方面的不一致带来的混乱,使它陷入了严重的危机。经过聘请专家实施 CIS 系统数年之后,该公司的情况才有了明显好转。日本著名跨国企业 KENWOOD 的前身曾是一家濒临倒闭的企业,也同样得益于 CIS 系统的运作,该企业才免遭灭顶之灾①。而在国际上享有盛誉的麦当劳、可口可乐、百事可乐等企业也都曾得益于 CIS 系统的实施。这些实例说明,企业 CIS 的运作可以发挥对企业改良、革命和创新等不同方面的功效。

(三)宏观层面的 CIS

宏观层面的 CIS 是指从放大的角度来把握 CIS,它认定 CIS 所涵盖的内容包括企业运作过程中的一切,即不仅含有企业理念、文化、行为、视觉等,还应将管理、营

① 北京德辰管理研究中心编:《成功企业经营企划典范》,企业管理出版社 1996 年版。

销、公关、广告、投资、经营战略等多方面内容纳入 CIS 的运作范畴。中国台湾著名设计师林磐耸认为,企业以本身过去、现在及未来所实践的职责和将要达成的职责为基础,对于经济、产业环境及社会中被期待或将被期待的事物,尽量提出明确化的任务,然后以此方针为指导创造出企业独特的个性。在这种情况中,广义的 CIS 问题即正式登场。从这样一个角度来认识 CIS,即 CIS 对企业是一种全方位的革命和创新,是对企业的换血强身。我们称这种 CIS 运作为大 CIS 观(见图 9-2)。

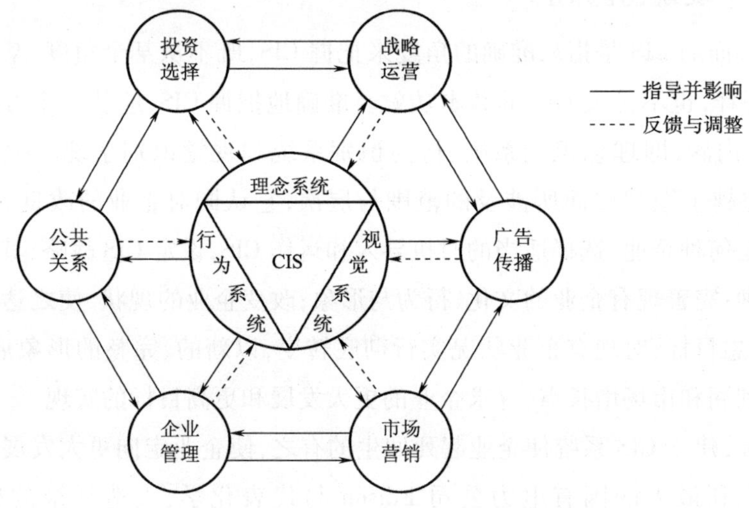

图 9-2　大 CIS 观的基本内容及相互关系

大 CIS 观对于在诸多方面均无可保留价值的企业无疑是一种从根本上改变经营方针、建立全新企业理念、全面调整员工行为、推出全新 CIS 系统的好办法;对于步履维艰、濒临倒闭,在产业方向、市场前景、投资能力等方面一筹莫展的企业也不失为一种选择策略。这是企业放弃原来所拥有的一切"软件",在一个新的起点上开创全新的企业,通过 CIS 系统全面调整企业的骨骼、结构和血液系统,给企业换血、充气、强身。

以上 CIS 观念均各有其存在的价值,企业在不同的历史发展阶段可能需要不同的 CIS 观。但更能准确把握 CIS 精髓的,当属中观层面的 CIS。

第二节 企业理念识别系统

在 CIS 理论的发展和企业 CIS 的运作中,关于 CIS 的三大基本要素理论已广为认同和传播。它们是:理念识别系统(MIS)、行为识别系统(BIS)、视觉识别系统(VIS),这三部分合起来就构成了 CIS 的战略系统,即 CIS = MIS + BIS + VIS。

一、企业理念识别系统的内涵

在企业理念识别系统(Mind Identity System,MIS 或 MI)中,理念是一种思想意识。企业理念是指导企业行为的具有哲学内涵的思想意识;而企业理念识别系统是企业通过阐述这些思想意识而达成的、以指导员工行为为目的的、让人们可感可识的完备系统。企业理念识别系统是企业文化在意识形态领域的再现,是 CIS 战略运作的原动力和实施基础,属于企业的最高决策层次,是 CIS 的灵魂,被称为企业之"心"。完整的 CIS 的建立有赖于企业经营理念的确立。笔者曾就此访问海尔集团的张瑞敏:"支撑海尔事业生生不息的内在根源是什么?"张瑞敏的回答是:"理念。"这说明,在海尔,理念对于企业的运作、业绩的发展、事业的成功均发挥着不可替代的作用,这一点应该具有普遍意义。

二、理念识别系统的发展阶段

理念在 CIS 的发展中经历了不同的发展阶段,每一发展阶段有着不同的内涵。

(一)初级阶段的理念识别系统——理念口号

初级阶段的理念表现为具有传播意义的理念口号。这种理念口号表达的是企业的价值观或企业经营宗旨中最核心的思想。例如:

美国 IBM 公司的理念口号是:"IBM 就是服务。"

美国电报电话公司的理念口号是:"普及的服务。"

美国百事可乐公司的理念口号是:"第一永远是最重要的。"

美国喜来登集团的理念口号是:"在喜来登小事不小。"

波音公司的理念口号是:"我们每个人都代表公司。"

日本丰田汽车公司的理念口号是："好产品、好主意。"

日本佳能公司的理念口号是："忘了技术开发，就不能称为佳能。"

日本电信电话公司的理念口号是："着眼于未来的人间企业。"

日本松下电气公司的理念口号是："工业报国，光明正大，团结一致，奋发向上，礼节谦让，适应形势，感谢报恩。"

TDK 生产厂的理念口号是："创造——为世界文化产业作贡献，为世界的 TDK 而奋斗。"

本田科研的理念口号是："用眼、用心去创造。"

创建于 1926 年的四川民生实业公司的理念口号是："对外，服务社会，便利人群，富强国家；对内，个人为事业服务，事业为社会服务，个人的工作是超报酬的，事业的任务是超经济的。"

（二）中级阶段的理念识别系统——理念菜单

在企业的发展中，由于企业的内涵不断丰富，涉及的问题不断增多，用理念口号来表达企业意愿与企业精神，很难将其全部心愿展示出来。于是，策划、创意者们便从多个方面、多个角度将其思想梳理出来，从而形成理念菜单。例如：

深圳市彩虹投资发展有限公司的理念菜单为：

• 事业领域：以气雾剂为起点，以提高人类生存质量为核心，进而向多元化发展。

• 企业宗旨：彩虹——就是为人类生活增添色彩。

• 价值观：人与环境的和谐高于一切。

• 企业精神：追求卓越，从小事做起。

• 行为准则：一切比国家规定做得更好；一切比公司规定做得更好；制度面前人人平等；机遇面前人人平等。

上海蓝旗服饰发展有限公司的理念菜单为：

• 事业领域：开发男士系列精品，提供专业星级服务。

• 企业使命：提高中国男士着装品位，传播现代国际服饰文化。

• 价值观：在蓝旗，利润永远位于第二。

• 蓝旗精神：精益求精，缝制世界品质。

• 蓝旗人的品格：蓝旗人是要有一点精神的，只要有了这点精神，就可以成为：

一个勤奋好学的人,一个精益求精的人,一个忠诚守信的人,一个有益于人民的人。

河北新华物资总公司的理念菜单为:

- 理念口号:成功,起始于合作。
- 企业使命:创造需求,销售服务。
- 经营哲学:让我们所能获得的每一份资源,都流动到最佳位置。
- 行为规范:以十分清醒的头脑认识自己,以百川汇聚的态势精诚合作,以千倍努力的热情拼搏创新,以万众执着的追求激活物流。
- 企业的座右铭:生命的价值,在于事业的成功。

(三)高级阶段的理念识别系统——理念手册

理念是一种指导行为的思想,仅仅停留在口号和菜单层面上,人们很难去挖掘其中的深层内涵。而在理念系统中,恰恰只有这种深层次的思想内涵,才能唤起人们对理念的理解与认同,真正地把握住其中的哲学思想对人们行为的指导作用。在这种情况下,只有在理念工程中所形成的理念报告和理念手册,才能承担得起解释理念系统的重任。

理念报告是对企业理念内涵的诠释,它会使全体员工明白企业理念的基本用意、深层意义等。理念报告也是对企业全体员工进行理念培训的工具。

理念手册是对理念系统的深层解释和理论剖析,它以理念报告为基础,从理念系统的各板块中提炼出的指导企业行为的准则与思想。理念手册更能准确地告诉企业员工考虑问题的角度与方法、行为的依据与方式。

三、理念识别系统的构成要素

企业理念识别系统属于企业文化系统的范畴。企业文化系统是由企业精神文化、制度文化、行为文化和物质文化所组成的,其中,精神文化是这个系统中的核心文化。企业理念系统隶属于企业的精神文化,其主要内容应包含企业的事业领域、价值观、企业精神、企业使命、经营宗旨(信条)、企业风格(品格)、行为准则、座右铭等内容。继续延伸还可以形成企业愿景、人才观、服务观、公司歌曲等。

(一)事业领域

事业领域(Field of Utilities)规定企业的经营范围,它是在企业所选择产业领域范围的基础上具体确定。例如,电器产品分为家电产品、非家电产品。在家电产品中,又分为白色家电、黑色家电、米色家电和蓝色家电等。

事业领域的提高不是对企业已经进入的领域进行描述,而是在对已经进入、正在进入和想要进入的领域进行领域定位和确定领域目标。领域定位是确定企业在所选择的领域中拥有或期望拥有的地位,具体表现为企业及其品牌在所选择领域中的档次和概念。例如,上海蓝旗服饰发展有限公司立志在男士衬衫和男士系列饰品的领域树立一种高品位形象,所以它的领域定位是开发男士系列精品,其中,男士系列确定了蓝旗现在和将来的领域,精品体现出了蓝旗在男士系列用品中的地位,即精品地位。领域目标是企业在其选择的领域中期望并在以后的努力中将要实现的目标,具体表现为定性目标和定量目标。例如,上海蓝旗服饰发展有限公司在领域定位的基础上提出了"提供专业星级服务"的理念,从而确定了蓝旗的服务准则和实现目标是专业的,而且是星级服务。这里引用了饭店管理业的服务标准,旨在说明蓝旗男士系列精品水准的同时,更凸显其高品位的服务。有一些企业的领域目标用具体的数据标准给予说明,如第一品牌、优质服务等。海尔确定的服务投诉率小于 10PPM、服务遗漏率小于 10PPM 等就属于优质服务的定量目标。

(二)价值观

价值观(Concept of Value)一向被认为是企业文化的核心。企业对所生产的产品、所追求的科研水平、所提供的服务、所要占领的市场、所期望获得的效益等各方面内涵的认识具有不同的标准,因此,企业可对所有的方面进行排序,而企业最看中的,就是最有价值的事务。企业对最有价值事务的看法和所要追求的目标形成了企业的价值观,它是企业在追求事业成功的过程中,个人推崇的基本信念及奉行的行为目标,亦即企业为获得成功而对企业行为的价值取向。其中,基本信念实际上是一种本位价值,是一种被企业员工所公认的最根本、最重要的价值。在基本信念的指导下,企业员工所奉行的行为目标是一致的。例如,上海蓝旗服饰发展有限公司的价值观是:在蓝旗,利润永远位于第二。这一价值观的确定给人们留下了一个巨大的想象空间,即企业除了利润为自己所有以外,其他方面的事务及其内容均应为他人所有,即为他人提供更好的事务,其中包含技术的开发、产品的品质和式样、产品的创新、服务的提供等。这一切既是企业形象的基础,又是满足公众需求的内容,这说明蓝旗人的基本信念是为消费者着想的。

确立企业的价值观,对企业的生存和发展具有重要的作用,它是企业生存的思想基础,也是企业发展的精神指南。企业各项经营决策的出台、员工各项工作的进行,都以企业价值观为驱动力,企业的经营作风和产品形象均体现了企业的价值观。例如,上海蓝旗服饰发展有限公司的“三小时,一件好衬衫送到手”“上门量体裁衣,特定制作”等服务承诺,均是在“利润永远位于第二”这一价值观的指导下做出的。和其他公司一样,蓝旗也追求利润,但前提是蓝旗更追求对消费者的产品满足、服务满足与精神满足,并由此塑造出良好的企业形象。

(三)企业精神

企业精神(Enterprise Spirit)是现代意识与企业个性相结合的群体意识。“现代意识”是市场意识、质量意识、服务意识、竞争意识、信息意识、效益意识、文明意识和道德意识等汇聚而成的一种综合性意识。“企业个性”是由企业长期积累并发展而来的,是经过确认的企业风格、价值观念、发展目标、服务方针和经营特性等各方面表现出来的企业基本性质。

企业精神一般均以简洁而富有哲理的语言形式加以概括,但其内涵与意义颇为丰富。例如,海尔的企业精神是“敬业报国,追求卓越”,这表现出海尔人为振兴中国民族工业而奋斗的决心和毅力,也表现了海尔人的远大胸怀——“要么不做,要做就要做第一”。

上海蓝旗服饰发展有限公司的企业精神是:“精益求精,缝制世界品质”,表现出了蓝旗人的工作作风——踏踏实实,认认真真,一丝不苟,同时也表现出蓝旗人追求的目标与境界——使自己的产品与服务达到世界级的水准。这不是一句空洞的口号,而是对企业自身的要求,是企业力所能及的目标。

松下电器公司早在创业之初,就提出了松下七精神:

• 产业报国精神。作为员工,认识到这一精神,方能使自己更具使命感和责任感。

• 光明正大精神。它为松下人处事之本。在松下,不论学识才能有无,如无此精神,即不足为训。

• 友好一致精神。这是松下公司的信条,因为公司人才济济,各有所长,如不能友好一致地相处,就会成为一群乌合之众,更无力量可言。

• 奋斗向上精神。为了完成企业交给的历史使命,必须走彻底奋斗之路,和平繁荣要靠精神争取。

● 礼节谦让精神。为人若无谦让，就无正常的社会秩序。礼节谦让的美德，能塑造情操高尚的人士。

● 适应同化精神。如不适应社会大势，成功就无法获得。

● 感激精神。对为我们带来无限喜悦与活力者应持感激报恩之观念，并铭记心中，便可成为克服种种困难、获得种种幸福的源泉。

与此同时，松下电器公司把自主经营，量力经营，专门化经营，靠人才、全员式经营，适时、求是等哲学也列入“松下精神”，成为“松下精神”的有机组成部分。

（四）企业使命

企业使命（Enterprise Mission）是在一定的历史发展阶段中，企业最高决策层对企业所有工作者所规定的一种任务。这是一种责任要求，是由企业发展目标和历史任务所决定的责任。这种责任一旦确定下来，便有一个稳定的时期。

企业使命有其社会属性。规定企业的任务必须符合社会发展的趋势与方向，必须有利于社会，有利于环境，满足社会对企业的要求。同时，它也体现了企业对社会所能和所愿承担的责任与义务。例如，海尔的企业使命是为社会提供高标准、精细化、零缺陷的最好的家电产品、24 小时登门维修、24 小时热线电话服务，争创特色星级服务体系。

企业使命有其历史特征，在不同的历史发展阶段，企业有不同的使命，不同规模的企业有不同的使命。企业规模不大的初创时期与企业规模扩大的发展时期，其使命会发生很大的变化，后者要承担的社会责任必定要重于前者。

企业使命有区域范围的要求。不同的企业，由于受行业、目标市场的选择、市场竞争激烈程度等条件的约束，其使命的确定必然会有一定的区域、范围限制。如机械制造业，其服务对象一定是需求机械的企业，而不是最终消费者，从而决定了其使命是为其他企业提供产品与服务。有些企业所选择的目标市场具有区域性，因而，企业使命就确定为区域市场提供服务。有些企业尽管其历史使命不受行业、目标市场范围的限制，但由于市场竞争激烈程度加剧，在目标市场结构分布上出现了一种自然偏差，因而，企业使命又受到来自市场竞争方面的影响。例如，可口可乐在中国市场的占有份额，北方高于南方；百事可乐在中国市场的占有份额，南方高于北方。尽管两家企业多年来都在争取中国乃至世界市场占有率最高，但竞争的结果必然只会是对市场的瓜分。

（五）经营宗旨

宗旨是指主要目的和意图。企业的经营宗旨（Management Aim）是指企业经营活动的主要目的和意图。从长期发展来看，经营宗旨表现为企业目标；从短期的阶段性发展来看，经营宗旨表现为一定时期企业所欲达到的目的，它表明企业依据何种思想观念来确定企业的行为、开展企业的各项生产经营活动等。企业的经营宗旨本质上应反映企业的价值观念和思想水平，并表现为企业的经营方针和经营指导思想。

在一定的历史发展阶段，企业可能在总体目标指导下有许多方面的目的和意图，如企业要为社会做贡献、要获得自身的发展、要取得经济效益等，这些都是市场经济条件下企业经营宗旨的共性，因为没有经济效益，企业就不能获得发展，亦不能为社会的进步做出应有的贡献。在这种大的具有普遍意义的前提下，一个企业具体的经营宗旨该怎样确定，有其特定的意义。

企业经营宗旨按范围，可分为宏观范围、中观范围和微观范围的经营宗旨。

1. 宏观范围的经营宗旨。这是指企业站在整个社会宏观层面上希望自身所能承担的社会任务，并由此所能达到的社会目标。例如，长虹电器的理念中有这样一句话："长虹以民族工业为己任。"意喻长虹所追求的目标是"民族工业的振兴"，长虹应扛起这面大旗，开拓中国民族工业的新纪元。这是一种长期目标，它在企业的发展中具有不断延伸的内涵，没有终点。

2. 中观范围的经营宗旨。这是指企业在自身所处的领域中希望承担的历史任务，并为所在行业的发展做出应有的贡献。例如，深圳市彩虹投资发展有限公司的理念创意表明其经营宗旨是："彩虹就是为人类生活增添色彩。"其中的含义有两层：第一层含义是指彩虹在化工行业内，所生产的产品是自动喷漆，五颜六色的喷漆用于人们的生活中，可以给人们的生活增添色彩。这一层含义表现为企业所追求的物质目标。第二层含义具有虚拟性，把色彩当作一种情调、一种文化、一种希望、一种辉煌、一种成就。公司的事业就是美化环境，这一层含意表现为企业所追求的精神目标。这一经营宗旨具有行业特征，企业所选择的事业领域不变，其经营宗旨亦不会发生变化。如果企业要进行跨行业经营，其经营宗旨则要随之发生变化。因此，中观范围的经营宗旨同事业领域紧密相连。

3. 微观范围的经营宗旨。这是指企业为自己事业的发展规定的具体目标。例如，海尔集团为自己的企业规定的宗旨有三个方面。

(1)质量宗旨：高标准、精细化、零缺陷。这一宗旨要求：产品设计环节各项指标均高于国家标准，按国际一流质量组织生产；主要产品指标实测值均优于发达国家平均水平，要求产品质量让所有消费者放心；严格控制进货量，把物流中心作为企业正常生产所储备零部件的场所；零配件决不接受二等品；生产进程精细化、零缺陷，建立完善的检测体制，引进国际最先进的检验设备，完善自检、专检、抽检，并将检测线延伸到用户的家中。

(2)科研开发宗旨：立足创新、用户为师、永远改进、追求完美。这一宗旨要求：技术创新目标国际化，即技术创新目标在科研领域中达到国际水平；用户为师，市场导向，即将用户的难题转化为开发的课题，不断创新市场，引导消费，满足用户的潜在需求，不断创造第一和唯一。

(3)服务宗旨：用户永远是对的。为体现这一宗旨，海尔推出特色星级服务体系；认定用户是衣食父母，承诺对用户真诚到永远；做到售前服务要真实地介绍产品的特性和功能，通过耐心地讲解和演示，为顾客答疑解惑，尽量使用户心中有数，方便用户在购买中进行比较与选择，同时为用户提供个性设计服务，为用户提供售中服务，即在有条件的地方实行无搬动服务，送货上门，安装到位，现场调试，示范指导，月内回访；海尔以微机手段和互联网与用户保持紧密联系，出现问题及时解决，以百分之百的热情弥补工作中可能出现的任何失误。

微观范围的经营宗旨具有对工作的指导性和操作性，较宏观范围和中观范围的经营宗旨更具体、更具有可实现价值。

(六)企业风格

企业风格(Enterprise Style)是企业在历史发展过程中形成的，具有特定企业内涵并表现为企业性格与其思想特点的一种外在形态，它通过企业品格或工作作风得以表现和实现。例如，海尔的工作作风是“迅速反映，马上行动”，表现出对用户的真诚，目的在于赢得用户的信赖与满意。这是海尔经过十几年努力奋斗所形成的风格。

企业风格具有两方面的主要特征：

1. 个性化特征。任何一个企业都有它自身的特点，这种特点的形成可能源于企业经理人员的风格，如果企业经理人员对自己的要求与对属下的要求具有一致性,属下就要按照企业经理人员的工作作风要求自己;如果企业经理人员能够以身作则,影响和带动属下,属下就要模仿企业经理人员,按照企业经理人员的意志去规范自身的行为。每一位企业经理人员和每一位自然人一样,都有自己的个性特征和行为特征,因此,对属下的要求和影响自然也带有一种他自身所特有的个性特征和行为特征。这种特征影响着一个企业的风格。

2. 历史性特征。企业风格的形成主要依赖于企业自身的特点,但还可能受企业发展过程中发生过的事件的影响,使企业能够在教训中崛起,扭转自己的工作作风。例如,广东万宝集团在历史上曾发生过万宝风波,这对万宝公司的产品在市场上的发展形成了阻力,对万宝集团的震动很大,由此,万宝集团提出了“质量是企业的生命”的口号,并将事件发生日定为“万宝质量日”,从而形成了公司上下一致的质量意识。

(七)行为准则

行为准则(Behavious Rule)是一种对企业及其全体员工提出的最高行为规范,是一种在特定精神指导下形成的对行为的约束。这种约束具有高度的概括性,并可具体落实在每人、每日做每件事情时的行为上。

(八)座右铭

座右铭(Motto)是企业激励员工奋发向上的格言。在企业理念系统中,座右铭的重要程度远不及价值观、经营宗旨等内容,但座右铭可以引导企业员工的行为,在精神上激励员工的斗志,所以座右铭有它存在的价值。例如,河北新华物资总公司的座右铭是:生命的价值,在于事业的成功。这一座右铭源于总经理刘连仲的人生观。刘连仲于 1987 年贷款 17 万元,开办了一个只有五间房的废旧物资收购站。如今,当年的收购站已经发展成为拥有 11 个分公司、年销售 6 亿元的物资总公司。在公司创业和发展的过程中,刘连仲认定了“生命的价值,在于事业的成功”这一信条。公司现已初具规模,刘连仲仍然坚信这一信条。现在,公司所有员工都视这一信条为激励自己的座右铭。

此外,企业创意理念系统时,还可以规定企业愿景规划、企业的人才观、服务观等。同时创意公司歌曲业已成为现代企业理念系统不可或缺的重要内容。因为公司歌曲可以激励员工士气,激发员工斗志,形成企业的凝聚力与向心力,同时还可以丰富员工的文化生活。

第三节　企业行为识别系统

企业行为识别系统(Behavior Identity System,BIS 或 BI),是在理念系统得以确立的基础上形成的,用以规范企业内部行为,管理、教育企业员工的一切社会活动。

一、企业行为识别系统的特征

(一)统一性

企业行为识别系统具有统一性,它要求企业的一切活动,无论是对上还是对下,对内还是对外,均表现出一致性。

首先,它要求企业的全体员工和各个部门在开展各项活动时必须统一目的,以在社会公众面前塑造出统一而良好的企业形象。

其次,它要求企业的各项活动表现必须与企业的理念系统相吻合,使其成为企业理念系统的动态表现,从而保证企业的各项活动及其具体内容互相衔接,形成一个完整的有机整体。

最后,它要求企业所有工作人员在活动中的表现具有统一性,这里包括语言传播的统一性、行为表现的统一性,这样才有利于企业整体形象的再现和社会公众对企业活动的识别与接纳。

(二)独特性

企业行为识别系统具有活动的独特性,即一切行为及活动的识别均应体现企业的精神、企业的个性,显示出与其他企业的不同风格。这种独特的表现形态是社会公众对企业及其活动识别的基础。例如,英特尔奔腾处理器的对外传播总是以高科技、领先技术、特殊形象表现与音乐表现来再现一颗奔腾的“芯”,无论对外传播的内容(不同的产品)发生怎样的变化,这一传播主调不会变,同时这一传播主调也将企业的风格、精神再现出来,表现出与众不同的基本内涵和目标追求。

(三)动态性

企业行为识别系统具有动态性。企业行为识别的统一性和独特性均须经过活动的动态过程得以表现。企业的内部活动包括:干部教育与培训,员工教育与培训,组织建设,管理实施,技术创新与改造,生产运作,产品开发,内部关系协调与沟通,工作软环境的再创造,各项方针、政策、制度的制定与实施等。企业的外部活动包括:市场调查,产品销售,公共关系,广告宣传,促销活动,营销政策实施,社会公益性活动,文化性活动,各项对外协调、传播性工作等。所有这些活动都是一个动态的过程。

企业行为识别系统的动态性支撑着企业行为识别系统的统一性和独特性。其中:统一性是通过企业对内、对外的各项活动表现出来的;独特性即企业风格和个性表现,也是在企业对内、对外的各项活动中表现出来,其目的是争取社会公众的识别、认可与接纳。

二、企业行为识别系统的内容

企业行为识别系统具体包括两部分,一部分为企业内部的行为识别系统,另一部分为企业对外的行为识别系统(如表9-1所示)。

表9-1 企业行为识别系统

对内企业行为活动内容	对外企业行为活动内容
1. 干部教育、培训	1. 市场调查
2. 员工教育、培训:工作态度与精神,服务水准、能力与技巧	2. 产品销售
3. 组织建设:人员调动;人才任用与提升	3. 公共关系
4. 管理实施	4. 广告宣传
5. 技术创新与改造	5. 促销活动
6. 生产运作	6. 服务工作
7. 产品开发	7. 社会公益性、文化性活动
8. 内部关系的协调与沟通	8. 各项对外协调、传播性工作
9. 工作软环境的再创造	
10. 各项方针、政策、制度的制定与实施	

(一)企业内部的行为识别系统

1. 干部教育、培训。这是企业为提高管理人员的基本素质、工作能力,以适应时代发展的需要而实施的一项活动。对企业干部进行教育培训的主要内容有:由企业决策层向管理人员讲授本企业文化,贯彻一种系统性的企业理念,推动企业文化与理念系统的贯彻执行;由外请专家研究企业的各项战略,为企业设定战略规模与远景规划;由技术专家进行企业技术培训,使管理者既懂技术又懂管理,以更好地适应市场。

2. 员工教育、培训。这主要是指对员工进行技能、操作培训，讲解理念系统及企业各项制度等，使员工认同企业文化。培训的具体内容有：工作态度与精神培训，服务水准、能力与技巧培训，各项礼仪、礼貌用语及约束条件培训，各项岗位操作技能培训等。

3. 组织建设。这是指组织结构的建设，人员职位与岗位的安排，人才的吸纳、任用与提升等。组织建设的目的在于保证组织机构的完善与稳定，调动内部所有人员的积极性，使企业内部团结一致，共同为企业的发展做出更大的贡献。

4. 管理实施。这是为贯彻企业管理思想、落实企业管理决策而进行的企业各项管理工作。同时，这也是落实企业理念系统，形成企业内部凝聚力与向心力的系统性工作。企业管理工作做得如何，是保证企业能否有序、稳妥、正常运作的重要手段。

5. 技术创新与改造。摩尔定律告诉我们：微芯片的处理能力平均每 18 个月扩大一倍，而芯片的价格却以每年 25% 的速度下降。其实这是一种企业技术环境的变化，这种环境变化约束着每一个企业的行为，使之在特定的条件下进行着技术改造与创新。这种对技术的改造和创新又可以使企业保持长期的竞争优势。市场应该更多地归属于那些不断进行技术改造和创新的企业，因为这些企业适应了市场需求的变化，推动了市场的发展，同时也为企业的新产品开发奠定了技术基础。

6. 生产运作。好的产品是制造出来的，而不是检验出来的。企业的生产运作情况可以表现出企业管理水平的高低、生产能力的大小、生产人员的工作态度和生产目标能否实现等多方面的内容。良好的生产运作是保证企业满足市场需求、推动企业发展的基础性工作之一。所以，企业的生产运作在企业内部活动中作为企业运作的始点和市场运作的后盾，永远是企业各项活动的重要内容。

7. 产品开发。在当今的市场竞争中，企业只有了解市场、适应市场、满足市场的需求，才能真正赢得市场。市场的需求千变万化，企业要适应这种不断变化的需求，就必须不断地进行产品的开发、研制与创新，掌握行业内的先进水平，利用先进的科技手段，不断进行产品的改良、改进、革新与创新。只有这样，企业才能适应市场、发展市场。

8. 内部关系的协调与沟通。这属于内部公共关系范围的工作。这种协调与沟通主要表现为企业上下级之间的纵向协调与沟通，部门与部门、员工与员工之间的横向协调与沟通，以及立体交叉式的协调与沟通等。企业内部协调与沟通的目的在于提高企业内部各部门和各环节的透明度，增进了解与理解，团结一致，奋发向上，共同为企业的发展而努力。

9. 工作软环境的再创造。在企业内部，硬环境的内容包括厂区、厂房、机器设备、办公环境等，这些内容一旦形成，在一定的时期内很难有大的变化。而企业内部软环境的内容则包括企业内部的气氛与氛围，上下级之间、部门之间及员工之间的各类关系，企业文化、企业理念系统对内部工作人员的影响，以及由此形成的人们的精神状态、工作状态和追求目标等。和企业内部硬环境的不同之处在于，企业内部软环境时时可以调整、处处可以创新。只要符合企业理念系统的要求，符合企业的发展方向和目标价值，有利于企业的运作，企业就可以不断地对企业内部软环境加以修正与调整。

10. 各项方针、政策、制度的制定与实施。每个企业都有自己的规章制度、方针政策等，它是企业正常运作、约束员工行为的具体规则，是企业管理工作正常进行的依据。这里的要求，首先是制定的企业方针、政策、制度等必须符合企业一定发展阶段的水平与特征，制定的目的是为了贯彻、落实，过高的目标与过低的要求对企业的运作与发展均不会产生积极的影响；其次是符合企业发展的方针、政策、制度一旦确定下来，就必须严格地贯彻、执行，并建立健全监督机构，将其落到实处，这样才有利于企业内部各项工作的开展、人员积极性的调动和企业目标的实现。

（二）企业对外的行为识别系统

1. 市场调查。这是企业了解市场、把握市场动向的一项具体性工作。市场调查分为日常调查和专项调查。日常调查依赖于企业内部所有与市场有关的人员，主要是指市场营销人员。市场营销人员每天奔走于市场之中，对市场的了解可以更细腻、更准确、更可信赖。专项调查是依靠社会上的专项调查机构进行的，是确定调查主题和范围的调查。通过市场调查，企业一方面可以掌握大量有价值的市场信息，把握市场的未来发展方向，知己知彼，充分认识到企业的市场地位；另一方面还可以通过市场调查向被调查者传输必要的信息，在一定的范围内让人们了解与认知企业及其产品和品牌。

2. 产品销售。这是企业市场营销工作中的重要环节，它是在产品研制开发、产品价格制定、销售渠道选择的基础之上所进行的工作,包括企业产品离开生产领域之后、进入消费领域之前在流通领域中的一系列工作,如营销队伍的建立、目标市场的选择、营销政策的实施,以及具体的销售工作等。企业的销售工作检验着企业的产品质量与性能,检验着企业各项工作的水平。企业销售工作的好坏直接影响到企业销售目标的实现和企业的发展。

3. 公共关系。公共关系表现为企业与社会公众之间所建立的全部关系的总和。在企业的形象战略中,企业的公共关系不仅要为企业进行对外信息传递,沟通与协调各种关系,更重要的在于为企业在社会上树立良好的信誉与形象,赢得社会公众的认可、信赖与接纳。为此,企业必须协调好与消费者、供应商、经销商、政府、社区、社团、金融机构、新闻媒介等的关系,让社会公众更多地了解与理解企业,并在社会上和市场上形成良好的公共关系氛围。

4. 广告宣传。现代市场经济的发展,为广告事业的发展提供了巨大的市场空间,任何一个企业都必须看到广告的作用,利用广告宣传自己的产品和形象。广告是企业对外传播的窗口,良好的广告宣传不仅会起到推销产品、扩大市场的作用,还会起到传递必要的企业信息并让更多的公众认识企业的作用。企业在运用广告进行对外传播时,一定要量入为出,确定合理的广告预算,选择合适的媒体,精心进行广告的策划与创意,认真地设计与制作,以使广告的效果更理想。

5. 促销活动。这是在产品销售活动中所做的营销推广工作,目的在于使企业产品的市场能在一定的期限内得以扩大。现代市场经济的发展催生了形形色色的企业促销活动。好的促销活动能够在短期内引起人们的关注,使人们产生购买欲,而人们之所以产生购买欲,有时可能不在于产品本身的吸引力,而在于活动的影响。人们对传统的促销活动,如赠品销售、有奖销售、打折销售等早已司空见惯,激烈的市场竞争要求企业不断策划出更能引起人们关注的促销活动并付诸实施。

6. 服务工作。在现代人的消费需求中,产品本身的使用价值固然重要,但产品所能体现出的审美价值和附加价值也不容忽视,有时甚至更为重要。顾客购买产品是期望获得一系列的利益和满足。这种利益和满足主要表现为企业为顾客提供的各项服务工作,包括购买前的服务、购买过程中的服务以及购买后的系列服务。服务工作是让顾客产生满足感的最有效途径。好的服务工作可以使顾客产生即时的满意和好感,并使其念念不忘。事后顾客会将这种满意和好感百分之百地传递给他人，产生 10 的 3 次方①的有效传播效果；相反，如果顾客对服务工作不满意，也会产生同样的有效传播效果，从而对企业造成不良影响。因此，服务是窗口，好的服务可以为企业赢得更大的市场。

7. 社会公益性、文化性工作。企业对外开展的公益性、文化性工作，属于大型的公共关系活动。这种活动的特点是：影响大，传播效果好，易产生轰动效果，可以扩大企业的知名度，塑造企业的良好形象。活动的主要表现形式是参与社会公益性、福利性的赞助活动。活动的主要赞助对象是体育事业、文化事业、教育事业、社会福利和慈善事业、社会灾难性救助事业等。需要注意的是，企业在开展公益性、文化性工作之前，一要把握好主题，选择好机会，二要进行系统的策划工作，三要根据策划的思路认真实施。只有这样，才能使活动本身产生理想的社会效果。

8. 各项对外协调、传播性工作。除了大型公共关系活动以外，企业在日常的工作中也要不断地开展与社会各界公众的协调、沟通工作，向社会公众传播企业的信息，以让人们更多地了解企业、认同企业、接纳企业。这种协调、传播性工作主要表现为：日常的人际沟通，如企业的人士与企业外部各界朋友的接触；会议沟通，如召开或参加新闻发布会、产品订货会、经验交流会和各种其他类型的会议等；公众沟通，如企业主要领导者向社会公众中的相关人员，通过确定的方式（如报告、讲座、经验介绍等）传播有关企业的信息。企业对外的这些协调、传播性工作可以归纳为正式的传播与非正式的传播。正式的传播是有确定的组织方式的传播，如以会议形式和公众进行沟通；非正式的传播是无确定的组织方式的传播，如日常的人际沟通。无论是正式传播还是非正式传播，企业各类传播者均要以企业精神为统帅，以企业统一要求的表现形式为行为准则，为企业树立良好的形象。

第四节 企业视觉识别系统

企业视觉识别系统（Visual Identity System，VIS 或 VI），是企业形象的静态表

① 经证明，一个人如果遇到一件自己非常满意的事或非常不满意的事，都会在一定时期内向至少 10 个人传播，这 10 个人受原始信息发出者的影响，又会向下一道的 10 个人传播形成对 100 个人的影响；这 100 个人再向下一道的各自 10 个人传播，形成对1 000个人的影响。有效的传播层次至少三层，即 $10^3 = 1\ 000$。

现,也是具体化、视觉化的传达形式。它与社会公众的联系最为密切,影响面也最广,是企业对外传播的一张脸。这张脸是否生动、感人,关键在于对其内容的设计。好的 VI 设计可以将企业精神、企业个性与风格充分地表达出来,并且让社会公众一目了然地掌握其中所传达信息的内涵,最终识别、认知、接纳。企业视觉识别系统的主要内容分为两大部分,一部分为基本要素,另一部分为应用要素,具体内容见表 9－2。

表 9－2　视觉识别系统(VI)

基本要素(Basic Factors)	应用要素(Useful Factors)
1. 企业名称	1. 事务用品
2. 企业及品牌标识	2. 办公器具、设备
3. 企业及品牌标准字体	3. 招牌、旗帜、标志
4. 企业标准色	4. 建筑外观、橱窗
5. 企业标识造型、徽章图案(Logo)	5. 衣着服饰
6. 企业宣传标语、口号	6. 交通工具
7. 市场营销报告书	7. 产品形状、商标
……	8. 包装用品
	9. 广告招贴、吊旗、宣传画画面
	10. 展示、陈列样品、传播规则、规划

一、基本要素

企业视觉识别系统的基本要素是企业对外传达信息、诉求公众形象的核心部分,亦是建立企业识别系统的基本元素组合。基础要素的规则性很强,它要求企业标识、标准字、标准色、标准符号、标准图形等必须按照统一的要求对外进行传达,宣传标语、口号等文字必须一致。

(一)企业标识要求(Mark)

企业标识要有表达性意义、指示性意义和表述性意义;标识标准制作图主要用于制作招牌、户外看板、指示牌,以及装饰建筑外观等;标识色彩的运用要求统一色调,并能反映企业形象、企业个性,体现企业的经营理念和思想情感。

(二)标准字要求(Standard Words)

企业标准字造型要求要与企业标识的造型特征相协调,以求得基本要素的和谐关系。

（三）标准色要求（Standard Color）

色彩是视觉传达系统中最有力的因素，特别是在远距离视觉传达的情况下，色彩较其他视觉因素更有效。标准色借助良好的标准图形，在企业对外传达信息时会使社会公众产生强烈的印象，从而达到对企业形象识别、认知的目的。

（四）基本组合要求（Basic Combination）

企业标识与中英文标准字的组合形成了完整的企业标识（Logo），它是企业VI系统中首要的视觉识别元素之一。其组合形式可以变化多样，但标准色、标准字、组合尺寸的比例原则上不能发生变化。

（五）指定印刷字体要求（Printing Script）

指定印刷字体主要应用于企业文献的正文及事务用品中。所选定的字体用以体现企业的卓越精髓，传达企业的理念宗旨和文化品位。所有企业信息传播媒体、广告宣传及平面印刷等所需文字均须采用指定的印刷字体，以求塑造一致的企业形象。

二、应用要素

企业视觉识别系统的应用要素部分是指企业依据视觉识别系统的各项要求，在企业对外传播系统中对所有的可视物品统一规则、统一表现。应用要素部分包括名片、信封、信袋、信纸、文稿纸、传真纸、留言单、介绍信、资料袋、文件袋、文件夹、工作证、上岗证、请柬、暖水瓶、水杯、效率手册封面、公司旗、POP吊旗、双面旗、氢气球、条幅广告、公共标志的图案、户外导向牌、招牌、理念形象牌、企业管理服、职员服、工作服、文化衫、太阳帽、领带、领带夹、胸章、皮带、公司车体、包装纸、手提袋、塑料袋、不干胶贴、产品包装、专用台历、专用挂历、赠品、遮阳伞广告、前台等。

第五节 CIS系统要素之间的关系

企业理念识别系统（MI）、行为识别系统（BI）、视觉识别系统（VI）构成了一个完整的CIS系统，并构成CIS系统中具有多层含义的复合函数：

$$\text{CIS} = f(\text{MI}, \text{BI}, \text{VI})$$

或

$$\text{CIS} = a\text{MI} + b\text{BI} + c\text{VI}$$

式中：a,b,c 为 MI,BI,VI 各自的系数。

企业理念识别系统(MI)是 CIS 战略运作中的原动力和核心部分，属于企业的上层建筑领域，由企业最高决策层决定并执行。完整的行为识别系统、视觉识别系统均依赖于企业理念识别系统的指导，并由此得以扩展和延伸(见图9－3)。

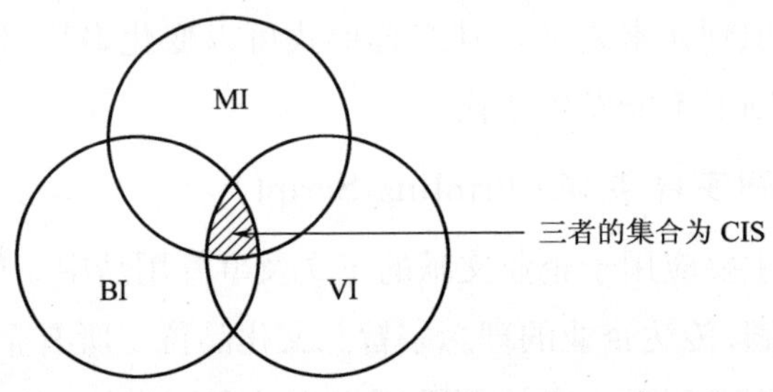

图 9－3　CIS 完整系统要素构成图

企业理念识别系统由其理念系统各要素构成自身的函数关系：

MIS＝f(事业领域，价值观……)

企业行为识别系统(BI)依据企业理念识别系统完成，用以规范企业内部的管理、教育以及对外的一切经营、传播活动，目的在于通过企业各类行为活动让社会公众掌握企业信息，识别企业、了解企业、认同企业，并能在社会公众心目中树立企业的良好形象。企业行为识别系统由其各要素构成了自身的复合函数关系：

BIS＝f(内部活动，外部活动)

企业视觉识别系统(VI)将企业理念识别系统进行具体化与规范化的再现，并配合企业行为识别系统，通过组织化、系统化的视觉识别来表达和传播企业信息。视觉识别系统最具有冲击力和感染力。第一次视觉冲击，可以使人们产生印象；第二次视觉冲击，可以使人们感觉似曾相识；第三次视觉冲击，可以使人们永记在心，并产生友好的感情。企业视觉识别系统由其要素构成了自身的复合函数关系：

VIS＝f(基础要素，应用要素)

CIS 战略系统中的三个组成部分，各有其功效，互相配合，从而构成了企业的完整的形象战略系统(见图 9－4)。

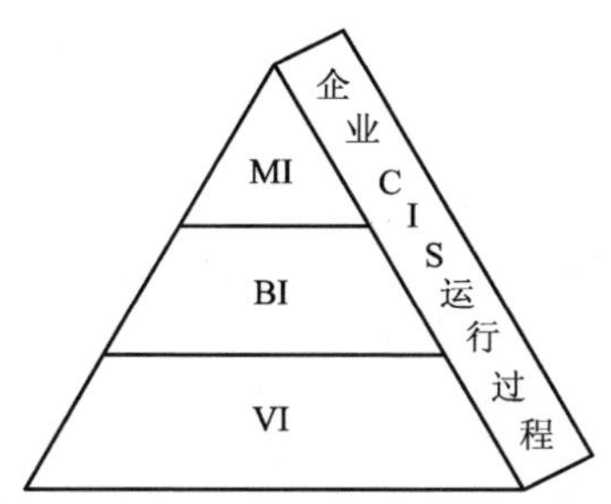

图 9-4 CIS 系统构成要素关系图

CIS 系统内各要素的关系十分密切,不可分割。其策划运作步骤为:第一步,建立理念识别系统;第二步,建立行为识别系统;第三步,建立视觉识别系统。在执行过程中,应将理念识别系统中的内涵与要求寓于行为识别系统和视觉识别系统之中,并使其内涵、形象和风格在社会公众面前得以全面展示。

本章思考题

1. 如何理解 CIS 的内涵?
2. 试述企业理念识别系统的发展阶段。
3. 试述企业行为识别系统的特征。
4. 试述企业视觉识别系统的基本要素和应用要素。
5. 企业 CIS 系统中三部分之间的关系应怎样确定?

第十讲　如何运行 CIS

CONTEMPORARY PUBLIC RELATIONS

第十章 公共关系危机管理

学习要点

危机事件随时都可能发生，对企业来讲，处理好危机事件非常重要，它关乎企业的生存和未来的发展，而解决好危机事件则是公共关系工作的重要职责。

第一节　企业危机事件的基本特征

犹如没有人愿意得病那样,没有哪个组织愿意遭遇危机。然而,在社会的每个领域,危机不仅种类繁多、无所不在,而且几乎像某些超强病毒一样无法回避和逾越。

一、危机概述

危机的触角几乎能够触及从自然界到人类社会的所有方面。我们所研究的组织危机只是危机多种形式中的一种,它隶属于人类社会危机的范畴,并处于经济领域,其结果直接影响到企业或组织的运作甚至会危及组织或企业的生存。

(一)危机

危机是指危害组织形象的事件爆发,它对组织基本目标的实现构成威胁,要求组织必须在极短的时间内做出关键性决策并进行紧急回应。危机的爆发常常伴随着三方面的事态:一是事件本身的延伸与变化;二是媒体的广泛关注;三是由媒体引发的社会公众的广泛关注,尤其是目标公众的直接介入。

事件本身的延伸与变化具有不确定性;媒体关注是引发公众关注的导火索;公众的关注是前两种事态发展的必然结果。媒体对组织与企业关注的规律是:跟踪好的机构做正面报道(锦上添花);跟踪发生事件的机构做负面报道(落井下石);不关心中游的企业或组织(因不具有新闻价值)。直至今天互联网时代,真正从媒体的角度对一个组织做正确的报道,这样的实例越来越少了,但第二种情况的发生则越来越多。为此,企业应做好自身产品、品牌与服务的建设和管理工作,以保证形成良好的市场与社会效应,使媒介能从正面的角度对企业及其品牌进行关注与传播,尽量避免负面效应的出现;企业运行一旦出现对市场的负面效应,形成危机,媒介的跟踪以及负面的传播就是不可避免的。

(二)企业危机

企业危机是在企业的运行中因发生不利于企业自身的事件而引发公众不满所造成的后果。企业危机有企业内部危机和企业外部危机两种。企业内部危机常常与企业管理制度、管理层的工作作风和企业的内部事件有关。内部危机事件如果不被媒体关注，处理起来比较容易，只要遵循公共关系原则，采取公共关系手段，就能把问题解决好。企业外部危机是由于企业产品或自身的行为或相关工作没有达到目标公众的要求，或发生了意外事件而引发公众不满，并被媒体所关注，进而形成了危机。由于媒体的关注，外部危机事件解决起来有相当大的难度，应引起企业高层的高度重视。企业应在平时注意预防危机，在危机来临之际，通过公共关系手段解决好危机。

（三）品牌危机

品牌危机是一种直接以品牌的名义和形式发生的，并直接影响品牌的运行甚至品牌生存的突发性事件。一般情况下，企业危机直接表现为品牌危机，因为企业的外在影响是以品牌为表现形态的。

在市场经济环境中，无论多么有名的企业，无论多么高水准的品牌，都不可能不遭遇危机。对企业而言，危机每时每刻都有发生的可能，就像人的一生不可能不犯错误和不得疾病一样，品牌的成长也不可能一帆风顺。

二、危机的基本特征

各种危机的发生均有着共同的特征，企业危机和品牌危机也不例外。危机的基本特征主要表现在以下几个方面。

（一）突发性

危机的出现常常让人无法预料，在毫无准备中就可能发生意想不到的灾难，而且来势汹汹，一发不可收拾。

（二）紧急性

危机事件就是紧急事件，危机事件一旦爆发就如惊涛骇浪一般袭来。危机事件往往是危害力量积攒到一定程度后突然爆发，并迅速蔓延开来，在短时间内就可能达到失控状态。此外，危机事件还常常作为其他事件的导火索，引发“涟漪”，形成危机的并发症，常常有“屋漏偏逢连阴雨”的感觉。

（三）公众性

危机常常由于媒体的介入而颇受大众关注，因此，危机出现之后，还要通过媒介的传播，把握危机的事态，引导危机的方向，社会公众会及时了解事件的爆发与来龙去脉，有关当局、专家、投资方、企业员工以及其他权益持有者也会密切关注事态的发展变化。尤其是在网络经济时代，信息传播的速度与范围几乎不受任何时空的限制，这也必然导致危机被社会公众广泛关注和密切跟踪。

(四)危害性

危机的突发性、紧急性和公众性使危机主体在极短的时间内就面临着巨大的危害，轻者损失市场和利润，重者危及企业存亡。而如果危机主体反应迟缓或判断与决策错误，其后果更是不堪设想。同时，舆论通常会站在弱势群体的角度对危机主体实施监督与控制，使企业的所有行为均在舆论和公众的视野之内，企业解决危机的指导思想、行为表现能够及时地反映给社会公众，并成为社会公众评价危机的依据。

(五)联动性

危机的爆发常常牵动着各种关系和各项工作。在危机爆发时，企业的核心工作是解决危机事件，企业所有的工作均应围绕着这项工作展开；企业的利益相关者会关注事态的发展，他们或者参与到解决危机事件的工作之中，或者审视着企业解决危机事件的态度和行为；企业的各种社会关系更多地是给企业施加压力，防止自己的利益受损，更有对企业产生不信任者弃企业而去。企业危机和品牌危机的联动性常常表现为社会舆论和媒介报道负面效应的增加和正面效应的减少；怀疑者比例上升，信任者比例下降；指责者增多，同情者与认同者减少。从而形成“多米诺骨牌”效应。

第十一讲　水门事件给 Hansworth 教授带来的思考

第二节　企业危机事件的成因

任何企业危机事件的出现，均事出有因。查出危机事件的成因是解决企业危机的第一要务。企业只有清楚了产生问题的根源，才能对症下药，拿出最好的解决方案。这里,我们从企业危机事件成因的内在逻辑和成因的具体分类两个方面进行研究。

第十二讲 企业危机事件的生成路径与原因

一、企业危机事件成因的内在逻辑性

在分析企业危机事件时,一般都是从源头的角度来界定其类型。英国著名公关专家萨姆·布莱克[①]教授将危机事件分为“已知的未知”和“未知的未知”两种。“已知的未知”是指事先已经知道危机将要发生,但什么时候发生以及怎样发生尚不清楚;“未知的未知”是指事先并不知道危机将要发生,更不知道什么时候发生以及怎样发生。

什么危机事件的发生会使企业有所预感而被确定为“已知的未知”呢?这一定是与组织自身的运作有直接关系的危机事件,如制度的缺失或不健全、人员的素质不高或培训不到位,技术或产品质量本身存在缺憾,对以往或已经发生的事件没有给予高度重视而消极等待或被动拖沓等,都可能会导致不利于企业或品牌危机事件的发生。我们把这些原因归为企业的系统性原因。“康泰克”PPA 事件,“特福龙”不粘锅事件,“雀巢”3⁺奶粉事件,南京冠生园月饼“陈馅新做”事件所导致的企业危机,均属于“已知的未知”,即系统性原因导致企业和品牌危机事件的发生。这种危机的爆发具有必然性的特征,它在企业运作中已经埋下了隐患,企业可以说充当了自己的“掘墓人”。

【案例 10-1】 金亚科技的陨落[②]

金亚科技是昔日的创业板“28 星宿之一(创业板开板首批 28 家上市公司)”,堪称创业板元老级公司,如今正在陨落。2018 年 6 月 26 日,证监会公告:金亚科技

① 萨姆·布莱克(Sam Black),前国际公关协会主席,生前曾多次来中国传播和讲授“危机管理”理论。

② 全景网《金亚科技启动强制退市程序》2018-06-28.

涉嫌欺诈发行犯罪，决定移送公安机关追究刑责，随后，深交所宣布启动金亚科技强制退市，金亚科技成为继欣泰电气之后，第二例欺诈发行退市案例。

此前，金亚科技就因为财务造假被证监会行政处罚。这一系列行为导致金亚科技股票持续下跌。金亚科技为了达到上市条件，通过虚构客户、虚构业务、伪造合同、虚构回款等方式虚增收入和利润，骗取首次公开发行(IPO)核准。

金亚科技事件的发生完全属于系统性原因所致，把它定位于“已知的未知”也是勉为其难的，因为金亚科技最初上市就属于将“病入膏肓”的机体经过“粉饰”而“助推”上市的，它能维持十年的生命也是钻了我国证券市场的监管漏洞所致。这种危机事件无法挽回，这种咎由自取的行为，必然受到法律的制裁。公关手段再强大也救不活一个枯木朽株之机体。

有些危机事件的发生与企业系统和自身运作没有任何必然的联系，完全是外在的、非企业运行的原因所致。我们称这些原因为“偶然性原因”或不可预测的原因。由于环境的变化和竞争的加剧，企业每天都处在一种环境威胁和冲击之中，因此，意外事件的发生不可避免。

一般情况下，导致危机事件爆发的“系统性原因”多源于企业内部，导致危机事件爆发的“偶然性原因”多源于企业外部。由此，我们界定危机事件爆发的原因及其内在的联系如图 10－1 所示。

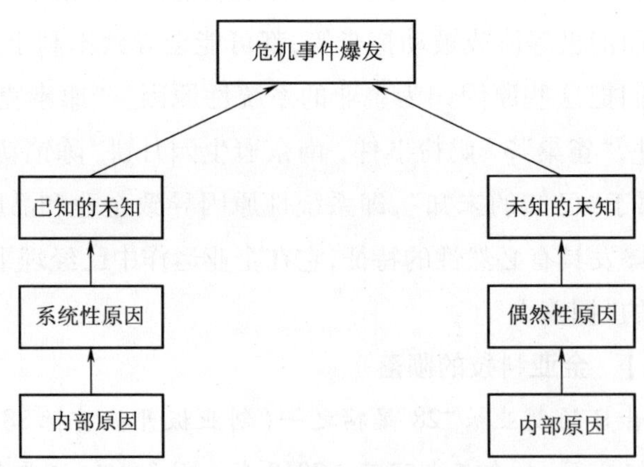

图 10－1　危机事件爆发的原因

了解这种危机事件爆发原因的内在逻辑关系，可以让我们面对危机事件马上就能够分析出其原因,以便有的放矢地做调查研究工作,并提出解决危机事件的基本思路与办法。

二、危机事件成因的具体分类

前面我们对危机事件的爆发从内部原因和外部原因两个角度进行了分析,危机事件成因的具体分类仍然可以从这两个方面展开。

(一)内部原因

导致企业危机事件爆发的内部原因主要有以下几个:

1. 产品原因。主要是指产品(服务)的价格、质量、安全、技术等方面出现的种种问题。产品危机在实际生活中有多种表现形式,这里我们重点对产品质量危机、产品安全危机、产品价格危机这三点较为常见的危机类型进行介绍。

(1)产品质量危机。对制造业和流通业而言,产品是将品牌与公众联系在一起的媒介,也是公众直接了解品牌的通路。在消费者至上的市场环境中,许多企业都加大了对产品质量的管理力度,引进了一系列国际质量认证体系,设立了专门的质检中心等,但是这些工作都不能绝对保证产品销售到客户手中后不会出现问题。企业0.01%的问题产品概率,对某个具体的消费者来说,就可能是百分之百的损失。购买到有质量问题的产品,必将引起消费者对该企业的不满,当这种个体的抱怨逐渐累积发展到一定程度,就会导致公众集体对企业的不满,从而引发企业危机。

【案例10-2】 苹果公司"iPod nano"产品质量危机[①]

几年前,当IBM,SONY,INTEL等国际大公司还在竞相争夺电脑市场时,美国苹果公司就巧妙地转换了经营领域,从事MP3的生产和销售,并在美国、英国等发达国家迅速占领了市场。然而,在2005年9月,苹果公司却遭到国际公众的严厉批评,有的甚至将其告上了法庭。

国外媒体报道,苹果公司于2005年9月推出的"不可能再小"的iPod nano播放器的彩色显示屏特别容易被刮伤,甚至出现在轻轻触及后爆裂的情况,这一质量问题激怒了美国加州iPod nano的使用者,他们对苹果公司提出集体诉讼。诉讼案

① http://tech.qq.com/a/20051022/000037.htm;http://mp3.zol.com.cn/22/221833.html.

由以 Jason Tomczak 为代表的 iPod nano 用户们提起。Tomczak 先生称，他只是用纸巾擦拭了 nano 屏幕的表面，就留下了“擦痕”。针对极易受损的 nano 屏幕，iPod nano 的使用者们要求苹果公司赔偿他们的购买费用，并支付诉讼费用，除此之外，他们还要求苹果公司将销售 iPod nano 所得的“不法利益”分摊回馈给消费者。事情发展到了 11 月，引起各国连锁反应。来自英国和墨西哥的消费者也加入到了要求苹果公司进行赔偿的队伍中，使得这起案件扩大成了跨国诉讼案件。向苹果公司要求补偿的消费者的律师 Steve Berman 说道：“无论在何地售出的 iPod nano，皆有屏幕容易刮伤的问题。”自从 9 月 6 日被曝光以后，iPod nano 的屏幕瑕疵就成了众多网络论坛、新闻特写的话题，法庭甚至还引用了几段网络上的评论。一时间，苹果公司陷入了巨大的产品质量危机之中。本想依靠 iPod nano 的新型外观吸引顾客的苹果公司，此时却因新产品的质量问题招来了社会公众的种种批判。

(2)产品安全危机。产品的安全问题对于使用者通常会造成不可挽回的后果，轻则需要医护治疗，重则危及生命。产品安全危机一旦出现，便会极大地挫伤消费者对企业的信任度，如果处理不好，将使企业迅速失去市场，因此，它关乎企业及其品牌的生死存亡。

【案例 10-3】 可口可乐的产品安全危机①

1999 年 6 月 9 日，比利时 120 人在饮用可口可乐后出现中毒、呕吐、眼花及头痛症状，法国也有 80 人出现这种情况。拥有 100 多年发展史的可口可乐公司遭受了历史上罕见的重大危机。虽然可口可乐公司立即着手进行了中毒原因的调查，却没有启动危机处理方案，亚特兰大的公司总部只是在公司网站上粘贴了一则相关报道，报道中充满了难懂的专业词语，与此同时，没有一个高层管理者对此事表示关切。此举激怒了公众，很快，许多消费者不再购买可口可乐，而且比利时政府强烈要求可口可乐公司收回所有产品。公司上下这才意识到问题的严重性，但是危害已经造成。1999 年底，公司宣布利润减少 30%，公司总损失达到了 1.3 万亿美元，全球共裁员5 200人。

(3)产品价格危机。价格战从表面上看似乎有利于保护消费者的利益，也导致厂家销量的上升，但其中也不乏恶性竞争者。随着市场竞争的日益激烈，各企业之间的价格战愈演愈烈，甚至引发危机。许多成本较低的小厂家逐渐将一些成本

① 张景云、于套：《100 个成功的公关策划》，机械工业出版社 2002 年版。

较高但生产质量较好的大厂家挤垮,最终导致整个行业走向亏损,成为全行业的危机。

2. 人力资源原因。人才是企业的重要资源。企业在发展中由于各种原因所造成的掌握核心技术的人才流失或关键职位人员的衔接不当,会使企业因发展后劲不足而停滞不前,甚至会对企业造成重大损失。这种损失不仅表现在销售和利润方面,更可能表现在品牌方面,而品牌损失是一种无形资产的损失,它比有形资产的损失更具有破坏性,有时甚至是致命的。导致企业发生危机的人力资源原因主要体现在以下几个方面:

(1)领导层的更换或分裂导致企业危机。对企业和品牌的壮大起到关键性作用的领导者是企业的核心,他们带动着品牌的发展,推动企业走向成功。然而,当某位或者某些关键人物由于突然或必然的原因退出或分裂公司领导层时,必然会使企业受到巨大的打击。这不仅会动摇投资者对企业的信心,更会导致员工们对企业的管理层产生质疑,从而引发企业和品牌危机。

(2)大量员工流失造成的企业危机。市场竞争使人才的流动速度加快,员工跳槽已经成为司空见惯的事情。人才的适当流动可以为企业注入新鲜血液,也有利于公司的创新发展,但是大量员工的流失甚至集体跳槽的出现会使企业元气大伤。企业花在重新招聘、重新培训上的大量成本,新进员工用来熟悉业务的大量时间,都会造成企业实力的削弱,从而诱发企业危机。

【案例 10-4】 富士康公司持续性跳楼事件及员工的流动率

富士康公司自2010年1月23日起,不断发生员工跳楼事件,2010年14起;2011年3起;2012年2起;2013年3起;2014年1起;2016年1起;2018年到目前为止已经发生了1起。所有跳楼者均为年轻的生命!他们为什么会选择跳楼呢?是工作压力大?工资水平低?工作时间长?非人道待遇?没有娱乐时间?单调乏味的生活?等等,我们不得而知。但有一件事是明确的,那就是富士康员工的流动性特别大,其流动率可以按天来计算,流动率低时每天在2%~3%之间,流动率高时可达4%~5%。为弥补流出员工的岗位缺口,富士康在各大厂区设有专门的招募点,每天都在招聘员工,感觉永远也招不满。

企业人员流失的原因很多,总结起来大致如下:

- 企业缺乏对员工的激励,工作没有奖惩,业绩不分好坏,员工工作缺乏动力。
- 企业没有自己的核心文化,缺乏凝聚力,不能与员工进行及时的沟通。

• 企业没有良好的竞争机制，员工职位低微，前景暗淡。

• 员工与管理层之间存在矛盾。

• 外部企业高薪聘请人才，引诱员工离开企业。

如果一个企业不能稳定员工队伍，其管理运作就一定存在问题，这必然会影响到企业及其品牌的建构与发展。

3. 财务原因。财务管理不善危机和财务丑闻危机是财务危机的两大主要类型。财务管理不善会使内部公众对企业管理层的管理能力产生怀疑，欠缺的大笔资金也会使整个企业的生产和运营陷入停滞状态，从而引发其他方面的危机；而财务丑闻一经披露会使社会（外部）公众对企业产生强烈的不信任感，让企业遭遇信任危机。总体来说，二者都会给企业未来的筹融资活动带来更大的困难，甚至使企业遭受致命的打击。

【案例10－5】 安达信因财务危机退出市场①

2001年秋，美国安达信公司，一个拥有90多年历史的国际性会计师事务所，由于出现了一系列的财务丑闻，最终退出了审计市场。这一史无前例的财务丑闻案的发生震惊了全球，也引发了人们对各大金融机构的怀疑。一时间，美国投资银行、证券分析机构、投资咨询机构、资信评级组织以及所有的交易所、注册会计师协会等机构都面临着全社会的信任危机。

财务危机的爆发具有彻底的毁坏性，它会使客户、投资者、合作伙伴等各个利益相关者对企业失去信心，进而导致企业无法运作，甚至陷入瘫痪。

4. 营销原因。营销过程中诱发企业危机的原因很多，如品牌定位不易被识别或不符合市场规则、营销手段不被市场所接纳、营销渠道关系接洽不畅、信息传播手段与内容令市场反感、客户关系处理不好等。

（1）品牌定位不易被识别或不符合市场规则往往是拖垮品牌的根本原因。如果一个企业的品牌定位不易被识别或不符合市场规则，就可能长期不能使品牌发展壮大，更可悲的是，更换新品牌一可能会重蹈覆辙，二需要增加成本投入。

（2）营销手段不被市场所接纳表现为两种情况：一种是企业为品牌营销所做的努力始终得不到市场的回应，进而使品牌长期处在一种萎靡不振的市场状态之中，这种状况的结果是品牌被市场淘汰；另一种情况是，品牌营销手段形成了巨大

① 根据林治波《安然、安达信败落：失信的代价》的文章改写，《环球时报》，2002年3月25日第9版。

的影响力、被更多的人所熟悉,却招致消费者或用户的反感,反而使营销工作步履维艰,市场状况难以好转,结果可能招来一片斥责之声。

(3)营销渠道关系接洽不畅是指生产厂家与流通企业之间关系不和谐,导致渠道经营者不接受生产厂家的产品及品牌。这也是营销关系不畅的表现。

(4)信息传播手段与内容令市场反感是营销手段不被市场接纳的一种延伸。如果企业在品牌传播中所界定的信息及其表现形态引起市场反感,将会大大不利于企业品牌的运行。

(5)客户关系处理不好是指企业在与客户沟通与接洽时处理问题不当,从而使客户产生不满。

【案例 10-6】 奔驰汽车为何被砸①

2001 年 12 月 26 日,武汉的一位王先生以及在场的 7 名男子在武汉野生动物园砸了王先生的银色敞篷奔驰车。

这一不寻常的事件始于 2000 年底。王先生当时购买了这辆进口的奔驰 SLK230 型汽车。这种等级的汽车在中国不便宜,连同税和运输费用,他总共付了 90 多万元。虽说价格不菲,但是新车的喜悦超过了一切。然而好景不长,仅过了几个星期,这辆豪华车就出现了故障,驾驶位置上的警示灯时常亮起,油耗大,发动机几乎达不到功率要求。看到这些问题,王先生让人把车开到北京,奔驰公司让专业人员对车进行修理,车又被开回武汉。然而仅两个月后同样的问题重新出现,并出现动力不足。王先生说,他总共让人修理了五次。

北京的奔驰公司对这件事却另有说法:问题不在于车,而在于汽油。他们认为王先生总是使用劣质汽油,促成了问题的不断产生。然而,王先生认为这一事件不是纯粹的技术问题,而是奔驰公司在搪塞自己,这也充分体现了奔驰公司的傲慢,所以,他准备砸汽车以引起奔驰公司的充分注意,将其演变成一个新闻事件。十几名摄影师和十几台电视摄像机在武汉动物园拍摄了砸车行动,观众们鼓掌助威。

对此,奔驰公司在声明中对事件的定性是"极端的、没有必要的行为","非理性的而且无意义的举动"以及"不必要且侵害我公司权益的行为"。这一回答燃起了许多中国用户的愤怒。《北京青年报》所做的一项调查表明,50% 的被调查者认为,"中国人民的感情受到了奔驰公司的伤害"。

① http://www.sina.com."奔驰车为何被砸",2005 年 8 月 3 日。

5. 服务原因。当企业面对顾客向其提供服务时，如果出现顾客不满意现象，而服务人员现场又不能及时更正自己的服务表现、不能及时解决服务中存在的问题，就会使顾客的不满情绪加剧和蔓延，顾客就会将矛头指向企业，进而酿成企业危机事件的爆发。

在制造业和流通业，服务原因酿成企业危机之后，随之而来的是产品销售和市场成长受到巨大的冲击，这里的服务与产品的销售是直接相连的，产品与服务共同构筑了企业的品牌基础；在服务业，服务与产品合二为一，服务就是产品，服务原因酿成的品牌危机会使企业的服务市场萎缩，甚至一蹶不振。

在现实的理论研究中，一些研究者专门研究了关于服务失败的挽救问题。经过大量的实证分析，研究者认为服务失败要及时补救，才能挽回服务失败对品牌形成的影响（赵冰，2005），如果不能及时补救，则必然会使顾客的不满情绪加强，进而损害品牌形象，形成品牌危机。

6. 战略与组织原因。这是企业由于战略选择失误或是自身组织结构上的缺陷而导致危机的发生。具体来说，它主要包括：缺乏明确的发展战略，战略选择过于保守或过于随意，组织结构老化、臃肿，组织布局不合理，等等。这些原因导致的企业危机在危机发生之前往往具有很多的危机信号，而企业管理者对这些信号的忽视与此类危机的突然发生有着直接的关系。

【案例 10－7】 巨人大厦的轰然倒塌①

巨人集团在 IT 产业和生物工程产业正取得骄人业绩的时候，在战略决策上选择了进军房地产业。由此，耗资庞大的巨人大厦的构想出台，并一而再、再而三地修改方案，导致巨人大厦从开始预想的 18 层耗资 2 个亿，变化到 36 层耗资 5 亿，最后到了 72 层耗资 12 亿。不断变化的战略决策和不断提升的耗资金额并没有给集团领导敲响警钟，而当最后由于资金预算过大使企业无力继续投入时，外力支持的大门也已经由于集团领导者早年的自傲、唯我独尊而被封死。媒介对此事的真实报道是巨人集团企业危机的导火索。但实际上早在大厦思路出台并不断改变的过程中就已经埋下了企业危机的隐患。

企业的战略决策是否正确，决定着企业的发展。有些企业向海外投资或在海外与外资合作，然而，由于问题考虑不周，或自身能力所限，导致投资的失败或原定

① http://games. sina. com. cn，2006 年 11 月 3 日，IT 写作社区“史玉柱故事之四：巨人大厦”。

目标的无法实现。当海外投资不尽理想的状况被媒介指责,或企业的运营遭到海外媒介或相关权威人士的指责时,企业的品牌必然会遭受市场的巨大冲击。这种状况反过来还会影响到企业国内市场的运作和市场价值的实现。

企业战略决策的正确与否没有统一的标准,它依企业自身的条件和所处环境的不同而定,包括企业自身的管理与运作能力、运行经验、市场环境等。评价企业战略决策正确与否的标准是:企业的战略决策符合企业和品牌的特征,有着完备的运行思路,对可能出现的不利事件考虑周全并有所准备,做事情谨慎、细致,危机事件爆发时能够积极应对,力求完善地予以解决等。

(二)外部原因

不可抗力事件和外部原因引发的危机是任何组织都无法预测和准确判断的,因为这类危机事件常常表现为非企业原因,即使有些原因和企业有关或有一定联系,但危机的导火索仍在企业外部。组织为此所要做的工作主要是预防危机和在危机爆发过程中积极处理。

外部原因引发的危机主要有以下几类:

1. 由不可抗力事件引发的危机。不可抗力事件是指人为因素无法阻拦的事件,它可能是天灾,也可能是人祸。如自然灾害的发生、敌对势力的破坏、重大疾病的爆发、经济危机的来临等。2003 年我国爆发的 SARS,使许多企业不得不关门停产,导致很多企业蒙受了生产经营上的巨大损失;美国“9·11”事件,使许多航空公司、旅游公司甚至餐饮公司都面临着破产的危险;疯牛病、禽流感等灾难事件的发生,使许多餐饮服务企业遭受打击而无法经营;东南亚金融危机对经济的破坏作用,让很多企业难以承受;印度尼西亚海啸的发生,使旅游业遭到了巨大的破坏;我国 2007 ~2008 年冬季的南方大雪,导致了云南的鲜花、海南的水果因难以运输而遭受巨大的损失。

2. 由他人过错引发的危机。这主要包括两方面的危机。

(1)产品被伪造形成危机。市场上,假冒、伪造的产品屡见不鲜、屡禁不止。从价格便宜的小型家用电器,到国内知名的烟酒产品,再到国际名牌服装、鞋帽、箱包、化妆品以及奶粉等,可以说假冒产品覆盖了整个市场。虽然政府和有关部门不断加大打击力度,但仍有大量的假货流入市场,为消费者和生产厂家带来了危害。虽说出现假货并不是被仿产品厂家的责任,并且单一依靠生产厂家自身的力量打假也不公平,但当市场上充斥着大量的某个品牌的假货,消费者无法辨别时,就会使消费者产生沮丧和失望情绪，使他们普遍对该企业和该品牌产品产生质疑，进而拒绝或回避购买该企业的产品。

【案例10－8】 三鹿奶粉被仿①

2004年1月16日，安徽阜阳临泉县吕寨镇勇庄村村民张广奎投诉所购三鹿婴儿奶粉有质量问题，后经阜阳市疾病预防控制中心和三鹿集团共同确认，证实该奶粉为假冒产品，并予以结案。3月29日，阜阳劣质奶粉坑害儿童事件经媒体曝光后，全国上下开始全面围剿"空壳奶粉"，在阜阳市的围剿中，阜阳市疾病预防控制中心个别工作人员由于工作失误，把假冒三鹿婴儿奶粉的检测结果按三鹿婴儿奶粉为不合格产品上报，并公告在4月22日的《颍州晚报》上。该消息立刻被国内多家媒体和网站转载，之后，三鹿奶粉在全国多个地区的市场被强制撤下柜台并封存，为此，三鹿集团损失过千万。由于有关人员工作失误导致的"三鹿奶粉"食品安全危机全面爆发。

在这种他人过错引发的危机事件中，企业通常无辜蒙冤，虽然自身并没有犯任何错误，但遭受的损失仍然巨大。所以，为了防止类似事件的发生，企业通常要设立市场监测部门，防止仿冒产品的出现，一旦发现仿冒产品，立刻采取制裁和自我保护措施，防止对企业运营的干扰和破坏。

(2)产品被替代形成危机。当今社会，消费者个性化、多样化的需求和科学技术的迅猛发展，使产品更新换代的速度不断加快。在这样一个竞争激烈的市场环境中，如果企业对消费者的需求不予以高度关注，或是在技术创新上停滞不前或脱离实际，必将使企业的老产品迅速地被新产品所替代，使企业遭受产品被替代的危机。如果一个企业不思进取，其品牌形象就会被社会公众固化为保守、落后，这样的企业和品牌形象是不会受到市场欢迎的。

【案例10－9】 被智能手机杀死的那些行业

随着智能手机的兴起和网络的无缝全覆盖，人们使用智能手机的时间越来越长，各种流媒体在线播放，于是原来生活中的很多行业都逐渐地消失了，图书馆、书店、报纸、杂志、电视机、数码相机、影碟机、MP3播放器、照相机、胶卷……，现在一部智能手机还可以转账、支付、购物、坐公交地铁、导航等，将来手机还可能会作为遥控器远程指挥家用电器的使用，开启门锁，代替身份证等等。一部手机，家庭生

① http://www.cnpharm.com/www.news/85/20289.html.

活中的一切全掌控、全依赖。科学无止境,未来的生活、工作、社会、环境的变化会超乎人们的想象。

3. 由不正当竞争行为导致的企业危机。在市场竞争中,居于市场领先地位的品牌,与其他同类品牌相比,多了一层危机发生的可能性——被竞争对手盯住,其中有些竞争对手甚至会采取不正当的竞争手段,人为地制造一些不利于领先者的事件,企图将其逐出市场。一个有稳定市场的品牌,可能会自如地应对任何突发事件,将事件处理好,但中国很多企业目前尚不具备应对突发事件的能力。

【案例 10－11】 危机引发三株品牌一蹶不振①

三株口服液在 20 世纪 90 年代,曾年销售额高达 80 亿元,正值市场势头正旺的情况下遭遇到了品牌危机。其危机事件的发生与两件事情有关。

一是“成都事件”。三株公司成都市场部的工作人员在编写宣传材料时,未经患者同意,就把相关人士作为典型病例进行大范围宣传,结果导致纠纷。后经媒体曝光,敏感的中央电视台焦点访谈节目也进行了报道,事件迅速由成都蔓延至全国,产生了极大的负面影响。

二是“常德事件”。湖南常德有一病重老人服用了儿子买来的三株口服液后,不久死亡。家属认为三株口服液是致老人死亡的罪魁祸首,于是诉诸法律,判决结果几经反复,官司打得旷日持久,消息传遍全国。

面对这两起事件,三株企业由于没有处理企业危机的经验,毫无思想准备,又无任何防范措施,而媒体对弱势群体一方的态度倾斜更使得三株有口难辩。面对着媒体的指责和公众的怀疑,三株品牌顷刻间走向了崩溃。两年后,法院的公正判决还了三株一个清白,但它此时已经再无回天之力了。

这两次事件毫不讳言都与人为幕后操纵有关,竞争对手充当了幕后操作者,不惜花大力气进行策划、运作与传播,唯恐天下不知。

其实,任何企业尤其是行业龙头企业几乎无一例外地被竞争对手所“关注”。但一个好的企业应该具备防范与应对危机的意识,有能力处理和解决危机事件。

三株企业是被竞争对手的不正当竞争行为推倒的。据调查,湖南常德喝三株口服液的那位老人本来身体就不好,儿女为孝敬老人,希望老人身体好转,为老人买了三株口服液。老人还没等喝就住进了医院,而后死亡。老人的死和三株无关,

① 根据《中国中医药报》(2005)“三株:辉煌与沉寂”改写。

可竞争对手为老人的家人出了一个主意,让老人家人状告三株口服液,称这样可获得巨额赔偿,由此引发了三株旷日持久的官司。

类似"三株事件"的企业危机很多,但对于有危机意识的企业,由于准备充分并能及时应对危机、处理危机,从而可以保证企业的稳定;而对于没有准备、不知如何应对的企业,就会因危机而葬送生命。对此,企业所应思考的是:如何应对类似事件,如何解决这样的危机。

此外,国家新政策的出台或政策的改变、科学技术的发展和市场环境的变化,都可能对企业提出新的考验。经得起考验的企业能够推动自身的发展与壮大,经不起考验的企业就会使自己及其品牌在市场上滑坡或衰落。

第三节　企业危机的防范

著名的企业其著名的原因很多,包括其技术、产品、服务、创新、管理等各项工作均居行业的前列。但最值得称颂的是其敏思慎行、严于律己的思德与行德。

比尔·盖茨认定:"微软离破产永远只有12个月"。张瑞敏曾言:"我每天的心情都是如履薄冰,如临深渊"。任正非坦言:"华为总会有冬天,准备好棉衣,比不准备好。"所有优秀企业领袖的危机观点都是这些成功企业危机意识的精髓。没有危机意识,单纯的"硬性危机防御体系"是无力的。超前的、无形的、全面的危机意识才是企业危机防范中最坚固的防线。

防范企业危机,可从以下两个方面进行思考。

一、建立企业日常危机预警机制

日常危机预警系统是指企业全员有着强烈的危机意识,有着敏感的危机触觉,有着处理危机的约定程序和制度,有着处理危机的组织机构,有着即时处理危机事件的能力。

在对全球500强企业的董事长和总经理的调查中,人们发现,这些企业被一次危机困扰的时间平均是8.5周,无应变计划的企业要比有应变计划的企业被危机困扰的时间长2.5倍。危机后遗症波及时间平均为8周,无应变计划的企业比有应变计划的企业受危机波及的时间长 2.5 倍[①]。这说明,在危机到来之前,企业的计划和准备工作是非常重要的。

(一)培养员工的危机意识

培养员工的危机意识是从企业文化的角度入手,让全体员工时刻感觉到危机的存在。具体操作上,可通过建立理念系统,组织危机培训,收集与分析危机案例等方式进行。

1. 建立企业理念系统。将危机意识融入理念系统之中,使每一位员工都能深刻理解其内涵,让危机思想深入每一位员工的心中。前面我们提到的微软的比尔·盖茨、海尔的张瑞敏、华为的任正非等企业领袖的危机意识均为老板意识,企业培养危机意识的工作还在于将这些老板的危机意识灌输到每一位员工的思想中,通过不断的教育、培训和理念系统的考核,使每一位员工都具有非常敏感的危机防范细胞。

2. 组织危机管理的培训。培训内容包括危机管理的基本准则、模拟企业危机演练的程序与方法以及一些危机管理与公关工作的经典案例等。此外,企业还应寻找适当的时间,组织员工进行企业危机事件发生的实地模拟演练。在这项工作中,既可以对已经发生的真实危机情景进行重复的模拟训练,也可以自行创造各种可能出现的危机情景进行演练。例如,针对顾客不满这一现象,企业可以将历史上出现过的典型的顾客报怨实例进行归类、总结,提出应对的方法。同时,企业还可以创造出各种各样的抱怨原因和表现,让服务人员模拟处理,从而提高他们的应变能力。

3. 收集企业危机管理的案例。危机的预防也在于不断地学习他人的做法。收集以往各类企业危机案例并将其分类,可以为企业积攒起强大的档案库,有助于企业员工的分析和感受。企业可以根据危机事件的起因,将案例分为产品(服务)型、人力资源型、财务型、营销型等,或者也可以按照企业所处的行业分为 IT 行业、通信行业、家电行业、食品行业、保健行业、体育休闲行业、服装行业、其他行业等。这样不仅可以开阔企业员工的眼界,还能从中汲取精华,总结经验,设立多种方案,做到有备无患。

---

① 刘刚:《危机管理》,中国经济出版社 2004 年版。

（二）制订企业危机防范计划

1. 建立企业危机领导小组。企业危机领导小组的组长应由企业一把手兼任，小组成员来自企业的相关部门负责人，如品牌部、技术部、公关部、信息部、销售部等。小组成员的日常工作有以下几项：

（1）每日通报企业的市场运行状况，注重日常的市场运行波动信号，将信号波动状况的指标（销售额、销售量、价格浮动、区域市场分布、特殊事件等）做成图表，以备监控。

（2）对于一些非通常性的信息要给予高度重视，每周做一次必要的企业运行与市场状况的分析，将自己品牌与竞争品牌的市场运行状况进行对比分析，找出差距和不足。

（3）检查员工的企业危机意识和对企业理念、制度的理解、记忆与运用状况，发现问题及时解决。

（4）制订企业品牌危机的培训计划，指挥企业危机防范的模拟训练等。

小组成员的关键工作就是处理企业危机事件。

2. 建立企业危机防范制度。企业危机防范制度是保证企业运行正常，并防止企业危机爆发的保障。企业危机防范制度应包括以下几点：

（1）确定员工行为准则，保证员工的行为符合规定的要求，防止出现行为疏漏。

（2）提出营销运行准则，按照规定的营销运行程序对营销工作进行管理。

（3）制定企业服务制度、消费者投诉制度，以保证服务水准的提高，形成良好的市场营销运行效应。

（4）建立消费者回馈信息的通道与接待制度，保证消费者回馈信息通路的通畅。

（5）建立企业诊断制度，定期对企业及品牌进行检查，其中的诊断员可以聘请相关专家，以专家为主会同企业相关部门的管理者共同完成对企业的诊断工作。

3. 制订企业危机管理计划。企业危机管理计划产生于企业危机爆发之前，并作为企业的运行制度而存在，企业危机爆发时可以立即启用。

（1）内部计划的制订。内部危机管理计划规定的内容包括：企业在危机发生多久后，以什么形式与企业全体人员进行沟通；员工们的哪些相关利益会受到影响，哪些不会受到影响；企业会向员工们提供什么样的辅助工作；企业应该营造怎样的工作气氛、如何营造,等等。

(2)外部计划的制订。企业外部危机管理计划包括的内容主要有:

其一,在危机发生后,选择在多长时间之内、以怎样的态度、利用何种形式与公众和媒体进行沟通,包括新闻发布会和媒介传播等。此时,企业可以根据不同的危机类型采取不同的沟通形式,主要包括网上沟通、电话沟通、开新闻发布会沟通等形式。

其二,怎样组织危机事件的调查,包括调查事件与人员的安排、调查范围的界定、调查器械和调查方法的使用等。

其三,怎样进行危机事件的处理,包括采用什么手段向公众道歉,运用什么方式将问题产品收回,使用什么措施对受害者进行补偿等。

其四,怎样进行媒体宣传。在这方面,企业应该邀请外部专家,在危机发生前就研究出一套适当的备选方案,包括设计新闻稿、选择何种媒体传播、传播口径的界定等。

二、建立良好的公共关系氛围

企业的公共关系既包括企业与利益相关者之间的关系,也包括企业与非利益相关者之间的关系。

企业的利益相关者是指与企业有着相关或共同利益的群体,包括供应商、经销商、投资者、员工等。企业的市场运行依赖于这些关系的支持。长期与企业利益相关者之间保持良好的沟通关系,是保证企业各项工作顺利进行的必要条件,同时,在发生危机事件时,这些利益相关者还可以从维持企业形象的角度,帮助企业渡过难关。

非利益相关者是指与企业没有利益联系,但对企业的经济运行给予长期关注的人或组织,包括政府、媒介、金融机构、社区公众等,他们对企业的经济运行也有着强大的支持力度,其中最重要的当属媒介。由于媒体的特殊职业和地位,很多媒体人的视野远比企业内部的人宽广。与媒体保持联系,企业会从媒体对其他企业的报道中发现其对某一问题的倾向性,然后对照自己、发现问题、控制危机源头,此外,也可通过媒体了解到整个媒体对自己企业的关注方向,做好防范企业危机事件的发生和发生以后的处理工作。

【案例 10－12】 创维从容面对企业危机①

2004 年 11 月 30 日，香港廉政公署在代号为“虎山行”的行动中，拘捕了“涉嫌盗取公司资金”的创维董事局主席黄宏生。当日，创维数码股票在香港被停牌。

创维董事局副主席张学斌及公司多名高管当晚即召开紧急会议，商议对策，并在深圳创维大厦紧急约见媒体（媒介关系）。

12 月 1 日，国美、苏宁、永乐、大中四家家电连锁巨头发出声明力挺创维（经销商的支持）。

12 月 2 日，黄宏生以百万港元获保释。

12 月 2 日，北京松下、彩虹、三星等八大国内彩管企业发表声明，表示将优先保证创维的原材料供应（供应商的支持）。

12 月 3 日，深圳 7 家银行分行行长聚集深圳创维大厦，表示将鼎力支持创维（金融关系的稳定与支持）。而在公司内部，全体员工更是齐心协力共度危机（员工的支持）。

12 月 5 日，创维高管在京召开新闻通报会。创维自始至终都在强调两件事：一是创维方面会积极配合香港廉政公署的调查；二是整个集团的各项事务一切运转正常，不会因此受到不良影响。

12 月中旬，深圳市副市长到创维表态：创维本部发展非常稳定，市政府全力支持（政府关系的支持）。

2005 年 1 月 1 日，创维 CEO 王殿甫的“促销”秀在京城开演。

2005 年 2 月 4 日，创维 PDP/LCD 技改项目正式获得深圳市政府财政贴息，从侧面向公众告知了政府对创维公司的信赖。

2005 年 3 月 2 日，黄宏生案复审。黄宏生向法院方面提出要求，作为全国政协委员，他要参加近日在北京举行的全国政协十届三中全会，因此希望法院方面能够允许他短暂离开香港前往北京参会，并获批准。

2005 年 8 月 26 日，创维数码（0751. HK）在香港发布财报，显示上一个财务年度营业额再创历史新高，为 104.66 亿港元，较上年同期增加 13.6%；纯利为 4.03 亿港元，增长 17.8%，利润增长远远高过同行。

创维不仅实现了销售和回款的双增长，还实现了从家族式管理向现代企业制

---

① 游昌乔：博锐管理在线，2005 年 12 月 8 日。

度过渡的“革命”。

第四节 企业危机的处理

企业危机防范是保证企业不发生或少发生危机的具体措施,但危机预防并不能保证危机绝对不会发生。由于企业危机产生的原因多种多样,有些原因是在企业的控制之下,有些原因则属于企业无法控制的,因此,任何企业,包括世界级的跨国公司都不可能避免危机。在危机来临之际,企业所能做的只是从容应对,积极处理。

一、企业危机应急模型

对于企业危机,我们以危机事件的应对模型为处理依据,我们称这一模型为7C 模型。

7C 模型的基本内涵是:在危机事件爆发时,企业通过以下 7 个方面的工作,达到解决危机事件、恢复企业形象的目的。

Composure——镇静、沉着。危机爆发对任何企业都是巨大的压力,但压力再大,都不要惊慌失措,而要沉着应对,分析企业危机的来龙去脉,拿出具体的可行方案。

Celerity——迅捷、快速。在危机事件来临时,企业要反应迅速,不拖延时间,一般 2 ~4 小时内商量对策。即使在节假日,或是在每天工作以外的时间,都不要超过 12 小时。12 小时是研究对策时间的底线。同时,要保证在 24 小时之内对媒介和公众的指责做出相应的回复,要将对策信息传达给消费者或受害公众。这里的时间限制是不能延长的,如果延长,必然会受到媒体和公众的指责,抑或形成负面报道。

Cordiality——诚实、诚恳。面对危机事件,企业要重视消费者、受害者、媒介、政府等各个方面的意见与态度,诚恳地接受媒体的监督和社会公众的审查,实事求是地通报事情真相。对事件认识要诚实,对事件处理要诚恳。

Circumspection——周到、细致。企业在危机爆发后要调查研究,清楚事件的来龙去脉,了解不良事件影响的状况,周道、细致地为受害者、弱势群体一方着想,以关心与同情的态度使他们感受到企业的诚意。

Communication——沟通、交流。危机爆发后，无论程度轻重，企业都要给予高度重视，及时与媒体、利益相关者和各类相关公众沟通、交流，一方面将企业为解决危机而制订的方案公之于众，另一方面也要广泛听取媒体与公众的意见与建议，将其作为解决危机、制定新的措施与对策的依据。必要时还应通过召集公众座谈会或通过网上沟通的方式广泛征求意见与建议。

Compensation——补偿、赔付。如果危机事件酿成了较严重的后果，企业对受害者一方应给予补偿或赔付，补偿或赔付的方式应视情形而定，可以是实物形式的，也可以是货币形式的，还可以是长期承诺形式的。同时，如果可能引起法律纠纷，还可依据法律规定进行赔偿形式与量化指标的界定。

Clarity——清楚、透明。企业在对危机事件的解决过程中一定要提高透明度，让媒介、消费者和受害者都非常清楚危机解决的程序、反应的速度、做出的承诺，以及最后的结果、各方对企业的满意程度等，这些都要通过媒体通报给相关人士。

二、企业危机的应急程序

企业危机的应急程序是指企业在解决危机事件时所应遵循的基本规程。这一规程应该从以下六个方面进行安排。

（一）启动应急小组

当危机出现时，企业首先要明白速度比金钱更重要，每一个部门、每一名员工都要跟随危机行动起来，并组成或启动处理危机的核心部门——危机应急小组，以保证处理危机的条理性、及时性和准确性。对于一个有准备或有危机意识的企业，由于已经制订了危机计划并已有现成的危机领导小组，只要按程序启动即可。

（二）掌握事实真相

通过电话、E-mail以及目击证人、当事人等多种途径了解情况，掌握事件的来龙去脉，并对事件进行分析、判断，做到心中有数。然后分清责任，若是己方的责任，绝不推诿，若不是己方的责任，也要积极帮助解决问题。

（三）提出解决方案

应急小组马上集合开会，分析事件可能导致的结果，提出解决方案，同时对要开展的工作明确分工，各负其责，分头行动，随时保持联系，对出现的新情况及时通报。

（四）举行新闻发布会

对事件发生、衍生及延伸的状况，应急小组要提出解决方案，将企业的指导思想和已经进行的工作向媒体通报，以保证通过媒体进行有效的传播。同时接受媒体的质询，对媒体和其他方面的任何问题都要做到不回避、不推诿、不搪塞。新闻发布会之后仍要积极与媒体沟通，将即时性的问题与危机事件解决的进展情况随时向媒体通报。

（五）开通热线电话

热线电话开通的时间应是在企业掌握危机事件的时候，也就是说，企业知道了发生的事件，就应该马上开通电话，最晚不能晚于事件发生后的 12 小时。企业可以把平时的联络电话改成应急电话，并保证电话畅通。如果仍然使用录音电话，一定要将原来的应答内容改成致歉以及告知打电话者如何联络企业、解决相关事宜的内容，以方便顾客的投诉和公众利用电话反映问题。在企业力所能及的情况下，最好使用接线员直接应答并指导打电话者如何向企业反映情况。热线电话运转延长的时间至少为三天，而后随着事件解决的进展情况和相关工作内容的调整，将录音电话的应答改成相关的内容。这是一个动态管理的过程。

（六）把握公众情绪

企业危机事件的发生，往往会引起公众情绪的波动，危机应急小组成员解决危机事件的一个重要原则就是耐心、诚实、为他人着想，决不能做出让公众和媒体不满的事情和行动，以保证危机能尽快、更好地解决，并能够将危机转变成契机，广泛倾听社会公众的意见与建议，为企业的发展提供相应的思路、方法与机遇。

以上企业危机事件的应急程序，在遵循危机事件应急模型的基础上，应与企业危机公关活动相衔接，这样可以保证危机事件能够按照企业的设想，使问题得以解决。

三、开展危机公关活动

危机公关是指企业运用公共关系手段来解决危机事件的各项工作。具体工作内容包括：传播信息、消除影响、恢复形象等。

一般情况下我们按照危机公关的三部曲来解决企业危机事件的问题，即准备期、处理期和恢复期。

(一)危机公关的准备期

危机公关的准备是一项长期的工作,它应该融入企业危机的预防工作之中。在危机事件发生时需要做一些具体的工作,包括:组织有关人员(尤其是专家参与成立的危机公关小组)调查情况,对危机的影响做出正确的评估,制订相应的计划,控制事态的发展。在这一时期,企业所要做的工作包括以下四个方面。

1. 快速行动。网络技术的普及,使得危机造成的负面影响在极短的时间内就可以传遍世界,从而对企业及品牌造成极为严重的影响,因此,危机公关一个最大的特点就是反应要迅速。在最短的时间内介入危机事件的处理之中,尽可能地争取和倾听媒体甚至是政府部门的声音,帮助自己说话,避免事态的无谓扩大。

2. 确定危机级别。危机级别可分为紧急状态(红色预警)、紧要状态(橙色预警)和一般状态(黄色预警)三个级别。紧急状态是最为严重的危机级别,要求企业全员行动,并由最高决策层亲临一线直接带队,共同应对危机,向所有利益相关者及相关公众紧急通告,争得各方的支持;紧要状态为次严重的危机级别,要求企业相关人士和相关部门参与到危机事件的解决之中;一般状态为不严重的危机预警,市场主管部门或公共关系部门可独立解决危机事件。危机级别的确定主要是根据危机对企业及品牌造成的影响程度和对侵害者的伤害程度而定。

3. 媒介和相关群体通告。企业要正视危机发生的现实,客观地分析与解决问题,对事、对人均不回避、不掩饰。要充分集合企业各个方面的资源,在企业内部与外界之间做好沟通工作。在危机发生的一段时间里,需要有专人 24 小时监控媒体与舆论的发展情况,并随时根据新的状况发出自己的声音。

4. 统一口径、统一声音。为了保证对外传播的一致性,企业应该做到:

(1)在企业内部提高透明度,并明确阐释企业的立场、观点,让所有员工都能理解企业的意图与方法,保证大道、小道所传播的信息完全一致、明确。

(2)建立对外发言人制度,确定发言人人选,所有对媒介传递的信息仅通过新闻发言人进行传播,从而保证传播信息的一致性,同时为解决危机和恢复品牌形象创造条件。

(二)危机公关的处理期

危机处理期是实实在在解决问题的阶段。这时,企业为解决危机事件已经制订了计划。现在的工作就是把解决危机的思路及相关的信息向新闻媒体和公众通告。

1. 对新闻界来说,事件发生时,如果当事人或者企业什么都不说,记者们就会用猜测外加公众的情绪来完成他们的报道;如果企业及时做出反应,那么,通过媒体的正面传播,公众就既可以看到和感觉到企业的办事效率,又可以审视和评价企业做出的姿态。

在这个阶段,好的姿态会受到公众的欢迎,从而有助于问题的解决和目标的达成;如果企业无解决危机事件的诚意,而是推卸责任,甚至指责他人,公众就会产生更加不满的情绪,这样不仅无助于问题的解决,还会造成危机的衍生和更大危机的出现。

2. 对公众来说,危机事件中的传播失误所造成的真空会很快形成强大的负面效应,使危机问题的解决越加困难。如果危机发生后企业无人出面面对媒体,企业的解决方案没能及时地通告给媒体和公众,人们就会用想象来填满所有的疑问,这种情况是不利于危机事件的处理和问题的解决的。

3. 对专家来说,在某些特殊的危机事件处理中,企业与公众的看法不一致又难以调解时,就有必要靠权威人士发表意见。企业要善于借助公正性和权威性的机构来帮助解决危机。在很多情况下,权威意见可以对企业危机事件的处理起到引导性乃至决定性的作用。因此,企业在处理危机时,一方面要做到谦虚自责,勇于承担责任,始终把公众的利益放在首位;另一方面也要做到坚持原则,保证对策的公正、信息的公开。只有这样才能使企业既能控制事态的发展,转危为安,又能说明事件所指问题的深层道理,给企业以把握事件的依据和解决问题的权威性指导。

(三)企业形象的恢复期

在企业形象恢复阶段,企业要做好善后处理工作,尽快恢复企业信誉与品牌形象,重新取得客户、利益相关者、政府机构以及各类社会公众的信任。对于重大责任事故,在其导致社会公众利益受损时,企业必须承担起责任,给予公众一定的精神补偿和物质补偿。在善后处理工作中,企业必须做到以诚相待,只要顾客或社会公众是由于使用了本企业产品而受到了伤害,企业就应该无条件地在第一时间向社会公众公开道歉,以示诚意。对于那些确实存在问题的产品,应该不惜代价迅速收回,做出修改或销毁处理,以表明企业解决危机的诚意和决心。

【案例10-13】“泰诺”胶囊事件[①]

1982年9月29日和30日，在美国芝加哥地区发生了有人因服用含氰化物的“泰诺”药片而中毒死亡的事故。开始有3人因服用该药片而中毒死亡，可随着消息的扩散，据称全美各地有250人因服用该药而得病或死亡，强生——麦格尼尔——泰诺，这一连串的名字一下子成了全美关注的焦点。

强生公司经过对800万片药剂的检验，发现所有这些受污染的药片只源于一批药，总共不超过75片。最终的死亡人数是7人，全在芝加哥地区。为向社会负责，强生公司还是将预警信息通过媒介发向全国，随后的调查表明，全美94%的消费者知道了有关情况。

强生公司在中毒事件发生后很短时间内就收回了芝加哥地区的数百瓶药品，花费500美元；随后又以零售价收回了全国的所有同类药品，并将所有收回的药品全部销毁，损失1亿美元。

强生公司用了三个月的时间研制出了抗污染包装的泰诺胶囊，并重新投放市场。伴随着强势公关活动，强生公司不仅在价值高达12亿美元的止痛片市场上收复了失地，还以该事件为契机，倡导无污染药品包装。事故发生后的5个月内，该公司夺回了原本失去市场的87%，同时塑造了企业对公众负责的新形象。

企业在危机事件得到解决后的形象恢复期可以通过多种类型的公关活动进行公关传播，如社会型公关活动、建设性公关活动、征询型公关活动、服务型公关活动等。选择何种活动类型，主要可以从两个方面考虑：一是客观条件的具备和时机的成熟，即社会环境是否适于开展某种类型的公关活动，同时又可以找到相应的机会；二是企业自身是否具备开展某种类型公关活动的能力，包括策划能力、把握机会的能力、投资能力、完整的实施能力、媒介控制与传播能力等。

第十三讲　丰田汽车应对危机事件的举措

① 与驾明：“泰诺在危机中再生”，《市场报》，2002年3月8日，第7版。

第十四讲 三家企业处理危机事件的对比分析

本章思考题

1. 如何理解企业危机及危机事件的特征?
2. 企业危机是怎样形成的? 其原因是否可控?
3. 危机事件爆发都有哪些表现形态?
4. 企业能否进行危机的防范? 怎样防范?
5. 企业应如何利用 7C 模型处理公关危机?
6. 试根据现有企业所发生的危机事件,拟定一份企业危机解决方案。

CONTEMPORARY PUBLIC RELATIONS

第十一章 公共关系工作与活动

学习要点

公共关系工作分为三个层面：一是初级层面的迎来送往、交际应酬工作，这项工作为全员公关；二是中级层面的信息传递、销售促进工作，这项工作由主管信息工作的人员（如营销人员、调研人员、服务人员、广告人员、IT人员等）负责；三是高级层面的公共关系思维创意、策划管理工作，这项工作由经理人员或相关专家负责。对这些工作的操作既需要操作者认真负责，又要注重规则、技巧。本章我们按照从日常工作到专项工作再到公关活动类型这一思路进行研究。

第一节　公共关系日常工作

公共关系日常工作是一项按部就班、循规蹈矩的工作，它需要组织的全体工作人员共同负责。因为组织的任何人员都可能和社会公众打交道，打交道的过程就可能对社会公众产生影响，积极的影响有利于组织的形象建设，消极的影响则不利于组织的形象建设。任何组织都希望通过全体员工的共同努力，使组织的形象达到理想的状态，它需要组织全体成员做好每一项工作。对组织来讲，它需要完备的组织制度的支撑，需要现代理念系统和行为系统的支持。对社会公众来讲，这是考核组织人员价值的机会，是社会公众认同组织与不认同组织的直接见证。

为了保证组织的日常工作能在规定的制度下进行，组织在建立健全制度、理念和行为规范之后，需要做好以下工作。

一、做好接待工作

接待工作是社会组织和企业日常的琐碎工作，然而，它在公共关系工作中居于重要地位。这是因为：第一，公共关系人员的接待工作是组织或企业的门面，犹如商品的商标与包装一样，门面好坏，是组织或企业对社会公众是否有吸引力的第一个环节；第二，公共关系人员在接待工作中的举止言行会给初访者留下较深的印象，从而影响到组织或企业的整体形象。因此，公共关系人员必须做好接待工作。

（一）电话接待

组织或企业在与外界交往的过程中，常常事先以电话方式进行联系。电话是当今世界上最重要的交往和交流工具之一。良好的电话接待会使人心情舒畅、精神振奋，给公众留下美好的印象，并产生一种愿意同电话接待者及其组织往来、深交的愿望。如果公众在与组织联系业务时，听到的是一个生硬的声音，则会感到不愉快，乃至产生反感的情绪，从而不愿意与电话接待者乃至其组织联系与交往。如果打电话的公众恰好是企业的一个大客户或重要公众，则企业失去的不仅仅是一个公众，而是企业的利益乃至企业的信誉。

在组织的公共关系工作中，打电话确实是一门艺术，组织应该很好地利用这一

通信工具,做好以下几方面的工作:

1. 电话用语应简洁、顺当。电话铃声响 1 ~2 次就应拿起话筒并自报家门:“您好,这里是××公司××部。”

2. 电话用语要礼貌、热情,使对方感到心情舒畅,给人留下很好的印象。

3. 电话交流时要认真理解对方所叙述的内容,并对对方的谈话给予必要的重复和附和,以示你对对方说话的内容给予积极的反应。

4. 组织外事接待部门(包括公共关系部门)应备电话记录本,重要的电话应做记录。记录的内容包括时间、地点、联系事宜及要解决的问题。

5. 售后服务部门接答客户的电话,更应做好详细的记录,内容包括时间、地点、事宜、联络方式、联络人员、约定时间、要解决的关键问题等,并一定要将这些内容转达给承接服务工作的相关人员,并约定时间给客户回复电话。

6. 对于有经常往来的公众,组织外事接待部门或公共关系部门的工作人员应备有经常往来公众的姓名及电话号码以及相应的历史资料数据库,以便在需要时查找。

7. 在电话中接到对方邀请和各种会议的通知时,应热情致谢。如果是私人邀请,一切应听便对方的吩咐,并礼节性地邀请对方。

8. 公共关系人员代表上司拦截电话,一定要礼貌、友善,通过“我能否告诉我们经理(或总经理),电话是谁打给他的吗”这种语气,以了解对方的姓名及打电话的理由。如果你认为电话应该转给上司,可让对方稍等;如果上司不在,最好用有色纸张做好记录并放在上司的桌上。

9. 电话内容谈毕,应该让对方自己结束电话,并以“再见”作为结束语,待对方放下电话之后,再轻轻地放下电话,以示对对方的尊重。

以上是公务电话的一般程序和礼节。这些程序和礼节,不但公共关系人员应该遵守,而且组织内部的一切工作人员都应该遵守,这样才能保证组织的整体形象更好。

(二)来访者接待

组织,尤其是企业在日常业务中,经常会有一些客人来访,他们或者是联系业务,或者是洽谈生意,或者是学习交流,或者是了解情况,或者是观光访问。无论这些来访者目的如何,他们都是组织或企业的客人,公共关系人员都应给予热情的接待。

【案例11－1】 公司招聘人才何以如此傲慢

某年夏季，借暑假之机，我深入到一些企业进行社会调查。其中有一个企业集团，我去之时，正赶上他们在面向社会招聘人才。大批的应试者为了到这个公司工作前来与负责招聘的工作人员面谈。应该说，这是公司与社会交往、树立形象的一个极好机会，公司本应该很好地利用这个机会去和社会上更多的有识之士建立更好的往来关系。然而，由于负责招聘工作的人员不懂得什么是公共关系，更不懂得如何提高企业的知名度与信誉度以及如何树立企业的形象，在招聘人才的接待过程中，对前来应试的人员不冷不热，甚至有时还有不耐烦的表现，摆出一副傲慢的面孔。在谈话中，应试者问十，工作人员只答一，应试者说得多，接待者谈得少。仅此一项，就足以使该公司的整体形象在应试者的心目中被破坏，应试者当初积极要求进入该公司的满腔热忱立即一扫而光，致使一些有知识、懂技术、会管理的人才从公司的门前流过，而不愿意再进入这家公司。

热情接待来访者，靠的是语言艺术，更靠的是真诚之心。待客要用语言，语言要有说服力和感染力。真正的说服力和感染力是以肺腑之言打动人心的谈话艺术。我们说，公共关系接待工作中的成绩卓著者都是出色地运用了真诚感人的谈话艺术的公共关系人员。组织的公共关系人员应该以真诚之意与来访者进行沟通，从而使来访者高兴而来，满意而归。

为了寻求理想的接待效果，公共关系人员对接待环境（如公共关系部或组织接待室）应适当装饰。一般社会组织的接待环境应满足如下要求：

1. 公共关系部（或接待室）应整齐、美观，客人一进来就感觉到这里的工作井井有条、充满生机。

2. 来访者为一个人或一个小团体时，为避免他人干扰，最好能分别接待不同的来访客人，并为等候的客人准备座位、茶水、画报、组织的各类宣传资料等。

3. 接待来访客人的地方应设有电话，以便在谈及有关问题需要询问其他部门时，可以立即电话联系。

4. 在接待来访客人的地方应备有复印资料或复印机，以便来访者索要有关资料时可立即复印，或主动提供有关资料，使来客满意。

5. 在接待来访客人的地方应备有一面镜子，可以提醒公共关系接待者随时整理自己的头发、服饰（镜子最好放在僻静的地方），以表现出优雅的仪表与风度。

6. 在接待来访客人的地方应备有档案资料柜，可以存放各种档案资料，如员工生日、籍贯、工资、家庭情况的档案等，公司股东、客户来信的档案等，还有介绍公司机构、历史、宗旨、服务项目等资料的宣传品等，以便随时向客人介绍情况和赠送之用。

7. 在接待来访客人的地方，窗台、屋角摆设一些花卉、盆景，可以使公共关系部(或接待室)显得生机勃勃、春意盎然。

8. 在接待来访客人的地方最好能配有影视设备或专门准备有影视设备的房间，以便随时播放公司的宣传片，或介绍公司简况之用。

(三)网络接待

在互联网时代，每个组织或企业都建有自己的网站。在网站上，有的企业以展示形象、沟通信息为主，有的企业以销售产品、提供服务为主。无论哪种类型，企业网站每天都会有大量社会公众的关注，或者咨询信息，或者购买产品，或者提出建议、意见，抑或发泄不满、投诉等。一个好的企业网站一定是一个对外联络的窗口、展示形象的平台、提供服务和解决问题的路径。为做好网络接待工作，企业网站每天都需要有值班人员坚守，对公众传递来的信息都及时回复，对公众提出的问题都立即回答，对公众提出的要求在大原则、大框架界定的情况下尽力满足，对超越框架的问题，也要尽力地解释清楚。网络接待的基本方法就是沟通，只要沟通及时、准确，接待效果就会显现。

二、编写宣传材料

组织为了加强与内外公众的沟通，经常要编写、印发各种宣传材料。其中，最主要的日常工作之一就是编印企业报刊、更新企业网站内容等。

(一)企业报刊的概念和特点

企业报刊是企业自己编辑、出版，以员工为主要读者对象的报纸、刊物。企业报刊应集思想性、知识性、信息性、专业性、趣味性于一报(刊)。

思想性，即坚持以科学的理论武装人，以正确的舆论引导人，以高尚的精神塑造人，以优秀的作品鼓舞人，促进企业的精神文明和物质文明建设。

知识性，即传播现代科学知识和企业经营管理的各种知识，以提高员工的文化素质。

信息性，即充分利用有限的版面，传递更多的信息。

专业性，即符合企业实际，具有行业（企业）的特色。

趣味性，即栏目丰富多样，寓教于乐，贴近生活，增加报刊的可读性，吸引员工阅读。

（二）企业自办报刊的功效

1. 企业报刊可以调整好员工关系，增强企业凝聚力，培养员工对企业的热爱，增强员工的自豪感。

2. 企业报刊可以使企业对外宣传工作日常化、制度化，加强与社会各界的沟通。

3. 企业报刊可以保障企业双向沟通的渠道畅通。

4. 企业报刊可以对员工进行全面教育，提高企业的整体素质。

（三）办好企业报刊的要求

办企业报刊，是一项专业性、技术性很强的工作。一份好的企业报刊要符合以下要求：

1. 明确的指导思想，合理的版面分工。以一张 8 开 4 版的报纸为例，一般来讲，第一版为要闻版，报道有关企业的重要新闻和重大事件；第二版为经营管理版，总结、传播企业的经营管理经验；第三版为信息知识版，发布各种市场信息、市场动态，普及专业技术知识；第四版为趣味性很强的副刊。

2. 成立新闻传播机构，组织专门力量。应成立企业报刊编辑部，有专门的记者或让员工兼任编辑、摄影记者、美编等，以保证能够定期（旬刊或双周出报）连续出版。

3. 明确读者对象，发动员工办报。企业报刊的主要读者是员工及员工家属以及与企业有关的外部公众。报刊刊登的文章、作品主要出自员工之手，要调动广大员工办报、投稿、读报的积极性。即便是企业外部的热心读者来稿，其内容也应与本企业有关，否则容易失去自己的特色。

4. 参加有关社团，提高办报水平。为了学习其他企业办报、办刊的经验，加强企业报刊之间的联系与业务交流，报刊编辑工作人员应该积极参加企业报刊联谊会、新闻工作者协会、记者协会、青年编辑协会等组织，扩大活动空间，开阔办报办刊的思路，学习兄弟单位的经验，以提高企业报刊的质量。

三、办好企业的网站

在当今信息社会,网络经济充斥着市场,也影响着人们的生活。巨大的上网人数给企业带来了无限商机。在欧美国家,90%以上的企业都建有自己的网站,通过网络寻找自己的客户或需要的产品已经成为许多人的习惯。当企业想购买什么,特别是首次购买时,会先在网上进行初步的查找和选择,再进一步与供应者取得联系。企业在网上销售自己的产品,会将产品销往世界各地。现在,包括IBM等在内的许多跨国公司都进行网上采购,网上销售。海尔甚至移企业的产品设计也移至网上,从而使企业网站成为全球设计、全球招标的平台。

(一)建设企业网站的意义

企业建设自己的网站,形成自主传播的平台,对企业发展的意义非同寻常,具体有以下几个方面:

1. 提升企业的知名度和影响力。企业网站是企业对外宣传的窗口,企业可以通过网站介绍企业状况,回顾企业历史,展示企业的产品特色、经营理念、经营方针及各项经营政策。同时,还可以将企业刊物的内容通过网站的形式进行传播,以达到扩大企业影响的目的。这样企业就可以在无边界的信息传播平台上介绍企业概况,展示企业形象,扩大企业的影响力,并由此带来市场的扩大和更多的发展机会。

2. 突破地域的限制。面向全球的传统的报纸、电视、杂志等都会受到地域的限制,影响范围最多在几个国家甚至是一国或一区之内。网站是无边界的传播平台,只要语言无障碍,就能够让社会公众充分了解。为此,中国企业的网站可用中文和西文两种类型的语言,西文选择何种语言,主要由企业的业务所能进入或所希望进入的目标市场而定,一般可选择英文、德文、法文、西班牙文、阿拉伯文等。其中,选择英文作为企业的第二种网站语言所占比例较大。网络能达到世界上任何一个角落,通过互联网进行的产品推广和企业传播是面向全世界的营销与公关活动。

3. 突破时区的限制。作为24小时不间断服务的网络平台,对任何与中国时区不同的国家和公众来说都是最好的通道。做过外贸的人都知道,与大洋彼岸约定通话时,不是太早就是太晚,因为存在时差。我们睡觉的时候正是客户工作的时间,这给沟通带来了不便和高成本。而建立一个好网站,就能为客户提供每周7天,每天24小时不间断的联系,无论什么时候,总能为客户提供他们需要的信息。

4. 低成本的宣传方式。建立有效的网站相当于设置一个永久性的产品展台，每天都可以向千百甚至上万个来到网站浏览的访问者提供详细的公司产品和业务资料；通过 E-mail 向潜在客户发送广告，速度快，量可以更大，最重要的是可以节省印刷、邮寄等费用。特别是在对国外开展业务时，通过网络进行宣传的成本比任何一种媒介都要低。

5. 时效性好，简化交易过程。信息类产品对时效性有特别的要求。在对国外开展业务时，可能客户的地理位置非常分散，但是看样本、交流直至最后将产品送达客户手中等商务活动，都需要最短的时间。结合信息产品本身的特点，通过网络，完全可以满足时间上的要求。

（二）企业网站的内容设定

企业网站的内容涵盖面可大可小，企业借助这样的平台，应使网站的内容尽量多一些，设定的标准为能保证各种公众对内容所需求。

1. 企业对外宣传的内容。在企业的互联网服务系统上，企业可以对外宣传企业的文化、企业的概况、产品和服务的品质以及新闻等方面的内容。发布在网页上的信息可以制作得较为详尽，包括产品的各种性能参数、使用说明等；利用图文声像并茂的网页形象宣传企业，以利于企业更科学地进行市场开拓。

2. 推广产品及品牌的内容。企业通过网站宣传企业，主要是宣传企业的产品，使其网页上的产品信息能更加方便地传达给全球的目标客户群。企业建立网站前，产品的销售渠道会受到很大的限制；建立网站后，企业能获得更大的客户群，可以为自己的产品走向世界打下坚实的基础，从而不断提升企业的品牌形象。

3. 网上电子商务的内容。在电子商务方式下，企业将信息传递给需求群体，获得更多的商业机会。同时，利用电子商务，可以与客户建立方便的联络方式并进行业务洽谈。通过互联网开展这些工作可以大幅度减少人员出差的时间和费用，降低通信、传真、邮寄等费用，并省去许多中间环节，提高产品直销率，降低经营成本。必要时，企业可以将自己的采购信息发布到网站平台上，形成全球招标、全球采购的模式；将自己产品和服务的信息发布到网站平台上，而向全球传递信息、销售产品。

4. 通过网络寻求合资、合作伙伴的内容。企业在寻求合资、合作伙伴时，可以利用自身的网上形象以及在相关知名 BBS 上发布信息，这样做既可使目标公众直接获取信息，同时也可主动在网络上寻找目标对象。利用网络寻求商贸合资、合作伙伴，可以有效地减少寻求目标对象的盲目性，做到针对性强，减少时间与精力的浪费和不必要的费用支出，有的放矢地传递信息。

5. 进行行业信息收集及日常电子邮件传输、促进信息交流的内容。网络在行业信息收集方面是任何媒体都无法比拟的。借助互联网的强大优势，可以在网上随时随地查找行业宏观信息、同行竞争对手的发展及产品信息，还可在企业的网站上建立起自己的专门栏目，收集用户的反馈信息，保证在较短时间内获得最新的情报。在与客户的交流中，可充分利用 E-mail 费用低（其通信费用只有传统通信方式的 1/5 ~ 1/20）、速度快、可一信多发等优点，而且距离越远相对费用就越低。更重要的是，可以很方便地对信件进行二次编辑，避免文件的重复输入，从而可以不用传真机，将电子邮件的优越性发挥得淋漓尽致。

6. 加强对目标对象的服务，提升服务品质的内容。企业可以通过网站，对目标客户提供在线产品信息查询、技术支持等服务，为客户提供一个便于查询的服务系统，并且可以把常见的客户反馈信息经过处理发布在网上，供更多的客户查阅，通过不断为客户进行网上的在线咨询、技术支持等，提升企业的服务品质。网上信息可供不同需求的用户 24 小时查询，而且通过电子邮件的形式摆脱传统业务活动过程中的诸多不便，从而加强对客户的全方位服务。

四、微信公众号的运营与维护

微信公众号是开发者或商家在微信公众平台上申请的应用账号，该账号与 QQ 账号互通，通过公众号，商家可以在微信平台上实现和特定群体的文字、图片、语音、视频的全方位沟通、互动，从而形成了一种主流的线上线下微信互动、传递信息的平台和方式。现在，越来越多的企业利用微信公众号传递企业信息、与公众互动、让公众体验企业的产品与服务，无形中拉近了企业与公众之间的距离，抑或让公众感觉到无距离。

第二节　公共关系专项活动

公共关系专项活动是预先寻求由头和机会，进行整体而全面的策划，并按照程序付诸实施,从而形成良好的社会效果的大型公关活动。为了实施公关计划并参与社会活动,公关人员要根据组织不同时期的实际需要,策划并实施各种专项活动。

一、举办记者招待会

记者招待会是社会组织或个人根据自身的某种需要,邀请有关新闻单位的记者、编辑、主持人,宣布某一消息,并接受参加者提问的一种特殊会议。

对企业、团体或个人来说,新闻发布会的重要意义有以下几点:①协调和加强同新闻媒介乃至广大公众之间的关系和联系,沟通情况,传递信息;②公布与解释本组织的重要决策和行动方针以及有关的规章制度,传达本组织负责人的施政意图、设想和规划;③澄清事实,纠正谬误,检讨失职,回答质询;④协助新闻单位及时了解本单位从事的各项工作与业务,为新闻单位的报道提供素材。

(一)会前准备工作

1. 确定举行会议的必要性。根据新闻发布会的特点,在开会之前必须对所发布的信息是否重要、是否具有进行广泛传播的新闻价值,以及新闻发布的紧迫性和最佳时机等,进行研究和分析,在确认之后,才可决定举行新闻发布会。企业中具有举行新闻发布会价值的事件一般有:紧急事件,如厂房起火或爆炸等严重事故;对社会产生重大影响的新技术、新产品的开发和投产;企业对社会所做的重大益事;企业开张或倒闭;企业合并或转产;企业重大庆祝日或纪念日的活动,等等。

2. 选择会议地点。在地点选择上主要考虑给记者创造方便采访的条件,如录像、拍摄的辅助灯光、视听辅助工具、幻灯及电影的播放设备等,此外还要考虑交通是否方便。会议地点环境要求安静不受干扰,同时,会场所用的桌椅要尽量适合记者记录之用。

3. 确定主持人和发言人。由于记者的职业习惯,许多记者会在会上提出一些尖锐、深刻,甚至刻薄的问题,从而对主持人和发言人提出了很高的要求。主持人和发言人必须信息灵通,思路敏捷,反应快,有较高的文化修养和专业水平,口齿要伶俐,否则难以胜任。会议发言人应是企业的高级领导,因为企业领导掌握企业的整体情况及方针、政策和计划,回答问题具有权威性。若企业领导不能胜任,需要在会前进行必要的训练,以保证在会上应付自如。

4. 准备发言和报道提纲。根据新闻发布会的主题,要组织熟悉情况的人成立专门的发言起草小组。全面收集有关资料、情报,写出准确、生动的发言稿供发言人参考。还可写出报道提纲,在会上发给记者作为采访报道的参考。这里特别注意会前应将会议主题、发言稿和报道提纲的内容在企业内部通报一下,以统一口径,防止会上口径不一,引起记者的猜疑和混乱。

5. 准备宣传辅助材料。宣传辅助材料要围绕主题准备,尽量做到全面、详细、具体。形式应多样,要有口头的、文字的、实物的,以及照片和模型等。这些材料要根据会议主题和内容的具体要求而定,在会议举行时现场摆放或分发,以增强发言人的讲话效果。

6. 做好记者参观的准备。会前或会后,可以配合会议主题组织记者进行参观,给记者创造实地采访、摄影、录像的机会,增加记者对会议主题的感性认识。这项活动应该在会前安排好,如参观的地点,参观的环节,参观过程中的接待人员安排,参观过程中的情况介绍等。

7. 确定时间。要选择好举行新闻发布会的时机,应尽量避开节假日和有重大社会活动的日子,以免记者不能到会。

8. 小型宴会的安排。如果认为有必要,且财力和时间许可,可以在发布会或参观活动后邀请记者参加午餐或晚宴。这是一个相互沟通的机会,可以利用这种场合融洽与新闻界的关系。同时还可以在这种轻松愉快的气氛中,使记者在会上没有得到解答的问题,在这里得到满意的回答。

9. 选择邀请记者的范围。邀请的记者覆盖面要广,各方新闻机构都应照顾到。不仅要有报纸杂志记者,还要有电台、电视台和网络的记者,不仅要有文字记者,还应有摄影摄像记者。特别注意对记者要做到一视同仁,不能厚此薄彼。发邀请信时,认识的记者可以发给本人,不认识的发到新闻机构。邀请信发出后,临近新闻发布会举行时还应电话联系,以落实记者的出席情况。

(二)会中注意事项

1. 会议主持人要充分发挥主持和组织作用,以庄重的言谈和感染力活跃会场的气氛,引导记者踊跃提出问题。会议出现紧张空气时,能够及时调节气氛以缓和矛盾。同时,要预定会议时间,在没有特殊原因的情况下,不要随便延长。

2. 对于不愿传播和透露的信息,应婉转地向记者解释,记者一般会尊重组织的意见。如果吞吞吐吐,反而更会使记者追根问底,造成尴尬局面,有些记者甚至会因此发表对企业不利的报道。

3. 不要随便打断记者的提问,也不要以各种动作、表情和语言对记者表示不满。即使记者的提问带有很强的偏见或挑衅,也不能激动发怒。这时应表现出应有的涵养,以平静的话语和确凿的证据给予纠正或解释。

4. 遇到回答不了的问题,不能简单地说"不清楚""不知道""我不能告诉你",而应采取灵活变通的办法给予回答,切忌由此引起记者的不满和反感。

5. 所发布的消息必须准确无误,若发现错误,应及时予以更正。

(三)会后反馈工作

1. 尽快整理出记录材料,对会议的组织、布置、主持和回答问题等方面的工作进行总结,从中认真吸取经验教训,并将总结材料归档备查。

2. 搜集到会各记者在报刊、电台和网站上的报道,并进行归类分析,检查是否达到了预定的目标,是否有由于失误而造成的谬误。对检查出的问题,要分析原因,设法弥补。

3. 对照会议签到,看与会记者是否都发了稿件,对已经发稿的记者,要电话致谢,并对记者所发稿件的内容及倾向做出分析,以此作为以后举行记者招待会邀请记者对象及范围的参考依据。

4. 搜集与会记者以及其他与会代表对会议的反应,检查在接待、安排、提供方便等方面的工作是否有欠妥之处,以便今后改进。

5. 若出现不利于本单位的报道,应及时做出反应。若是不正确或歪曲事实的报道,应立即采取行动,说明真相,向报道机构提出更正要求;若报道的内容虽然是事实,但不利于本单位,这种情况完全是单位内部错误造成的,对此应通过该报道机构表示虚心接受并致歉,以挽回声誉。

二、实施社会赞助活动

赞助是指企业或个人及其他社会组织对在社会上有重大影响的社会性活动给予的物力和财力上的支持,以保证社会性活动的顺畅开展。赞助活动对企业来讲是一种搭便车性的公共关系信息传播活动,一般具有公益性特征或大众娱乐特征,常会受到媒介的关注和追踪报道,因此,其传播效应要好于其他任何信息传播的形式。

（一）赞助形成的原因

赞助的形成源于感恩的心理和回报社会与环境的举措。一个人的成长过程不是简单的年龄叠加，而是一个从襁褓中走来的过程。从襁褓中一点一点地长大，这是一个多人呵护的结果，其中有父母的精心照料，有祖父母与外祖父母们的关怀，有老师对知识的传授，有社会的全面接纳。通过这样一个过程，一个人在经济上独立之后，他最想回报的是他的父母、回报家人、回报师长等；同时，当一个人走向社会时，他也仍然需要一个良好的环境，如机会的获取、领导的提拔、同事的和谐相处，等等。这时，他最应感激的是社会和环境，他的感恩之情就表现为回报社会。

企业也是这样，从弱小到强大，是自身努力和社会各界长期支持的结果。一个企业如果没有资金的投入，没有技术的支撑，没有社会资源的供应，没有消费者对产品与服务的接纳，企业一天也生存不了。因此企业发展起来了，有了相当的实力和能力之后，也应该有一种感恩之情，并将之转化为对社会的回报。这种回报以物力和财力的形态表现出来之后，就是赞助。

当然，赞助是自觉自愿的行为，包括赞助对象的选择、赞助方式的形成、赞助时机的确定、赞助额度多少的决策等，都是由企业自身决定的。我们说，尽管赞助是一种通过感恩转化为回报的行为，但主动权仍然掌握在赞助者自己的手中。所以这时的赞助，企业还要考虑其赞助的目的及赞助对象的选择。

（二）明确赞助目的

企业进行赞助是为了赢得政府、社区及相关公众的支持，创造企业生存和发展的良好环境，出资出力支持社会福利、社会公益和慈善事业等活动，并以此来证明企业的实力，表现企业积极承担社会责任的精神，同时这样做也会赢得社会公众的好感与信任。企业实施赞助的目的是：

1. 扩大知名度。企业举办或参与赞助活动并通过新闻媒介进行广泛传播，可以扩大企业的知名度。

2. 增强信任度。通过赞助的手段证明企业的经济实力，可以赢得社会公众的信任。

3. 提高美誉度。关心和支持社会公益事业，表明企业为社会做出了贡献，从而可以树立良好的企业形象。

(三)确定赞助对象

一般来说,企业赞助的对象主要有:

1. 体育事业。随着体育爱好者的日益增多,人们对体育运动会越来越广泛地关注。企业对体育事业的赞助不仅有助于体育事业的发展,而且可以最大限度地扩大企业的知名度。

2. 文化事业。赞助社会文化事业,不仅有助于文化事业的繁荣,而且会大大提高企业的美誉度。

3. 教育事业。百年大计,教育为本。企业赞助教育事业体现了企业对社会的责任,也为企业长期发展提前储备后续力量。

4. 社会福利和慈善事业。赞助社会福利和慈善事业是企业维系与政府和社区两大公众良好关系的手段,这是企业为社会分忧解难所尽的义务。

【案例 11-2】 邵逸夫先生的捐赠

自1985年以来,邵逸夫先生通过邵逸夫基金与教育部合作,连年向内地教育机构捐赠巨款建设教育教学设施,截至2012年,赠款金额达47.5亿港元,建设各类教育项目6 013个。历年捐助社会公益、慈善事务超过100亿港元。

邵逸夫先生的捐赠对象遍及全国各地的大、中、小学、职业技术学院、师范学校、特殊教育学校等遍布全国31个省、市、自治区。其项目包括图书馆、教学楼、科技楼、体育馆、艺术楼、学术交流中心等。其中,中国高等院校项目1 500余所。在慈善与社会公益方面,邵逸夫先生无疑树立了一座丰碑。2014年1月7日,邵逸夫先生以107岁高龄辞世。习总书记评价邵逸夫先生:“邵逸夫先生一生热爱国家,关心民祉,慷慨捐赠,惠至多方。其爱国之情、其为国之志,人们将铭记在心。”

(四)拟订赞助计划

企业可以主动选择赞助对象,也可以按赞助者的请求来确定,但不管赞助谁、赞助形式如何,赞助之前都应做好深入细致的调查研究,调查企业的公共关系状况、经济状况、赞助活动的影响、被赞助者的公共关系状态等,并在此基础上研究赞助项目的必要性、可行性、有效性。需要强调的是,调查研究应以经济和社会效益的同步增长为目标,量力而行,保证企业与社会共同受益。

在调查研究的基础上确定了赞助对象之后,就要制订具体翔实的赞助计划。赞助计划一般应包括:赞助的目标、对象、形式;赞助的财政预算;为达到最佳赞助效果而选择的赞助主题和传播方式;赞助活动的具体实施方案等。应做到有的放矢,同时也要考虑应变方案。

【案例 11－3】 联想集团制定的赞助 2008 年奥运会的计划思路①

赞助活动对象:2008 年,第 29 届奥运会。

赞助目标:通过 2008 年奥运会提升联想品牌的国际知名度与美誉度,形成联想品牌的巨大影响力。

赞助接收单位:第 29 届奥运会组委会。

赞助形式:提供联想电脑和资金资助。

公关目标:

1. 通过具有重大新闻价值的事件——“联想赞助奥运会”吸引媒体和公众的注意力。

2. 借助奥运会这一国际化的强势平台,把“联想具有国际化品质”、“联想是国际化品牌”的信息传递给国内外受众,使受众理解联想国际化品牌的内涵。

关键信息:

1. 事件层面:中国本土企业通过这一事件实现“零”的突破;联想跻身世界顶尖级品牌;中国本土工厂产品全面应用于世界最大规模的体育赛事。

2. 企业层面:联想选择奥运 TOP 赞助商是出于业务发展的需要,是品牌战略的延续和企业精神的契合。

3. 经济层面:联想成为奥运 TOP 赞助商是中国经济强盛的标志性事件之一。

目标受众:国内市场的普通消费者、经销商、代理商、投资者、国内外媒体、有关政府机构。

此外,该计划还就公关策略、项目实施中的政府关系、媒体沟通、活动传播等的宣传做了全面而详细地说明。

(五)测定赞助效果

每次赞助活动完成以后,应对照其计划,测定其实际效果,对完成活动的经验加以总结,对活动不理想之处应找出原因。赞助活动的效果应由自我测评和专家测评共同完成,尽可能做到符合客观实际。每次测评都要撰写测评报告,作资料存

① 根据“联想品牌国际化公关活动”提供的资料进行的改写,中国公关网,http://bbs.chinapr.com.cn.

档，为以后的赞助活动提供依据和参考。

三、举办展览会

展览是通过实物、文字、图表等形式来展现成果、风貌、特征的一种宣传形式，是综合运用多种传播手段的专项公关活动。

（一）把握特点

1. 展览会是一种复合性的传播方式。一个展览会通常会同时运用多种传播媒介，而各种媒介又都有自己独特的吸引力。讲解、交谈、宣传手册、介绍材料、照片、录像、幻灯片、广播等方式往往同时出现在展览会中，以不同方式吸引着观众。

2. 展览会是一种直观、形象和生动的传播方式。一般的展览会通常以展出实物为主，并进行现场的示范表演，这种传播方式，能使参观者对展品留下比较深刻的印象。

3. 展览会提供了与公众进行直接双向沟通的机会。由于参展人和展品都在场，而且乐于接受批评，这种坦率的态度容易赢得人们的信赖。展览会上一般都有专人回答参观者的问题，并就他们感兴趣的问题进行深入讨论。这样，参展人在让公众了解自己的同时，也在了解公众。这种直接的、双向的沟通针对性强，收效显著。

4. 展览会是一种高度集中和高效率的沟通方式。展览会可以节省参观者的时间，提高他们选购的效率，使采购人员不会错过与自己业务有关的展品，同时也给新企业、新产品提供了一个脱颖而出的好机会。

5. 展览会是一种综合性的大型公关专题活动，往往能成为新闻媒介追踪的对象，是新闻报道的好题材。参展人可利用展览会制造新闻，扩大影响，并利用这样的机会与新闻界搞好关系。

6. 展览会带有娱乐的性质，可以吸引公众前来参观，以增进对组织的理解。如不少展览会都放映电影、录像或幻灯片，安装有电动模型，还有身着各式服装（如少数民族或古装等）的讲解员、招待员等，使展览会生机勃勃。

展览会也有不足之处，由于需要做周密细致的准备工作，故不可能随时随地举行，不如人际交往那样直接方便。

（二）科学分类

展览会的类型大致可以归纳为以下几类：

1. 根据内容来划分,展览会可分为综合性展览和专题性展览。综合性展览介绍某一个地区或某一个方面的全部情况,通过它可以总揽全局。这种展览要求内容全面,具有整体性和概括性效果,既要突出重点,又要照顾一般,要给观众以完整的印象。如“中国改革开放以来的成就展”“西藏自治区藏族人民生活全貌展”等。专题性展览是围绕某一专业或一个专题举办的展览,它不要求全面系统,但必须主题鲜明、内容集中,要有一定的深度。如“中国糖烟酒博览会”“中国国际汽车博览会”“大连服装节”“青岛啤酒节”等。

2. 根据举办的地点划分,展览会可分为室内展览会和露天展览会。大多数展览会在室内举行,显得较为隆重,且不受天气影响,举办时间也比较长,但室内展览布置复杂,费时、费力、费钱。露天展览则布置简单,所花费用较少,但受天气影响太大,常在露天举办的展览有农副产品展览、花卉展等。

3. 从展出商品种类的多少来划分,可分为单一商品展览会和混合商品展览会。单一商品展览会也称为纵向展览会,其展出的商品品种比较单一,如“自行车展销会”“汽车展览会”等。这类展览会将同类产品集于一会进行比较,因此竞争激烈。混合商品展览会也叫横向展览会,展出的商品种类很多,广州商品交易会就属于这种类型。

4. 从展览的性质划分,可分为贸易展览会和宣传展览会。贸易展览会的目的是大做实物广告,促进商品的销售,如“春节农副产品展览会”等。而宣传展览会的目的是宣传某一观点、思想和信仰,如“交通安全展览”“中国近代史展览”等。

5. 从展览的规模看,有大型的综合展览会、小型展览会和袖珍展览会之分。大型的综合展览会一般由专门的单位举办,规模大、参展项目多、技术要求高。小型展览会一般由企业自己举办,展出自己的产品。微型的袖珍展览则是指橱窗展览和流动展览车等。

(三)精心组织

展览会是公共关系专题活动之一,利用公关工作加强展览的效果是非常重要的。展览活动中有大量的公关工作可做,绝不是仅仅写出一两篇新闻稿就完成了公共关系工作。从筹划展览开始,就必须渗透公关意识。

筹划展览的一般原则是:展览主题思想要明确,布局结构要合理,布置要美观大方、经济,解说要精练、流畅、动人,给人以深刻印象。

在举办展览会时一般应注意下列问题：

1. 确定展览会的主题和目的。每一次展览会都应有明确的主题和目的。它决定着展览会中将使用的沟通方式和接待形式。大部分公开举办的商业展览会都附有一种广告形式，在推销产品的同时更要注意组织的形象。

2. 确定参展单位和参展项目，并明确展览会的类型。举办大型展览会通常采用广告、网络邀约或发邀请信给可能的参展单位等形式来吸引参加展出的单位。广告、网络邀约和邀请报名的信件应写清楚展览的宗旨、展出项目的类型，估计参观者的类型和人数，提出展览会的要求及费用等。总之，要给潜在的参展单位提供决策所需的资料。

3. 明确参观者类型。展览会针对的公众是谁？范围有多大？这是展览会在策划阶段必须回答的问题。参观者的类型将影响到信息传播手段的复杂性和多样性。例如，对一般参观者应进行直观普及性的宣传；对有关学者、研究人员介绍资料要较为专业化和翔实深入。此外，展览会还可专门组织有关人士进行研讨、座谈、学术讲座等。

4. 选择展览的时间、地点。有些展览要顾及时间性、季节性。选择地点时要考虑到交通方便、环境适宜、辅助设施齐全等因素。

5. 培训展览会的工作人员。展览会的主编除规划构思整个展览的结构外，还应注意对编辑、设计、美术、制作等人员进行培训，对他们的工作提出具体的要求，以确保总体布局及各部分之间的合理安排与衔接。展览会工作人员素质的好坏，掌握展览技巧如何，对整个展览效果具有关键性的影响。因此，必须对展览会的工作人员和解说员、接待员、服务员等进行良好的公关训练，并就展览内容进行专业知识训练，以满足展览会的要求，使参观者得到满意的服务。

6. 准备展览会的辅助设备和相关服务。办一个国际性的展览会，应该设有处理对外贸易业务的部门，附有产品订购、文字、邮政、检验、海关、运输、旅游和预订饭店等服务部门。

7. 成立专门对外发布新闻的机构，负责和新闻界进行联系的一切事宜。要制订新闻发布的计划，如确定发布的内容、发布的时机和发布的形式等，新闻记者需要质量高、语言简洁的新闻稿和有吸引力的图片，公关人员应发掘展览会中有新闻价值的东西并写成稿件，以供给新闻媒介使用，扩大展览会的影响。

8. 设计展览会的徽志，准备好展览会的纪念品，并事先准备影像资料、各种小册子、展览会目录表等各种辅助宣传资料。

9. 布置展厅时,要考虑在入口处设立咨询台和签到处,贴出展览会平面图,要在出口处设置留言簿。

10. 确定展览会的费用预算。具体列出展览会的各种费用,进行核算,有计划地分配资金,做到心中有数。

11. 注意采用一些展览会的技巧,如邀请知名人士出席,为开幕式剪彩,为参观者签名留念等,把展览会办得有生气、有吸引力、有新闻价值。

(四)效果测定

测定展览会效果的方法很多,这里具体介绍的以下几种:

1. 举办有奖测验活动。测验内容应根据展览内容,有重点、有选择地确定,答题方式以填空、选择、判断为好,要注意题目的趣味性。当场发题,当场解答,当场发奖。参观者踊跃参试,不仅可以活跃展览的气氛,还可以起到教育、宣传、普及有关知识的作用,并为测定展览效果提供直接的统计数据。

2. 设置观众留言簿,主动征求意见。

3. 当场召开观众座谈会或茶话会,搜集观众的反馈信息。

4. 会后登门访问或发放调查信件(表格)(可寄送,也可以通过网络平台),了解观众的意见,了解展览的实际效果。

四、组织开幕(开业)典礼

企业举行一个气氛热烈、隆重大方的开幕(开业)典礼,将会为自身创造良好的社会形象,给公众留下深刻美好的记忆。这是企业向社会和公众进行的一次“形象亮相”,它体现了企业领导人的组织能力、社交水平以及企业的文化素质,往往会成为社会公众取舍和亲疏的重要标准。通过邀请知名人士和记者参加,还可以扩大知名度,产生影响力。公共关系人员应该重视并精心安排好这一活动。

开幕(开业)典礼的必备工作和注意事项:

第一,精心拟订出席典礼的宾客名单。邀请的宾客一般应包括政府有关部门负责人、社区负责人、知名人士、社团代表、同行业代表、新闻记者、员工代表以及公众代表等。对邀请出席典礼的宾客要提前将请柬通过 E - mail 或微信等形式送达。

第二，拟定典礼程序。典礼程序一般为宣布典礼开始、宣读重要来宾名单、致贺词、致答词、剪彩等。

第三，事先确定致贺词人名单，并为本单位负责人拟写答词。贺词和答词都应言简意赅，以能达到沟通感情、增进友谊的目的。

第四，确定剪彩人员。可请来宾中地位较高、有一定声望的知名人士共同剪彩。

第五，安排各项接待事宜。应事先确定签到、接待、剪彩、摄影、录音、扩音等有关服务人员，这些人员要在典礼前到达指定岗位。

第六，安排一些必要的余兴节目。为营造热烈欢快的喜庆气氛，在典礼进行过程中可以安排锣鼓、舞狮、舞龙等节目，还可以伴以一些民间歌舞。余兴节目的内容应就企业的特征和产业发展需要进行安排。

第七，典礼仪式结束后，可以组织来宾参观本企业的生产设施、服务设施，以及产品或商品陈列。这是让上级、同业和社会公众了解自己、宣传产品或商品的好机会。

第八，通过座谈和留言的形式广泛征求意见，并尽快将意见和建议综合整理出来，以达到总结经验、鼓舞士气的目的。

【案例 11-3】 合肥“商之都”开业策划方案

1996 年元旦前夕，一项“推动优质服务、倡导奉献精神”的公关策划活动在安徽合肥实施。北京的全国商业劳模赴“商之都”参加开业庆典活动。庆典活动以商业劳模为主线：劳模参加剪彩活动，劳模通过“商之都”柜台示范、现场传经、拜师学徒等多项活动在合肥市公众面前形成了空前的“聚集效应”；劳动模范以现场娴熟的操作技能为“商之都”“真诚待客、一流服务”的理念贯彻落实起到了“示范效应”媒体对“商之都”开业活动的全程报道使活动的本身更加具有“引领效应”，南京新街口百货商场演绎的“夜劫劳模”又给活动本身增加了更多的后续悬念，形成了很好的“后续效应”。这一系列活动一环扣一环，在社会公众心目中，既树立了“尊重劳动模范、学习劳动模范”的热潮，又保证了“商之都”品牌为公众所知、为公众接受的良好的公关效果。

开幕典礼的形式不宜太复杂，用时也不要太长，但要办得热烈隆重、丰富多彩，给人留下深刻而良好的印象并不是一件容易的事情。要使这项活动达到预期的效果，公共关系人员应做到准备充分、工作热情、头脑冷静、善于鼓动、指挥有序。如果在程序安排和具体接待中稍有不慎,不但会破坏典礼活动,还会影响企业的形象,其损失是难以估算的。

五、对外开放参观

企业为了让公众更好地了解自己,通常由公共关系部门负责组织一些对外开放参观活动。在这些开放参观活动中,企业员工的家属、新闻工作者、学校师生和其他对企业感兴趣的公众等可以到企业参观和考察。企业可以利用这些机会向公众进行宣传,表明自己的存在是有利于社会和公众的,以得到公众的理解和支持。企业组织的对外开放活动是一件繁杂的工作,但又是很好的公共关系活动机会,它可以使公众对企业产生兴趣和好感,增强企业的美誉度。

组织对外开放参观活动需要以下工作:

第一,确立主题。任何一次对外开放参观活动都应确定一个明确的主题,即想通过这次活动给参观者留下怎样的印象,取得什么样的效果,达到何种目的。企业的对外开放参观活动,最常见的主题是:强调企业的优良工作环境,展示企业的产品、服务与光辉的业绩,表明企业是社区理想的一员,企业只会给社区和周围公众造福等。

第二,安排时间。开放参观的时间最好安排在一些特殊的日子,如周年纪念日、企业开业、逢年过节等。在喜庆的日子里进行参观,可以增添公众的兴趣,获得更强的开放效果。有些企业把开放参观做成一项日常的公关活动,只要公众有要求,可随时来企业参观。这样的企业对开放参观活动有一整套完整的程序,更多的企业把这项工作看成是一项专项的公关活动。

作为专项的公关活动,企业要有足够的时间做准备。规模较大的开放参观活动需三到六个月的准备时间,如果还要准备大规模的展览、编印纪念册或其他特别节目,则需要更多的时间。

对于开放参观的时间,企业要合理安排,尽量避开假期。考虑到气候原因,较理想的开放日一般以晚春和早秋季节为宜。

第三,成立专门机构。如欲将开放参观活动办得尽善尽美,就需要成立一个专门的活动筹备委员会。委员会成员应包括:企业领导、公共关系人员、人力资源部门的人员等。如果主题是强调服务或产品,则还要有营销和技术部门的人员参与。

第四,准备宣传工作。要想使开放参观获得成功,最重要的是做好各种宣传工作,准备一份简单易懂的说明书发给参观者。正式参观前放映电影、录像或幻灯片进行介绍,可以帮助参观者了解企业的概况。之后由陪同参观者沿参观线路做进一步解说和回答问题。最好将参观者分成五六人一个小组,这样即使场地嘈杂,也能让参观者听清讲解。如果设置较明显的路标为参观者导向,那么可以安排专人在人们可能最感兴趣的地方做集中讲解。

要使参观活动产生持久的效果,不妨赠送参观者一份纪念性的小册子。这些小册子通过参观者之手转送给未能亲自参观的人,还能成为十分有用的传播媒介。

第五,划分参观线路。提前划分参观线路,防止参观者越过参观所限范围而出现不必要的麻烦和事故。有些企业往往顾虑开放参观活动会使秘密技术泄露,其实只要精心妥善安排,是不会出现这种情况的。

第六,做好接待服务工作。对参观者应热情周到地做好接待工作,安排合适的休息场所和必备的茶水、饮料。

【案例 11 - 4】开放的伊利

自 2013 年 4 月 6 日起,内蒙古伊利集团全面启动"伊利工厂开放之旅"活动,诚邀消费者走进伊利工厂,接受来自社会各界的审视和监督。此后,在伊利工厂,天天都是开放日,人人都是监督员。伊利工厂的开放时间与对象是全年、全国、全民。

全年——从时间上看,无论你何时申请参观伊利工厂,都会及时接收到反馈的信息,得到很好的安排。

全国——从地域上看,北至黑龙江肇东,南至广东佛山,西起宁夏吴忠,东到江苏苏州,开放的伊利工厂基本实现了全国性覆盖。

全民——全国各地的消费者只需上网搜索"参观伊利",或登录伊利官网按照页面提示,选择距离最近的伊利工厂,简单几步即可完成预约。伊利公司将在工厂所在城市或临近城市,提供免费专车接送,并全程配备专业的讲解员,一一解答消费者对伊利产品的各种提问。

在首日的"伊利工厂开放之旅"活动中,旅程的亲切和伊利生产工艺的严谨都给人留下了深刻印象。通过讲解员的专业讲解,你还会了解到伊利在产品的生产过程中引进了国际领先的设备,采用先进的机械化挤奶技术。在原奶运输环节全程采用 GPS 监控,确保牛奶安全到厂。整个生产环节采用真空灌装技术,确保全程无菌、密闭。

在伊利看来,品质不是自上而下的口号,而是每一位消费者的亲身感受和见证。“参观伊利工厂”不仅能让消费者感受到企业的亲切与厚爱,同时还能赢得消费者对企业的信任和尊重。2018 年,伊利实现营业总收入近 800 亿元,创亚洲乳企最好成绩。

在市场竞争不断加剧的情况下,越来越多的企业愿意打开企业之门,迎接八方宾客,以将企业品牌及品牌旗下的所有产品、基地、服务等展示给社会公众,以发挥其强大的品牌引力效应。这样就把开放参观打造成一种日常的公关活动,随时恭候参观者。

第三节　公共关系活动类型

社会组织在面临内部公众和外部公众的关系协调过程中,由于对象不同、环境不同、时间不同,以及所遇到的问题不同、矛盾程度不同,因而在开展公共关系工作时,应根据具体情况与要求选择不同类型的公共关系活动方式,以取得良好的活动效果。一般说来,公共关系活动类型有以下十种。

一、宣传型公共关系

宣传型公共关系是通过宣传的途径,建立良好的公共关系网络,以达到公共关系目的的公关活动。其活动的依赖路径是各种新闻媒介。新闻媒介是支配或控制社会舆论的一个重要途径,它的主导性和时效性强,传播面广,能比较有效地沟通与公众的关系,企业及各类社会组织均应很好地利用。

从目前的社会情况看,通过新闻媒介可选择两种传播方式:一种是公关广告;一种是新闻报道。一个企业可以把它的形象塑造作为广告的中心内容,着重宣传企业的管理经验、经济效益、社会效益和已经获得社会声誉的发展过程等;还可以采取新闻报道的形式,通过新闻、专题通讯、记者专访和经验介绍等来宣传自己。这种宣传权威性高,公正、客观,容易为公众接受,还不用花钱。但并不是每个企业都有这样的机会,且主动权不在企业。对组织或企业来说,可以巧借媒介来“制造新闻”。例如,长城饭店在 1985 年美国总统里根来华访问期间,把里根的答谢宴会到长城饭店,当时来参加采访的中外记者有 500 多位,长城饭店的信息随着里根总统的访华答谢宴会传遍了世界各地。1992年，国务院总理李鹏巧借老布什夫夫妇访华，赠送给他们两辆飞鸽牌自行车，使飞鸽品牌传遍五洲，并顺利地进入了国际市场。

宣传型的公共关系关键在于选准由头，制造新闻。这里的由头一定是媒体追逐的热点；这里的制造一定是符合新闻规律和具有新闻价值的制造。

二、交际型公共关系

交际型公共关系是指社会组织不借助于媒体，而是通过人际接触的手段，与公众进行协调沟通，为组织广结善缘而开展的公共关系工作。它的特点在于：①节奏快，且节省人力、物力；②灵活度高，即利用面对面交流的有利时机，可充分施展公关人员的交际才能，达到有效沟通和广结善缘的目的；③人情味浓，以“感情输出”的方式，加强与沟通对象之间的情感交流，可以使难题变得不难，达到理想的沟通效果。

应该说，公共关系不是人际关系，但是可以采取人际关系的方法和手段来解决公共关系的问题。在现实生活中，人们利用人际交往的方式，施展交际才能，可以取得良好的效果。在美国有一批职业游说人员和游说集团专门进行交际型公共关系活动。最典型的是美国前国务卿基辛格博士，他组织了一批在国际舞台上很有影响的各界人士成立了一个咨询机构，他们的工作主要是为世界各个国家政府及首脑间的交往疏通渠道，提供方便。由于基辛格与各国领导人和知名人士有着广泛的接触和私人情谊，由他出面代表一国现在的领导人与另一些国家领导人接触与联系，往往比这些领导人直接出面效果更好。一宗贸易、一个合作项目、一个合作途径，由他们出面推荐或接洽，成功的可能性就大得多。企业通过交际型的公共关系活动可以传播各种信息、协调各种关系、解决各种矛盾，创造更好的公共关系氛围。

交际型公共关系活动的开展一般通过制度进行约束，通过行为表现得以实施，通过语言沟通进行交流，通过全体员工的努力展示企业的风格。交际型公共关系适用的范围有：客户关系的建立与访问，谈判中僵局局面的打破，向合作者进行信息传递，向公众推广组织或企业的方针，向顾客提供各种服务，等等。

三、服务型公共关系

服务型公共关系是一种以提供优质服务为主要手段的公共关系活动方式。其目的是以实际行动为社会公众带来实际的利益，以获取社会公众的了解与好评，塑造组织的美好形象。

任何组织都可以以自己独特的方式为公众提供必要的服务。如海尔的服务是"真诚服务到永远""24 小时热线服务""上门设计、安装、维修及处理相关事宜"，伊莱克斯是"十年保修，终身维修"。

现代社会，随着经济的发展，市场竞争日益激烈，同类企业之间的竞争，更多地体现在服务上。哪个企业服务热情周到，哪个企业就能赢得更多的顺意公众，树立起企业的良好信誉。

从现代企业之间交易的成功率来说，建立在货真价实基础上的周到服务是至关重要的。海尔有一句理念口号，叫"向服务要市场"，由于海尔周到、细微、热情的服务，保证了其市场占有率的不断提高、市场的不断扩大以及企业形象的不断提升。

现在在我国工业企业中的售后服务、消费指导，商业企业的优质服务、送货上门，公用事业单位的完善服务、接受监督，宾馆开展的企业文化等各项工作，都是以服务型公共关系的形式出现的。

服务型公共关系活动可以表现为日常活动和专项活动两种类型。

日常的服务活动主要有：日常的接待服务，面向消费者的咨询服务，销售工作中的过程服务，销售后的售后服务（包括维修、保养、问题解决等）。日常服务工作要有制度约定，不限时、不限范围，其风格可以在品牌主张中展示出来。

专项活动主要是指企业通过公关策划面向社会公众所开展的，具有一定的社会影响力并受到媒体关注的服务性活动。如海尔的"星级服务万里行"所做的工作是，成立几个小分队，设计不同的服务方向与区域，确定服务对象与服务内容，并设定服务工作所延续的时间，然后各个小分队分别沿着事先所设计的服务区域和路线，开始本小分队的安营扎寨工作和服务运行工作，其中也解决了很多消费者在平时想解决而不知怎样解决的问题。专项服务工作要有活动主题、时间和范围的约定、服务内容和程序的规划等。

一个企业开展服务型公共关系活动至少要考虑三个问题：一是创造条件，具备服务设施;二是开动脑筋,确定服务方向和内容;三是力所能及,说到做到。

四、社会型公共关系

社会型公共关系是指社会组织举办或参与某些社会公益活动来扩大影响,取得公众的赞誉,以树立自身良好形象的公共关系活动。

社会型公共关系活动的基点是“企业成功之后对社会的回报”;原则是“有利于社会、有利于公众的事业”;形式是通过赞助资金或提供物资等方式支援有益于社会的事业;手段是“媒介与社会公众的关注与传播”;目的是“追求良好的社会效益,形成企业在社会公众中的光环效应”。

实践证明,经过精心策划的社会型公共关系活动往往可以在较长的时间内发挥作用,具有潜移默化地加深公众对组织美好印象的功能,取得比单纯的商业广告要好得多的社会效果。

社会型公共关系活动的方式主要有两种:一种是“搭车”,一种是“驾车”。

“搭车”是参与社会上有影响的现成的活动,前提是提供赞助。例如,赞助奥运会,支持体育事业;向希望工程捐款;支持残疾人事业;赞助文艺事业;支援灾区重建等。其中,赞助体育事业已经广为企业所认同,因为这项工作直接关系着企业产品的市场扩大和企业品牌形象的提升。在这样的活动中,组织或企业所负的职责是出资、出名,其他各项工作均由主办方负责。主办方会通过协议向出资赞助方承诺一个回报的方式,如冠名、指定销售某品牌的产品、现场广告及其他宣传等。

“驾车”是组织自己策划公关活动并付诸实施,即以企业名义开展的公关活动。例如,白云山制药厂组织的足球邀请赛;某些企业策划的艺术节、服装节、啤酒节等;企业组织员工进行爱国主义教育,如重走长征路、红色旅游、绿色旅游等。在这些活动中,组织自身既是活动的策划者、组织者,又是活动的主导者、运行者。媒介传播也是以本组织或本企业的名义为核心。

开展社会型公共关系活动,很重要的一条就是所举办或所参与的活动必须对社会有利,符合国家的政策法令,能引起社会的重视,特别是引起新闻媒介的重视。新闻媒介重视了,通过他们的传播扩大影响,就会取得更好的效果。有些组织与一些新闻媒介合作,不仅提高了组织机构的声望,也有助于扩展组织的公关网络。如中央电视台举办的“×××杯青年歌手大奖赛”、“×××杯舞蹈大赛”,以及赞助体育事业、捐助残疾人事业、救助失学儿童、支援灾区建设的赈灾义演等均是社会型公共关系活动的表现形式。

在社会型公共关系活动中,基本指导思想应该是“创造条件,抓住机遇,扩大影响,赢得信誉”。社会型公共关系活动的特点在于它的公益性和文化性,不拘泥于眼前的得失,而着眼于长远的效益和整体的形象。

五、征询型公共关系

征询型公共关系是指社会组织为自我生存与发展而收集社会舆情民意,掌握社会发展趋势,从而为组织机构的经营管理决策提供依据的公共关系活动方式。其具体的实施过程是:当组织进行一项工作后,就要了解社会公众对这项工作的反应。经过征询,将了解到的公众意见进行分类、整理,加以分析研究,然后提出改进工作的方案,直至满足公众的愿望为止。

征询型公共关系的前期工作要从两方面入手:一方面要站在公众的角度去设想对具体工作的要求;另一方面要做好市场预测与分析。

征询型公共关系的工作方式有:开办各种咨询业务,建立来信来访制度和组织接待机构,设立意见箱和热线电话,接受和处理投诉,等等。如我国省、市、县各级人民政府设立的“信访办公室”“领导办公室的专线电话”等都是为了及时收集群众的意见与建议,帮助群众解决切身问题,成为领导联系群众的纽带。群众的意见与建议又可以作为领导制定政策和措施的依据,这对激发群众参政议政的积极性有很大好处。许多工业企业内部开展提“合理化意见”活动,设立“厂长信箱”或“意见箱”,在外部设立“信息点”“接待站”等,以征询公众对企业的意见,帮助改进业务。现在很多企业在市场中建立信息点,设专人征求消费者的意见,在全国乃至世界形成信息网络,把公众的意见及时反馈给企业相关部门,供决策时参考。采取这种做法,能够直接获取社会公众的信息,可以使企业随时根据公众的意见不断改进产品,以更好地满足市场需求。

征询型公共关系所关注的关键点分为对过程的关注、对结果的关注,以及对过程与结果的双重关注。这三种形态也构成了征询型公众关系的基本类型。

对过程的关注是指通过征询工作的开展,企业关注的是过程本身,即过程的运行所形成的社会影响。如通过大众传播媒介或网络媒体开展的对公众意见的征询,这一过程本身就具有一定的影响力,并能表现出对公众的关心与重视,至于征询有没有结果或有什么样的结果并不重要。如北京市于2008年奥运会之前推出了一批新型的公交运营车，对已经设计出的8款车型，通过征求市民的意见并进行投票，确定市民最喜欢的车型。这项工作旨在公众的参与过程，让公众有一种参与感、自豪感，至于投票的结果，并不重要，只要有结果就行。

对结果的关注是指通过征询工作期望获得一个满意的结果，如吉利汽车通过广告形式向社会征集企业品牌的标志，吉利汽车的要求是特别有特色并符合企业风格的标志这一结果，至于过程会造成什么样的影响，可能并不在考虑之中，在最终的结果中，决策层确定了一个最佳图案为企业的标志。有很多征询型工作，企业都希望能有一个确切而理想的结果。

对过程与结果的双重关注是指企业希望通过征询工作既保证过程对企业和品牌形成良好的影响，又希望得到一个确切而理想的结果。北京电视台在2018年春节联欢晚会上启动了“歌唱北京”原创歌曲征集活动，持续时间长达半年，并通过北京各新闻媒体不间断传播，其影响扩及世界各地华人，其期望之高一定要达到“歌唱北京”歌曲系列的更高境界。这一活动过程和结果都非常重要。

六、建设型公共关系

建设型公共关系是指社会组织为开创新的局面而在公共关系方面所做的努力。对一个企业来说，通过这种努力，使社会公众对自身的产品和工作产生新的兴趣，形成一种新的感受，从而为该企业的发展创造更好的条件和环境。

建设型公共关系分为基础性建设和形象性建设两种。基础性建设主要是指为形象性建设奠定基础的各项工作，包括企业的文化建设、规章制度建设、运行机制建设、员工培训等。其中以企业文化建设最为重要，因为它直接影响到企业的理念系统和形象传播。形象性建设是指直接形成或影响到企业形象的各项工作，包括企业的日常接待工作、对外传播工作、CIS导入及再导入工作、各项赞助与参与的活动、自身所组织的公共关系活动等。需要指出的是，只要是对外形成影响的各项工作，都属于形象建设型公共关系工作的范畴。

建设型公共关系工作不是一时一事的任务，而是一个组织常抓不懈的使命，因为建设本身就是一个完善自身行为的过程。一个人一辈子要活到老、学到老，一个企业要一辈子运行到“老”，建设到“老”。这里的“老”是不分企业发展到哪一个水准和层级，企业都要不断地自我建设、自我完善，这是企业生命价值所在。因此，企业不仅要在开业前奠定好开展建设型公共关系活动的基础,更要在开业后注意本身的不断建设、不断完善,以保证在公众心目中的形象、地位。同时,建设型公共关系也是显示企业生命力的重要工作,开展新颖的公关活动,树立独特的公关形象,被社会公众广泛的赞誉,是建设型公共关系的追求。

七、维系型公共关系

维系型公共关系是指社会组织在稳定发展之际用来巩固良好形象的公共关系模式。具体做法是通过各种渠道、采用各种方式持续不断地向社会公众传递组织的各种信息,使公众在不断接受组织的服务和友好情谊中增强对组织的好感,把组织的美好形象深藏心中,做组织的顺意公众。

维系型公共关系的主要功能就是设法在不知不觉中营造一种融洽的气氛,以维护组织的良好形象。具体活动方式有两种,即"硬维系"和"软维系"。

"硬维系"是指活动形式所表现的"维系目的"很明确,公众一目了然。例如,广州中国大酒店在重大节日之时,坚持给住过大酒店的顾客公众赠送贺卡和礼品,以联络感情。他们的元旦贺卡后面是全宾馆职工的集体"中"字照片,用以强化公众对宾馆的印象。硬维系的方法在表现形态上和营销运行中的营业推广工作有相似之处,即希望通过活动的开展吸引公众接纳本企业的产品和服务,在短期内发挥扩大市场的功效。但本质上二者是不完全一样的。公共关系活动中的硬维系形成的是吸引力,是一种自觉自愿的行为,只有良好的感觉,没有不良的后果;而市场营销中的营业推广工作尽管也在不断地吸引消费者或用户公众的参与,但最后公众都有一种无奈的感觉,有些人在接纳或参与活动的过程中形成了压力乃至产生了后悔的情绪。硬维系是一种战略行为,利在持续与长远,而营销推广是一种战术行为,利在不能持续。

"软维系"是指活动本身没有任何商业色彩,像是一种公益性活动,表现为一种纯粹的付出,组织并不从中提出任何要求。实际上这是一种"醉翁之意不在酒"的活动,追求的是迂回效应,而且这种效应具有长期性、不可估量性。例如,北京长城饭店在1986年的圣诞节之际把外国驻华使馆官员的小孩请去装饰圣诞树,除招待他们一天的吃喝玩乐外,临走时还赠送每人一份小礼品。这个活动表面上看是组织孩子们参加一次符合西方习俗的活动,但其真正的用意在于:通过这批孩子来维系长城饭店与各使馆人员的联系。孩子们在那里玩了一天,回去会把自身的感受告诉给他们的父母，客观上充当了长城饭店的义务宣传员，维系了长城饭店在使馆人员心目中的良好形象。这种维系的效果比任何广告传播的效果都要具体、直接，比任何上门推广的效果都要让人感觉温馨、惬意，比任何其他类型的活动都要更透明、更令人关注，它具有延伸性和回味性。

八、进攻型公共关系

进攻型公共关系是指社会组织采取主动出击的方式来树立和维护良好形象的公共关系活动。当社会组织特别是企业的预定目标与所处环境发生冲突时，更要及时抓住时机，调整决策和行为，积极主动地改变环境，逐渐减少直至消除造成冲突的因素，以保证预定目标的实现。在当前市场竞争十分激烈的时候，一个企业更需要运用进攻型公共关系来取悦公众。

【案例 11－5】 日本电视机抢先进入中国市场

1978 年，日本厂商和欧洲厂商为了把他们生产的电视机打入中国市场，竞争十分激烈，最后，日本厂商获得了成功。其主要原因是日本厂商善于掌握中国市场的特点，了解中国人的需求，巧用新闻媒介，采取进攻性的公共关系策略和手段，抢先把“日立牌”电视机打入中国市场，与中国消费者尽早见面，从而占据了中国市场。而欧洲厂商虽然行动较早，但对中国情况不了解，措施失当，缺乏进攻型公共关系的策略和手段，从而失去了优势。

进攻型公共关系有时对避免不良事件的发生可以起到预防的作用。如每年“3·15”，大众传播媒介都要关注一些企业和品牌的不良行为、不良产品与服务等，并从负面的角度给予曝光。如果企业能采取主动进攻型战术，经过严格的自查，找毛病、定措施，修正自身的行为，改善各项工作，然后聘请相关专家或权力部门进行检查、挑刺儿，做到万无一失，就能做到心中有数。即使媒介对企业给予关注，也不会找出毛病，反而会从正面对企业的各项工作和行为给予肯定。这说明积极主动的工作比消极等待的行为更能产生良好的公关效果。

采用进攻型公共关系的手段要注意以下几点：

第一，要避免环境的消极影响。如避免参加过多纵向关系活动和不必要的社会活动，避免过多地承担社会义务，以免受过多的规章制度和社会关系的牵制。这里不是要求企业不参加，而是要求企业适度地约束自身的行为。

第二，不断开创新局面。如建立分公司，研制新产品，开辟新市场，创造新环境。开创新局面可以使企业不断面临着挑战，提升自身的能力，完善各项工作，从而可以不断迎接新的挑战。

第三，要协调各种社会关系，团结更多的支持者和协作者，避免任何矛盾的产生给企业带来不利影响。即便是面对竞争者，也不要采取不正当的竞争手段去制造事端，而要减少与竞争者之间的矛盾和冲突。

九、防御型公共关系

防御型公共关系是指社会组织为防止自身公共关系失调而采取的一系列公共关系活动方式。例如，为防止产品问题的出现而要严格管理生产过程，并健全质检制度；为防止日常接待出现问题，在建立严格的接待规则的基础上做好系统的培训工作；为防止服务工作出现问题，在建立了系统的服务体系之后，要做好演练工作；等等。防御型公共关系活动的特点有：

第一，洞察一切，见微知著。当组织机构与客观环境出现某些失调的征兆时，能及时发现，迅速决定对策，以阻止事态的发展。

第二，居安思危，防患于未然。当组织处于稳定发展的状态时，及早制定防范措施，达到未雨绸缪的目的。

第三，积极防御，加强疏导。利用不利的时机，创造有利的局面。当然，这需要通过公关策划，以借不利的时机开展有利的活动，进而促进转机的出现。

防御型公共关系是适用于企业发展过程的战略决策，为具有战略眼光的领导者所重视和采用。

十、矫正型公共关系

矫正型公共关系是指社会组织在遇到问题与危机，组织形象受到损害时，为了挽回影响、扭转形象而开展的公共关系活动。

组织遇到的形象危机一般有两种情况：一种是公众的误解、谣言或人为破坏；另一种是由于本身存在问题造成的，如产品质量欠佳、服务态度不好、污染环境等，或者是管理政策、经营方针有问题。这时候公关工作人员要能及时发现问题，采取紧急措施来平息风波，以保证顾客公众的利益不受损害。

一般来讲，媒介是组织危机爆发的途径，同时也是危机控制的关键。因此，在开展矫正型公共关系活动时，应更多地运用媒介传播的手段。

【案例11－6】“正广和”如何转危为安

十几年前，在上海报纸上刊出一条新闻：“正广和”汽水瓶中竟有一只死老鼠。这突如其来的传闻使“正广和”陷入了危机。

面对这一情况，上海汽水厂并没有出面解释，而只是请记者们进一步报道“老鼠钻进汽水里”的新闻事件。第二天，记者们参观了汽水生产线上所有工艺路线，厂方向记者介绍产品所采用的美国杜邦公司第四代反渗透水处理的高技术，还参观了洗瓶流水线和灌装线。事实完全令记者们信服，老鼠不可能在生产过程中钻入瓶子。第三天，报纸以醒目位置报道了记者们在上海汽水厂的所见所闻。

通过这一新闻事件，“正广和”不仅消除了消费者的疑虑，还令人信服地宣传了企业的先进工艺、产品的优良品质，进一步扩大了企业的良好影响。

矫正型公共关系活动就是危机公关和危机管理。这项工作我们已在第十章中做了介绍，此不赘述。

上面介绍的十种公共关系活动类型，在运用时要根据对象、环境、时机和需要选择最佳的方式乃至最佳的组合方式，以获得良好的公关效果。

本章思考题

1. 如何理解日常公关活动的重要性？
2. 记者招待会的准备工作及其具体运作如何进行？
3. 企业应如何参加展览展销活动？需要在哪些方面做准备？
4. 如何理解企业的赞助活动？怎样开展赞助工作？
5. 公共关系活动都有哪些类型？它们各自的内涵与运行要求是什么？

第十二章 公共关系新闻传播

学习要点

随着新闻事业的发展，现代新闻具有“无微不包，无孔不入，无业不需”的作用与影响，从而成为现代社会组织开展公共关系活动的重要手段。

第一节　新闻传播的特征

新闻传播是指新闻工作者将每天发生的有价值的新闻,通过传播媒介告知社会公众的一种传播形式;组织公共关系新闻传播是指,组织公共关系工作者将组织发生的有价值的新闻写成新闻稿,通过传播媒介予以发表的一项工作。现代新闻传播包括通过传统大众媒体的传播和通过网络大众媒体的传播。两种新闻传播均具有其自身的特征。

一、传统新闻传播的特征

传统新闻传播是指通过传统大众媒体所作的新闻传播,包括通过报纸、杂志、广播、电视等媒体所作的新闻传播。

(一)新闻传播的客观性

在组织公共关系工作中,新闻传播,无论是通过记者采访还是公共关系部门自己组织人力采写新闻报道,都是站在第三者的角度,对组织新近发生的有价值的事件进行客观地宣传。这种宣传同广告宣传截然不同。广告宣传是以自我的面目出现,对企业生产的产品或提供的服务给予赞誉。因此,它带有主观的色彩,使人们听之、读之、视之总不免要判断一下它的可信度究竟有多大。而新闻传播由于它的特殊地位与作用,对传播的内容进行客观的报道,因此,给人一种真实、可信的感觉。尤其是在无网络传播的时代,新闻传播对社会公众的影响更具有权威性和导向性。在网络经济时代,公众对媒介传播的参与途径越来越多了,媒介对企业及品牌的报道数量也越来越少了。一个企业如果能争取到新闻传播的机会,一定是在行业中特别突出、特别优秀同时属于对社会及环境贡献更大的品牌。

【案例 12-1】 "北京"牌电视随新闻传播而名声大振

天津电视机厂原来生产的"北京"牌黑白电视机质量很好,但一开始销路并不好。1981 年夏天,辽宁省岫岩县一个村庄遭受水灾,房屋倒塌。大水过后,人们从废墟中扒出电视机,其中一人出于好奇,将自己家从废墟中扒出的"北京"牌电视机接上电源,吃惊地发现电视图像依然清晰,音质完好如初。消息传开,人们纷纷将自己家的电视机接上电源，然而只有8台电视机产生了同样的效果，其他电视机都破损报废。原来这8台电视机都是天津产的“北京”牌电视。

《人民日报》以整版篇幅介绍了“北京”牌电视机的发展史，并对此做了详细报道。从此，“北京”牌电视机声名大振。

假如这件事是以广告的形式出现，人们可能会认为是虚夸，难以相信。而正是由于新闻传播的客观性，才使得社会公众给予被宣传的企业及其产品以青睐。此后，“北京”牌电视一度走俏全国，赢得了公众的信任。

（二）新闻传播的免费性

通过新闻媒介客观地报道一个组织的重大活动或新闻事件，对特定的组织来说是一种免费的“公共关系广告宣传”。过去，曾经有人给公共关系下过这样一个定义，即“公共关系就是免费的广告”。尽管这一定义并不一定正确与完善，然而，它却告诉人们，通过新闻传播来扩大组织的知名度与信誉度，这对组织来说是最经济、最划算、效果最好的公共关系活动方式。但不是任何组织都可以享受到这种最优厚的“待遇”的。只有那些脚踏实地、认真对待产品质量，不断提高服务水准，注重自身信誉和形象的组织或企业才能获得这种“机会”与“特权”。

【案例12-2】 中国南车集团走引进技术与自主创新相结合之路①

中国南车②集团坚持走引进技术与自主创新相结合的科技发展道路，加快我国铁路装备技术与世界先进水平接轨，强化企业核心竞争力。

南车2004年引进时速200公里动车组，到2007年就开发出了时速300公里的动车组，用于2008年北京到天津的奥运项目，到2009年或者2010年初，时速300公里以上动车组也已下线，而且是为京沪高速铁路专门设计的。

引进只是第一步，只有通过消化、吸收、再创新，才能实现由靠人输血向自己造血的转变，才不会让出了市场却换不来技术，南车集团举集团之力进行布阵，南车四方股份负责动车组总程，重点攻克系统集成技术、转向架技术和车体技术，南车株洲所和南车电气公司负责牵引变传动及网络控制系统，南车浦镇公司负责制动系统技术等，形成了一个环环相扣的产业链条，再结合我国独特的国情、路情并加以创新改造，形成了一系列具有国际先进水平的中国标准。

---

① 根据中广网2008年6月19日《新闻与报纸摘要》节目资料选编。

② 中国南车与中国北车于2014年12月30日宣告合并，合并后名字为“中国中车股份有限公司”。

中国南车集团的技术引进不是简单的“拿来主义”，而是通过技术引进进行以我为主的开放式创新，把拥有核心技术作为立身之本，在构建企业核心竞争力的过程中，他们始终注意把握三个关系，一是合资合作，不能丧失自己的品牌和市场，二是技术引进，必须进行配套投入，三是技术引进后，必须建立基础研发平台、制造平台和产学研联合开发平台，使得自主创新在再创新、集成创新和原始创新三条战线上同时展开，企业以创新促创业，由做大到做强，在国际分工中赢得了更多的话语权。事实证明，这是中国制造业发挥后发优势、振兴民族工业的正确选择。

（三）新闻传播的可信性

新闻报道尽管不需要被宣传的组织支付任何费用，但新闻是有价值的。新闻价值是指新闻所提供的、能够满足社会和公众特定需要的信息素质（质和量）的总和。新闻价值的首要因素是真实性。新闻的真实性要求新闻工作者和公共关系工作人员要“根据事实来描写事件”，做到正确、全面、真实、客观。这也可以说是新闻价值的物质基础。正是由于新闻价值的存在，新闻传播才能够赢得社会各界公众的信任。当然，我们并不否认，在现实的经济生活中，有些组织通过不正当的手段进行违反事实真相的报道，从而使新闻失去真实性和可信性的现象仍然存在，但这是完全违背新闻价值要求的，也是违背公共关系规律要求的。在《反不正当竞争法》颁布并实施以后，这也是一种违法的行为。事实上，违反真实性的新闻传播只要出现，迟早都会被社会公众发现。因为，新闻价值的要求和公共关系规律的约束是不允许这种现象存在的，社会公众和新闻舆论也会监督和指责这种现象的发生。保证新闻传播的廉洁性与真实性是提高新闻传播可信度的前提条件。

需要说明的是，在企业公共关系活动中做新闻传播要适度，不做不行，过度了也会引起不良后果，尤其不要做虚假传播。虚假传播害人害己，最后葬送的是企业的生命。

【案例 12－3】 巨人脑黄金所走过的道路①

巨人集团曾推出“巨人脑黄金”保健品，其品牌诉求是“让一亿人先聪明起来”，并在媒体上大肆炒作。同时，请中医和西医界知名人士撰文采写巨人脑黄金对人脑的影响、在临床应用中的好处，并吹嘘拥有多少间生物实验室、多少位研发

① 李晓婷：“炒出‘香辣’公关新闻”，http://www.woxie.com，2005 年 3 月 24 日。

博士。但是报纸屡屡接到投诉,说其言过其实误导消费者,后来《南方周末》披露了真相:巨人脑黄金生产车间和仓库设在一个连招牌都没有的地下室,更不用说拥有运用现代生物技术的开发部门。脑黄金因把气球吹得过大,最后"赢得"了全体中国人的"不信任"。

二、网络新闻传播的特征

当今世界,随着互联网的建设和普及,人类实现了由大众传播时代向网络传播时代的飞跃。网络传播的出现使传播媒介不再那么无法参与和神秘莫测了。现在,互联网已经在个人生活和社会生活的许多方面做出了积极的贡献,人们利用计算机共享信息资源。国际互联网被称为继报纸、广播、电视等传统大众媒体之后的另一新兴的"第四媒体",这一概念在 1998 年 5 月联合国新闻委员会召开的年会上被正式使用。国际互联网的诞生本身就预示着人类传播史进入了一个新的转折点。

网络新闻传播作为一种全新的现代化传播方式,具有不同于传统媒体传播的特征。

(一)信息量丰富,传播面更广

网络传播的基础是计算机技术、互联网技术和通信技术的发展与突破。特别是宽带技术在无线领域的运用,使互联网信息可以通畅地达到地球的每一个角落,使信息传播具有全球性和无国界性等特点,拓宽了传播的广度,增加了传播的深度。

(二)信息传播快捷,时效性更强

网络传播没有报纸需要印刷、发行等因素的限制,也不像电视媒体那样需要制作和剪接。网络传播技术的先进性使传播的周期大幅度地缩短,可以进行即时性的报道与传播,而单位时间内传递的信息量可以极大地增加。

(三)双向互动,信息流动更自由

网络传播融合了大众传播(单向)和人际传播(双向)的信息传播特征,以多人对个人、个人对个人和个人对多人的双向互动式的传播方式,为受众主动获得个性化信息提供了条件。信息制作自由、流动自由,浏览信息更自由。

(四)多媒体,容量大

网络传播可以采取多样化的形式,如可听、可视、可浏览、可保存等,因此,它是集广播、电视、报纸等媒体于一身的多媒体形态。

报纸受版面的限制,广播电视受时段的限制,要求的是精编,而以数字化为主要特征的网络只要有足够的服务器,便有足够多的空间,可粗可精,弹性更大。但在生活节奏快、信息呈多元化的今天,广大受众要求媒体对信息过滤后精编的呼声越来越高。因此,企业借助网络媒体的传播依然要求精、求实,以保证网络传播的效果。

(五)可检索,可保存

通过网络传播的信息,对任何公众来说都是公开的,可检索,可保存。它远比报纸的可保存性更强,更容易备查。在传统的大众传播媒介中,报纸被认为是最容易保存的媒介,但保存下来的信息,检索与备查需要花大量的时间。通过网络的保存功能,只要输入关键词,几秒钟就可以检索出来,大大节省了储存信息的空间和人们检索、查阅的时间。

以上我们是从积极的角度对网络传播进行的评价。当然,网络媒体也有它的弊端,有些信息制作者与传播者采取对网络传播不负责任的态度而制作一些虚假信息,这使网络信息的可靠性受到了质疑。

随着网络技术的普及与发展,网络世界的奇特功效已被越来越多的人所了解和接受,也被越来越多的组织或企业所利用。作为企业的公共关系传播活动,借助网络媒体进行信息传播是一种必然选择,同时,每一次活动的效果还可通过浏览人数的多少得以验证。

【案例 12-4】 联想新标志网上发布①

2003 年 4 月 28 日,联想集团在北京正式对外宣布启用集团新标志"lenovo 联想",以"lenovo"代替原有的英文标识"Legend",并已在全球范围内注册。

新品牌中蕴含着"创新的联想"内涵。此次的发布方式联想公司也进行了一次创新,采取了在 IT 业内非常新颖的现场发布与网上路演两部分相结合的发布方式,首先在联想新大厦草坪前进行新标志的揭幕仪式,然后又在演播大厅,借助互联网,以音频和视频的方式向全世界相关媒体与受众发布了新的标志。在短短的一个小时内,全球各地的记者通过互联网进行在线提问,联想的相关领导以音频、

① http://finance.sina.com.cn,2003 年 4 月 29 日,新浪财经。

视频和文字三位一体的方式，实时回答记者的提问。会议取得了令人满意的效果。

第二节 新闻活动的开展

组织开展公共关系活动，并使其具有新闻价值，主要包括新闻发现、新闻制造和新闻准备三项工作。

一、新闻发现

在组织公共关系工作中，有些公共关系新闻写作人员有时会觉得无事可做，不知从何入手从事公共关系新闻写作和新闻传播。实际上，这是公共关系新闻写作人员新闻发现嗅觉迟钝的表现。同样的组织环境，同样的客观条件，有的人能发现问题，有的人则发现不了问题。这里关键在于如何寻求公共关系的新闻价值，如何确定新闻写作的内容。

（一）新闻价值

新闻是对事实的报道，但不是任何事实都能成为新闻报道的对象。在公共关系活动中，只有那些脚踏实地做好组织基础工作、对社会贡献大、赢得公众信赖的组织才是值得报道的；只有那些有利于社会公益事业的发展，有利于社会整体效益实现的事件才是值得报道的；只有那些符合社会时尚，并在社会公众中产生共鸣，引起社会强大震撼的活动才是值得报道的。

衡量一个公共关系事实值不值得报道，这是新闻价值的问题。从新闻学的角度来分析，新闻价值是构成新闻的事实和材料本身所具有的能够满足社会对新闻需要的素质。从公共关系学的角度来分析，新闻价值是指构成公共关系新闻的事实和材料本身所具有的能够满足社会公众对公共关系新闻需要的素质。这里的事实与材料，在组织中包括日常公共关系活动和专项公共关系活动。

一般来说，日常公共关系活动的新闻价值是难以形成的，只有那些日常公共关系活动极为突出并能够显现与环境的极高吻合性（即紧跟时代脉搏走在同类组织最前列）的组织才有对其予以报道的必要性。作为组织的公共关系人员，要善于发现新闻由头，即要有充分的理由和事实根据对某一类日常公共关系活动给予报道。

专项公共关系活动的新闻价值是比较容易形成的,因为专项公共关系活动是在已经具备了新闻由头的基础上开展的活动。这种活动不但值得组织公共关系人员给予高度重视并予以报道,有时也能吸引更多新闻记者的关注。

满足社会公众对公共关系新闻的需要是使社会公众能够接受公共关系新闻的重要条件。如某家地处居民区的化工企业生产化工产品,化工产品的生产可能会影响周围地区的空气质量,使周围居民对企业产生不满。这时,如果企业公共关系部门花费较多的人力、物力和时间去做居民的思想工作,以求得公众的接纳,这样的工作不具备新闻价值,因为周围居民需要的不是做思想工作,而是实实在在地解决空气污染问题。相反,如果企业通过某种办法真正解决了环境污染问题,并由公关部门组织相应的公关活动,如开放参观、倾听公众意见、吸引公众参与企业工作等。这个消息一经报道,必然会受到周围居民的欢迎。因此,公共关系新闻价值要求公共关系新闻一定要满足社会公众的需要。公共关系工作人员必须掌握新闻价值的标准,以便在工作中寻求有价值的新闻事实及材料。

从新闻学和公共关系学相结合的角度来分析,新闻价值的衡量标准主要有以下内容:

1. 新鲜性。它要求公共关系新闻具有较强的时效性和较新的内容。这是构成新闻价值的必备要素。一般来说,新闻的时效性越强,新闻价值越高;新闻事实中所包含的新闻信息量(即新闻情况的分量和程度)越多,新闻价值也就越大。

2. 重要性。它要求对社会生活中出现的那些为许多人关注、对社会生活影响较大的事件予以报道。它要求新闻在社会公众中影响程度较大,要具有显著特性。这里的显著特性包括人物的著名性、事物的重要性和数量的显赫性。

3. 接近性。它包括时间的接近性、空间的接近性(又叫地理位置上的接近性)、职业的接近性、性别的接近性、年龄的接近性和心理上的接近性。

4. 趣味性。公共关系新闻的趣味性以社会公众是否感兴趣为衡量标准。这里要求把趣味性同思想性联系起来,使趣味性融于知识性之中,把趣味性同人情味结合在一起,以吸引更多的社会公众,使他们重视新闻,并能够分析、理解乃至接受。

5. 需要性。这是指公共关系新闻一定是社会公众所关心和所需要的。这里要把需要性同接近性和趣味性联系起来,力争使特定的公共关系新闻更接近特定的社会公众,引起他们的兴趣,为他们所需要。

（二）新闻内容

新闻内容是指新闻写作的内容，它是一种信息，是新闻传播的主体。组织在公共关系活动中，只有不断地向社会公众传播信息，让更多的社会公众了解，才能得到社会公众的接纳、理解与支持。

企业通过新闻媒介向社会公众传播的信息内容主要表现在以下几个方面：

1. 新技术的发现与发明；新产品的开发与研制；新工艺的投入与试验；新成就的取得与发展。

2. 企业的新建、改产或转产；企业新机器、新设备的引进与添置。

3. 产品质量的改进过程；新产品种类的增加；产品系列的加深；产品组合的拓宽；产品数量的变化，尤其是新产品能够带给社会公众新的感受、新的利益等。

4. 企业听取社会公众的意见，严格按照社会公众的要求进行生产和经营而实施的各种方案、措施及所取得的效果。

5. 产品市场占有率的变化与发展；顾客对企业产品的评价；产值、销售额、利润等方面的重大突破。如果能达到世界级品牌的水准则更值得报道。

6. 企业内部员工及技术人员的晋升与任免；企业领导班子的重大变化；企业实施的各项方针、政策。

7. 企业各类人员荣誉的取得；企业产品荣誉的取得；企业自身荣誉的取得；企业向社会提供的各种服务与劳务；企业在社会公众心目中的形象与地位。

8. 企业内部各种福利事业的发展；企业对外为社会事业的发展做出的贡献；企业如何参加社会公益事业等。

以上新闻内容具有普遍意义。实际上，社会经济生活复杂多变，各行各业又各具新闻特点，故新闻内容也不尽相同。不同的组织应该有不同的新闻内容，不同的环境应该有不同的新闻内容。组织公共关系人员应该根据本组织的具体情况，结合社会环境的变化和社会公众的要求，挖掘本组织有价值的新闻内容，并及时、准确、真实地进行宣传报道。

二、新闻制造

新闻制造是指在组织公共关系工作中人为地制造一些具有新闻价值的事件，以求做好公共关系工作，扩大组织的影响。

（一）新闻制造的要求

在组织的公共关系活动中，不是任何时候、任何由头都可以制造新闻的。新闻制造有一定的基本要求：

1. 目的明确。在把公共关系活动纳入目标管理的情况下，公共关系的一切活动都要有明确的目的。新闻制造属于重大的专项公共关系活动，更要求目的明确。企业新闻制造的目的基本表现为：信息传播，树立产品形象和企业形象，使社会公众形成某种态度、采取某种行为，调动企业内部公众的积极性和创造性，等等。每一次新闻制造至少要明确目的。如果同时有几个目的需要实现，一定要明确主要目的，并将其他目的作为辅助要求。

2. 主题新颖。专项公共关系活动一定要根据活动的目的确定新颖、别致的主题。主题要有时代气息，能体现活动的特性，并使活动的参加者乐于接受。

【案例 12－5】 华侨城的"十分·爱"活动①

2007 年，迈入发展第十个年头的华侨城，于 6 月 28 日在深圳启动了"保护股东利益、关注社会民生、启动利润新增长点"为主题的系列庆典活动。

由于庆典首先启动的是华侨城"十分·爱"黔东南助学计划，即从 7 月 1 日至 10 月 8 日，深圳、北京每售出一张门票，都将捐出十分钱资助贵州黔东南州民族职业技术学院凯里学院文化旅游专业的贫困学生完成学业，因此，此项活动受到了华侨城股东的积极响应，也受到了广大社会公众的普遍关注。

3. 及时准确。专项公共关系活动是具有新闻价值的活动，一定要根据新闻价值的要求，及时、准确地予以确定和组织。比如，某一企业研制出一种新产品，没有经过市场试验和可行性分析便投入批量生产，新产品也没有经过信息传播便投放市场，结果销路不佳。企业公共关系人员为扭转局面，组织召开了有关人士参加的记者招待会。同时，企业的竞争者也研制出了同类产品，并抢先进行了注册登记和信息传播，从而占领了市场。这时，尽管该企业在新闻制造上也下了一番功夫，然而，由于没有及时、准确地把握时机，打了一场被动仗，这不但影响了企业现实产品市场的销售，也影响企业今后的发展。

4. 实事求是。在公共关系活动中，实事求是似乎是老生常谈了，但在组织的新闻

---

① "华侨城启动十周年庆典活动"，《中国证券报》，2007 年 6 月 29 日，http://stock.qq.com.

制造中还要强调这一点。因为,公共关系新闻制造要求表现出合理的公共关系新闻宣传性现象,避免不合理和半合理的公共关系新闻宣传性现象发生,更要避免假事件的出现。因此,新闻制造者一定要根据主客观条件和公共关系目标的要求,实事求是地安排、组织、实施,并予以报道。浮夸和渲染都是公共关系新闻制造所不允许的。

(二)新闻制造的形式

如前所述,公共关系中的新闻制造是指组织策划、开展重大专项公共关系活动,以形成公共关系活动中具有新闻价值的事件。

1. 记者招待会。组织可以根据新闻价值和新闻内容的要求,通过记者招待会的形式开展公共关系活动,以引起新闻媒介的关注与重视,借助记者手中的笔扩大组织的影响,为组织公共关系信息传播提供素材、创造条件。

2. 公众联谊会。组织可以根据不同时期的发展条件和发展要求确定不同的公众联谊会形式,例如,可以通过消费者座谈会、用户洽谈会、企业商品研讨会、新产品介绍会等形式协调企业与社会各界人士的关系,让他们充分认识企业的各项经营方针及各项工作。

3. 文艺演出。这是组织内部公共关系活动的一种重要形式,组织通过身边的人来表现身边的事,会使内部员工有一种亲切感,并增进组织内部各方人士的了解,沟通各种信息,加强组织文化建设,形成一种团队精神。文艺演出也可以根据社会需要配合其他形式进行。

4. 开展体育活动。体育活动既可以锻炼体魄,又可以增进了解、建立友谊、发展关系。体育活动形式多种多样,可以根据不同人的条件选择不同的比赛项目,既可以在组织内部举行经常性的小型体育比赛、体育表演等,又可以联合其他组织开展大型的体育活动。

5. 周年纪念会。对组织来说,开业典礼是一次重大的公共关系活动机会,但组织只有一次这样的机会。而周年纪念日却每年都有一次,逢五、逢十,纪念日更为重要。组织可以利用周年纪念日开展重大的公共关系活动,如召开纪念会、演讲会、座谈会、开展文体活动等。

6. 利用各种节、假日开展公共关系活动。我国是一个多节日的国家,如春节、元宵节、妇女节、植树节、劳动节、青年节、端午节、建军节、中秋节、国庆节、元旦等。企业应该利用这些节日,结合组织的条件和各种需要开展各种类型的、有意义的公共关系活动，以活跃气氛、增进了解。

实际上，新闻制造就是新闻策划，它需要把握机会，进行创造性思维，系统地实施。关于新闻策划问题，我们将在本章第四节专门论述。

三、新闻准备

新闻准备是指公共关系人员在采写新闻之前对所要掌握的素材和资料给予的评价与分析。这是掌握新闻价值、写好新闻稿件的重要前提。一般来说，公共关系中的新闻准备要从以下四个方面着手进行。

（一）掌握事物特有现象

从新闻学的角度来分析，社会现象可以分为两大类，一类是宣传性现象，另一类是事物所特有的现象。这种事物特有的现象是指在排除了各种外界影响和人为干扰的情况下，由事物本身内在矛盾决定并呈现出来的现象，它是原始的、自然的、未经加工的现象。一般来说，事物的特有现象比宣传性现象的价值更大。因此，公共关系人员在采写公共关系新闻报道之前一定要到现场了解情况，掌握第一手资料，以保证新闻稿件的可信度和新闻价值。

（二）制造新闻合情合理

公共关系人员在制造新闻时要严格遵守新闻制造的要求，使制造的新闻（实质上这也是一种宣传现象）符合实际要求，直接、正面地反映事物的本质。凡是人为地制造假象、渲染废象、掌握歪象的新闻准备都是不符合新闻价值和公共关系要求的。假象是与客观事实背道而驰的现象，如一家企业正面临着破产倒闭的危险，然而，为了迎接上级领导的检查或记者的采访等而人为地制造出一派生产繁忙的景象，并辅之以表格、标语、口号等。废象是指对显示事物本质无关紧要的、纯属偶然出现的现象，如商店一营业员对一熟人服务周到，不能证明这个服务员服务水平高，更不能证明整个商店服务水平高。歪象是歪曲或颠倒地反映事物本质的现象，如企业用损害公众利益的办法来获得经济效益，不能证明其工作成效高。公共关系人员一定要提高识别假象、废象和歪象的能力，以准确地掌握正象。

（三）客观评价新闻事件

公共关系工作人员掌握了新闻素材之后，无论是自己撰写新闻稿件，还是把素材提供给新闻媒介，都要客观地评价新闻事件，不要带有感情色彩。因为，新闻宣传需要体现客观性与可信性，如果站在第一者的立场上说话，就很可能会使新闻稿件变成一篇广告词；如果站在第二者的立场上说话，很可能又会使新闻稿件变成一篇评论员文章。因此，要求公共关系工作人员站在第三者的角度，客观地评价新闻事件，以保证新闻宣传的特点得以实现。

（四）选好角度以做报道

对于一件事物，可以从不同的角度去分析，从而得出不同的结论。新闻报道也要选好角度，以求获取最佳的传播效果。组织开展有新闻价值的公共关系活动，其报道者可能是组织的公共关系工作人员，也可能是新闻记者。组织公共关系工作人员考虑问题的着眼点是组织重大公共关系活动所能造成的最大社会影响；新闻记者的着眼点是分析新闻本身的社会性、时事性和趣味性。由于两者考虑问题的着眼点不同，所以，报道的角度也不尽一致。一个有经验的公共关系工作者在撰写新闻稿时，会尽量从客观的角度去分析主观的问题，以确保新闻价值的实现；在提供给记者素材和资料时，会尽量帮助记者选好报道角度。

从组织公共关系活动的角度来分析，报道角度有两种类型。

一类是“驾车”，报道的主体是组织自身。

【案例 12－6】 工行全力做好受灾地区服务工作①

工商银行日前加大对抗灾救灾的信贷支持，为灾区的煤电油运企业恢复生产开辟了专门的流动资金快速审批通道，并累计发放贷款 40.1 亿元，有效支持了抗灾急需的煤电油运尽快恢复正常。此外，工商银行还组织全行向受灾地区捐款 1 085万元。工行还开辟了贷款快速审批通道，加强科技保障、灵活调度资金、合理调配人力资源和物资供应，争取所有营业网点都能正常营业，确保居民和企业的金融服务需求。

另一类是“搭车”，报道的主体是非组织自身。

【案例 12－7】 “白天鹅之夜”活动②

2008 年 2 月 7 日的“白天鹅之夜——2008 年广州春节晚会”开始前，广州市市长接受了本报记者专访，通过本报向全市人民拜年，祝全体市民身体健康、盍家幸

① 《经济时报》，2008 年 2 月 5 日第 7 版。
② 《南方都市报》，2008 年 2 月 8 日。

福、事事如意。昨晚8时，市长早早出现在白天鹅宾馆后花园，心情尚佳，沿途不时地和同事、朋友、普通工作人员、餐厅吃饭的老少市民打招呼，互相拜年，开心时还跟人互相拥抱祝贺“新年好”。

上述案例中报道的主体是广州市市长向广州市民拜年，白天鹅宾馆是市长所到之处，在这篇报道中，白天鹅宾馆作为新闻要素中的地点要素而被提到。显然，作为新闻要素被提及与作为主体为报道主线，对企业的分量是不一样的，企业更愿意作为主体在报道中出现，但并不是企业的每一次活动在社会环境中都具有新闻价值，所以企业对任何形式的报道都应给予高度重视，因为无论是“驾车”还是“搭车”，对扩大组织的影响都有一定的益处。组织公共关系人员当然应该争取“驾车”的渠道，但也不应放弃“搭车”的机会，有时，“搭车”也会收到意想不到的效果。在特定条件下(如奥运会)，能够“搭”上一辆影响力极大的车是企业所期望的，它表现的是企业的殊荣。

组织在开展公共关系活动的过程中，无论是新闻发现、新闻制造，还是新闻准备，都要求公共关系人员头脑灵活，善于提出问题、观察问题、分析形势、深刻思考，以保证公共关系活动的质量和新闻传播的可信度。

第三节　新闻媒体的选择

一、选择新闻媒体的原则

不同的新闻媒体具有不同的特点，组织公共关系人员应当根据特定社会公众接收信息的习惯，有的放矢地选择不同的新闻媒体，以保证组织的新闻传播收到良好的效果。

(一)根据公众对象选择媒体的原则

组织在不同的时期有不同的工作重点，应该确定不同的公共关系活动内容，并根据不同的公众对象接受媒体的习惯来选择。在这里，组织的公共关系人员首先应该考虑你要传播的信息内容，这些信息的接收对象是哪些社会群体，这些社会群体的受教育程度如何、知识水准与专业技能怎样、经济状况如何、工作性质有何特点、生活习惯是否一致，等等。根据这些情况，组织公共关系人员应该确定最能接近特定社会公众的传播媒介来传递组织的信息。一般来说，知识水准比较高的社会阶层，喜欢看报纸；专业性比较强的工作人员，喜欢看与自己专业密切相关的报纸和杂志；从事经济理论研究工作的人，喜欢看与经济现象相关的报纸和杂志，如《经济日报》《经济参考》《市场报》等报纸和《经济研究》《经济管理》《世界经济》等杂志；从事商品流通工作的人，喜欢看《中国商报》《消费者时报》等报纸和有关商业、市场等内容的杂志；城市居民喜欢看晚报；司机在开车时喜欢听交通台的广播节目；儿童喜欢看趣味性较强的电视节目；家庭主妇在忙于家务时，只能一边干活儿，一边收听广播或听一听电视节目等。当然，如今网络传播同样受到了普遍的关注。

（二）根据公共关系活动的目标选择媒体的原则

组织开展公共关系活动的总目标是树立良好的组织形象，公共关系人员应围绕这一总目标确定具体的公共关系活动分目标，而不同的公共关系具体目标又要求有不同的传播媒介与之配合。以扩大组织知名度为目标的公共关系活动，应该选择发行量大、收视（听）率高，深入社会公众生活的媒体；以改变公众态度为目标的公共关系活动，应该选择促成不良公众态度形成的相同媒体，且不宜对没有形成对组织不利态度的公众进行传播；以建立良好信誉为目标的公共关系活动，应选择能给社会公众留下深刻印象的媒体，并以大量的事实传播来增强社会公众对企业的信任感。企业开展对社会环境有益的公关活动，如捐资办教育、捐助社会福利事业、培育各业人才等，以有力度、有影响的报纸做大篇幅的报道，一方面可以扩大影响，说清事情的始末，另一方面可以将其信息作为组织的历史资料加以保存。现在所有媒体信息均可在网上备查，同时也方便了资料的保存。

（三）根据传播内容选择媒体的原则

在公共关系活动中，组织向外部传播信息，其内容是十分丰富的。由于传播的内容繁多而复杂，要求选择的媒体也要适应不同的信息内容。如果要再现某一公共关系活动的全过程，最好拍成电视片，以诱发公众的兴趣，留存公关活动的场面；如果传播的内容希望社会公众不断地思考，便于查找、保存，并由此而发挥教育、引导的功能，最好选择印刷媒体，以满足社会公众的需求，使其功能具有延伸性；如果只是向社会公众公布产品或服务的信息，则可以选择广播，既省钱，又可以达到一定的传播效果。

(四)注重社会效益和经济效益的原则

通过记者采访、搜集资料撰写出来的新闻稿,在媒介上刊用,我们称之为不付费的广告宣传。然而,并不是任何组织、任何企业都能享受到这种待遇的。更多的社会组织在选择媒介进行公共关系活动的传播时,都需要支付一定的费用,只不过这种费用不是直接支付给媒介,而是支付给活动。例如,为社会福利事业和社会公益事业的发展给予的赞助费,为某项公共关系活动的开展而支付的宣传费,参与某项大型文体活动而支付的活动费,等等。组织在选择新闻媒介进行传播时,应更多地注重社会效益,更多地为社会福利事业和社会公益事业的发展提供服务与帮助,并在注重社会效益的同时注重自身的经济价值,以改善经济条件,提高经济效益。在预定的公共关系活动目标能够达到的前提下,应尽量节省公共关系预算活动的经费开支。

组织在选择新闻媒介时,不能单纯地考虑某一个方面的需求与满足,而应遵循以上四条原则,综合分析多方面的要求,使新闻传播媒介选择得切实、经济、可行,并达到理想的传播效果。

二、选择新闻媒体的依据

现代社会的主要新闻媒体有报纸、广播和电视。杂志和电影也属于新闻媒体的范畴,但它们的新闻含量不大,且不能及时地对新闻予以报道,此外还有网络媒体。这里我们仅就报纸、广播和电视、网络进行分析。

(一)报纸

报纸在新闻媒体中居于非常重要的地位。

1. 报纸的优点。有人称报纸是“独具慧眼的新闻洞”,因为它具有其他媒体所无法比拟的优点。

(1)报纸捕捉新闻及时、量大。报纸能及时捕捉到社会生活中瞬息变化的事件,并迅速公之于众。作为一种舆论工具,报纸的新闻量最大,它可以不受数量的限制,视新闻量的增加而随时增加版面。因此,它能及时传递各类最新信息。

(2)报纸报道内容深入、细致。报纸可以从各种不同的角度勾勒出社会经济生活的轮廓,反映社会经济生活的全貌。对于重要事件还可以跟踪报道,使报道的内容深入、细致,给读者留下较深刻的印象。如果报纸采取连载、专访、解释性报道等多种形式,还可以使人们从不同的侧面判断是非曲直或按图索骥、追根寻源。

(3)读者选择余地大。报纸可以给读者较大的选择余地。报纸数量多、内容广,既有综合性报纸,又有专业性报纸,既有全国性报纸,又有地方性报纸。读者可以根据专业的要求、职业的特点、自己的兴趣与爱好等选择可读的报纸。同时,报纸属于印刷媒介,它诉诸人的视觉,使读者产生一种冷静的理性行为,根据自己的阅读方式,以及对某些具体新闻的需要和兴趣决定取舍和阅读的速度。

(4)报纸可以重复阅读,特别是对某些重要的新闻。不懂之处,通过重复阅读,可以加深理解;遗漏之处,通过重复阅读,可以进行补充;记忆错误之处,通过重复阅读,可以给予纠正。

(5)报纸便于查考、检索和保存。有关资料,如公众对企业各项工作的反应,企业的经营和发展情况,竞争者的情况等,公共关系人员可将有价值的东西进行剪贴、分析、归类、入档,从而形成企业的历史资料和专门知识。这样在作新闻分析时就会有据可查。

报纸可以说是新闻性最大的传播媒介,通过写作、编辑、排印等方面的精心工作,可以收到提高可读性、增强吸引力、扩大信息传播的效果。

2. 报纸的不足。报纸除了具有以上优点外,也有其不足之处,主要表现在以下几个方面:

(1)报纸的读者数量受到一定的限制。一方面,人们在视听方面的习惯总比阅读方面深。在没有文字之前,人类就早已习惯于视听的生活方式,人们可以一边听,一边做其他事情,而阅读则需要时间,需要集中精力。同时,由于人们的文化生活水平和理解能力有一定差别,有些人可能至今尚无阅读能力或阅读兴趣,从而使读者数量在一定程度上受到限制。另一方面,报纸的传播需要一定的时间和一定的传递工具,同时又需要一定的订阅或购买手续,一些边远地区的人常常见不到报纸,这也影响了读者的数量。

(2)报纸传递新闻的速度不够迅速、及时。无论报纸如何缩短发行间隔,亦无法消除时间上的偏差。因此,就时间而言,它比广播、电视、网络大为逊色。

(3)报纸无感情形象和生动的色彩。报纸是以文字取胜的,它不像广播那样以文字与声音的混合体来表现出生动的情感,亦不像电视那样集文字、声音、图像于一身，给人以真实的画面。因此，我们说，报纸较广播和电视缺乏感染力。

（二）广播

广播作为一种电子传播媒体，是通过声音来传递信息的。

1.广播的优点。

（1）广播传播速度快，覆盖面广。新闻广播播出的时间和收听的时间是同步的，而且还可以采取现场直播的方式，满足听众的急切心理和求知欲望，增加其真实感和互动性。广播采取的是电波传递方式发出信息，因此，它不受时间和空间的限制，能广泛地接触听众。

（2）收听广播不受文化水平的限制。广播以语言和声音作为传播手段。自古以来，语言一直是人类社会信息交流的主要表达方式之一，它以感情和情绪来吸引听众，使听众产生亲切感，并引起共鸣。这是一种男女老少、有无阅读能力的人均可接受的传播方式。

（3）广播的收听无独占性。广播的信息诉诸人的听觉，只要没有噪声的干扰，就可以主动地向听众“进攻”。收听状态可以不受工作的限制。一个人阅读报纸、杂志或收看电视均不便做其他事情。而听广播时，听众既可以把它作为“主业”，也可以把它作为“副业”，从而给听众提供了极大的方便。

（4）广播的信息传播方式十分灵活。广播的信息传播内容只占时间，不占空间。播放者在播放时间内，可以对播放的内容进行撤换、修改和插播，也可以根据听众的要求重播某些新闻。广播的播放手法也是丰富多彩的，如新闻联播、录音新闻、记者专访、实况转播、广播剧、演讲、对话、讨论、讲座、座谈、歌唱等，相同的传播内容可以采取不同的传播形式，以取得良好的传播效果。

（5）广播成本低廉，享用简便。广播无论是筹建成本还是使用成本，都较其他大众传播媒介低廉。无线电设备简便，节目制作方便、及时，公众只要购置一台收音机，就可以享受广播节目的乐趣。广播能带给人们大量的信息，增加他们的生活情趣。

2.广播的不足。广播传播除具有以上优点外，其自身也有不足之处。

（1）收听时间受到一定程度的限制。听众在收听广播时，一方面受到电台播出时间的限制，自动选择节目的范围比较小，因此，听众处于被动的地位；另一方面,可以有效利用的电波频道总是有限的,它不可能像使用印刷媒介和网络媒体那样,可以无限地增加。

(2)广播传播信息稍纵即逝。广播在传播信息时,如果不及时录音,其内容是无法保存的。可是,在收听广播之前,人们往往很难判断哪些有用,应该录制,哪些无用,应该放弃。即使知道了节目名称或内容提要,也无法了解其具体内容,因此,难以事先确定取舍对象。

(3)广播对听众的教育程度不大。有些人常常把收听广播作为一种茶余饭后的消遣,集中精力收听广播的人为数不多;而广播只闻其声,不见其人,无图片和图像,对人的感染力不大。因此,通过广播期望达到公共关系宣传的目的,很难取得最佳的传播效果。

(三)电视

电视是新闻传播媒介中运用现代科学技术的最佳产物,其发展之快,普及率之高,传播效果之佳,是其他任何传播媒介无法比拟的。

1. 电视的优点。电视较之其他传播媒介有着比较突出的优点。

(1)电视节目真实、亲切,可信度高。电视集文字、声音、形象于一身,给人以真实、亲切之感。电视最接近面对面的传播,犹如传播者和受传者的直接交换,观众有身临其境之感,从而可以增加观众对电视节目的信任度。

(2)电视节目传播速度快,感染力强。电视以电波传递为媒体,传播速度快,在时间上具有播放与收视的同步性,在空间上具有播放与收视的跨越性。尤其是现场直播的电视节目,可以激起观众的兴趣,增加电视节目的感染力,引起观众的共鸣。电视节目可以使某一信息形成巨大的社会舆论。

(3)电视节目艺术手法多样。电视博采各种新闻媒介之长,运用多种艺术手法,可以发挥出任何其他大众传播媒介难以单独发挥的功效。如电视节目可以采用定格、重播、插播、特写等多种手法,加深观众对节目的印象;电视观众不要求有较高的艺术修养和完善的知识结构,只要听觉、视觉健全就可以收看电视节目,丰富自己的生活。

然而,这并不是说电视本身就完美无缺了,电视节目也有它自己的不足。

2. 电视的不足。其不足主要表现在以下几方面:

(1)电视传播稍纵即逝,不便查找。在这一点上,电视传播与广播传播有着相同的不足之处。在没有录像设备的条件下,很难保存和记录信息。现代录像设备和网络的发展使人们具备了保留电视节目的手段,还可以回放、重放等。

(2)观众对电视节目的选择受到限制。一般来说,电视播放的时间和内容都是固定的,观众处于被动的地位。目前,我国的电视频道有限,设备档次较低,观众对电视节目常有不满情绪。

(3)电视节目制作成本高、耗资大。制作电视节目需要一整套设备,需要一批高素质的专家和技术人员,需要到现场拍摄,还需要剪接、整理、编排等,从而影响了信息转化为电视节目的速度。

(四)网络

网络媒体是组织进行新闻传播活动中必选的媒体。无论通过以上何种媒体进行新闻传播,网络媒体都必须要做好配合工作,因为网络媒体的自主性和传播效果的无边界性,要求组织与企业对其给予高度重视,并做好传播工作。网络媒体的优势我们已在前面做了介绍,这里不再赘述。

组织可根据以上新闻媒体的优缺点,结合新闻传播的内容、要求及组织或企业的条件,来选择合适的新闻媒体。

(五)新媒体

新媒体是新的技术支撑体系下出现的媒体形态,如数字杂志、数字报纸、数字广播、手机短信、移动电视、网络、桌面视窗、数字电视、数字电影、触摸媒体等。相对于报刊、户外、广播、电视四大传统意义上的媒体,新媒体被形象地称为“第五媒体”。

新媒体亦有一个宽泛的概念,利用数字技术和网络技术,通过互联网、无线通信网、卫星等渠道,以及电脑、手机、数字电视机等终端,向用户提供信息和娱乐服务,这种传播形态让任何一个企业和个人都能感受它对社会公众的影响力和导向力。

新媒体的特征有交互性与即时性,海量性与共享性,多媒体与超文本,个性化与社群化。在这样一个被新媒体包围的环境中,任何企业都不可能置身事外。只有更好地利用新媒体,传递有价值的信息,才能保证新媒体能够发挥出有利于组织和环境的正能量。

第四节 公关新闻的策划

公关新闻是指将公共关系活动通过新闻报道的形式进行传播,以达到扩大影响、形成光环效应的目的。公关新闻较之广告的表现方式更客观、公正,它是一种公共关系与营销策略之间的巧妙组合,是新闻传播的最好素材。

公关新闻策划是一个有目的的行为,它将公关策划与新闻传播结合起来,形成一种有新闻价值并可传播的活动过程。公关新闻策划是为企业公关与营销服务的,其策划过程为先确定企业公关与营销目标,而后创意具有独特性的公关活动,并通过新闻媒介对活动进行有效的传播。

一、公关新闻策划的目标

公关新闻策划是要通过创意推出更好的公关活动,旨在吸引媒介的关注。其策划活动所追求的目标分为活动目标与策划目标两大类。

公关活动目标是指通过公关活动所追求的有利于企业发展的结果,包括活动对品牌的影响、对销售的影响以及对企业形象的影响等。

(一)活动对品牌的影响

公关活动的目标之一是致力于企业品牌的建设与运行,以提升品牌的形象和社会地位。例如,海尔张瑞敏砸冰箱的举措就非常具有新闻价值,可以赢得媒体的青睐。而通过媒体将事件报道出去之后,它并不能直接给企业带来市场的扩大,但可以在消费者和合作伙伴当中树立起海尔品牌高度重视产品质量的形象,这为海尔品牌的发展奠定了坚实的信任基础。开展公关活动在企业发展的过程中常常会形成一些品牌故事,这些品牌故事通过文字记录和媒介传播,在社会中会形成久远的影响,并为奠定品牌特殊的风格形象和市场地位提供依据。这种形象和地位对品牌的未来发展产生着至关重要的作用。

为了保证公关活动的可传播性,使公关与媒介能够更好地融合,公关新闻策划及公关活动本身要做到以下两点。

1. 公关策划要具有独特性,是其他竞争对手想不到或做不到或有难度去做的事情。这样的事情具有新闻价值，易引起媒体的关注与介入。像总经理喝涂料这样的事情就属于对手做不到或有难度去做的事情。

2. 事情的开端、过程乃至结尾要有情节，能吸引人去品味，并能进行由此及彼、由表及里的引申与延伸性思考。这样的事情会对品牌产生积极的影响，保证公关活动的效果有利于品牌的建设。像"超级女声"系列活动就属于能引发人思考的活动。

（二）活动对销售的影响

公关活动对销售的影响是比较直接的，通过公关活动可以引发顾客对企业品牌和产品的关注，增加销售量，提高市场占有率。

在实际的公关新闻策划中可以考虑这样几个方面的问题：

1. 公关新闻活动可以在品牌诉求方面形成独特的销售主张，这一销售主张一定要与目标市场人群的追求相吻合。如蒙牛酸酸乳赞助的"超级女声"活动，其品牌诉求是"酸酸甜甜就是我"，这一销售主张正好契合了 13 ~ 18 岁这一年龄段人群的心理。

【案例 12 -8】 "超级女声"活动①

湖南卫视与蒙牛集团凭借"超级女声"活动将"蒙牛酸酸乳"产品运作到了极致，使这一产品在市场上赢得了年轻女孩儿们的无限追捧。

市场定位：蒙牛确定推出的蒙牛酸酸乳系列产品的目标市场定位为 13 ~ 18 岁的蒙牛酸酸乳目标消费群。

品牌诉求："酸酸甜甜就是我"，正好适合这个年龄段（即独生子女的"80 后"）的人群。她们备受呵护，我行我素，有活力，自我意识强，但由于无兄弟姐妹而感孤独，需要一种机会、一种场合的表现。同时，这个年龄段的人群不计较价格。

活动要点：蒙牛通过一个电视节目创造一种流行元素，实现酸酸乳与电视节目的整合营销，牢牢抓住了 13 ~ 18 岁的蒙牛酸酸乳目标消费群。将品牌定位的目标人群与"超级女声"活动的参与者及影响者进行了巧妙的契合。活动运行中通过代言人传播、媒体集中攻势、终端活动配合、网站全面报道，使活动运行高潮迭起，极大地拉动了公关活动本身的人气和宣传效果。

---

① 《超级女声 VS 超级策划》（孙售著），英特颂制作出版；蒙牛的蓝海战略，http://www.xici.net/b667587；http://bbs.pinsales.cn"超级女声：2005 年市场营销最佳典范"。本文根据以上资料改写。

活动效益:2005 年 8 月 23 日,蒙牛乳业在香港发布了上半年财务报告。公司上半年期内营业额由 2004 年同期的 34.73 亿元上升至 47.54 亿元,纯利润高达 2.47 亿元,较 2004 年同期的 1.84 亿增长 33.9%。

2. 评价活动本身对销售的影响可以通过活动的三种形式表现出来。一是活动的传播效果,包括社会各界公众对活动的关注度。如"超级女声",可能会有很多年长者不喜欢,但他们也会关注活动,因为媒介的传播力度大,家里或邻居家的孩子们对活动的热情也会影响到他们。二是媒体的整合传播效果,即一次活动一定会有一个主要媒体的全面跟踪,同时会有一些媒体做配合性传播,配合性媒体介入的数量越多,整合传播的功效越好,其传播效果也就越好。三是看活动过程及活动之后直接对销售形成的影响,有些公关新闻活动可能会对销售形成长期的支撑,短期内效果并不明显,而有些公关新闻活动既有短期效应,又有长期效应。像"超级女声"这样的活动是一种长期效应与短期效应相结合的活动,而短期即时性效益可能更容易测定,所以在活动的过程中及活动之后是可以看到市场效果的。

(三)活动对企业形象的影响

公关新闻活动是一项战略性工作,最终的目标是塑造企业形象,推动企业稳健、高效地发展。因此,策划公关新闻活动一定要围绕这一目标展开。

企业形象是公众对企业的评价,企业形象的形成需要根基,它根植于企业的经营哲学、技术水准、产品品质、品牌内涵、服务能力、人员行为等。企业形象一旦形成,公众持有的看法一般不会轻易地改变。这说明,企业形象具有稳定性和整体性等特点。但如果企业出现了公关危机或品牌危机,媒体对企业进行大规模负面信息的传播,这时,企业的形象就会发生逆转,使企业陷入危机的泥潭。因此,建立企业形象重要,保持企业形象更重要,它需要长期不懈地努力。同时,企业在维持形象的过程中也要使原有企业形象的内容不断更新、不断提升,这一过程就是公关活动与新闻媒介活动相结合的过程。

二、公关新闻策划的程序

公关新闻策划的目标主要解决这些问题:为什么要做新闻策划;新闻策划沟通传播的对象是谁;公关新闻要达到什么效果。明确了这些问题之后才能进行策划及新闻媒体的选择等。关于公关策划的程序，我们已经在第八章中做了介绍，这里仅就公关新闻所涉及的工作做简单介绍。

（一）新闻调查分析

新闻调查是新闻策划运作的起点，它的目的在于详尽地了解市场、产品、企业、社会公众、宏观经济环境、营销中的微观环境、媒体状况及舆论倾向等，以为新闻策划活动提供最直接的依据。新闻分析是在调查的基础上，按照一定的目标，对调查的内容进行判断、甄别，总结出一些可资利用的观点、规律，以作为新闻规划的方向和策略的指导。新闻分析的具体内容包括营销环境的分析、宏观经济政策的分析、媒介与舆论导向的分析等。

（二）新闻规划

新闻规划是整个新闻策划运作的核心环节，目的是在新闻调查分析的基础上对新闻策划运作进行战略决策，拟订具体的新闻运作计划。具体内容包括新闻策划目标的选择、企业形象定位、新闻背景、新闻主题、媒体传播计划、实施时间、新闻效果测定方法等，通常以"新闻规划案""新闻策划案"的形式体现。

（三）新闻实施

新闻实施是指依据规划案、策划案写出具体的新闻稿件，并通过各种形式和途径传送给媒体。这是一个将想法变成现实的过程。新闻稿件的写作主要内容包括新闻价值提炼、新闻主题确定、新闻的层面结构编排等。新闻传播则是指可以通过发布会、研讨会、论坛或者传真、E-mail、直接投递给媒体、接受采访等形式，将新闻发布出去，与公众接触，并进行传播控制的过程。

（四）新闻监测

新闻监测是指对新闻运作的效果进行检查、反馈、调整，为下一步新闻运作提供必要的依据。这一阶段的工作可采取两种形式：一种是依赖专业的调研公司对新闻传播做调研，以掌握新闻传播的状况；另一种是企业公共关系部会同调研部对公关新闻传播作调研，以获得第一手资料，把握新闻传播的结果和基本状况，做到心中有数，为下一步工作的开展提供依据。

三、公关新闻策划的应用

公关新闻的核心在于传播，传播的目的在于张扬企业的良性信息、提高企业的品牌影响力,最后达到促进产品销售和塑造企业品牌形象的目的。出色的公关新闻活动在三个层面上得以应用:思维创新、品牌传播与事件营销。不同层面的公关新闻应用会有不同的效果。

(一)思维创新

关于创新思维的方法,我们在第八章中已经介绍过,这里我们用具体的事例来进行说明。

【案例12-9】 房产的卖点创意①

在阿根廷首都布宜诺斯艾利斯,一位叫比德的房地产发展商找到了当地一家公共关系公司,希望公关公司为其房地产项目做宣传推广。比德在布宜诺斯艾利斯东边一个新的开发区建造了几个楼盘及几条商业街,由于该开发区属于新区,市政配套不完善及公共交通不便,加之人流不足,所以这些楼盘与商业街的销售情况非常不理想。比德就想借助公关公司的力量,提高这个新片区的知名度,吸引多些人流前来。

公关公司在仔细调研后发现,一般的公关手法虽然可以提高此区域的知名度,但是对于比德公司的销售而言,并无实质效果——这个区域存在明显的硬伤,那就是交通不便。当然,他们也可以运用寻常的推广手法做做表面功夫,然后收发展商一大笔代理费。然而,高度的责任感让这家公关公司放弃了"一般做做"的想法。

平心而论,比德公司的这些房地产项目地理位置还是非常不错的,几个楼盘都临近布宜诺斯艾利斯美丽的拉普拉塔河,并与该市中人口密集也是观光客最多的区域隔河相望。如果能将比德公司的项目与河对面这个繁华区域联系起来,势必能解决目前面临的所有问题。公关公司的项目小组经过多次的脑力碰撞,一个大胆的创新想法出台了:在比德公司所在的区域与隔岸的繁华区域之间,建造一座桥。这不仅仅是引导交通的一座普通的桥,而且还可以成为布宜诺斯艾利斯的标志性建筑。

作为南美著名的城市,布宜诺斯艾利斯虽然是观光客常到之处,但是令人遗憾的是,这座城市一直以来就缺乏一个可以真正代表城市形象的建筑。公关公司在向比德公司提出的建桥建议之中,详细地述明此举的重大意义:不仅可以促进比德

① 中国管理传播网,http://hr.chinaeec.com/yinxiao,2006年12月11日。

公司的项目销售，也令布宜诺斯艾利斯的建筑从此走进一个新的时代，结束没有地标性建筑的历史。

公关公司的建议不仅得到了比德公司的认同，也得到了政府的大力支持。从建桥的消息发布开始那一刻，公关公司的公关新闻工作同时也紧锣密鼓地展开了：在这些新闻宣传中，将比德公司从一个面临危机濒临倒闭的公司塑造成了一个有强大实力、高度责任感的大公司，未等大桥正式落成，比德公司的房产项目早已销售一空，而且售价一涨再涨。

销售不利——建一座桥——公关新闻，这三者之间的思维创新是跳跃式的，其思路的关键点是从弥补不足之处入手的，形成的是从劣势向优势的跳跃。在这种大胆的跳跃背后，隐藏的是公关公司卓越的市场判断力与对舆论导向的把握能力。

思维创新是成功公关新闻的关键所在。在某些特殊的情况下，当一般性营销方式无法奏效时，根据现有的条件，大胆突破困局限制，令公关新闻找到公众的兴奋点，顺利地将企业或产品的信息包装成公众乐于阅读的新闻，让公众在不知不觉中接收到企业要传达的信息。这就是策划人所能运用的跳跃式思维模式。

（二）品牌传播

任何一个希冀做品牌的企业，都会将公关新闻作为品牌传播的重要手段。通过公关新闻可以将品牌的特征、内涵、价值、服务等告知社会公众。作为品牌传播的重要手段，公关新闻充分利用了其新闻传播的权威性、公正性、客观性等特征，从多角度、多方面提升了品牌的知名度与美誉度。

【案例 12－10】 格兰仕的新闻制造[①]

格兰仕利用其对媒体的深度把握，不断通过记者采写、新闻报道、专题介绍等方式传播有关格兰仕代表着行业最新技术、引导行业未来走向以及格兰仕规模化生产给消费者带来令消费者震撼的信息。同时，格兰仕副总经理俞尧昌一线亲征，频频出席各种财富论坛、行业高峰会、企业对话等专题会议，谈论有关格兰仕的种种话题，不断制造新闻点给传媒与公众。

通过出色的新闻制造与传播，格兰仕从多角度、多方面向社会公众展示了一个成熟企业的魅力：对于同行业竞争者，格兰仕是一个占领全球微波炉生产总量超过

---

① 中国管理传播网，http://hr.chinaeec.com/yinxiao，2006 年 12 月 11 日。

70%的实力派对手；对于消费者，格兰仕是一家不断探索技术进步、通过规模化生产降低产品成本的责任型企业；对于中国企业界，格兰仕是中国企业迈向世界竞争舞台的成功典范……

更为重要的是，格兰仕借助新闻传播的触角，成功地将企业从一个专业性的行业品牌演变成一个具有广泛影响力的大众化品牌，并借助这种品牌影响力，格兰仕顺利地将其品牌延伸到了空调等其他白色家电系统中，创造了新的利润增长点。

美国管理学权威人士德鲁克坚信：未来营销界将是以公关为导向的品牌传播时代。在他看来，任何新的品牌传播方案都应该从公关新闻入手，在达成公关宣传目标后，才转向广告等其他传播活动。公关新闻能够为企业提高信誉度，进而在广告中创造可信度，两者的配合可以让产品在市场中所向披靡。

（三）事件营销

事件营销是指企业通过策划、组织和利用具有新闻价值、社会影响以及名人效应的人物或事件，吸引媒体、社会团体和消费者的兴趣与关注，以求提高企业或产品的知名度、美誉度，树立良好的品牌形象，并最终促成产品或服务得到市场认可的手段和方式。

从传播的角度分析，事件发生是公关新闻的基础与前提。企业进行事件营销的目的在于利用事件本身的热点与新闻性，吸引公众对事件的高度关注，并使企业的产品与服务随着人们对事件的关注热情而得到宣传。事件营销最常见的应用方式有两种：一种是紧扣当前热点事件，让产品搭上新闻的快车，扩大知名度；二是抓住民众关注的问题要点，就产品或企业本身制造出新闻热点。

中国有许多嗅觉灵敏的企业，他们能从重大的社会事件中觉察出其中的巨大商机，从而加以利用，为产品宣传服务。蒙牛乳业就是其中一家出色的企业。

【案例12－11】　蒙牛借力航天事业

作为中国第一艘载人航天飞船“神舟五号”飞天的赞助商之一，蒙牛的企业知名度随“神五”上天而声名鹊起，而随后公关新闻的开展与跟进，更是大大提升了蒙牛及其产品的社会影响力。无论在报纸、电视、广播还是户外媒体上，人们都可以看到“蒙牛——中国航天员专用牛奶”的标语不断且重复地出现。将一个企业及其产品与全中国人民所关心的国家科技振兴大事紧密捆绑在一起，蒙牛的公关新闻已经远远超越了产品宣传的范畴，这对企业品牌形象与美誉度的提升起到了不可估量的促进作用。

事件营销的另一方面是利用人们普遍关注的问题，创造热点事件，从而为公关新闻的开展奠定基础。

【案例12－12】 交楼即交房产证引发的媒体关注①

在许多发展商将楼房重复按揭、延期办理房产证甚至无法办理房产证而屡屡遭受投诉的背景下，广州兴业房地产公司抓住消费者对房地产发展商的诚信与实力高度关切的热点，与房管局及销售代理公司密切配合，在其属下岭南花园楼盘创造了“交楼即交房产证”的先例。由于这是广州市首次交楼即交房产证的做法，所以引起了社会一片轰动。交楼当日，广州大批传媒聚集到该楼盘，自发地为发展商做宣传，有的购房者已经在其他楼盘交付了订金，当得知这里“交楼即交房产证”时，宁愿损失订金，也要在这里购房。这一事件还引发了社会对房地产商诚实及信誉的一场讨论，随后许多有关此类话题的报道更是为该发展商带来了不可估量的正面宣传价值。

事件营销必须紧扣新闻宣传这一核心，即所要开展的活动或进行的事件必须有新闻价值，符合新闻要素的要求，能够让媒体认定其有宣传的意义，使公关活动能达到事半功倍的效果。任何一种产品或任何一家企业都有其独特或与众不同之处，如何挖掘出这种差异化卖点，使其与新闻事件紧密相连，这是考核公共关系策划人员的基本素质与策划能力的关键。

本章思考题

1. 公共关系新闻传播的基本特征是什么？
2. 如何把握公共关系新闻传播中的新闻价值？
3. 企业如何进行公共关系新闻制造？
4. 公关新闻策划应如何确定目标？通过何种形式开展公关活动？

① http://www.southcn.com。

CONTEMPORARY PUBLIC RELATIONS

第十三章 公共关系广告宣传

学习要点

广告，是商品经济和社会化大生产发展的必然产物。它作为一种可以利用多种传播媒介进行信息传播的方式，既可以传递商品的信息，又可以传递非商品的信息。传递商品信息的广告就是商业广告，这种广告只登载有关促进商品或劳务销售的经济信息。传递非商品信息的广告包括的范围较广。作为社会组织，公共关系广告是传递非商品信息的重要广告形式之一。这里，凡是扩大组织信息、塑造组织形象的广告都属于公共关系广告的范畴。

第一节　公共关系广告的特点与功效

公共关系广告是指为扩大社会组织的知名度、提高组织的信誉度、树立组织的良好形象,以求得社会公众对组织的理解与支持而进行的广告宣传活动。例如,在重大的节假日之前,某经济组织向社会公众祝贺节日的广告;社会福利机构为在社会上举行颇有影响的重大活动而在报纸上刊登的号召广告;某企业写给某活动单位的贺词;某公用事业单位在某项商品或服务提价前进行的成本分析广告;银行存贷款利率发生变化向社会公众公布的利率变动广告;某机构通过广告形式介绍其内部各种活动的开展情况,等等。诸如此类的广告,其目的并不在于推销产品或服务,而是希望社会公众了解组织、认识组织、接受组织。

公共关系广告既属于公共关系活动的一部分,又属于广告的范畴,它集公共关系的特点与广告的特点于一身,形成了一种特殊的广告。与一般的商业广告相比,公共关系广告在其特点与功效方面均有其特殊性。

一、公关广告的特性

(一)特殊的目的

商业广告的直接目的是推销商品,渴望更多的社会购买者购买其"赞成物",而且是"自赞其物""自夸其美"。公共关系广告从来都不直接劝说人们购买某种"赞成物",它的主要目的在于引起社会公众对组织的注意,激发社会公众的兴趣,争取社会公众的信赖与好感,取得社会公众的理解、支持与合作。有人说,商业广告是用来推销商品,而公共关系广告是用来"推销"组织机构的形象,这正是公共关系广告的特殊目的。

随着新的经济环境的变化和知识经济的发展,人们更加注重形象,社会各界的广告传播也更多地从公共关系的角度进行设计。现在通过大众媒介传播的公益广告在广告传播中所占比例越来越大,如保护环境的广告,捐助希望工程的广告,赈灾义演、赈灾义卖的广告,支持体育事业发展的广告,等等。所有这些广告的共同目的,就是广告主希望通过广告的传播,表现出自己的爱心和对社会的贡献,扩大自身的影响力，树立良好的形象。

（二）特殊的手段

为了推销商品，商业广告往往是直接列举商品的种种优点，力图说服人们去购买。而人们在阅读这种广告时，对其可信度总要给予一定的折扣。公共关系广告则是通过间接的手段让公众了解组织或企业乃至企业的产品。这样的广告可以给人一种超脱感，显得婉转、含蓄，且又说明问题。如某药业集团在报纸上所做的广告，广告标题是"市场是主导，质量是根本，科技是保障"，副标题是"某药业集团的发展历程"。广告上的文章及图片展示的是集团的发展状况、企业所获得的多项荣誉。这里并没有着意推出企业的某种产品，而是大笔墨地表达企业的科技状况、服务宗旨及各种对客户的承诺。这是一则典型的企业公共关系广告，它引起读者对企业历史与现状的关注、企盼和信任。有人认为，一般广告旨在渲染、说服，而公共关系广告则采取的是科学引导和教育的方式。

（三）特殊的观念

商业广告追求的目标是当前企业生产的某种产品或提供的某项服务的市场销路及社会需求状况。特别是在市场经济日益发达、科技进步不断冲击着生产的当今社会，产品更新换代的频率不断加快、产品经济生命周期不断缩短的情况下，每个企业的商业广告必然随着产品经济生命周期的缩短而显示出其功能作用的短暂性。同时，由于产品生产的周期性及产品消费的季节性，也使商业广告必然带有周期性和季节性的特点，使其具有时尚性。而公共关系广告在选择目标上注重长期性和系统性。因为，无论生产何种产品或提供何种服务，企业自身都需要长期稳定地发展下去，从而要求企业为自身树立良好的信誉和形象，这必然使公共关系广告的职能作用伴随着企业组织的生存和发展而不断地发挥出来。这种职能作用的目标是建立在保证企业组织健康发展的基础上的，这是一种具有战略性的思想观点，可以保证公共关系广告具有长期性和系统性的特点。

【案例 13－1】 《华尔街日报》的一则公共关系广告①

1986 年 6 月间，在美国最重要的商业报纸《华尔街日报》上反复出现了一则广告：一张占据整版篇幅的中国领导人邓小平的特写照片。不过，出钱登广告的人并

① http://www.wenkoo.cn/wendang/huaerjieribao－guanggao.

非中国的任何组织，而是美国太平洋电话公司。细看之下，广告上有几行文字，其内容也确实紧扣画面，主要是宣传邓小平的业绩。广告上写道："邓小平是一位成功的改革家，他的主要法宝就是鼓励分权，实行多种经营。在农村，搞承包责任制和包产到户；在城市，则给企业下放自主权。"广告还别出心裁地给邓小平一个新头衔：中国分散化经营总公司董事长。只是在广告的最后，才寥寥数语地提到自己的主人，"美国太平洋电话公司是从美国电报电话公司独立出来的新公司，望各位新老顾主给予充分的信任与合作"。其弦外之音是：本公司的成立及经营宗旨，与邓小平的改革方针是如出一辙的，而邓小平的巨大成功就是本公司具有光辉前景的有力证明。

以邓小平这一显赫的人物为广告主题，突出地宣传了美国太平洋电话公司多样化的经营方针，这是典型的公共关系广告。这则广告构思角度卓尔不群、匠心独运，体现了公共关系广告的特性，给人们留下了深刻的印象和无尽的联想。

表 13－1 列示了公共关系广告与商业广告的区别，通过对比也可以看出公共关系广告的基本特性。

表 13－1　公共关系广告与商业广告的对比

对比的内容	公共关系广告	商业广告
传播内容	与组织形象和环境建设有关的信息	产品和服务
传播对象	公众与舆论	顾客及潜在顾客
传播目的	"爱我"：交朋友、树形象	"买我"：卖产品、做市场
营销功能	间接促销	直接促销
传播色彩	公众与社会色彩	商业色彩
影响模式	公众—企业—产品	公众—产品—企业
表现方式	客观性强	主观性强
追求目标	长期的战略发展	短期的既得利益

二、公关广告的基本功效

公共关系广告与商品广告相比有着截然不同的基本功效，商品广告的目的非常明显，即促进商品与服务市场的扩大，而公共关系广告则表现为没有更多的商业味道，却拥有更多的人情味儿、品相味儿，从而在社会公众心目中形成良好的印象。

公共关系广告的基本功效主要表现为以下三个方面。

(一)维护品牌声誉,提升品牌价值

在一个组织中,公共关系活动的基本功效就在于建设品牌形象、维护品牌声誉、提升品牌的价值与市场地位。而公共关系广告所提及的是品牌表现的是品牌的内涵,展示的是品牌的基本特征,追求的是维护社会利益、保障环境建设。无论公共关系广告的表现手法如何变化,内容如何安排,对品牌的正面传播都是必然的选择。

【案例 13-2】 王石代言全球通形象广告①

2006 年下半年,央视播放的王石代言版全球通"我能"广告吸引了众多人的关注,也得到了很多人的喜欢和推崇。和之前全球通的广告不同,这则广告并没有宣传全球通的信号,也不再狂热地宣传"我能"概念,而是作为一则形象广告,对先前推出的"我能"这一口号进行了形象化的阐释,使品牌不再悬浮于空中,而是踏踏实实地得到了表现。完善品牌内涵的目的使得这则广告从代言人选择到广告脚本制作,再到广告画面编排等都煞费功力,对全球通品牌的演绎和提升无疑产生了更为长远的影响。

(二)关注社会公益,塑造企业形象

在现代文明社会,更多的乐于助人的行为、有助于环境的主张等通常都可以通过公益广告的形式进行传播。公益广告是以为公众谋利益、提高人们的环境意识及加强行为建设为宗旨的广告;是企业或社会团体向消费者阐明其对社会的功能和责任,表明自己追求的不仅是从经营中获利,更包含关注和参与如何解决社会问题和环境问题的广告;是不以营利为目的,而为社会公众切身利益和社会风尚服务的广告。这种广告具有社会的公益性、主题的现实性和强烈的号召力三大特点。公益广告通常由政府有关部门出资制作,企业参与公益广告的制作通常以赞助的形式出现,但也有直接做公益广告的企业。企业通过赞助形式或直接投资做公益广告是"市场化公益""企业追求形象化公益"等。因为通过公益广告,可以使企业在公众心目中树立起热爱他人、热爱环境、关注文明、关注健康、注重商业道德建设、注重社会责任感的增强等方面的形象,借此提高企业在社会公众心目中的影响

① http://www.91jm.com.

力和感召力，向社会展示企业的理念和远大目标。公益广告是企业与社会公众进行沟通的最好渠道之一，也是塑造企业形象的最佳途径之一。

【案例13－3】 麦当劳的公关广告活动①

当美国的"麦当劳"快餐在中国的首都北京立足、在北京繁华地段安营扎寨后，不仅给北京人带来了一股清新的气息，也给中国人带来了一种全新的价值理念——企业关注环境。麦当劳以自己的实际行动诠释了这一理念。"麦当劳"在北京选择了适合自己特色的公关广告传播方式——打扫公共卫生。在宽阔的长安街上，幽静的中山公园里，在游人如织的崇文门地铁车站，身穿"麦当劳"服装的职员们，手持清洁工具，又擦又扫，一丝不苟，形成了一道靓丽的风景，令过往行人赞叹不已，使北京掀起了一股"麦当劳"热！这一具有鲜明公关广告色彩的活动，充分体现了麦当劳一贯的经营理念：Q，S，C＋V，即品质、服务、清洁＋价值。

（三）广泛吸引人才，推动企业发展

公共关系广告着重传播企业的宗旨、信念、社会责任、经营方针等，以提高企业声誉，树立良好的企业形象。通过公共关系广告，可以使广告的主体在社会公众心目中形成一种值得信赖的感觉，从而吸引公众的目光，同时也会吸引更多人才的关注与加盟。

在当今市场竞争日趋激烈的环境中，人才的争夺是企业特别关注的一个问题，也是企业乐于投入的一个项目。有了人才就有了技术开发、新产品开发乃至市场开发，企业就能掌握市场运行的主动权，争取更好、更快地发展。

一般情况下，人们更愿意关注形象好、信誉度高的企业。人才们在选择自己的工作时也会考虑企业或组织的形象、社会地位、未来的前景、自身的成长空间等。公共关系广告可以给组织或企业带来这种影响，进而为引进人才提供保障。

第二节　公共关系广告的类型

从一般意义上讲，公共关系广告有着共同的目的，即扩大企业组织的知名度，

① 《华尔街日报》的广告——公共关系广告，www.shineblog.com/Uplood Files，2005年12月21日。

提高企业组织的信誉度。但我们可以从公共关系广告的不同内容来确定其类型。

一、组织广告

组织广告是传播组织自身各种信息的广告。作为经济组织,组织的广告即指企业广告。企业广告的重点在于介绍企业的自然状况、经济条件及有益于社会公益事业或福利事业的活动,目的在于让更多的社会公众了解企业,树立良好的企业形象。

(一)宣传企业的自然状况

为了让更多的社会公众知晓、了解,新成立的企业常常要通过广告的形式传播企业的信息,介绍企业的自然状况。企业自然状况的主要内容有:企业的投资主体,投资比例,投资方向,资金的运作、使用情况,商业服务设施的建设及企业的整体展示。如果企业的人员结构已经确定,还可以将企业人才状况介绍给社会公众。通过对企业自然情况的介绍,可以让社会公众对企业有一个整体的印象和大概的了解,唤起人们对企业的兴趣并关注企业的发展。

有些企业组织,尽管不是新成立的企业,但知名度很低,几乎不被人知晓。这样的企业组织在经济活动过程中很难被社会公众所接纳。为了改变这种状况,公共关系部门也应该筹划企业广告,向社会公众介绍企业的自然状况,让更多的公众了解企业、提高企业的知名度。

(二)介绍企业的经营方针

无论是新创建的企业还是原有的企业,都有必要向社会公众介绍自己的经营方针,这是加强与社会公众进行情感沟通的好方法。

【案例13-4】 看IBM如何帮助您的企业融入e社会①

运用Internet ERP等解决方案,令企业内部部门间、分公司间的协同工作能水乳交融、天衣无缝。运用供应链管理解决方案,将企业与外部的供应商、制造商、运输商、分销商联为一体,使产供销流程高速运转,降低整个供应链的成本,提高企业的市场竞争力。运用IBM整合最新Web技术的客户服务中心(Call Center)解决方案,帮助企业透过语音、互联网等各种渠道,实现全面化、个性化的服务,最大限度

① 汪秀英主编:《公众关系学》,中国商业出版社2001年版,第216~217页。

地提升客户满意度。运用电子交易解决方案(e - Commerce),帮助企业快速建立网上营销渠道,并优化企业到企业、企业到消费者之间的流程,缩短交易周期,开拓新的市场,实现真正的网络交易。

(三)解释生产经营目的和消除误解

企业在生产经营过程中,有时由于外在的原因,公众可能会对企业的某些活动产生误解,公共关系部门要对此进行调查研究,找出问题出现的原因,并将为解决问题而进行的各项活动告知公众,让社会公众消除误解,理解企业,以保护企业的声誉。

【案例 13 -5】 麦克尼尔消费品公司的危机处理①

美国麦克尼尔消费品公司(强生公司的下属公司)在企业的形象受到损害时(泰诺药片事件),通过三个月的公共关系活动中,公共关系人员一刻也没有离开过企业广告。首先,他们实事求是地披露事件真相,并决定以零售价收回全美的同类药品;其次,他们向全国告知,为了保护公众的利益,他们重新设计了一种内含三层的药品包装胶囊,其中每一层发现有破损或可疑之处,都勿食用,同时要告知公司,由公司检验并处理,消费者的损失由公司承担;再次,他们通过记者招待会的形式向全美公布公司的公共关系活动过程。

这一系列的企业广告,为改变公众对公司的不良看法、扭转公司的不利局面,起到了任何一种公共关系活动形式都无法比拟的作用,它使麦克尼尔消费品公司克服了困难,渡过了难关,走出了低谷,保证了企业信誉的延续。

二、响应广告

响应广告是指企业为响应社会或其他企事业单位的号召,支持公益事业的发展,以求社会各界公众的理解与支持而进行的广告传播活动。这类广告强调的是企业与社会生活各个方面的关联性与公共性。企业是社会经济活动中的一个微观细胞。社会的进步、环境的变化对企业的经济活动有着不可估量的影响,它可以促进企业的发展,也可以阻碍企业的进步。如果企业能够为社会公益事业和其他社会组织的发展给予热情的支持与帮助,企业就可以在他人受益的同时也使自身受

① “危机管理与危机公关”企业培训 - 库培训网. www. gdpx. com. cn/inhouse-training,2006 年 9 月 20 日。

益。因此，积极参加社会活动，并通过广告的形式把自己良好的愿望与为实现其愿望而做出的努力公之于众，这样的企业一定会得到社会公众的“爱戴”。

响应广告可以分为两种形式。

第一种是对政府的某项政策、措施或者当前社会活动中的某项重大事件以企业的名义表示响应。关于对政府政策、措施的响应应围绕着政府每年所制定的重大方针、政策，如每年的全国人大、政协会议，以及每一届党代会，党和政府都要有重大方针政策出台。有些企业抓住机遇，会有重大决策出台，以响应政府的号召，这些重大决策可以通过广告的形式对外传播。这样的广告可以为企业树立良好的形象。关于社会活动中的重大事件，如北京举办奥运会、上海举办世博会、乌镇全世界互联网大会、博鳌亚洲论坛等，都会有一些企业积极响应并在经济上给予支持。凡企业对重大社会活动提供的赞助，均可以通过广告的形式对外传播，形成广泛的社会影响，使社会公众对企业形成良好的印象。

第二种是对某新开张或有重大庆典活动的组织或企业，以同行的身份刊登广告以示祝贺。这样的广告我们称之为“同贺广告”或“祝贺广告”。广告的主体仍然是举行庆典活动的组织或企业，参加“同贺”或“祝贺”的组织或企业，以排序的形态在广告中得到表现。参加“同贺”或“祝贺”的组织或企业越多，说明企业公共关系范围越广泛。通过这种广告形式可以表现出授贺企业与受贺企业携手合作、共同繁荣的意愿，并示意这些企业胸怀广结善缘的志向，欢迎公平合理的竞争。这样的广告还可以使新开张或有重大庆典活动的单位在经济上直接受益，缓解因大量开支而使其在经济上可能出现拮据的窘况，也可以使赞助单位借机“抛头露面”，使组织或企业以较好的形象出现在社会公众面前。

三、创意广告

创意广告是企业以自身的名义率先发起某种社会活动，或提倡某种有意义的新观念的广告。如广东白云山制药厂举行的“广州白云杯四强国际足球邀请赛”，上海永久、凤凰自行车集团发起的“××年北京至上海自行车拉力赛”等，都可以说是一种比较有创新意义的广告宣传活动，其目的都是为了提高企业的知名度，扩大企业在社会公众乃至世界范围内的影响。一般来说，创意广告要有明确的主题和目标，以表明企业对社会活动的关心与支持。活动的安排要细致、周到，具有创新意义，从而使企业真正在公众心目中留下“引导时代变迁，推动社会进步”的强烈印象。

创意即表现广告主题的构想和意念要新颖。创意广告要求广告设计人员必须有机敏的头脑和丰富的知识,及时收集公众的意见和要求,洞察社会发展的大趋势,做到标新立异、标奇立异。

【案例 13-6】 广州企业助足球的发展①

广州自 20 世纪 80 年代起采用"厂企赞助、社会协办"的措施办体育颇有助于足球运动的建队和育苗工作。1984 年 10 月,广州白云山制药厂每年赞助 20 万元承办广州市足球一队,开全国企业承办优秀运动队之先河,球队易名为"广州白云足球队"。1985 年,华南缝纫机工业公司每年赞助 16.8 万元承办广州足球二队,易名"广州华南足球队";同年,摩星收录机厂赞助广州市女子足球队经费 14 万元,羊城制药厂赞助广州市青年足球队 8 万元。1986 年,广州市第二轻工业局下辖 12 个厂企单位赞助 27 万元组建"广州市少年儿童足球俱乐部"。广州市参加全国"贝贝""萌芽""幼苗""希望"4 个杯赛的经费是由广州敬修堂药厂赞助的。1987—1990 年,由市长命名,由 18 家企业、事业单位出资赞助,每年都举行一届"市长杯"中学生足球赛及由陈李济药厂独资赞助的"血宝杯"小学生足球赛,并逐步扩设高中组、女子组、重点学校组、网点学校组、市属区县组进行比赛,规模宏大,影响深远,为国家体委和广州市领导所赞许,有力地推动了广大青年、少年足球运动的普及和提高。

企业赞助足球事业,在比赛的过程中,企业的品牌和信息与媒介天天相会,并借此与公众天天相会,这种相会的结果即是企业展示自身品牌与形象的最好时机。这种公共关系广告的形式来源于市政府主管体育事业领导的策划,同时也给了企业一个亮相的机会。

四、心像广告

心像广告是塑造企业的形象,以建立某种观念为目的的广告。心像广告不同于商业广告,因为它不直接介绍企业的产品;也不同于企业广告,因为它也不直接宣传企业的信誉。它是通过广告宣传,建立或改变一个企业或一种产品在社会公众心目中的原有地位,建立或改变一种消费意识、树立一种新的消费观念。而这种

① http://www.gzsdfz.org.cn.

新的消费观念的树立可以使社会公众倾心于某个企业或某项产品。

【案例 13 -7】 七喜汽水对消费者心像的导引①

在美国软饮料市场，可口可乐和百事可乐两大公司占绝对优势，但七喜汽水公司不甘示弱，他们从公共关系广告入手，利用人们畏惧咖啡因的心理，开展了"七喜从来不含咖啡因，也永远不含咖啡因"的宣传攻势，从而使较多的软饮料消费者或者转而"爱戴"，或者"忠实于"，甚至"倾心于"七喜汽水。这样在部分消费者心目中就建立起一种新的消费观念，即"今后我的软饮料消费，定是七喜汽水无疑"。

心像广告向人们传递一种知识、一种修为、一种志向，让人们以此在生活中做出明确的选择，这种选择常常与健康、快乐、文明、环保的主题相关联，以确保广告对社会公众的引导具有很高的可信度和说服力。

黄金搭档的广告将品牌诉求定位于"花一样钱补五样"，将钙、铁、锌、硒、维生素界定为人体所应补充的成分。如果广告诉求科学，并真正使产品发挥所承诺的功效，则这种广告就带有心像广告的成分，至少它让人们懂得了什么叫平衡，什么叫健康，即身体不缺少微量元素。

第三节 公共关系广告的基本原则

不同的公共关系广告可以宣传不同的公共关系主题内容，追求不同的公共关系目标，但要遵循的原则是一致的。

一、实事求是原则

公共关系工作最忌讳弄虚作假，公共关系广告也是如此。因此，企业组织要通过公共关系广告宣传来扩大自身的知名度、树立企业组织的良好形象，如果不说实话、不办实事，久而久之，势必激起社会公众对企业组织的不满。此外，公共关系广告宣传一般要通过大众传播媒介给予刊载或播出，公共关系要求大众传播媒介自身也要廉洁、求实，不能单纯地为了追求经济效益而不顾社会效益。从整体上分析，公共关系广告必须遵循实事求是的原则，真实地、客观地进行公共关系广告的

① 杰克·特劳特："七喜"汽水重新定位. www. baidu. com.

设计、编写与制作,以争取更多的社会公众的信赖。

二、独具风格原则

新成立的企业,在最初制作公共关系广告时,要明确企业信念、行动宗旨、经营方式、服务措施、企业标志等,并使其在特定的公共关系主题下形成企业独特的风格。如果企业在历次公共关系广告中都以自己这种独特的风格出现在公众面前,社会公众就会加深对该企业的印象。

企业的风格并非一朝一夕所能形成,它需要公共关系工作人员不懈地努力。美国麦当劳公司从开业时起,就把自己的经营宗旨概括为八个字:优质、服务、清洁、公道。公司创始人 R. 克劳克说:"要是我每重复一遍这八个字的宗旨就算一块砖的话,恐怕这些砖已经可以造起一座横贯大西洋的大桥了。"几十年来,正是对这"八字宗旨"的不懈实践和大力宣传,使麦当劳公司誉满全球。

三、富于创新原则

独具风格并非要求其公共关系广告一成不变。在始终如一地坚持企业经营宗旨、严谨一贯地标明企业公共关系标志的同时,公共关系广告的具体内容、分析角度、运用手法等都要求新颖别致、富于创新意识,以给社会公众一种清新的活力和奇特的美感。这种广告的创新意识来源于企业生产经营中新的开拓精神和新的创造成就。如中国广告协会秘书处每次在召开会员代表大会之后都要出一本《中国广告协会第××次会员代表大会专刊》,每期专刊都设计精美、图文并茂。由此,我们既可以了解中国广告协会的历史与现状,又可以看到中国广告协会的工作精神。专刊上的大部分内容均是为全国各地企业制作的商业广告,这种新颖别致的手法,名为其他企业做广告,实则起到了宣传协会自身、树立协会形象的效应。

四、把握时机原则

公共关系广告的选时极具技巧性。时机选择得合适,可以起到事半功倍的效果;时机选择不当,可能就是事倍功半。一般来说,企业公共关系广告如果是有益于社会、有益于公众的内容,最好避开重大的节日、重大的会议和重大的社会活动,以引起公众的注意与重视。因为在此期间,大众传播媒介都以较多的时间和篇幅报道这些重要的新闻内容,社会公众在这个时期比较关注的也是这些重要的新闻内容。如果在这种新闻旺季刊登公共关系广告,很可能会被重大新闻所淹没、被社会公众所忽视,从而失去了公共关系广告的意义。如果在新闻淡季发布公共关系广告,可以充实人们的社会生活,丰富新闻传播的内容,从而引起社会公众的重视。企业公共关系广告,如果是无益于社会、无益于公众的内容,则不必局限于此。因为,无益于社会、无益于公众的广告内容发布之后,会在社会公众中引起强大的情绪波动,从而对企业造成不利的影响,如企业的某种产品由于成本提高而涨价,企业由于原材料供应不足而不得不使某种畅销的产品停产等。对于这类广告内容,如果采取逐步渗透的方法,使社会公众有一个接受的过程,或许能得到他们的理解以不至于对企业的信誉和形象造成严重的影响。因此,公共关系广告必须选时适宜。

五、避免商迹原则

公共关系广告一定要避免同商业广告雷同化,或避免商业性质的痕迹太重。因为,公共关系广告有自己特有的性质,它同商业广告最大的区别就在于其具有非商业的性质。如果将商业性质的内容强加于公共关系广告之上,就会引起社会公众的反感,导致社会公众对组织或企业公共关系部门产生不信任情绪,同时也失去了公共关系广告的实际意义。因此,公共关系广告应该体现出公共关系活动的特点,保持公共关系的特有本性,从维护社会公众利益的角度出发,树立组织或企业的形象,使组织或企业的公共关系广告乃至整个公共关系活动能为自身的发展积聚能量,为社会带来长期的有益效应。

六、注重效果原则

同其他任何工作一样,公共关系广告同样要注重效果。这里的效果并非单纯的经济效果,它是商誉目标实现、企业或组织自身发展和社会整体效益扩大的综合体。

公共关系广告效果也是通过测量得出的,但公共关系广告的效果并非像商业广告效果那样易测。企业组织要想了解公共关系广告的效果,必须通过公共关系调查、民意测验等方式进行。公共关系人员可以把这项工作融进其他公共关系工作之中,以便在日常公共关系活动和专门性的公共关系活动中了解和掌握公共关系广告的社会效果。如果是重大的公共关系广告,且付费很高,公共关系人员也可以进行专门的公共关系调查,了解此次公共关系广告在社会上的反映,掌握其实际社会效果。

第四节 公共关系广告的制作程序

同其他公共关系工作一样,公共关系广告工作同样需要周详的计划和规范的制作程序,以求取得更佳的社会效果。一般来说,公共关系广告的制作程序可以分为以下三个步骤。

一、确定主题

公共关系广告的内容可以根据企业组织不同时期的主要矛盾、社会环境的变化、企业组织公共关系活动的要求及自身的发展状况确定。公共关系广告包括的内容有:企业生产经营何种产品与提供何种服务,企业的目标顾客是哪些公众,企业的历史、现状与未来怎样,企业的财力资源如何,企业员工的素质如何,企业能为社会做些什么有意义的事情,企业的声誉与信誉如何,企业的整体形象如何,等等。制作公共关系广告首先要根据公共关系广告的内容确定主题,明确公共关系广告的目标。不同的公共关系广告内容,可确定不同的主题和不同的目标。

(一)以建立企业信誉为主题的公共关系广告

以建立企业信誉为主题的公共关系广告的目的在于追求企业的整体形象更好更美,具体可以通过介绍企业的历史、现状,企业的经营方针及服务宗旨,企业的先进技术和设备等来实现。

【案例13-8】 卓越,在于不断超越

不断进步的承诺,广州本田时刻履行。现在,超凡出众的雅阁2.0EX1崭新登场,冲破车型界限,让你可以选择更多,前进路上永葆领先一步。

在广州本田的字典中,从没有故步自封,只有锐意进取、超越自我。除了流畅典雅的现代造型,雅阁2.0EX1更装备世界领先的VTEC发动机、新型的五连杆双叉后悬挂系统、电子控制四挡自动变速器,使动感与舒适在这里完美结合,让你倍感自信与洒脱。

这虽然也是在为公司的产品做广告，但它从公司理念的角度传达了企业的信息：卓越，在于不断创新；卓越，靠的是企业的先进技术；超越，不仅在于超越自己，同时也要超越他人。

(二) 以公共服务为主题的公共关系广告

以公共服务为主题的公共关系广告的目的在于扩大企业的知名度，让社会公众相信企业的经济实力和高尚的社会风格。具体可以通过为社会福利事业和社会公益事业的发展提供赞助等形式来实现，如为"修我长城、爱我中华"的社会活动捐款资助、为发展我国教育事业而给予的经济上的援助、为抗洪救灾而进行的捐助等活动。通过为社会福利事业和社会公益、公共事业的发展做出贡献，一方面可以协助解决社会上存在的一些问题；另一方面，通过新闻媒介的传播，可以在社会上引起不同反应，从而扩大企业的知名度，在社会公众心目中留下深刻而美好的印象。

(三) 以经济贡献为主题的公共关系广告

以经济贡献为主题的公共关系广告的目的在于加深社会公众对目前经济情况的了解，详尽说明企业经济活动的成就及对国家和社会所做的贡献。这样的广告可以通过一些定量数据加以说明，如通过销售量和销售额指标，表现企业对社会的贡献，即满足社会公众需求的程度；通过市场占有率指标，表现企业产品在市场中所拥有的位置；通过利润指标，表现企业对国家所作的贡献和企业所拥有的实力与发展后劲。通过以上定量数据，可以加深社会公众对企业的认识，增强对企业的信赖。

(四) 以追求特殊事项为主题的公共关系广告

以追求特殊事项为主题的公共关系广告的目的在于引起广大公众、社会有关人士和新闻机构的兴趣和好感。这类广告可以通过为某社会组织或经济组织的新址落成典礼、周年庆典、庆功表彰等提供赞助的形式来加强与社会各界的友好往来。现今在企业与社会各界的联系不断加强的条件下，任何一个企业的开业、周年庆典等大型公关活动都有诸多友好者提供各种各样的支持，并通过广告的形式得以表现，如同贺广告、祝贺广告等。这里通过同贺、祝贺等形式使同贺各单位可以借此机会增加在各种新闻媒介中的显露次数，可以使受贺单位表现出良好的公共关系。

二、选择媒体

广告媒体,又称广告媒介物、广告载体等,它是广告制作者用来进行广告活动的物质手段,是广告信息传播的技术工具。随着科学技术的进步和市场经济的发展,可供选择的广告媒体越来越多,如报纸、杂志、广播、电视、互联网、电影、幻灯片、户外招贴画、广告牌、霓虹灯、样本、传单、小册子和包装纸等。公共关系广告应用的主要大众媒体是报纸、杂志、广播、电视和互联网这五大媒体。

选择广告媒体的目的在于求得最大的经济效益和最好的社会效益,即依据媒体的量与质的价值与广告费用之比,力争少花钱、多办事、办大事,并求得传播信息的最大量和传播效果的最大范围。这里,广告媒体质的价值,是指媒体的影响力和心理效能;广告媒体量的价值,是指媒体覆盖的范围和视听者的人数。正确地选择媒体一般要考虑以下五个因素。

(一)媒体的性质

不同的广告媒体有不同的性质与特点。广告媒体选择得合适,公共关系活动的效果就会显著;广告媒体选择不当,就会弱化公共关系活动的效果。这是因为,媒体传播范围的大小,发行数量的多少,直接影响视听读者、听众及观众的人数;媒体的社会文化地位是否与广告的读者和视听者的文化阶层相适应,会影响广告的传播效果;媒体的社会威望,对于广告的社会影响力和可信度也有着重要的影响。因此,企业在确定媒体时,应对各种媒体有所了解,选取最合适的媒体。

(二)广告内容的特性

无论是向社会公众致以节日的祝贺,向他们介绍企业的历史、现状与未来,还是参加社会福利事业、社会公益事业和社会公共事业乃至对其他企业提供赞助活动等,公共关系广告所涉及的具体内容都各有特点。不同的公共关系广告内容应选择不同的广告媒体,以保证特定的社会公众能视之、听之、读之。企业应该把所要做的公共关系广告内容同媒体的特点很好地结合起来进行分析,使其效果更佳。

(三)社会公众的习惯

不同的公共关系广告内容是为不同的社会公众制作的,而不同的社会公众,在工作职业、兴趣爱好、文化程度、知识结构及生活习惯等方面各具特点,从而形成了对媒体的不同接触习惯。例如,知识分子普遍愿意接触报纸、杂志等广告媒体;家庭主妇愿意接触广播、电视这种媒体;青少年、儿童愿意接受电视这种广告媒体等。企业在选择广告媒体时,要根据特定目标公众对媒体的不同接触习惯,选择他们愿意接触和接受的广告媒体。经验证明,社会公众接触广告媒体的习惯与生活习惯越接近,广告效果越好。因此,了解社会公众的生活习惯和接触媒体的习惯,有助于正确选择公共关系广告媒体。

(四)广告目标的要求

任何公共关系都有特定的目标要求,这个目标是由企业组织的社会活动和经济活动决定的。因此,企业组织在选择广告媒体时,必须考虑到广告目标与企业社会活动及经济活动的结合度。如新建企业为举行开幕仪式制作公共关系广告时,广告目标是要扩大企业的知名度,此时应选择时效性强、接触面广的地方报纸、电视和广播等媒体;如果企业参加某项重大的社会活动,广告目标是扩大企业的信誉度,则应选择精美的印刷品,刊登有关企业的历史、现状与未来的广告,并保证语言流畅、图文并茂。

(五)企业自身的实力

无论是直接制作公共关系广告,还是通过参加社会赞助、捐款活动而间接地参与其他组织的公共关系广告,都要支付一定的费用。采取何种形式,选择何种广告媒体,其费用支出额都不尽一致,企业应该量力而行。可行的办法是依据企业自身的财力来合理地安排公共关系广告活动,选择适当的广告媒体,适当的刊播时间,适当的刊播空间。因为,不同的广告媒体、不同的刊播时间和不同的刊播空间,其收费标准是不一样的。一般来说,电视与广播相比,电视收费标准高;全国性报纸与地方性报纸相比,全国性报纸收费高;广播与电视的广告黄金时间与非黄金时间相比,黄金时间收费高;报纸的主要位置与非主要位置相比,主要位置收费高。一般规律认为,收费高、效果就好,但有时也有例外。如果某企业公共关系广告的目标公众仅指省内的顾客公众,就没有必要在全国性的大报上刊登广告;如果公共关系广告的目标公众仅指全国的儿童,就没有必要在广播或电视中广告的黄金时间做广告宣传。这就要求公共关系人员要进行公共关系广告的费用与效果的比较分析,选择费用与效果都比较满意的广告媒体、广告时间和广告空间。

企业在利用公共关系广告开展公共关系活动时,可以利用一个广告媒体,也可以同时利用多个广告媒体。单个广告媒体是在众多的广告媒体中经过筛选而确定的,因此,它的相对效果一定优于其他广告媒体。小型企业,因财力有限,多采用这种方式。多个广告媒体,又叫媒体组合,是指在众多的广告媒体中选择两个或两个以上的媒体同时做一种公共关系广告宣传,以取得互补的效应。大中型企业,经济实力雄厚,可以采取这种策略。

有时,选择公共关系广告媒体并不完全由企业自身决定,如参加捐款和社会赞助活动,其媒体的选择取决于接受捐款或接受赞助的单位,而能够参加这种社会活动的,大多数也是经济实力比较强的企业组织。

三、构思写作

公共关系广告的写作不同于商业广告的写作,它需要很高的公共关系技巧。公共关系广告的结构一般分为三大部分,即标题、正文和结尾。

(一)标题

标题在公共关系广告中起着重要的作用。公共关系广告对标题的要求是醒目、通俗、自然、亲切、吸引人。如果商业大厦开业贺庆的公共关系广告,其标题是"大厦愿与各界朋友真诚合作,携手促进市场繁荣",这种自然亲切的话语使人更愿意阅读广告。

公共关系广告标题切忌双关语、文学典故或晦涩文字的出现,因为,报纸的读者很少有专门研究广告的,广播、电视的听众和观众对广告也是附带收听收看的。正如美国戴维·奥吉厄维指出的那样:"研究表明,读者在这广告丛林中快速浏览,是不会停下来去揣度那些晦涩标题的含义的。你的标题必须浓缩你想要说的话,用最简练的语言表达出来,不要与读者玩文字游戏。"

(二)正文

正文是公共关系广告的主体,广告所要表达的一切意思都寓于正文之中。公共关系广告对正文的要求是:开门见山、直截了当、具体真实、热情友好、易于记忆、富于魅力。如 IBM 的一则广告正文这样写道:"今天,当电子商务热得发烫,请不要忘记 1998 年,是 IBM 在中国为电子商务吹响了前进的号角,从当初的孤军奋战到如今的一呼百应,世界潮流的走向对 IBM 的远见和实力给予了强有力的证明。"以上便是 IBM 帮助中国企业利用电子商务脱颖而出的一系列实证。这样的广告正文非常有说服力。

（三）结尾

现实生活中许多公共关系广告是没有结尾的，只有少数特殊的广告才有结尾。作为公共关系广告，如果有一个漂亮的结尾，也会使人回味无穷。

需要有结尾的公共关系广告有：企业领导人的致辞，向重大社会活动和其他单位的活动发出的贺电、贺词、贺信，企业与社会组织之间的合作协议，等等。如大连组合机床研究所所长金振华，在祝贺中国机床工具博览会开幕的致辞中是这样结尾的："……谢谢诸位，请留下宝贵意见。预祝博览会圆满成功！"寓意深刻，且给人一种良好的印象。再如，中国科学院计算机公司在介绍本公司之后说："本公司以科学的态度，以高技术、高效率，竭诚为各界服务。"真实诚恳，且使人相信它的科学技术水平。如果在企业与某社会组织双方达成某项协议后制作公共关系广告用这样的结尾"愿我们的真诚合作，取得良好的效果"，则会使人相信合作双方的诚意，并期待着令双方满意的结果出现。如果新开业的企业在开业典礼时告知社会公众"本公司愿意成为社会各界的真诚朋友"，则会使社会各界公众对新开业的企业产生良好的第一印象。如果企业在周年庆典上提出"愿我们的事业更加兴旺发达"，则会使社会公众感到同企业的关系和谐、融洽。

第五节 公共关系广告的效果检测

一、公共关系广告效果检测的特点

如前所述，公共关系广告的效果也是通过测量得出的。但公共关系的广告效果并非像商业广告效果那样好测量，它需要通过一系列公共关系工作的考察才能够得到并掌握。因此，公共关系广告效果的测定同商业广告效果的测定是截然不同的。

首先，广告效果的测定目的是不同的。商业广告直接宣传产品，广告效果的测定主要是观察其产品的销售情况；公共关系广告不直接宣传产品，它对企业产品的销售状况只起间接的促进作用，广告效果的测定主要是观察其传播效果。

其次，广告效果的测定手段是不同的。商业广告在广告发布之日起，每天观察其产品的销售量,看是否有所增长,增长的幅度有多大。一般来说,销售量的增长幅度就是商业广告的效果。而公共关系广告只有通过公共关系调查、民意测验等方法掌握确切的数据资料后才能计算。

最后,广告效果的表现形式不同。商业广告的效果直接表现为经济效益;公共关系广告的效果并不直接表现为经济效益,它表现为对社会效益的实现,并由此对经济效益的提高起到一定的促进作用。

二、公共关系广告效果检测的方法

对于公共关系广告效果的评估,通常我们可以从两个方面进行思考:第一个方面是广告的发布方,也就是根据广告发布方的原始意图来评价该意图与发布方的公关战略的匹配程度,进而研究这种意图如果能够实现所带来的公关效果,则这则广告的效果会被人定位为理想或较理想;第二个方面是广告接收方对广告效果的感知,这一状况需要对社会公众进行各类特殊环境的心理测试,用以回归公众接触广告过程中的深度心理状态,进而研究广告发布方的意图是否能够得以实现,同时也需要研究公众在目前心理感知条件下广告的真实作用。也就是说,广告效果评估需要通过两方面因素的结合来综合评价广告发布方的投放效果。鉴于广告本身的复杂性,我们无法假设广告发布方的原始意图就是正确的,也就是说,研究广告发布方的战略意图本身也是广告效果评估的一个要点。但从另一个方面说,即使广告发布方的投放意图可能是错误的,但最终的效果却未必是失败,因为在投放过程中以及接收方感知的过程中,一切都有可能发生改变,因此,我们仅从实际的调查角度对此进行分析。

社会公众对某一组织或某一企业置信度大小要经历一个认识过程。在这个认识过程中,公共关系广告起着不可估量的作用,而这种作用程度如何,又要通过公共关系广告传播效果确定。

公共关系广告的传播效果是以社会公众对广告的收看、收听、认知、记忆等因素为依据进行调查、计算的,其测定的内容包括注意率、阅读率、视听率、认知率和记忆率等。

注意率是对报刊上登载的公共关系广告予以注意的人数占阅读报刊总人数的比例。其计算公式是:

$$注意率 = \frac{似乎看过报刊广告的人数 + 确实看过报刊广告的人数}{阅读报刊的总人数} \times 100\%$$

阅读率是指通过报纸、杂志及各类印刷品来阅读广告的人数与阅读这些刊物的总人数的比例。其计算公式是：

$$阅读率 = \frac{阅读广告的人数}{阅读刊物的总人数} \times 100\%$$

视听率是指通过电视、广播收看、收听广告的户数与电视机或收音机拥有户数之间的比例。其计算公式是：

$$视听率 = \frac{广告节目视听户数}{拥有电视机或收音机的户数} \times 100\%$$

认知率是指通过电视、广播认知广告名称的人数占广告节目视听人数的比例。其计算公式是：

$$认知率 = \frac{认知广告名称人数}{广告节目视听人数} \times 100\%$$

记忆率是在认知的基础上，对公共关系广告重点内容，如企业名称、经营方式、服务宗旨等的记忆程度。在这里，主要是对组织或企业知名度与信誉度的测定，其目的在于掌握各类社会公众对组织或企业公共关系广告印象的深刻程度。其计算公式是：

$$记忆率 = \frac{记忆广告的人数}{阅读与视听广告的人数} \times 100\%$$

如前所述，公共关系广告传播效果的测定主要是通过公共关系调查来统计各类人数并进行计算的。采取的主要调查方法有问卷调查、抽样调查、走访调查等。作为测定公共关系广告传播效果的公共关系调查，同作为公共关系工作基本步骤之一的公共关系调查有一定的区别。首先，它们所调查的范围不同。作为公共关系工作步骤之一的公共关系调查是公共关系总体调查、全部调查；而为测定公共关系广告传播效果进行的公共关系调查是公共关系局部调查。其次，它们所要达到的目的不同。前者是为了总结经验、掌握信息、制订计划；后者是为了了解公共关系广告的传播效果。但在实际工作中，我们并不能把二者截然分开，它们可以同时、同步进行，使公共关系广告传播效果的调查寓于公共关系总体调查之中，并使调查的内容更具体、更严谨。

为测定公共关系广告传播效果进行的问卷调查是在一次或一定时期公共关系广告播发、刊登之后，印制调查表格，有的放矢地发给特定的公众进行调查的一种方式;抽样调查是在所要调查的总体公众中抽出一定的公众样本进行调查的一种方式;走访调查是公共关系人员事先确定好调查对象,并亲自去走访被访问者,以了解公共关系广告传播效果的一种方式。

无论采取何种调查方式,调查内容一般都是指注意率、阅读率、视听率、认知率、记忆率等所需要的具体数据、指标,但调查内容的多少、深浅,要由公共关系人员根据调查活动的要求和目的而定,不同的公共关系广告、不同的企业组织,可以确定不同的调查内容和调查度。

本章思考题

1. 试分析公共关系广告与商业广告的不同之处。
2. 如何理解公共关系广告的基本类型?
3. 如何把握公共关系广告的制作程序?
4. 如何检测与评价公共关系广告的效果?

CONTEMPORARY PUBLIC RELATIONS

第十四章 公共关系礼仪

学习要点

公共关系工作需要广交朋友，沟通各种信息，融洽及协调与社会各方面的关系，减少社会摩擦，化解各类矛盾与冲突，为组织创造一个“人和”的社会关系环境。在组织与社会各界的关系中，最应该讲究的就是公共关系礼仪。它是组织风貌、员工精神状态、公共关系工作人员工作水平和专业技能的集中体现，也是运用各种人际沟通的方法，是处理大量联系事宜与外交事务所必须遵从的行为准则。

第一节　公共关系礼仪概述

一、礼仪

礼是礼貌、礼节,这是一种要求;仪是仪式、仪表、仪态,这是一种被人们规定的共同认可的程序。合二为一,礼仪就是在交往中体现出来的人们之间互相尊重的意愿,并按约定俗成的方法付诸实施的不成文的规定。

英语中的"礼仪"一词是从法语"etiguette"演变而来的。法语"etiguette"原意是指法庭上使用的一种"通行证",它上面记载着进入法庭时应遵守的事项。后来,其他各种公众场合也都制定了相应的行为规则。这些规则由繁而简,构成系统,逐渐形成了得到大家公认、大家也都愿意自觉遵守的国际礼仪。

中国是文明古国,礼仪之邦。礼仪在中国可谓源远流长。比如,孔子讲"克己复礼",意思是说:每个人都要克制自己的欲望,恢复正常的人与人之间的交往,按照一定的程序处理人际关系问题。

二、公共关系礼仪

公共关系礼仪,简称为公关礼仪,是指公共关系工作人员在社会交往中与公共关系活动中所应遵循的尊重他人、讲究礼节的程序。

公关礼仪对当今的公共关系人员来说也是一种"通行证"。众所周知,懂礼节的人进入社交场合比不懂礼节的人显然要顺利得多,而且更受欢迎,得到更多人的尊重。

中国不但素来重视礼仪,重视公共关系礼仪的历史之长也是世人皆知的。

【案例14-1】　毛泽东赴重庆谈判——礼仪之旅[1]

1945年抗日战争胜利后,为避免内战、争取和平,中国共产党同国民党政府在重庆进行了为期43天的和平谈判,史称"重庆谈判"。8月28日,毛泽东在机场向新闻界发表了简短的谈话,指出目前最迫切的任务,是保证国内和平,实现民主政

① "毛泽东赴重庆谈判",www. noagli. com/. today/. todayxx.

治，巩固国内团结，以期实现全国统一，建立独立、自由与富强的新中国。毛泽东亲自到重庆谈判，中国共产党争取和平、民主、团结的诚意受到全国人民的热烈欢迎和拥护。毛泽东表示国共双方在一起商量团结合作、和平建国问题具有重大的历史意义，强调“和为贵”，一定要用和平的方针来解决两党的争端。

毛泽东亲赴重庆谈判是一种公共关系的手段，也表明了中国共产党人的礼仪、礼节及气节。

三、社交方式

公共关系礼仪在社交活动中被广泛应用。组织在公共关系活动中主要的社交方式有以下六种。

（一）社交沙龙

沙龙原是法语“会客室”的音译，到17世纪便成了社交集会的代名词。社交沙龙无任何具体明确的题目或活动程序，只是为大家提供一个互相认识、互相交流、建立联系的机会。它既可以作为组织内部公共关系活动的一种方式，也可以作为为组织外部公众提供了解、沟通机会的一种方式。沙龙主人一般由组织公共关系人员担任，并负责其中的介绍工作。社交沙龙，可以自由交谈，不拘一格，时间也没有严格限制。交流中可以穿插一些文艺活动，如听听音乐、跳跳舞等。

（二）专题沙龙

组织可以根据工作需要举办正规的沙龙，如文学沙龙、音乐沙龙、足球沙龙、诗歌朗诵会、学术讨论会等。在专题沙龙中，可就某一专题提出要讨论的问题，也可以就某一专题随便发表意见、交流思想，其观点及结论不要求统一。沙龙主人只可成为组织会议的主人，不可成为“观点上”的主人。沙龙时间不宜过长，两、三个小时即可。

（三）周年纪念

周年纪念的形式不拘一格，公共关系人员对此应有重大的公共关系方案出台。如中国大饭店在开业一周年之际，组织全体近3 000名职工照了一张“中”字照片。当然，也可以采取其他形式，如专题讨论会、演讲会、记者招待会、文体活动等，但无论采取何种形式，都需要有较多的人参加，其中还应邀请一些重要的贵宾。周年纪念要安排细致、照顾周全，让组织内部工作人员满意，更要让来宾满意。

（四）节日晚会

逢年过节，组织通过节日晚会的形式畅谈取得的成绩，展望未来的事业，在欢乐的气氛中观看文艺节目或伴着音乐翩翩起舞，可以使与会者忘记工作的疲劳，沉浸在欢乐、惬意的气氛之中。

（五）迎送晚会

组织中有调离本单位或到外面去工作、学习的工作人员，可以就此举行有一定规格、范围限制的送别晚会；组织中有调入本单位或外面工作、学习期满后归来的工作人员，也可以就此举行有一定规格、范围限制的欢迎晚会。迎送晚会可以采取座谈的形式，亦可以采取晚餐的形式，尔后举行晚会表演，晚会主题应围绕着被迎送人员或其工作、学习的性质而定。无论是迎还是送，晚会调子都要欢快，切忌低沉。

（六）聚餐会

聚餐会包括正式宴会、便宴、冷餐会、酒会、工作进餐等形式，以这种形式表示欢迎、答谢、祝贺等情感，这是融洽气氛、联络感情的形式。组织的公共关系工作人员可视参加人员的层次、工作要求、情感内容、环境条件来确定具体形式和规格，一般应以客人满意为目的。

在以上这些社交活动中，公共关系工作人员一定要严格遵守公共关系礼仪，以取得良好的活动效果。

第二节　公共关系交谈礼仪

交谈是由语言、非语言和聆听艺术构成的沟通方式。这里重要的是语言交谈，没有相通的语言是无法进行沟通的。但语言只是一种符号，它还要同非语言（即体态语言和动作语言）相配合共同发挥作用。聆听是对语言交谈的一种接收方式，没有聆听，语言交谈和非语言交谈都不能发挥出应有的功效。因此，在互联网时代之前，三者缺一不可；即使在互联网时代，三者也不可或缺。

一、语言交谈

语言是人类最重要的交谈和思维工具,每个语言单位都包含着一定的信息量,现代社会中的大部分信息都是通过语言传递的。

如何进行语言交谈,一直是古今中外人们谈论的一个重要话题。《论语》中说:“言之不文,行之不远。”古希腊亚里士多德在他的名著《雄辩术》一书中指出:“口头交谈有三个要素:谈话者、主题和听话者,要达到‘施加影响的目的’,就必须注意这三个要素。”而在现代社会中,人们在语言交谈中最应该掌握好的就是语言礼仪和交谈艺术。

(一)语言礼仪

语言礼仪是指人们在交谈中所应该注意的礼节、仪态。一般来说,它集中体现在礼貌语言的使用和谈话时的表情及声音上。

与任何人进行面对面的交谈,都是一种对等关系。以礼待人,既能显示出你的人格尊严,又可以满足双方的自尊需要。为此,相见道“好”,托事道“请”,偏劳道“谢”,失礼道“歉”,在交往、交谈过程中常用、多用、勤用,日久天长,功效必见。

人们相见,开口道“好”“您好”“早上好”,这样一个“好”字至少可以传递三个信息,即表示尊重、示以亲切、给予友情。一个字送给对方三件“礼物”,又显示出自己懂礼貌、有教养、有风度,从而形成一种和谐、亲切、友善、热情、尊敬的良好“人际气候”。

美国人说话、写信、打电报,包括现在在社交平台上的沟通交流,都少不了“请(Please)”字,如“请坐”“请转告”“请您先走”“请多费心”“请及早复信”等。历史上打电报时,他们宁可多付电报费,也绝不省掉“请”字。因此,在互联网时代之前,美国电信总局每年从这个“请”字上就可多收1 000多万美元。

日本人说话离不开“谢谢”。据统计,在日本,一个在百货公司工作的职员一天平均要说571次“谢谢”,否则他(她)就不是一个好的职员。经验表明,人们都愿意光顾洋溢着亲切和尊重人的气氛的商店。

英国人最常用的词汇是“对不起”。凡事稍有打扰,便先说一声“对不起”。警察对违章司机进行处理时,先要说一声“对不起”,两车相撞,相互说声“对不起”。在这样的气氛中,双方的自尊心都得到了满足。

我们的祖先给我们留下了许多宝贵的"敬语"。表示尊敬之意,可用请问、敢问、借问、动问、请教、指教、见教、求教、讨教、就教、赐教等;打扰之时,可用打扰、劳驾、相扰、劳神、费心、烦劳、麻烦、辛苦、费神、难为、偏劳等。如果我们在语言交往、交流与交谈中恰当使用这些词汇,交谈双方一定能营造亲切友好的气氛。

(二)交谈艺术

人人都可以成为一个善谈、健谈的人,但要消除胆怯心理,克服内向心态。为此,必须做到以下几点:

1. 认识自己。每个人在社会上都有一席之地,每个人在与人交往、交谈中都有要说的话。须知"言为心声",只要是发自内心、态度真诚的话,都会打动人心。如果感到与人交谈缺乏内容,话题很少,语言枯燥,你可以平时多看报纸、杂志、书籍、电视、上网、关心时事、艺术、体育等事物,久而久之,一定会感到话题多了,内容充实了,词汇也丰富了。

2. 打消顾虑。性格内向的人往往以自我为中心,在交谈时先想到:人家会怎么看我,我是否会失态。这种心理状态不利于谈话的深入。最好的谈话心理应该以谈话内容为中心,打消顾虑,稳定情绪,移情地听,自然地插话,并加入谈话。

3. 增加信心。与人交谈时,应力争主动,尽可能先提出你最得心应手的话题,放开来讲述,以表示你有信心与人交谈,从而克服胆怯心理。

4. 自然、放松。谈话的姿态会反映出一个人的性格和心理。胆怯、内向的人,谈话时往往双肩紧并、下垂,腰部弯曲,显示出一副紧张、卑屈的模样。因此,切忌采用这种姿态与人谈话。

谈话分为站、坐两种。如果站着与人交谈或讲话,说话时要挺胸、收腹,全身重量均匀地分配于两足,使重心稳定。这样,你会感到自己的肩膀似乎宽了些,人显得生气勃勃,泰然自若。如果是坐着谈话、讲话,注意:第一,谈话距离保持在个人距离[①]之间,即在18英寸~4英尺(约0.24~1.22米);第二,双脚平放于地面,不宜交叠双腿,在身份高者面前,更不宜跷起二郎腿;第三,身体保持两个"L"形,即

① 美国近体学专家艾德华·霍尔1966年在他的《神秘的领域》一书中把人们交往的身体距离分为四种,即公众距离、社会距离、个人距离和亲密距离。公众距离至少为12英尺(约3.66米),社会距离大约在4~12英尺(约1.22~3.66米),个人距离在18英寸~4英尺(约0.24~1.22米),亲密距离在从皮肤接触到18英寸(约0.24米)之间的范围内。

从侧面看，脚与小腿成一个“L”形，大腿与躯干成一个“L”形；第四，胸部以下脊椎抵靠椅背，肩膀平正，腰背挺直。

二、非语言交谈

人们除了运用语言进行交往、交谈外，在传情达意方面，还要借助于体态语言，如扬眉张目，低眉顺眼，举手投足，坐、立、行的姿态，等等。一般来说，人们都以摇头表示拒绝或不同意；以点头表示同意、赞赏；手舞足蹈、开怀大笑表示高兴；怒发冲冠、双目怒张表示气愤。美国心理学家阿尔培特说，人的感情表达由三个方面组成：55%的体语加38%的声调加7%的言辞。这说明，在传情达意方面，体语的作用是不容忽视的。

语言交往、交谈有自己的符号，非语言交往、交谈也有自己的符号，如身体接触、亲近、方位（看人的角度）、外表、头部动作、面部表情、手势、眼睛动作和目光接触等。这些非语言符号都可表达人们想说而又未说或不便说出的意思。

下面我们对主要的非语言动作进行表述。

（一）面部表情

人的面部表情是很丰富的，它可以表现出高贵与尊严、自卑与好强、精明与机敏、傲慢与粗俗等各种表情。从性别上来分析，女性比男性更富于面部表情；从性格上来分析，性格内向者从不轻易地外露情感，而性格外向者则更容易通过面部表情和其他方式表达自己的情感。

面部表情对人们的交谈起着解释、澄清、纠正和强化的作用，它是测量人的情绪的客观指标之一。正如弗洛伊德所说，面部表情是人们内心情绪的外在表现，体语往往会透露出真情实意。

一般来说，蹙眉皱额可以表示关怀、专注、不满、愤怒或受到挫折等情绪；双眉上扬，双目大张是惊奇、惊讶的表现；皱鼻表示不高兴、嫌弃、不满、遇到麻烦等；掀动鼻翼，可能是愤怒的信号，也可能是爱欲的表示；紧抿嘴唇，表示对周围的环境和人有一种不肯定或犹豫的感觉；如果是紧抿嘴唇，并且避免接触他人的目光，表示心中可能有某种秘密不愿透露；如果是紧抿嘴唇，嘴角向下倾斜，则可能表示轻视、鄙夷、瞧不起等情绪。

（二）眼神传意

眼睛是心灵的窗户，在非语言交谈中，眼睛被认为是人体传递信息的一个重要部位。凝视的时间、瞳孔的放大、眼睑的睁大和眼睛的其他变化都能够传递最微妙的信息。

泰戈尔说得好:任何人“一旦学会了眼睛的语言,表情的变化将是无穷无尽的”。在交往、交谈中,眼睛所起的作用是不可低估的。有人来访,你口头上打个招呼,但没有看他一眼,只顾忙自己的事,这表明你正忙着,不欢迎来访者;在交谈中看着对方,意味着对他的重视。《圣经》中说:注视人,是人与人相互承认的一种特殊方式。日本福原教授指出:如果两个人相熟,那么一方盯着另一方,表现出正的欲求——希望对方了解自己,希望与对方发展关系;反之,则表现出负的欲求——不希望与对方交谈,不希望与对方发展关系。

一双眼睛能道出一个人心中的秘密。如果你走路时双目直视前方,旁若无人,昂首阔步,表明你是一个高傲的人;如果你走路左顾右盼,张望不停,表明你心中有事或怀有戒心。

(三)目光接触

目光接触是人际交往、交谈中一种最常见的沟通方式。目光接触,可以表示坦诚——互相正视片刻;可以表示敌意——互相圆目大睁,眈眈而视;可以表示鄙夷——斜视一扫而过;可以表示命令——正视、逼视;可以表示挑衅——不住地上下打量对方;可以表示困窘——左顾右盼,低眉偷觑;可以表示专注——较长时间地凝视对方;可以表示尊敬——行注目礼;可以表示反感——白他一眼;可以表示吃惊——双目大睁或面面相觑;可以表示疑问——眼睛眨个不停;可以表示高兴——眯眼而看,这也可能表示轻视。

对于不大熟悉的人,不可长时间地盯住对方的眼睛,以免引起对方的不安和恐惧。交谈中,一般应是听话者注视着说话者,以此告诉对方:我在认真地倾听你的谈话及谈话的内容;说话者也要不时地看着听话者,双方的目光接触可以引起心灵的共鸣。青年男女在喁喁情话时,一定是互相对视,两人的眼中流露出千般情、万种意。故而心理学家曾经说过,一个人看另一个人的时间越长,表示她(他)喜欢他(她)的程度越高。

(四)手势动作

在人与人之间的交往、交谈中,手的动作不宜过大,但能够帮助人们表达思想、感情,增加与丰富语言信息内容的手势动作还是必要的。

一般来说,手势动作分为两大类:一类是单方表达思想内容的手势动作;另一类是双方触及表达感情心理的手势动作。

1. 单方表达思想内容的手势动作,又可以分为象征性、说明性和协调性手势动作。象征性手势动作可直接解释为一两个词语,一般都有相对应的语言意义。例如:中国人认为竖起大拇指表示赞赏、夸奖,暗示你真行;说英语的国家认为竖起两个指头(食指和中指)打出一个"V"字,表示胜利(victory),暗示对工作或某项活动充满信心;如果拇指与食指合圈,其他三个指头张开(OK),则表示同意,暗示你赞成或欣赏对方的观点。说明性手势动作可以增加语言信息的内容,它既可以补充谈话的内容,又可能与谈话的内容相抵触。如在谈话时一方问另一方什么方向、什么位置,对方可以以手的指向说明;如谈话双方在不友好的气氛中表述观点,尽管语言表达并未伤害对方,但手势可能很大、很粗俗。协调性手势动作是人们在孩提时期为了满足个人需要就学会了的,到了成年,这些动作就被用来在一些令人紧张的情境中协调气氛,如手里摆弄一些小的东西,抓一抓脑袋,捏一捏鼻子,摸一摸脖后或脑后等。一般人常用这些动作来调节说话时的紧张气氛。

2. 双方触及表达感情心理的手势动作,一般是指在亲密距离的范围内表达愤恨、友好、关心、爱护等感情心理的手势动作。表达愤恨心理的手势动作,可表现为两种形式:一种是对谈话对方的愤恨,这在双方谈话不投机的情况下较有可能出现;再一种是对谈话所涉及的他人或他事的愤恨。这两种情况都表现为挥舞拳头。表达友好心理的手势动作,在社交场合主要表现为握手、抱拳,再亲近一点儿就是互拍肩头。表达关心心理的手势动作,可以是手挽着手、臂挽着臂。表达爱护心理的手势动作,表现为一方的手与另一方的肩、腰等部位接触。

(五)衣着仪表

在社交场合,一个人的衣着、仪表反映出一个人的个性、习惯、爱好,并向人们传递一定的信息。如果你穿着一直十分端庄、保守,人们会认为你是一个拘谨、严肃的人;如果你穿着一直很新潮,人们会认为你是一个性格活跃、开放的人;衣冠不整、不修边幅,则意味着你是一个不拘小节、邋遢不羁或潦倒的人;衣冠整齐、平整合身,则意味着你是一个非常细心的人。

同样一个人,穿着打扮不同,给人留下的印象也不完全相同,对交往也会产生不同的效果。美国行为学家迈克尔·阿盖尔做过一个实验,他本人以不同的衣着打扮出现在同一地点。当他穿西服,以绅士模样出现时,所有向他问路与问时间的人大都彬彬有礼,而且本身看来基本上也是绅士阶层的人;当他打扮成无业游民时,接近他的多半是流浪汉,或是对火、借钱、借烟的人。

衣着在人们的交往中是自我的延伸、扩展。社交场合,要求衣着整齐、干净,尊重他人,适合环境的需要。因此,参加或主持重大的公共关系活动,出席宴会,外出旅游,参加婚丧礼仪,都要求人们对自己的衣着、仪表认真选择并适当打扮一下,以收到良好的外观感应效果。

（六）姿势姿态

姿势姿态在社交活动中反映着深刻的内涵。这一内涵如果通过交谈、交往的个体反映出来,则表现为人的内心情绪;如果通过交谈、交往的群体反映出来,则表现为群体中的共同意识。

1. 从个体的角度来分析,不同的姿势姿态可以表现不同的内心情绪。一般认为,在胸前交叉双臂,是一种自我保护或防卫的姿态,也可能表示不愿意与人过分接近;双臂置于身后,双手相握,可以表示自我意识的权威性,或者要自我控制情绪,以防激动时挥手;站、坐时,如果单腿或双腿不停地抖动,表示心情烦躁,或有其他事要做,希望早点结束交谈,同时,这也是一种缺乏修养的表现;坐时双腿交叠,同时双臂交叉于胸前,这是一种含有敌意或防卫意思的姿势;坐时跷起二郎腿,或单腿置于椅子上,表明交往双方相当熟悉或进行的是非正式场合的交往,否则,会被视为不懂礼貌。

2. 从群体的角度来分析,不同的群体姿势姿态可以表现出不同的群体意识。它主要表现为以下形式:

(1)容纳式,又叫开放式,是指在群体交往、交谈中,其成员通过身体的向外来表示任何外人都可以随时介入交往、交谈的圈子。如两个人交谈时可以形成外“八”字,三个人交谈可以形成偏外“八”字,或外向半圆。

(2)排斥式,又叫封闭式,是指在群体交往、交谈中,其成员通过身体的向内表示任何外人都不可以介入交往、交谈的圈子。如两个人交谈可以形成内“八”字或“V”形,三个人交谈可以形成内向半圆或围成一个小圈,头凑在一起,这种架势足以叫人望而却步了。

(3)对面势。两个人交谈时,常常采取面对面的方式,它表明第三者有事可以介入,无事可以不介入。

(4)并列式。并列式分为横式并列和纵式并列两种,同时,它们各自又可以表现为亲密型和非亲密型。亲密型的纵、横并列式,交谈中往往以手的姿势排斥外人,如搭肩、搂脖、挽臂、拉手等;非亲密型的纵、横并列式,一般没有什么手的接触动作,相距也有一定的空隙,表明不排斥外人。

(5)和谐式。表明群体的姿势姿态与表现形式彼此协调,人的身体位置也彼此相仿。

(6)不和谐式。表明群体的姿势姿态与表现形式不统一,人的身体位置也彼此不协调。

(七)声音暗示

声音并不是语言,但它能表现出人的情绪、情感等。如说话的速度、音量、音高、音度、音质及一些语气助词并不是语言本身,但它能表现出一定的语言内容。

交往、交谈的明晰度在很大程度上取决于声音暗示。如说话很快的人,可能是因为紧张,也可能是因为精力充沛,再一种可能是性格急躁;说话慢吞吞的人,可能是厌倦,也可能是老成、稳重;说话大声嚷,会给人一种咄咄逼人之感,或表现为没修养;说话柔声细语,会使人想到谦让服从;声音尖细,可能是双方关系紧张,也可能是娇声娇气;声音粗犷、嘶哑,男子表现为粗野,不拘小节,女子则表现为富有男子气,或不懂礼貌。

一般来说,句末出现升调,表明对方正在提问;如果说话都用升调,可能会引起一些多余的回答;不正确的发音会引起混淆,甚至给人一种缺乏修养的印象;令人难以忍受的音质,会妨碍说话人的信息传递;过多地使用助词、叹词,会影响语言交谈的内容,引起听话者的不满或嘲笑。因此,交往、交谈中一定要注意音高、速度、音度、音量、音质及词汇的使用。

三、聆听的艺术

一般人在交谈时倾向于以自己的意见、观点、感情来影响别人,因而往往谈个不停,似乎非此无法达到交谈的目的。

外国有句谚语:“用十秒钟时间讲,用十分钟时间听。”社会学家兰金早就指出,在人们日常的语言交往活动(听、说、读、写)中,听的时间占55%,说的时间占

30%,读的时间占16%,写的时间占9%。这说明,听在人们的交往中居于非常重要的地位。

面对面的交往、交谈是双向的,讲与听是对立统一的。既讲又听可以满足双方的需要,如此才能使交谈顺利发展。如果在交谈中,只顾自己讲,不想听对方说,则一定是交谈中的“自私者”,当然也是不受欢迎的人。

(一)听的功能

在人与人之间的交往、交谈中,认真地去听,可以收到良好的谈话效果。

1.听,可以满足对方的需要。认真地倾听对方的谈话,是对讲话者的一种尊重,在一定程度上可以满足对方的需要。

2.听,可以了解对方(现在讲话者)是否真正理解你(刚才讲话者)说话的含义。

3.听,可以获得必要的信息,提供你最新的情报资料。

4.听,可以使人们的交往、交谈更有效,彼此之间的关系更融洽。

【案例14-2】 辛普逊夫人的聆听艺术

英国国王爱德华八世(爱德华·戴维)宁要爱情、不要王位的故事是尽人皆知的。爱德华所倾心的辛普逊夫人出身平民,又是离过两次婚的妇人,究竟是什么使爱德华倾心到忘乎一切的地步?据说辛普逊夫人虽然美丽,但称不上是绝色佳人,她的迷人之处主要是风度,特别是她听人谈话时具有的一种非凡的吸引力。英国作家莎罗夫这样描写:“她坐在公爵(即爱德华,辞去王位后被封为温莎公爵)对面,肘靠在桌面上,手支着下颚,她的眼睛、耳朵、整个身心似乎全沉醉在他说的每一个字、每一句话中,她似乎在说:‘再说吧,再多告诉我一点……我正在听……有趣极了……迷人极了……’”至今,西方人仍认为辛普逊夫人是最有赏识力的听众,是一个最善于移情地聆听他人谈话的人。

(二)听的方式

1972年,著名的传播学家韦弗提出了一个得到公认的“听”的模式(见图14-1)。这一模式告诉我们,听不光要用耳,还要用脑,用整个身心。能否做到这一点,可表现为三种听的方式。

1.漫不经心地听,即听时心不在焉,或左顾右盼,或处理他事,或摆弄东西,或不时走动。这种方式最易伤人自尊心,使说者不愿再讲,更不愿讲心里话。因此,

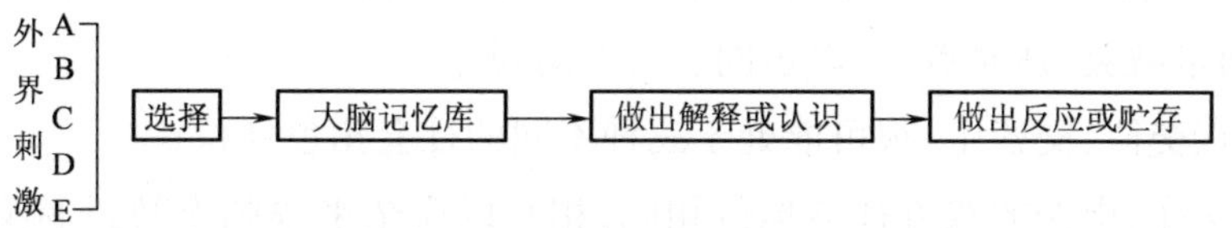

图14-1 “听”的模式示意图

无法收到较佳的效果,还会影响到双方的关系。

2. 批判性地听,即听时虽然很认真,但或挑其毛病,或频加批判,或遽下判断,或发出争论。这种方式使人讲话时要十分小心,字斟句酌,同时也担惊受怕,不敢吐露真情,从而影响交谈正常而深入地进行。

3. 移情式地听,即站在对方的立场上去听、去反应、去认识、去理解、去记忆。这种听话的方式,既能使听者集中注意力、全神贯注地听,又能较好地理解说话者的原意,使对方感到被尊重和鼓舞,愿意说真话、说实话,并彼此发展友好的往来关系。

(三)听的艺术

国外许多学者在“听”的艺术上有许多要领,现归纳如下:

1. 选择一个安静舒适的环境进行交谈,减少外界噪声的干扰(一般的企业、组织都有会客室或洽谈室)。

2. 倾心地、注意地听,消除心理上的障碍,不要预先存在想法,不可显示出不耐烦的样子。

3. 少讲多听,不要打断对方的话。

4. 设法使交谈轻松自如,不要使对方感到拘束。

5. 注意听其内容,不要过多地考虑对方的谈话技巧、谈话表现等。

6. 不要随便插话,一定要绝对耐心地听。

7. 保持冷静,不要受个人情绪或当时气氛的影响。

8. 恰当地提出问题,以表明你听得十分认真,并力求了解他讲的含义。

9. 不要急躁,不要过早地作出判断。

10. 如果交谈环境不理想,如外界干扰、噪声太大,或者室温过高、过低,要尽力设法摆脱,不受它的干扰。

11. 注意谈话者的神态、表情等非语言传播手段,这些往往会透露出话外之意。

12. 注意你自己的“身体语言”，适当地与对方保持眼神接触，身体稍稍倾向于说话人，面带微笑、适时点头，以示同意对方的观点。

人们在交往、交谈中，很可能处于三种不同的社会角色地位：

一是交往、交谈的双方社会地位相同，相互以完全平等的态势进行交谈，在这种情况下，一般较易倾听对方的谈话。

二是听者的社会地位高于谈话者，如上级对下级，师长对晚辈、学生等。在这种情况下，听者一定要特别注意听的诚意与态度。属下找领导谈话一定有原因，领导必须以关心、真诚的态度认真地听，即使对方发牢骚、抱怨，也不要冷淡待人，更不能责备。了解了对方的真实愿望、意见、想法后，可据此做出确切的判断，给予合情合理的答复。肯花时间、认真倾听属下意见的上级，是真正关心他人、值得依赖的人。

三是听者的社会地位低于谈话者，如下级对上级，晚辈、学生对师长等。在这种情况下，一般人都会认真地听，有时可能还要在本上记几句。遇有不懂之处，可请对方做适当的重复和解释。切忌唯唯诺诺，点头哈腰，显出一副卑躬屈膝的样子。因为，谈话双方无论社会地位上相差多么悬殊，在人格上是完全平等的，保持平等的态势才能使谈话得以顺利地进行，从而建立较好的关系。

一般而言，任何人都会对诚心诚意倾听自己谈话的人产生感激之情，从而开启心扉，倾吐真情实意。

第三节　日常交往礼仪

组织的日常公共关系活动很多，如接待迎送工作、会见会谈工作等，并且每天都要与各种类型的公众打交道。组织的日常公共关系工作做得好，有益于组织的发展，否则，会影响组织的形象。注意日常交往礼仪是组织做好公共关系工作的重要组成部分。

一、见面与介绍礼仪

见面是交往的开始，了解是沟通的前身，介绍是社交场合中相互了解的基本方式。

（一）为他人做介绍

为他人做介绍时，你是介绍者，处于当事人之外，并在其中承担着桥梁的作用，因此，介绍之前必须了解被介绍双方各自的身份、地位等，并在介绍时坚持受到特别尊重的一方有了解对方优先权的原则，即介绍的先后顺序应当是：先向身份高者介绍身份低者；先向年长者介绍年轻者；先向女士介绍男士等。在口头表达时，先称呼身份高者、年长者和女士，再将被介绍者介绍出来。当双方地位、年龄相当，又是同性时，可先向先在场者介绍后到者。

介绍时，除女士和年长者外，一般应起立。在宴会桌上、会谈桌上不必起立，被介绍者只要微笑点头致意即可。被介绍后双方可握手致意。如果双方距离偏远（2米以外），中间又有障碍物（如桌、椅等），可举起右手致意，切忌伸出手指来指去，尤其是对长者和上司更应注意。必要时，还可以说明被介绍者与自己的关系，便于新结识的人相互了解与信任。

（二）由他人做介绍

同为他人做介绍相比，由他人做介绍，你是被介绍者，你处于当事人之中。这时，介绍者通过对双方的了解，将其必要的信息向双方传达。介绍者在介绍双方时仍然遵从上项为他人做介绍时所应遵循的程序与规则。

你作为被介绍者，事先没有必要做任何准备，只待介绍者向你传递信息，你接收信息即可。根据公关礼仪的要求，你要做的事情是，有礼貌地向对方致意。如果你是受到特别尊重的一方（如年长者、身份高者、女士），就应主动、热情地向对方致意，主动伸出手与对方相握，并与对方相识；相反，如果你身处年轻、身份低者、男士一方，当对方与你热情相识并伸手相握时，你一定要做出积极的反应，并送上尊重的话语，如将对方的功绩、社会的积极评价、自己认识对方的心情等表达出来，但这时在握手的环节上，原则上应等待对方先伸手。

（三）自我介绍

自我介绍时，介绍者就是当事人。其基本程序是，先向对方点头致意，得到回应后再向对方介绍自己的姓名、身份和单位等，同时递上事先准备好的名片。如果见面双方，一方是主人，一方是宾客，则作为主人一方通常应主动打招呼，以示不但知道客人来访，而且高兴与之会见。

单方递、接名片时，最好用双手递、双手接；双方互递名片时，要右手递，左手接。两种情况都要求名片的正面(写中文字样的一面)向着对方。接过对方的名片应点头致谢,不要立即收起来,也不应随意玩弄和摆放,而应该认真地读一遍,最好能将对方的姓氏与主要职称、身份轻声读出来,以示尊重。

如果是事先约定好的面谈,或事先双方都有所了解,不一定忙着交换名片,可在交谈结束、临别之时取出名片递给对方,以加深印象,并表示保持联络的诚意。

值得注意的是,第一次见面后,应在名片的背面记下会面的时间、地点、内容等资料。最好能简单记下对方的特征,如籍贯、毕业的学校、特殊爱好等。这样积累起来的名片就成为自己的社交档案,为再次会面或联络提供线索和话题。

二、握手礼仪

握手是在社交场合中相互见面和离别时,以及在相互介绍时表示热情、礼貌、致意的常见礼节。一般是先打招呼或点头示意,然后相互握手,寒暄致意。关系亲密的可边握手边问候,时间可长一些。初次见面者,则应听完介绍之后轻轻地相握,握一下即可。年轻者对年长者、身份低者对身份高者应稍稍欠身,以双手握住对方的手,以示尊敬;男士与女士握手时,往往只握一下女士的手指部分或轻轻贴一下;女士与男士握手,只需轻轻伸出手掌。

握手的顺序是:主人、年长者、身份高者、女士等先伸手;客人、年轻者、身份低者、男士见面时先问候,待对方伸手时再伸手握之。

握手时有以下几点应特别注意:

第一,双目注视对方,微笑致意或问好。

第二,不要看着第三者握手或低头俯视地面,因为这两种情况都会给人一种心不在焉或对对方不尊重的感觉。

第三,对方如果伸出手来,千万不要拒绝,以免造成尴尬的局面。

第四,多人同时握手时不要交叉,应有顺序地待他人握毕,你再伸手。

第五,男士握手前,应先脱下手套、摘下帽子,女士可以不脱手套。

第六,军人戴军帽与对方握手前,应先行军礼。

握手除了是见面的一种礼节外,还是一种祝贺、感谢或相互鼓励的表示。例如,某人在工作中取得了成绩,同事们可握手向他表示祝贺,他也可以采取握手的方式向前来祝贺者表示感谢。运动员比赛之前，教练和同事们可握手鼓励他取得好成绩；当他取得冠军之后，教练和同事们可握手向他表示祝贺，他同样可以采取握手的方式表示对祝贺者的感激之情。

在西方，人们之间见面时常使用拥抱的礼节。在正式的场合和仪式中，礼节性的拥抱一般是两人相对而立，上身稍前倾，右臂偏上，左臂偏下，右手扶在对方左后肩，左手扶在对方右后腰，按各自的方位，两人头部及上身都向左相互拥抱，然后头部及上身向右拥抱，再向左拥抱后礼毕。而亲人、熟人之间的拥抱则没有如此固定的规范，可以更亲热友好一些。

不同的国家和民族还有一些传统的见面礼节。如在东南亚信佛教的国家是双手合十致意，日本人是行鞠躬礼，中国旧时传统是抱拳，等等。上述有些礼节在我国一些社交场合也可以使用。

三、交谈礼仪

在正式的社交场合，对交谈各方的声音、站姿、坐姿及谈话的话题与内容都有适当的要求，切不可随随便便。关于声音与姿势我们已在语言礼仪与非语言礼仪中谈及，这里我们仅就交谈的话题与内容的要求简单叙述一下。

首先，在公共社交场合，应选择大家都可以介入，又都方便发表意见的话题，即寻求共同的经验范围，如现场气氛、环境布置、天气、当日新闻、国际形势、文艺演出、体育比赛等。切忌只谈论个别人知道或感兴趣的事而冷落其他人。

其次，不要涉及令人不愉快的内容，如疾病、死亡、荒诞等。一般不宜用批评的语气谈论在场者或其他相关人士，也不要讥笑他人。

再次，话题不要涉及他人的隐私。例如，对女士不问年龄、婚姻状况、服饰价格等，不用身体壮实、保养好等模糊用语来形容女士的身材；对男士不问钱财、收入、履历等；不随便谈论他人的宗教信仰和政治信仰，以免冒犯忌讳。

最后，遇到不便谈论的话题不要轻易表态，应当转移话题以缓和气氛。涉及对方反感的话题应及时表示歉意。

此外，男士一般不参与女士圈内的话题议论；与女士谈话要宽容、谦让、尊重，不随便开玩笑。

第四节　聚会与庆典礼仪

有时人们为了表达自身的喜悦感情,愿意通过聚会的形式来与他人共享,这就是聚会与庆典的来历。随着公共关系事业的普及与深化,越来越多的组织也通过聚会与庆典活动来举行有特殊意义的公共关系活动。因此,公共关系工作人员也越来越需要了解与掌握聚会与庆典方面的礼仪。

一、聚会与庆典的形式

为了融洽关系,增强双向沟通、相互了解、相互合作,公共关系部门的人员常常需要为组织安排一些聚会与庆典活动。常见的聚会与庆典活动的形式有以下两种。

(一)晚会

以某个具体的事件为主题,利用业余时间开展一项有意义的活动,既可以丰富组织的业余文化生活,又可以通过晚会的形式相互沟通、增进友谊,促进组织的发展。常见的晚会形式有生日晚会、节日晚会、庆祝晚会、迎送晚会、晚餐和舞会等。

(二)聚餐

为了工作上的需要,人们常常以聚餐的形式联络感情、融洽气氛、增进友谊。常见的聚餐形式有:

1. 正式宴会,即有严格的规定和程序的正式宴请、宴谢等。

2. 便宴,即非正式宴会,又分午宴和晚宴两种。一般晚宴较午宴隆重。便宴的特点是形式简便,不排座位,不做正式讲话,适合日常相互间的友好往来。

3. 冷餐会,又称自助餐。菜肴以冷食为主,辅以热菜。菜与餐具一齐陈设在长条餐桌上,供客人自取。饮料(不含烈性酒)放于桌上,可自取,也可由招待员端送。其特点是无固定座位,可自由活动,随意入座或站立进餐。冷餐会的规格可高可低,时间一般是在中午 12 时至下午 2 时,或下午 5 时至晚 7 时。这是一种人数众多的正式宴请多采取的形式。

4. 酒会,又称鸡尾酒会,形式较轻松活泼,便于广泛接触交谈。招待品以各种非烈性酒为主，辅以各种饮料，略备小吃。酒、饮料、食品可由招待员托盘端送，也可放在固定的桌上自取。酒会一般不设座椅，仅置小桌或茶几，以便客人随意走动。酒会举行的时间可灵活掌握，上午、中午、下午、晚上均可，时间一般持续两三个小时。客人可随意到达或退席，来去自由，不受约束。由于客人有来有走，因此，酒会可招待、接纳很多客人。一些大型酒会亦会邀请乐队或播放音乐舞曲，在场地允许的情况下，客人们可随意跳舞。

5. 茶会，是一种简便的招待形式。以茶和咖啡招待客人，略备点心或风味小吃。不排座席，一般不使用餐厅、餐具。时间可在上午 10 时，或下午 4 时举行。

6. 工作进餐，分为工作早餐、工作午餐和工作晚餐，利用进餐时间，边吃边谈工作，讨论问题，交换意见。组织内部公众之间的沟通便于采取这种形式。双边工作也可以采取这种形式。双边工作进餐一般要求利用长桌排席位，以便于对等交谈。进餐的菜肴、程序从简，可采取快餐或各自付费的形式。

（三）正式宴会

有主有宾的宴饮是一种社会活动，为使这种社会活动有秩序、有条理地进行，达到预定的目标，必须有一定的礼仪规范来指导和约束。每个民族在长期的实践中都形成了一套自己的规范化的饮食礼仪，并成为每个社会成员的行为准则。汉族传统的宴饮礼仪的一般程序是：主人折柬相邀，到期迎客于门外；客至，互致问候，延入客厅小坐，敬以茶点；导客入席，以左为上（进门时的左侧），是为首席。席中座次，以左为首座，相对者为二座，首座之下为三座，二座之下为四座（见图 14 - 2）。客人坐定，由主人敬酒让菜，客人以礼相谢。宴毕，导客入客厅小坐，上茶，下地至辞别。席间斟酒上菜，也有一定的规程。现代的标准规程是：斟酒由宾客历侧进行，先主宾，后主人；先女宾，后男宾。酒斟八分，不得过满。上菜先冷后热，热菜应从主宾对面席位的左侧上；上单份菜或配菜席点和小吃先宾后主；上全鸡、全鸭、全鱼等整形菜，不能把头尾朝向正主位。这类宴礼的形成有比较长的历史过程，在清末民初就已有现代所具备的这些程式了。

清代时西餐已传入我国，西餐食礼也随着传入，这对我们固有的饮食礼俗带来了一些冲击。东西方文化有异也有同，饮食文化亦不例外。西餐传入后，其合理、卫生的食法已被引入中餐宴会中。例如，分食共餐制在中餐较高等级的宴会上已广为采用。虽然这种饮食礼制在中国古代就很盛行，但我们现在的做法确实是受

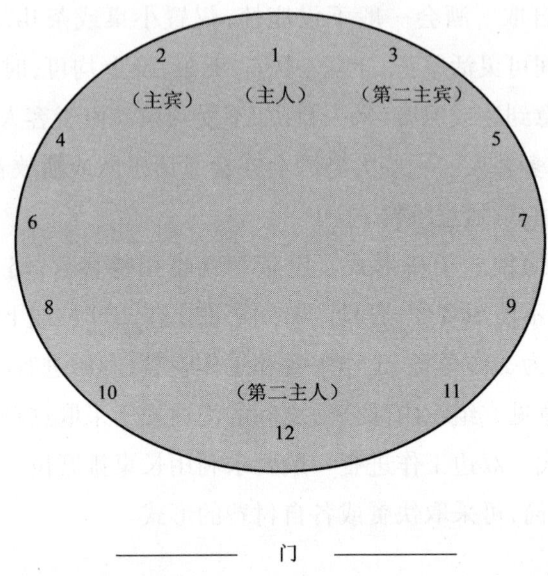

图 14－2　宴会的座位排序

到了西餐的启发，中西饮食文化的交流于此得到最好的体现。在古代正式的筵宴中，座次的排定及宴饮仪礼是非常严格的，有时相当严肃，有些皇帝还曾下诏整肃，不允许随便行事。汉代初年的一次礼制改革主要便是围绕宴礼进行的。现在的盛大国宴则是在请柬上注明应邀者的姓名和席位号码，简单明了。与宴者只要按照席号入位，一般是不会发生差错的。

二、聚会与庆典的要求

在聚会与庆典中一般不会涉及各自的利益问题，所以，聚会与庆典的中心点就是：保持气氛的欢快与轻松。正如美国外交家基辛格博士说过的："在鸡尾酒会上，说什么是不重要的，而大家始终在欢笑、愉快的气氛中说是重要的。"这说明，在聚会与庆典的场合，说的形式比说的内容更重要。这虽然有悖于哲学原理，但它正是礼仪的奥妙所在。正如有的人在聚会时听人说话，并没有听到其真正的内容，然而也能随声附和一样。要达到这样一个效果，应注意以下两点。

（一）寻求聚会者共同的经验范围

在聚会与庆典的交谈中，尽可能寻求大家共同感兴趣、认识基本一致的话题,避免涉及专业性极强的内容及术语和一些人不感兴趣的主题。如1972年《中美联合公报》发表前夕,中美双方对于一些措辞问题还未最后敲定。在庆贺尼克松访华的宴会上,主宾双方都巧妙地避开了那些重大的利益问题,而把话题集中在中国古老长城的历史上,当晚的气氛极其融洽。这种良好的气氛一直保存在大家的记忆中。在下一次会谈中,双方奇迹般地在公报措辞上找到了突破口,从而使《中美联合公报》顺利而圆满地在上海签署。这说明,在聚会与庆典的交谈中,寻求共同的经验范围可以消除疑虑、缓解矛盾、调整关系、实现目标。

(二)保持聚会者谈话的良好气氛

良好的气氛是由人创造出来的。要在聚会与庆典的谈话中保持良好的气氛,就要发挥谈话者的艺术性,寻求主、宾双方身上值得肯定或赞赏的优点和特点,实事求是、恰到好处地加以首肯或语肯,并用赞赏的眼光目视谈话者。要达到这样一种气氛,要求参加聚会与庆典的主宾双方都要做到:第一,穿戴整洁、考究;第二,情绪饱满、精神愉快、态度平和;第三,语言适度、表达清晰且自如、诙谐;第四,行动自然、得体,举止落落大方。

第五节 外事往来礼仪

外事往来礼仪是一个较专业的问题,它是随着我国改革开放的发展而提出的课题。现在,越来越多的企业、民间组织与个人直接参与对外经济、文化交流,使原来仅局限于外交层次的外事往来礼仪也逐渐被越来越多的社会组织所重视。

一、外事往来的形式

外事往来一般都是比较正式的社交活动,采取的活动形式主要是会见、会谈和宴会等。

(一)会见

国际上有接见和拜会之分。凡身份高者会见身份低者,或主人会见客人,一般称为接见或召见;凡身份低者会见身份高者,一般称为拜会或拜见。为避免因双方身份不等而造成一些不愉快的影响,我国一般统称为会见。接见和拜会后的回访称回拜。

会见就其内容来说,有礼节性的、事务性的、政治性的,或兼而有之。礼节性的会见一般时间较短,话题较为广泛、轻松,属于较正式的见面形式。事务性会见则涉及双方关系的交涉、业务洽谈等。政治性会见一般以国与国之间的关系、国际局势为内容。

（二）会谈

会谈是指双方或多方就某些重大的政治、经济、文化以及其他共同关心的问题交换意见,或洽谈业务。会谈的内容一般较为正式,政治或业务的专题性较强。

（三）宴会

为外事往来活动而举行的宴会是指有严格规定和程序的正式宴请、宴谢(宴会礼仪见本章第四节中的聚餐)。

二、外事往来的要求

（一）安排合适的礼宾顺序

在正式的会见中,应有一个固定的礼宾顺序。一般要求:客人坐在主人的右边,如需要译员或记录员,则安排在主人和主宾的后面,其他客人按礼宾顺序在主宾一侧就座,主方陪见人员在主人一侧就座(见图 14 - 3 和图 14 - 4)。

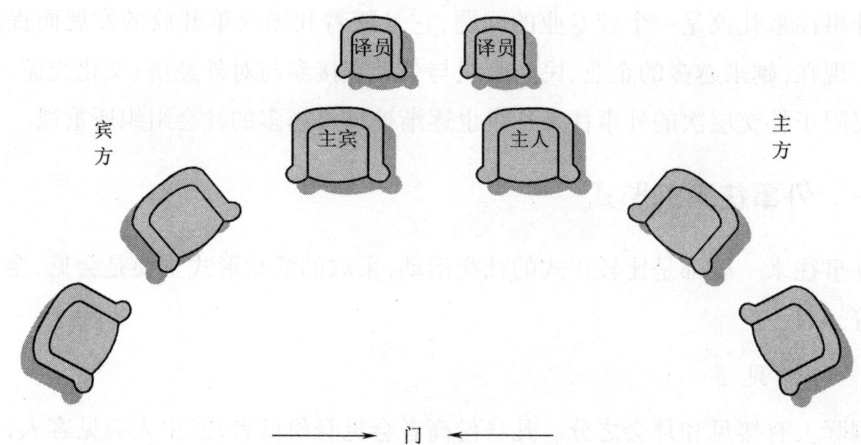

图 14 - 3　半圆形会见座席安排示意图

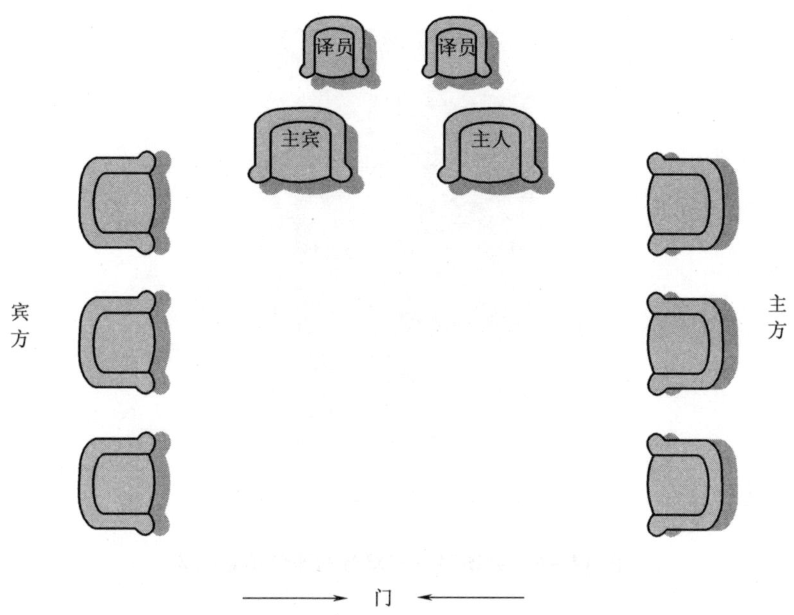

图 14－4 门形会见座席安排示意图

在正式的会谈中，座席的安排应讲究双方或各方的平等，通常使用长方形、正方形、椭圆形或圆形桌子。

长方形桌子横向摆放，主宾双方相对而坐。以正门为准，主人一方背向门，宾客一方面向门，主谈人或领队居中，译员在主谈人或领队的右侧或后面，其他随从人员按礼宾顺序左右排列（见图 14－5）。

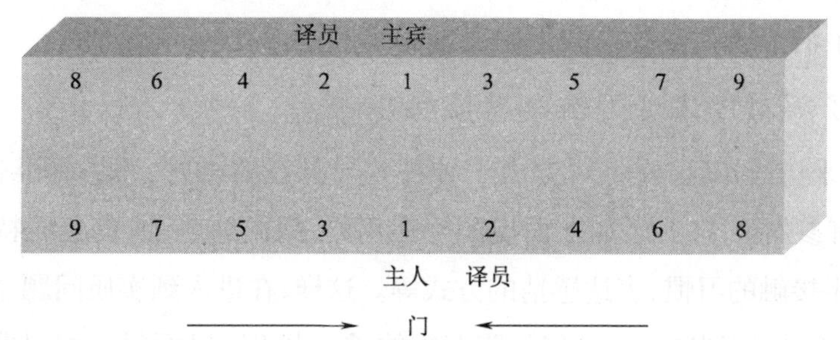

图 14－5 会谈时主宾双方的座位示意图 1

长方形桌子纵向摆放，主宾双方相对而坐。以入门的方向为准，左为主方，右为宾方（见图 14－6）。

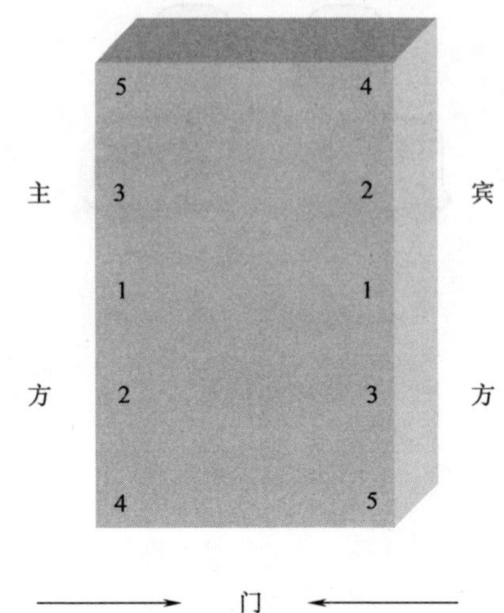

图 14－6　会谈时主宾双方的座位示意图 2

多边会谈，座位最好摆成圆形或方形，使会谈者地位平等。

（二）确定与对方身份相称的接待规格

企业或组织在外事往来活动中，对每一次外事活动都要确定具体的接待规格。如一家汽车制造厂，其外事往来的对方可能是国外的同类厂商、经销商或广告代理机构，也可能是国内的同行企业、经销商或广告代理机构。确定接待规格，可以按对方实际职务安排，如副总经理、副总裁一类安排对等的负责人如副厂长、副总经理出面，在生活安排上，可略高于对方的职务要求，即我们以副厂长或副总经理陪同，对方的生活待遇可按我方的正职安排。

（三）了解对方生活习惯和禁忌要求

在接到来访通知后，要将对方由于种种差异存在的喜好、讳忌等准备成细目资料，发给所有参加接待的人，如上面说的习惯用语、问候礼节、饮食起居特点、交谈的“禁区”、身手接触的习惯、表达感情的方式等。这样，在进入到实质问题、核心问题之前，主人已经对如何创造和谐的气氛胸有成竹了。由于这里面每一种习惯、每一种禁忌都有许多方面、许多内容，因此，这种细目资料宜繁不宜简、宜细不宜粗。

外事往来活动比较多的社会组织或企业，应该对能够来访和可能接触到的所有国家和地区的对应组织都列出名单，并按国家、民族、地区给予排队，根据国家、民族、地区的特点准备适合这些国家、民族、地区的习惯、要求和禁忌的细目资料。平时就多了解、多掌握,以减少来访前公共关系人员的准备工作,防止漏洞发生,同时,还可以提高公共关系人员的阅历和基本素质。

(四)注意交往细节

尽管中外主、宾有着种种文化背景的差异,但有些交往礼节是各国、各民族共同认可的。

1. 守时守约,即遵守时间,严守信誉,说话算数,办事认真。

2. 尊重老人和妇女。尊重老人,一方面老年人历尽沧桑,有着丰富的人生和世事经验,值得年轻人学习;另一方面,老年人生活节奏较为迟缓,不可能像年轻人那样充满活力。因此,年轻人一定要尊重老人、照顾老人。尊重妇女,一方面,这是社会上的一种气度和风范的显示,另一方面,这是对妇女摆脱家务负担,担当社会工作表示的钦佩、赞赏。

3. 举止端庄、仪态得体大方。这就要求人们在外事活动中表情温和、语调平缓、身架挺实、伸手投足自然等。

4. 克服不良习惯。任何人都有自己与众不同的小习惯,如眨眼睛、抠耳朵、揉鼻子、跷二郎腿、掂脚掂腿等。社交场合一定要避免这些现象的发生。

(五)注意轿车的座位排序

在组织的外事往来中,接送客人时乘坐轿车要注意座位的排序。

1. 对五座轿车而言,有司机时,后排右边为主宾座,依次左边为二号位,后排中间为三号位,司机旁边为四号位。

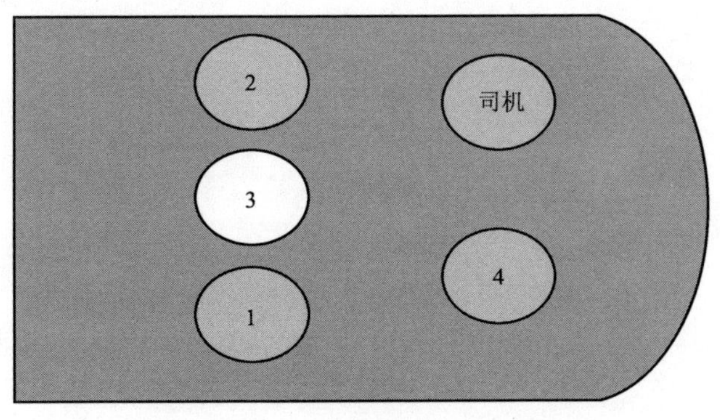

图 14－7 小轿车五座有司机的排序

2. 车主当司机时，主宾坐在司机的旁边，后排座位右为先，左为次，中为末位。

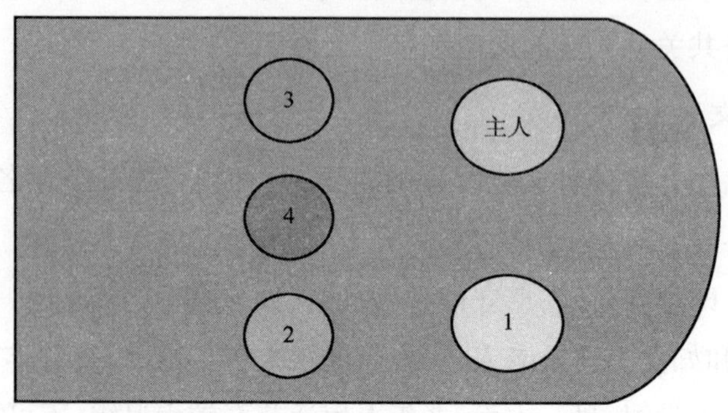

图 14－8　小轿车五座主人为司机时的排序

本章思考题

1. 如何使自己成为一个健谈者？
2. 公共关系社交场合的介绍类型与介绍规则有哪些？
3. 如何理解公共关系外事往来中的基本要求？

附录1　中国公共关系职业人员考核标准与要求

从2000年开始，人事部批准设立了“中国公共关系从业人员职业标准”并通过5个层级对公关从业人员的资格进行考核。本标准对初、中、高级公关员和公关师、高级公关师的技能要求依次递进，高级别涵盖低级别的要求。

附1.1　高级公关师

职业功能	工作内容	能力要求	相关知识
一、传播管理	（一）舆论监测	1. 能及时掌握公众舆论动向，并指导组织建立相应的资料库 2. 能对组织与各主要公众间的关系状态进行整体定位	1. 舆论调查的有关知识 2. 舆论分析的原理和技巧 3. 公共关系状态定位研究
	（二）传播沟通	1. 能审定全年公关传播计划，指导公关传播计划的执行 2. 能制定中长期公关传播战略和规划	1. 长期传播计划的基本内容及其特点 2. 公共关系战略与规划
	（三）关系协调	1. 能监控与各主要公众关系，维持良好的沟通渠道 2. 能指导客户关系管理	1. 公众关系的沟通原则和策略 2. 主要公众对象的特征和工作环境
二、策划研究	（一）创意策划	1. 能主持大型公关活动策划 2. 能对公关建议书提出专家意见 3. 能审定大型公关活动方案 4. 能评判公关活动效果	1. 大型活动的有关政策法规 2. 创新思维的工作原理 3. 策划的基本理论和原则 4. 创新管理的基本知识
	（二）公关研究	1. 能综合进行公众舆论研究与分析，并提出科学建议 2. 能独立进行公关案例研究 3. 能主持开发公关工作工具	1. 舆论及传播研究的有关知识 2. 案例研究与分析 3. 各种研究手段的有关知识 4. 专业发展趋势
三、危机管理	（一）预案策划	1. 能审定危机管理预警方案 2. 能主持或审定危机管理计划	主持或审定危机管理计划的要点
	（二）预防与规避	1. 能主持危机管理工作 2. 能提供危机管理建议 3. 能独立提供危机管理顾问服务	1. 公关咨询工作原理和流程 2. 各种应急技巧训练
	（三）危机管理培训	1. 能进行危机管理训练 2. 能根据情况的变化对危机管理预案进行不断更新	1. 专业培训的基本要领 2. 培训工具的有关知识

续表

职业功能	工作内容	能力要求	相关知识
四、网络公关	(一)网络舆论调研与评估	1. 能运用现代传播技术把握组织与公众的关系状态 2. 能对互联网不同公众反应进行整理，建立数据库并及时更新	1. 现代通信科技的有关知识 2. 网络传播的形式、特点和功能等方面的有关知识
	(二)网络工具使用	1. 能使用网络工具，建立组织与公众的互动平台 2. 能规划并审定网络公关计划	与网络传播有关的法律与法规
	(三)网络监测与维护	1. 能监测网上公众的反应 2. 能采取多种互联网沟通手段，保持与公众间日常的积极互动	1. 网络监测的有关知识 2. 网络设计与网络安全方面的有关知识
五、组织管理	(一)公关公司管理	1. 能独立承担专业公司的运营 2. 能对公司业务、财务、人力资源、客户服务等进行有效监督 3. 能开拓公司新业务和新客户 4. 能规划公司企业文化建设	1. 企业战略、管理等有关知识 2. 营销、质量管理等有关知识 3. 企业使命和社会责任的有关知识
	(二)公关部门管理	1. 能主持公共关系部门工作 2. 能对公关部门的业务、人力资源和公关战略进行有效的监督	1. 卓越公共关系标准 2. 项目预算知识
六、战略咨询	(一)环境监测	1. 能组织和指导对组织的各类公众进行分门别类的分析，并分别建立相应的资料库 2. 能负责对组织与各主要公众间的关系状态进行整体定位与把握	1. 消费者权益保护法和组织社团法规等方面的法律知识 2. 相关行业的有关知识
	(二)问题诊断	1. 根据组织目标，能指导对组织公关整体运作效果进行评估 2. 能对影响组织环境的因素进行分析和研究	管理决策的有关知识
	(三)战略建议	1. 能负责对组织与各主要公众间的关系进行调整和改善提出建设性建议 2. 能指导撰写并审定组织与公众间关系的咨询报告和建议案	1. 战略管理的有关知识 2. 组织文化建设的有关知识

续表

职业功能	工作内容	能力要求	相关知识
六、战略咨询	(四)趋势预测	1. 能从组织环境的视角把握组织的公关特征 2. 能提出组织公关运作应注意的主要问题清单 3. 能对组织的中长期公关计划提出指导性的策略建议	战略公关和国际公共关系知识
七、培训指导	(一)培训	1. 能对高级专业人员进行培训 2. 能对组织领导人进行高级培训 3. 能编写专业课件	1. 培训方案的编制方法 2. 专业课件开发的有关知识
	(二)指导	能对公关师进行业务指导和专业指导	1. 公关职业的前沿知识 2. 专业指导的有关知识

附 1.2 公关师

职业功能	工作内容	能力要求	相关知识
一、传播管理	(一)业务沟通	1. 能制定和审定业务洽谈策略 2. 能进行高层次的业务谈判	1. 业务沟通的特点和基本要求 2. 业务洽谈的工作流程及技巧
	(二)公众协调	1. 能负责制定全年公众沟通计划 2. 能单独承担主要公众关系(政府、行业、社区等)的协调工作 3. 能有效地进行客户关系管理	1. 长期沟通规划的原则 2. 政府、行业、社区等重要对象的工作特点和沟通渠道 3. 客户关系管理的原则与方法
	(三)公关传播	1. 能制订并执行媒介传播计划 2. 能运用传播工具进行公关传播 3. 能撰写各种专题性新闻稿件 4. 能有效地进行媒介关系管理	1. 媒介概况和新闻报道原则 2. 新闻传播的方式方法 3. 媒介沟通与投放技巧 4. 媒介关系管理知识
二、创意策划	(一)客户需求测评	1. 能准确把握客户的市场环境并作出符合实际的判断 2. 能客观分析客户公关工作中需改进的环节	1. 市场信息和数据分析的知识 2. 组织竞争战略的有关知识
	(二)公关策划	1. 能根据客户需求制定有效的公共关系战略和计划 2. 能起草大型公关策划建议书,并提出创意性计划和行动方案 3. 能进行一般性的案例研究分析	1. 公关创意策划的基本方法 2. 决策过程及其理论 3. 创造性思维的有关知识 4. 客户所属行业的市场状况 5. 案例研究的原则和方法

续表

职业功能	工作内容	能力要求	相关知识
三、策略管理	（一）公关调查	能运用各种调查研究方法与工具发现一个组织面临的各种公关问题	1. 市场调查的一般知识、方法和步骤 2. 定性与定量的分析方法 3. 调查工作涉及的有关法规
	（二）媒介管理	1. 能规划媒介关系工作框架 2. 能建立并维护媒介数据库 3. 能开展积极的、形式多样的媒介关系活动	1. 媒介关系的工作内容 2. 媒介关系的工作技巧 3. 媒介数据库的有关知识
	（三）市场传播	1. 能运用发布、巡展、论坛、培训等传播工具进行市场传播 2. 能实施全年市场传播计划和行动方案 3. 能帮助组织规划市场传播战略和策略	1. 产品发布、巡展，研讨、论坛、培训等工作的程序、内容和技巧 2. 市场营销的知识和工作原理 3. 整合营销传播的基本理论和技术原理
	（四）企业传播	1. 能利用媒介传播、事件策划、品牌战略等工具进行形象传播 2. 能实施全年形象传播计划和行动方案 3. 能帮助组织规划品牌战略	1. 媒介传播、事件策划、品牌战略的工作原理和工作技巧 2. 组织战略、组织文化、组织运作与管理的基本内容
	（五）公共管理	1. 能制订政府关系工作计划 2. 能建立与政府、行业、社区之间良好的工作渠道 3. 善于并保持经常性的沟通	1. 政府关系、社区关系的工作原理和工作技巧 2. 最新政策动向和产业动向 3. 组织赞助的程序和应用
	（六）公关评估	1. 能结合组织的目标，对公关工作的中、长期效果进行评估 2. 能从公关活动的效果出发，鉴别日常公关工作的薄弱环节	1. 组织管理与绩效评估的有关知识、方法和工具 2. 数理统计与分析的基本知识
	（七）网络公关	1. 能运用互联网技术，加强与各类公众的交流与沟通 2. 能及时更新组织网站上的内容资料，构建网上的沟通平台	1. 网页设计的有关知识 2. 网络营销的有关知识

续表

职业功能	工作内容	能力要求	相关知识
四、项目管理	(一)项目确认	1.能有效地进行项目沟通 2.能快速对公关需求进行鉴别 3.能进行商业合同谈判	1.市场环境的有关知识 2.高级商务谈判的策略与手段 3.跨文化传播的有关知识
	(二)项目竞标	1.能客观分析客户工作中存在的薄弱环节 2.能有效进行项目沟通 3.能把握项目竞标的各种变化	1.公关市场预测的基本知识 2.客户关系管理知识 3.项目竞标的工作内容和工作流程
	(三)项目执行	1.能独立承担项目小组的管理工作,并进行全案跟踪和监控 2.能进行现场的有效管理和监控,并灵活处理各种变化	1.流程管理的原则与方法 2.目标管理知识 3.时间管理知识 4.财务管理知识
	(四)项目评估	1.能有效统筹项目实施的有序性与完整性 2.能在项目结束后与客户保持积极的沟通并总结实施经验	1.项目管理的核心原则 2.项目评估方法与手段
五、危机管理	(一)计划制订	1.能制定危机管理计划 2.能协调危机中相关方面的关系	危机管理计划的撰写要求
	(二)危机处理	1.能及时处理危机事件 2.能主持危机管理计划的实施 3.能监控危机事件信息传播	1.危机管理的工作程序和技巧 2.危机传播中的新闻发布要点
	(三)危机传播	1.能起草危机管理预警方案 2.能承担危机传播管理工作	1.危机管理预警方案的要点 2.危机传播管理工作内容
六、管理咨询	(一)公关公司管理	1.能开展公司的业务管理 2.能对公司业务、财务、人力资源、客户服务等进行有效的管理	1.企业管理的主要内容 2.企业财务、税法、劳动法、合同法等有关的法律知识 3.人力资源管理知识
	(二)公关部门管理	1.能协调公关部门的各项工作 2.能对公关部门业务、人力资源和组织战略决策进行管理 3.能为组织管理层提出公共关系的策略建议 4.能协调公关部门与其他部门以及外部公关公司的合作	1.服务营销与品牌管理知识 2.组织形象识别系统(CIS)知识

续表

职业功能	工作内容	能力要求	相关知识
六、管理咨询	（三）专业咨询	1. 能对组织公共关系的状态进行策略分析 2. 能对组织的公关战略提出建设性建议和成熟的实施方案 3. 能对组织的中长期公关计划提出指导性的策略建议	管理咨询的原则、程序和方法的专门知识
七、培训指导	（一）培训	1. 能对中级专业人员进行培训 2. 能对非专业人员进行日常培训 3. 能编写专业培训讲义	培训的有关知识
	（二）指导	能对公关员进行业务指导	案例教学法

附 1.3　高级公关员

职业功能	工作内容	能力要求	相关知识
一、沟通协调	（一）接待联络	1. 能制订接待计划 2. 能负责业务谈判接待工作	1. 接待程序、特点和基本要求 2. 谈判知识和技巧
	（二）演讲介绍	1. 能介绍组织政策和远景情况 2. 能组织演讲活动，充当主持人	1. 演讲类型、功能和基本要求 2. 主持人的功能和基本要求
	（三）公众关系处理	1. 能制订外部公众沟通计划 2. 能制订内部公众沟通计划	1. 公众关系沟通的原则和策略 2. 公众关系沟通的主要方法和基本技巧
二、信息传播	（一）媒介联络	1. 能规划媒介数据库的建设 2. 能安排记者采访组织或代表组织接受记者采访 3. 能制订简单媒介传播计划	1. 信息传播的基本原则 2. 中国媒介特点 3. 媒介传播组合及传播技巧
	（二）新闻发布	1. 能制订新闻发布计划 2. 能组织新闻发布活动	新闻发言人制度的内容和要求
	（三）宣传稿编写	1. 能编写各种新闻稿件 2. 能起草组织内部刊物及音像资料的编写方案	1. 内部沟通的原理和方法 2. 内部通信的设计原则

续表

职业功能	工作内容	能力要求	相关知识
三、调查评估	（一）方案准备	1. 能洽谈和承接调查项目 2. 能撰写调查项目方案 3. 能撰写评估项目方案	1. 调查项目的要求和技巧 2. 各种调查的基本程序 3. 评估的原理及其应用
	（二）方案设计	1. 能设计观察调查方案 2. 能设计各种调查问卷 3. 能设计实验调查方案	1. 各种调查方法的取舍原则 2. 各种调查方法的原则及技巧
	（三）方案实施	1. 能执行调查方案的实施工作 2. 能执行评估方案的实施工作	1. 实施调查的知识与技巧 2. 实施评估的知识与技巧
	（四）报告编写	1. 能对调查数据进行分析 2. 能撰写小型调查报告 3. 能撰写小型评估报告	1. 数据统计类型、方法与技巧 2. 调查报告的类型和写作技巧 3. 评估报告的类型、写作技巧
四、活动管理	（一）活动策划	1. 能组织小型活动的策划工作 2. 能起草简单的策划建议书 3. 能对活动效果进行基本预测	1. 主题构思的技巧 2. 策划创意的技巧 3. 大型活动相关的政策法规
	（二）活动实施	1. 能对中型活动进行管理 2. 能制订具体的行动方案 3. 能编制活动预算 4. 能对中型活动进行现场监控	1. 可行性研究的方法 2. 专题活动的流程管理 3. 预算的基本常识和技巧
五、危机处理	（一）舆论监测	1. 能对媒介负面报道进行分析 2. 能提出危机处理意见	1. 危机的处理程序 2. 危机预警的基本原则
	（二）危机处理	1. 能根据危机管理计划进行危机处理工作 2. 能根据危机管理计划进行危机传播管理	1. 危机管理工作要点 2. 危机期间媒介关系的协调与沟通
六、公关咨询	（一）一般性咨询	1. 能处理日常工作中的咨询工作	1. 公关咨询的工作原理 2. 咨询业务的一般工作流程
	（二）咨询建议	能起草日常服务公关建议书	公关建议书的写作技巧

附 1.4　中级公关员

职业功能	工作内容	能力要求	相关知识
一、沟通协调	（一）接待联络	1. 能按礼仪规范进行中外接待 2. 能撰写社交公关文书	1. 中外礼仪的基本内容和要求 2. 社交文书的类型和写作要求
	（二）演讲介绍	1. 能介绍组织的历史和现状 2. 能组织小型演讲活动	1. 演讲的基本技巧 2. 演讲活动的程序
	（三）公众关系处理	1. 能处理日常公众问询 2. 能与主要公众进行信息沟通 3. 能安排领导与公众进行沟通	公众关系协调的主要方法和基本要求
二、信息传播	（一）媒介联络	1. 能进行媒体联络 2. 能安排记者采访 3. 能追踪监测采访结果	1. 记者职业特点 2. 新闻传播的基本程序 3. 新闻追踪和监测的基本要求
	（二）新闻发布	1. 能检查发布资料的准备情况 2. 能接待现场媒体采访活动	新闻发布的性质、特点
	（三）宣传稿编写	1. 能撰写新闻通讯稿 2. 能编写组织内部刊物 3. 能编写组织对外宣传册	1. 新闻稿的类型和撰写要求 2. 新闻编写的基本要求 3. 公众的特点和心理需求
三、调查评估	（一）方案准备	1. 能提供与调查相关的背景资料 2. 能起草小型调查方案	1. 小型调查的基本程序 2. 调查方案的写作要求
	（二）方案设计	1. 能设计小型观察调查提纲 2. 能设计小型访谈提纲 3. 能设计媒介文献调查方案	1. 调查方法的类型与特点 2. 调查方法的运用及其原则 3. 调查问卷文案写作知识
	（三）方案实施	1. 能用观察法进行调查 2. 能用访谈法进行调查 3. 能进行各种媒介的文献调查	1. 观察调查法的步骤与技巧 2. 访谈调查法的步骤与技巧
	（四）统计分析	1. 能对调查数据进行统计分析 2. 能编制调查评估图表	1. 常用的数据统计的方法 2. 调查评估分析的原则和方法
四、专题活动	（一）活动策划	1. 能制订简单策划方案 2. 能编制行动方案和时间表	1. 专题活动目标和主题的确定 2. 策划构思的方法
	（二）活动实施	1. 能按要求执行活动方案 2. 能收集活动物品市场信息	1. 音像宣传品制作的有关知识 2. 活动物品的市场信息

续表

职业功能	工作内容	能力要求	相关知识
五、危机处理	（一）舆论监测	1. 能监测媒体负面报道 2. 能监测公众关系中的消极信息	1. 危机管理的基本概念 2. 危机处理的程序和技巧
	（二）危机传播	1. 能应对日常公众投诉 2. 能准备危机传播材料	1. 危机传播管理的原则 2. 危机处理中的新闻发布要点

附 1.5　初级公关员

职业功能	工作内容	能力要求	相关知识
一、沟通协调	（一）接待联络	1. 能按礼仪规范进行接待活动 2. 能答复电话问询 3. 能起草贺信、贺电、请柬	1. 日常礼仪的基本内容和要求 2. 接待来访的程序和基本要求 3. 社交礼仪文书的类型和文体
	（二）演讲介绍	1. 能准备组织演讲材料 2. 能简述组织基本情况	1. 演讲的类型和功能 2. 演讲的基本要求
	（三）公众关系处理	1. 能处理简单问询 2. 能进行事务性联系	1. 公众关系协调原则 2. 公众关系协调的一般方法
二、信息传播	（一）媒介联络	1. 能准备媒介联络资料 2. 能收集、整理、制作新闻剪报	1. 与媒介交往的原则和方法 2. 新闻剪报的基本要求
	（二）新闻发布	1. 能准备有关新闻资料 2. 能联络新闻发布会场事宜	1. 新闻发布的程序 2. 与新闻发布有关的礼仪要求
三、调查评估	（一）方案准备	1. 能准备调查和评估所需资料 2. 能承担调查的联络工作	1. 调查的目的和意义 2. 调查的基本程序
	（二）方案实施	1. 能进行一般性文献调查 2. 能进行问卷的发放与收集	文献调查法的步骤与技巧
	（三）数据统计	能对调查数据进行简单的统计和整理	数据统计的简单方法
四、活动管理	（一）策划准备	1. 能准备策划所需资料 2. 能安排策划会议	1. 专题活动的类型、特点 2. 专题活动策划的一般程序
	（二）活动实施	1. 能联络活动现场 2. 能绘制活动场地布置图 3. 能使用投影仪、幻灯机、照相机和摄像机	1. 会场布置的基本知识 2. 印刷品的一般制作过程 3. 投影仪、幻灯机等设备知识

附录2　相关公共关系道德准则

附2.1　《国际公共关系道德准则》

《国际公共关系道德准则》是由国际公共关系协会指定的。该协会的第一个《国际公共关系道德准则》(《雅典准则》)于1965年5月推出,其后,经多次修订并定稿。在所有的公关道德准则中,《国际公共关系道德准则》影响最大的。很多国家直接采用这套准则,或以此为范本制定自己的职业道德准则。长期以来,国际公共关系协会就致力于推动各国公共关系工作职业化和规范化。

《国际公共关系道德准则》内容如下:

I. 国际公共关系协会成员必须竭诚做到以下各条

第一条　为建设应有的道德、文化条件,保证人类得以享受《联合国人权宣言》所规定的诸种不可剥夺的权利作贡献。

第二条　建立各种传播网络与渠道,以促进基本信息自由流通,使社会的每个成员都有被告知感,从而产生归属感、责任感与社会合一感。

第三条　牢记由于职业与公众的密切联系,个人的行为——即使是私人方面的——也会对事业的声誉产生影响。

第四条　在自己的职业活动中尊重《联合国人权宣言》的道德原则与规定。

第五条　尊重并维护人类的尊严,确认各人均有自己作判断的权利。

第六条　促成为真正进行思想交流所必需的道德、心理、智能条件,确认参与的各方都有申述情况与表达意见的权力。

II. 所有成员都应保证

第七条　在任何时候、任何场合,自己的行为都应赢得有关方面的信赖。

第八条　在任何场合,自己均应在行动中表现出对所服务的机构和公众双方的正当权益的尊重。

第九条　忠于职守,避免使用含糊或可能引起错误的语言,对目前及以往的客户或雇主都始终忠诚如一。

III. 所有成员都应力戒

第十条　因某种需要而违背真理。

第十一条　传播没有确凿依据的信息。

第十二条　参与任何冒险行动或承揽不道德、不忠实、有损于人类尊严与诚实的业务。

第十三条　使用任何操纵性方法与技术来引发对方无法以其意志控制因而也无法对之负责的潜意识动机。

附2.2　英国公共关系协会（IPR）的职业行为标准

英国公共关系协会的职业行为标准同样在国际公关领域中享有盛誉。该准则共有16条。第一条开宗明义地规定了公关人员的职业行为标准："各会员在其职业活动中应尊重公众利益和个人尊严。在任何时候都应忠诚、公正地对待他目前及以往的客户与雇主、其他会员、传播媒介及公众。"该准则还注意维护准则本身的权威性，其第15条维护准则规定："各会员均应维护准则，并团结其他会员在实际中加以贯彻，如果其会员发现另一会员参与破坏准则的行为，应向协会报告，全体成员都应自觉支持协会推行此一准则，协会亦应支持它的会员。"该准则还对传播媒介、信息保密、利益冲突、职业声誉、中伤他人、影响他人等条款制定了相应的规范和要求。

附2.3　《中国公共关系职业道德准则》

中国全国省市公共关系联席会议于1989年9月的第二次联席会议上，提出了《中国公共关系职业道德准则（草案）》；1991年5月23日的第四次联席会议上，正式通过了经过国内公关专家反复修订的《中国公共关系职业道德准则》。

总则：

中国公共关系事业的发展是中国改革开放的必然趋势，它以新型的管理科学协调社会各方面的关系，密切党和广大人民群众的联系，调动各种积极因素，维护安定团结，促进社会主义建设，因此，公共关系工作者肩负着时代的使命。公共关系工作者必须具有高尚的职业道德作为完善自身形象的行为准则。

条款：

1. 公共关系工作者应当坚持社会主义方向，自觉地遵守我国的宪法、法律和社会道德规范。

2. 公共关系工作者开展公关活动首先要注重社会效益，努力维护公关职业的整体形象。

3. 公共关系工作者在公共关系活动中,应当力求真实、准确、公正和对公众负责。

4. 公共关系工作者应当努力提高自己的政治水平、文化修养和公关的专业技能。

5. 公共关系工作者应当将公关理论联系中国的实际,以严肃认真、诚实的态度来从事公共关系学教育。

6. 公共关系工作者应当注意传播信息的真实性和准确性,防止和避免使人误解的信息。

7. 公共关系工作者不能有意损害其他公关工作者的信誉和公关实务。对不道德、不守法的公关组织及个人予以制止并通过有关组织采取相应的措施。

8. 公共关系工作者不得借用公关名义从事任何有损公关信誉的活动。

9. 公共关系工作者应当对公关事业具有高度的责任感。不得利用贿赂或其他不正当手段影响传播媒介人员真实、客观的报道。

10. 公共关系工作者在国内外公共关系实务中应该严守国家和各自组织的有关机密。

附则:

本准则将根据实际情况予以调整和修改。其解释、修改、终止权属全国省市公关组织联席会议。

参考文献

[1] Edward L Bernays. Public Relations Norman[M]. University of Oklahoma Press, 1952.

[2] John E Marston. The Nature of Public Relations[M]. New York: McGraw-Hill, 1963.

[3] Black Sam, Melvin L Sharpe. Practical Public Relations[M]. Prentice Hall. 1983.

[4] Cutlip Scott M, Allen H Center Broom. Effective Public Relation[M]. 7th ed. Prentice Hall, 1994.

[5] Dozieru David, James Larissa Grunig. Manager's Guide to Excellence in Public Relations Communication Management[M]. L Erlbaum, 1995.

[6] James E Griuing, Todol llunt. Managing Public Relations[M]. New York: Holt, Rinehart and Winston, 1984.

[7] Kenneth E. Clow, Donald Baack. Integrated Advertising, Promotion and Marketing Communication[M]. 2nd ed. Prentice Hall, 2002.

[8] Hugh Davidson. The Committed Enterprise[M]. Butterworth Heinemann, 2002.

[9] David M Adams, Edward W Maine. Business Ethics for the 21 Century[M]. Mountain View: Mayfield Publishing Company, 1998.

[10] Valarie A Zeithaml, Mary Jo Bitner. Services Marketing[M]. The McGraw-Hill Companies, 2003.

[11] Warren J Keegan. Global Marketing Management[M]. 5th Edition. Prentice-Hall International, 1977.

[12] Charles M. Futrell Sales Management Teamwork, Leadship, and Technology[M]. 6th ed. South-Western Thomson Learning, 2001.

[13] Peter Drucker. Selected Essays of Peter Derucker The Founder of Madern Management (英文版)[M]. 北京:中国机械工业出版社,1999.

[14]弗雷泽 · P. 西泰尔. 公共关系实务[M]. 8 版. 北京:机械工业出版社 2004.

[15]斯科特 · 卡特李普,艾伦 · 森特,格伦 · 布鲁姆. 公共关系教程[M]. 明安香译. 北京:华夏出版社,2001.

[16]菲利普 · 莱斯礼. 公关圣经[M]. 石芳瑜等译. 杭州:浙江大学出版社,2004.

[17] Jesper Kunde. 公司精神[M]. 王珏译. 昆明:云南大学出版社,2002.

[18]瓦拉瑞尔 · A. 泽丝曼尔,玛丽 · 乔 · 比特纳. 服务营销[M]. 张金成,白长虹译. 北京:机械工业出版社,2004.

[19]弗兰克 · 杰弗金斯. 实用公共关系学[M]. 徐百益编译. 上海:上海翻译出版公司,1988.

[20]威廉 · 皮诺特,E. J. 麦卡锡. 营销精要[M]. 北京:北京大学出版社,2004.

[21]居延安. 公共关系学导论. 上海人民出版社,1987.

[22]斯科特 · 卡特利普. 有效公共关系[M]. 汤滨等译. 北京:中国财政经济出版社,1986.

[23]王乐夫,廖为建,郭巍青等. 公共关系学[M]. 沈阳:辽宁出版社,1986.

[24]郭惠民. 公共关系学若干问题的国际对话(续)[M]. 国际关系学院学报. 2000(4).

[25]米尔顿 · 弗里德曼. 弗里德曼文萃[M]. 北京:北京经济学院出版社,1991.

[26]杰里 · A. 亨德里克斯. 公共关系案例[M]. 董险峰等译. 北京:机械工业出版社,2003.

[27]艾利斯 · M. 泰伯特,蒂姆 · 卡尔金斯. 凯洛洛品牌论[M]. 刘凤瑜译. 北京:人民邮电出版社,2006.

[28]斯蒂芬 · P. 罗宾斯. 管理学[M]. 北京:中国人民大学出版社,2003.

[29]哈罗德 · 孔茨,海因茨 · 韦里克. 管理学[M]. 10 版. 北京:经济科学出版社,1998.

[30]张振学. 管理革命[M]. 北京:中国商业出版社,2006.

[31]菲利普·科特勒,派迪克·詹恩,苏维·麦森西.科特勒营销新论[M].北京:中信出版社,2002.

[32]菲利普·科特勒,费尔南多·德·巴斯.水平营销[M].北京:中信出版社,2005.

[33]谭深,刘开明.跨国公司的社会责任与中国社会[M].北京:社会科学文献出版社,2003.

[34]P.普拉利.商业伦理[M].洪成文等译.北京:中信出版社,1999.

[35]形影.中国公共关系20年理论研究文集[M].北京:北京大学出版社,2007.

[36]张景云、于套.100个成功的公关策划[M].北京:机械工业出版社,2002.

[37]刘刚.危机管理[M].北京:中国经济出版社,2004.

[38]刘中国,柳莉.盛田昭夫传奇[M].广州:广州出版社,1996.

[39]韩德宗,楼迎军.入世与新经济[M].北京:世界图书出版公司,2000.

[40]周鸿,杨琳.企业策划理论与实务[M].北京:人民邮电出版社,2007.

[41]张荷英.现代公共关系学[M].北京:首都经济贸易大学出版社,2004.

[42]汪秀英.企业形象新战略[M].北京:中国商业出版社,2002.

[43]汪秀英.公众关系学原理与应用[M].北京:中国商业出版社,1993.

[44]汪秀英.企业CIS战略的策划与实施[M].北京:首都经济贸易大学出版社,2006.

[45]汪秀英,徐岩.企业运营与发展[M].北京:中央广播电视大学出版社,2007.